合格発表まで

日程はあらかじめ必ず協力機関へお問い合わせ下さい。

受験票の送付	試　　験	合　格　発　表
9月下旬～10月上旬（予定）	10月第3日曜日（予定） 午後1時～午後3時　※3 （12時30分までに着席のこと） 　途中退室不可	原則として、11月下旬～12月上旬
不動産適正取引推進機構より直接送付される。 10月上旬までに受験票が到着しないときは、不動産適正取引推進機構又は、協力機関に問い合わせる。 ※受験票の記載内容に修正する箇所がある場合は、試験当日、監督員から受け取ったデータ修正票に記入の上、試験終了時に提出する。	**持参品** ・受験票 ・BかHBの黒鉛筆またはシャープペンシル ・プラスチック消しゴム ・鉛筆削り（任意） ・腕時計　※4	合格者の受験番号を都道府県ごとの所定の場所に掲示するとともに、不動産適正取引推進機構のホームページでも掲載される。 また、合格者には不動産適正取引推進機構より**合格証書**が送付される。

　※3　登録講習修了者は午後1時10分～午後3時
　※4　時計機能（時刻確認）のみのものに限る。

キャラクターとロゴのご紹介！！

 もう一押し！

 まとめ

本文中に登場して、
適切なアドバイスを
致します。

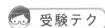 受験テク

 Hint!

考えてもわからないときは、
参考にしよう！

 Point!

重要なポイントを
わかりやすく
整理・解説しています。

 天の声

虚心坦懐に（すなおに、
という意味の古い言葉）
聞くがよいぞ！

 Advice

問題の解き方や
注意すべきところを
アドバイスします。

 カンターン

これを間違えたら受か
らないヨ！

 手直し

法改正などがあったため、
少々手直しした問題です！

 普通

8割以上
取らなきゃダメ！

 楽勝ゴロ合せ

覚えにくいポイントも
これでバッチリだ！

 難しい

がんばって半分以上
正解しよう！

らくらく宅建塾
［基本テキスト］の略です。

 超難

こんなの間違えても
大丈夫！

過去問宅建塾の略です。

過去問 宅建塾 2024年版

2/3 宅建業法

これで合格だね！

宅建学院

ご あ い さ つ

★　ラクに受かりましょう‼

　この問題集は、苦労して受かりたい方には、おすすめできません。ラクに受かりたい方だけどうぞ‼

★　「本番」のカラクリとは⁉

　出題者は、過去問を焼き直して繰り返し出題します。それが本番のカラクリです。では、どのように？　それを本書で完全に解明しました！　その**キラ星のような良問の花束**を3分冊でお届けします。

★　解けない問題をどう解くか⁉

　おまかせ下さい。この3冊の問題集には、解けない問題が解けるようになる宅建学院の秘伝がスシ詰めになっています。

　独学の方も、他校の方も、他の問題集を解く前に、まずこの問題集を解いてみて下さい。そうすれば、宅建学院の**究極のわかりやすさの秘密**がわかります。本書は宅建士試験に向けて厳選した、オリジナルの問題のみで構成しています。本書シリーズの「らくらく宅建塾[基本テキスト]」と出題順序を合わせていますので、「テキストで学習」⇒「学習した範囲を問題集で演習」と、セットで効率よく学習でき、肢ごとの解説には、テキストの参照箇所も記載しています。まずは本書で宅建士試験の全範囲を網羅しましょう‼‼

★　宅建戦争終結

　この問題集には、解けない問題が解けるようになる宅建学院の秘伝がスシ詰めになっています。

　2024年に合格なさりたいすべての方に、**無限の自信**をもっておすすめします！

　本当に、こんなにラクに受かってしまっていいのでしょうか！？

2024年2月

宅建学院

一番ラクで確実な合格方法 !!

どのように学習するべきか

　　余計な知識は混乱のモト。合格に必要な知識だけ身につけるべし。それには
どうしたらいいか？　答えは、本書シリーズの「らくらく宅建塾［基本テキスト］」
を繰り返し読むことに尽きる。このテキストには、合格するために必要なことが、
全て書かれている。無駄な記述は一つもない。ここが、他のテキストとの違いだ。
1000 頁の本を 1 回読むより、500 頁の本を 2 回読んだ方が、よほど効果がある。
万が一学習していて理解しづらい箇所が出てきたら、マンガで具体的にイメージ
できる「マンガ宅建塾」の併用をおすすめする。

　　知識を身につけただけでは合格できない。身につけた知識を使いこなして、ど
んどん問題を解くこと。まずは本書「らくらく宅建塾（基本問題集）」で全範囲を
網羅しよう。次に過去問だ。分野別に良問を集めた「過去問宅建塾」で多くの過
去問に挑戦しよう。これらの問題集を、全問正解するまで繰り返せば、得点目標
は自動的に達成できる !!

　　そして必要に応じて、「まる覚え宅建塾」、「まるばつ宅建塾 / 一問一答問題集」
でポイントを押さえ、「ズバ予想宅建塾・直前模試編」で仕上げれば完璧だ !!

本書利用のコツ

コツ1 正解が出せたとしても、それだけでその問題がマスターできたと思う
べからず。各問は、4 つの選択肢から成り立っている。各肢を独立の
問題と心得よ。全肢について、どういう理由で誤り（または正しい）
かを何も見ないで友達に説明できるようになるまで吸収すべし !!

コツ2 全問を 1 回解いただけで卒業と思うなかれ。再び第 1 問に立ち返り、
全問正解するまで繰り返すこと。問題集をそれぞれ丸 1 日で解き切
れるようになるのが最終目標だ !!

最後に奥の手は

　　「らくらく宅建塾シリーズ」だけで誰でも合格できるが、もっとラクに確実に合
格するにはどうしたらいいか？　答えは、通信講座の**宅建㊙完璧講座**を受けるこ
とだ！　宅建士試験は覚えることがたくさんあって、法律用語も分かりづらい。
宅建㊙完璧講座では、ベテラン講師が豊富な事例を用いて「わかりやすく」解説
している。実際、**宅建㊙完璧講座**の受講生から、2 年連続で全国最年少合格者も
誕生している。巻末の紹介と宅建学院のホームページをチェックしてほしい。

要するに、こういうことです

2024年版「らくらく宅建塾」シリーズ

1 導　入

マンガ宅建塾

好評発売中

2 基本学習

らくらく宅建塾[基本テキスト]

好評発売中

らくらく宅建塾[基本問題集]

好評発売中

■ サポート

コンパクトで
持ち歩きにも便利

まる覚え宅建塾

好評発売中

4 直前演習

ズバ予想宅建塾 直前模試編

2024年6月以降発売予定

3 過去問演習

過去問宅建塾（分野別3巻）

※3巻は2月発売予定！

1巻2巻好評発売中

1.権利関係　2.宅建業法　3.法令上の制限・その他の分野

まるばつ宅建塾

2024年3月発売予定

 奥　の　手

合格率 3.2 倍[※] 、2年連続で全国最年少合格者を生み出した

通信「宅建 超 完璧講座」を受ける。

宅建学院のホームページまたは通信講座問合せ先→04-2921-2020（宅建学院）

宅建 超 完璧講座は一般教育訓練給付制度厚生労働大臣指定講座
（指定番号 1120019-0020012-9）です!!　詳しくは、巻末広告をご覧
ください。

※不動産適正取引推進機構発表の「令和3年度宅地建物取引士資格試験結果の概要」と令和3年度「宅建超完璧講座」受講生
のうち、講座修了者に対するアンケート結果より算出。

各種情報は、宅建学院のホームページをご覧ください！

| 宅建学院 | 検索 |

 類似の学校名にご注意ください。

https://www.takkengakuin.com/

過去問宅建塾の特長と使い方

① 問題数が多い！

「過去問宅建塾 2」には、合計 234 問が載っている。「多いなー」と思ったら負け。実は何度も繰り返し同じ問題が出題されている。「あれ、この問題さっきもあったな」と感じ始めたらしめたもの。身体と頭で、「よく出題されるところ」を覚えたら、決して忘れない！

② 各ページ左上部に ▢▢▢▢▢ マークがある

過去問は最低でも 3 回は繰り返そう。次の①〜④を意識して解けば、勉強効率も UP だ！

①問題を解いて問題なければ ▢▢▢▢▢ のひとつを全部塗りつぶす。もし間違えたり不安だったら▢を半分だけ塗りつぶす。こうして 1 回目を全部解く。

②2 回目以降は毎回隣の ▢ に移って、同じ要領で解いては塗りつぶすの繰り返し。

③すべての問題で真っ黒な ▢ が 3 個できるまで繰り返そう。

④半分しか塗られていない ▢ は一度つまずいた証拠！　重点的に復習だ。

こんな問題は要チェック！　卒業してても復習しよう！

③ 問題の横に 講義 が書いてある

問題の横に解説が書いてあるので、めくらなくてよい。さらに、問題文と解説を見比べながら、じっくり考えることもできる。電車やバスの中でも勉強しやすいのだ！　1 股ごとに何度も表を見たり裏を見たりしていると、つい、めんどーくさくなってしまう。

また、「正。」と「誤。」は赤シートで隠れるから、うっかり答えがわかってしまうことはない。一問ずつ確認することもできるし、赤シートをしおりに使えばどこまで勉強したかもスグわかる！いたれり尽くせりだ！

そして、一番大事なのは復習だ。問題を解いた後は、しっかり復習して、なぜその肢が正しいのか、誤っているのかということを究明しておくこと。

④ 肢ごとに「らくらく宅建塾」の参照ページが書いてある

直接問題に関係する解説だけでなく、「ここが基本だから読んでおいて欲しいところ」や「プラスαで知っておきたいところ」にもリンクさせてある。確認しながら、知識を確実にしていこう。「らくらく宅建塾」には大事なことしか書いていないゾ！

そして「らくらく宅建塾」には載っていない発展的な、タマ～にしか出ないところは、「過去問宅建塾」の解説と解説下のアドバイスで完ペキだ。

⑤ 難度が書いてある

宅建学院による試験分析の結果から、[カンタン]・[普通]・[難しい]・[超難]の4つに分けてある。勉強の目安にしよう。初めて解くのに超難問を間違ったと悩む必要はないし、3回目なのに[カンタン]な問題を間違うようでは理解不足だ。もう一度「らくらく宅建塾」を読むべし！

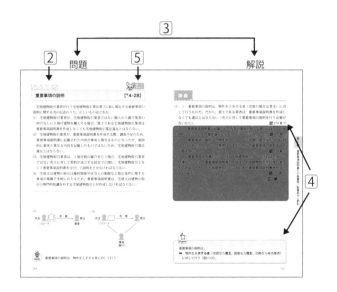

資料 1. 宅建士試験協力機関一覧表

受験申込手続き等については、住所地の協力機関に問い合わせて下さい。

宅建士試験協力機関一覧（2023 年 12 月現在）

協力機関名	電話番号	協力機関名	電話番号
(公社)北海道宅地建物取引業協会	011-642-4422	(公社)滋賀県宅地建物取引業協会	077-524-5456
(公社)青森県宅地建物取引業協会	017-722-4086	(公社)京都府宅地建物取引業協会	075-415-2140
(一財)岩手県建築住宅センター	019-623-4414	(一財)大阪府宅地建物取引士センター	06-6940-0104
(公社)宮城県宅地建物取引業協会	022-398-9397	(一社)兵庫県宅地建物取引業協会	078-367-7227
(公社)秋田県宅地建物取引業協会	018-865-1671	(公社)奈良県宅地建物取引業協会	0742-61-4528
(公社)山形県宅地建物取引業協会	023-623-7502	(公社)和歌山県宅地建物取引業協会	073-471-6000
(公社)福島県宅地建物取引業協会	024-531-3487	(公社)鳥取県宅地建物取引業協会	0857-23-3569
(公社)茨城県宅地建物取引業協会	029-225-5300	(公社)島根県宅地建物取引業協会	0852-23-6728
(公社)栃木県宅地建物取引業協会	028-634-5611	(一社)岡山県不動産サポートセンター	086-224-2004
(一社)群馬県宅地建物取引業協会	027-243-3388	(公社)広島県宅地建物取引業協会	082-243-0011
(公社)新潟県宅地建物取引業協会	025-247-1177	(一社)山口県宅地建物取引業協会	083-973-7111
(公社)山梨県宅地建物取引業協会	055-243-4300	(公社)徳島県宅地建物取引業協会	088-625-0318
(一社)長野県宅地建物取引業協会	026-226-5454	(公社)香川県宅地建物取引業協会	087-823-2300
(公社)埼玉県弘済会	048-822-7926	(公社)愛媛県宅地建物取引業協会	089-943-2184
(一社)千葉県宅地建物取引業協会	043-441-6262	(公社)高知県宅地建物取引業協会	088-823-2001
(公財)東京都防災・建築まちづくりセンター	03-5989-1734	(一財)福岡県建築住宅センター	092-737-8013
(公社)神奈川県宅地建物取引業協会	045-681-5010	(公社)佐賀県宅地建物取引業協会	0952-32-7120
(公社)富山県宅地建物取引業協会	076-425-5514	(公社)長崎県宅地建物取引業協会	095-848-3888
(公社)石川県宅地建物取引業協会	076-291-2255	(一社)熊本県宅地建物取引業協会	096-213-1355
(公社)福井県宅地建物取引業協会	0776-24-0680	(一社)大分県宅地建物取引業協会	097-536-3758
(公社)岐阜県宅地建物取引業協会	058-275-1171	(一社)宮崎県宅地建物取引業協会	0985-26-4522
(公社)静岡県宅地建物取引業協会	054-246-7150	(公社)鹿児島県宅地建物取引業協会	099-252-7111
(公社)愛知県宅地建物取引業協会	052-953-8040	(公社)沖縄県宅地建物取引業協会	098-861-3402
(公社)三重県宅地建物取引業協会	059-227-5018		

資料 2. 過去 43 年間のデータ

年　　度	申込者数	受験者数	合格者数	合格率（倍率）	合格点
1981（昭和56）年	137,864人	119,091人	22,660人	19.0％（5.3倍）	35点
1982（昭和57）年	124,239人	109,061人	22,355人	20.5％（4.9倍）	35点
1983（昭和58）年	119,919人	103,953人	13,761人	13.2％（7.6倍）	30点
1984（昭和59）年	119,703人	102,233人	16,325人	16.0％（6.3倍）	31点
1985（昭和60）年	120,943人	104,566人	16,170人	15.5％（6.5倍）	32点
1986（昭和61）年	150,432人	131,073人	21,786人	16.6％（6.0倍）	33点
1987（昭和62）年	219,036人	192,785人	36,669人	19.0％（5.3倍）	35点
1988（昭和63）年	280,660人	235,803人	39,537人	16.8％（6.0倍）	35点
1989（平成1）年	339,282人	281,701人	41,978人	14.9％（6.7倍）	33点
1990（平成2）年	422,904人	342,111人	44,149人	12.9％（7.7倍）	26点
1991（平成3）年	348,008人	280,779人	39,181人	14.0％（7.2倍）	34点
1992（平成4）年	282,806人	223,700人	35,733人	16.0％（6.3倍）	32点
1993（平成5）年	242,212人	195,577人	28,138人	14.4％（6.9倍）	33点
1994（平成6）年	248,076人	201,542人	30,500人	15.1％（6.6倍）	33点
1995（平成7）年	249,678人	202,589人	28,124人	13.9％（7.2倍）	28点
1996（平成8）年	244,915人	197,168人	29,065人	14.7％（6.8倍）	32点
1997（平成9）年	234,175人	190,135人	26,835人	14.1％（7.1倍）	34点
1998（平成10）年	224,822人	179,713人	24,930人	13.9％（7.2倍）	30点
1999（平成11）年	222,913人	178,393人	28,277人	15.9％（6.3倍）	30点
2000（平成12）年	210,466人	168,095人	25,928人	15.4％（6.5倍）	30点
2001（平成13）年	204,629人	165,119人	25,203人	15.3％（6.6倍）	34点
2002（平成14）年	209,672人	169,657人	29,423人	17.3％（5.8倍）	36点
2003（平成15）年	210,182人	169,625人	25,942人	15.3％（6.5倍）	35点
2004（平成16）年	216,830人	173,457人	27,639人	15.9％（6.3倍）	32点
2005（平成17）年	226,665人	181,880人	31,520人	17.3％（5.8倍）	33点
2006（平成18）年	240,278人	193,573人	33,191人	17.1％（5.8倍）	34点
2007（平成19）年	260,633人	209,684人	36,203人	17.3％（5.8倍）	35点
2008（平成20）年	260,591人	209,415人	33,946人	16.2％（6.2倍）	33点
2009（平成21）年	241,944人	195,515人	34,918人	17.9％（5.6倍）	33点
2010（平成22）年	228,214人	186,542人	28,311人	15.2％（6.6倍）	36点
2011（平成23）年	231,596人	188,572人	30,391人	16.1％（6.2倍）	36点
2012（平成24）年	236,350人	191,169人	32,000人	16.7％（6.0倍）	33点
2013（平成25）年	234,586人	186,304人	28,470人	15.3％（6.5倍）	33点
2014（平成26）年	238,343人	192,029人	33,670人	17.5％（5.7倍）	32点
2015（平成27）年	243,199人	194,926人	30,028人	15.4％（6.5倍）	31点
2016（平成28）年	245,742人	198,463人	30,589人	15.4％（6.5倍）	35点
2017（平成29）年	258,511人	209,354人	32,644人	15.6％（6.4倍）	35点
2018（平成30）年	265,444人	213,993人	33,360人	15.6％（6.4倍）	37点
2019（令和元）年	276,019人	220,797人	37,481人	17.0％（5.9倍）	35点
2020（令和2）年10月	204,163人	168,989人	29,728人	17.6％（5.7倍）	38点
2020（令和2）年12月	55,121人	35,261人	4,610人	13.1％（7.6倍）	36点
2021（令和3）年10月	256,704人	209,749人	37,579人	17.9％（5.6倍）	34点
2021（令和3）年12月	39,814人	24,965人	3,892人	15.6％（6.4倍）	34点
2022（令和4）年	283,856人	226,048人	38,525人	17.0％（5.9倍）	36点
2023（令和5）年	289,096人	233,276人	40,025人	17.2％（5.8倍）	36点

資料 3. 分野ごとの出題数（2009 ～ 2023 年度）

		出題数
1巻　権利関係 （本試験第 1 ～14問）	14問出題	
2巻　宅建業法 （本試験第26～45問）	20問出題	
3巻前半　法令上の制限 （本試験第15～22問）	8問出題	
3巻後半　その他の分野 （本試験第23～25問、 　　第46～50問）	8問出題 （税　法 2問 その他 6問）	

目盛り：1 2 3 4 5 6 7 8 9 10 11 12 13 14 15 16 17 18 19 20

も く じ

1

第1編

宅 建 業

宅建業とは？ ［平27-26］

　次の記述のうち、宅地建物取引業法（以下この問において「法」という。）の規定によれば、正しいものはいくつあるか。

ア　都市計画法に規定する工業専用地域内の土地で、建築資材置き場の用に供されているものは、法第2条第1号に規定する宅地に該当する。

イ　社会福祉法人が、高齢者の居住の安定確保に関する法律に規定するサービス付き高齢者向け住宅の貸借の媒介を反復継続して営む場合は、宅地建物取引業の免許を必要としない。

ウ　都市計画法に規定する用途地域外の土地で、倉庫の用に供されているものは、法第2条第1号に規定する宅地に該当しない。

エ　賃貸住宅の管理業者が、貸主から管理業務とあわせて入居者募集の依頼を受けて、貸借の媒介を反復継続して営む場合は、宅地建物取引業の免許を必要としない。

(1)　一つ

(2)　二つ

(3)　三つ

(4)　四つ

Hint!　用途地域。

講 義

ア　正。工業専用地域は用途地域だ。**用途地域内の土地は、道路・公園等以外は全て宅地だ。**建物の有無は関係ない。本肢は、用途地域内の建築資材置き場だから宅地だ。　　　　　　　　　272頁③、403頁⑧

イ　誤。住宅の貸借の媒介を反復継続して営むことは、宅建業に当たる。そして、①国、②**地方公共団体**、③信託銀行、④信託会社は、免許なしで宅建業ができる。しかし、社会福祉法人は①〜④のどれにも該当しないから、宅建業を行うためには、免許が必要だ。　　　　　　276頁③

ウ　誤。**今現在、建物が建っている土地は宅地だ。**本肢の土地は、倉庫の用に供されている土地（＝今現在、建物が建っている土地）だから、宅地だ。　　　　　　　　　　　　　　　　　272頁①、273頁①

エ　誤。**貸借の媒介は取引だ。**だから、住宅の貸借の媒介を反復継続して営む場合は、免許が必要だ。なお、管理業は、宅建業に当たらない。だから、本肢の管理業者が、管理業務だけ行うなら、免許は必要ない。　　　　　　　　　　　　　　　　273頁3.、274頁(2)

以上により、正しいものはアだけなので、正解は肢(1)となる。

（正　解）(1)

Point!

宅建業をする場合、免許は必要か？

・学校法人　➡　必要

・宗教法人　➡　必要

・社会福祉法人　➡　必要（肢イ）

・農業協同組合　➡　必要

宅建業とは？ [令1-42]

　宅地建物取引業法第2条第1号に規定する宅地に関する次の記述のうち、誤っているものはどれか。

(1)　建物の敷地に供せられる土地は、都市計画法に規定する用途地域の内外を問わず宅地であるが、道路、公園、河川等の公共施設の用に供せられている土地は、用途地域内であれば宅地とされる。

(2)　宅地とは、現に建物の敷地に供せられている土地に限らず、広く建物の敷地に供する目的で取引の対象とされた土地をいうものであり、その地目、現況の如何を問わない。

(3)　都市計画法に規定する市街化調整区域内において、建物の敷地に供せられる土地は宅地である。

(4)　都市計画法に規定する準工業地域内において、建築資材置場の用に供せられている土地は宅地である。

 用途地域内の土地→公共施設用地を除いて、宅地。

講 義

(1) 誤。**今現在**、建物が建っている土地（建物の敷地に供せられている土地）は宅地だ（前半は○）。**用途地域内の土地は、原則として、宅地だ**。ただし、用途地域内の土地であっても、**道路・公園・河川等の公共施設用地は、宅地ではない**（後半が×）。　　　　　　　　　　　　 272頁 ①、③

(2) 正。今現在、建物が建っている土地は宅地だ。また、今現在、建物は建っていないが、**建物を建てる目的**で取引される土地（建物の敷地に供する目的で取引される土地）も宅地だ。その地目や現況は関係ない。だから、建物を建てる目的で取引される土地は、地目・現況の如何に関わらず宅地だ。　　　　　　　　　　　　　　　　　　　　 272頁 ①、②

(3) 正。**今現在**、建物が建っている土地は宅地だ。その土地が市街化調整区域内にあっても、今現在、建物が建っている土地なら宅地だ。

　　　　　　　　　　　　　　　　　　　　　　　　 272頁 ①

(4) 正。**用途地域内の土地は、道路・公園・河川等の公共施設用地を除いて、宅地だ**。準工業地域は用途地域だ。だから、準工業地域内（つまり、用途地域内）において、建築資材置場の用に供せられている土地は、宅地だ。

　　　　　　　　　　　　　　　　　　 272頁 ③、403頁 ⑥

（ 正 解 ） (1)

用途地域内の土地は、

➡ 道路・公園・河川等の公共施設用地を除いて、宅地だ（肢(1)(4)）。

宅建業とは？ [平19-32]

　宅地建物取引業の免許（以下この問において「免許」という。）に関する次の記述のうち、正しいものはどれか。

(1)　Aが、競売により取得した宅地を10区画に分割し、宅地建物取引業者に販売代理を依頼して、不特定多数の者に分譲する場合、Aは免許を受ける必要はない。

(2)　Bが、自己所有の宅地に自ら貸主となる賃貸マンションを建設し、借主の募集及び契約をCに、当該マンションの管理業務をDに委託する場合、Cは免許を受ける必要があるが、BとDは免許を受ける必要はない。

(3)　破産管財人が、破産財団の換価のために自ら売主となって、宅地又は建物の売却を反復継続して行い、その媒介をEに依頼する場合、Eは免許を受ける必要はない。

(4)　不特定多数の者に対し、建設業者Fが、建物の建設工事を請け負うことを前提に、当該建物の敷地に供せられる土地の売買を反復継続してあっせんする場合、Fは免許を受ける必要はない。

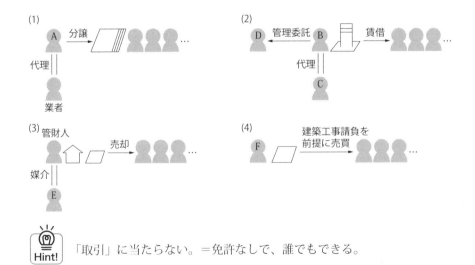

Hint!　「取引」に当たらない。＝免許なしで、誰でもできる。

6

講義

(1) 誤。代理人である業者が行った契約の効力は本人Aに帰属する。つまり、業者が宅地の一区画を4月1日にXに売却すれば、その効力は直接Aに帰属することになる。また、業者が宅地の一区画を4月2日にYに売却すれば、その効力は直接Aに帰属することになる。こうしてA自身が、不特定多数の人に反復継続して売買を行っていることになるのだ。だから、Aは**免許が必要**だ。 🔖 275頁(2)

(2) 正。「自ら貸借」は「取引」に当たらない。だから、「**自ら貸借**」を**する**には**免許はいらない**。したがって、Bは免許が不要だ。また、「管理」は、「売買・交換・貸借」のどれにも当たらない。だから、ビル管理業は宅建業には当たらないので、ビル管理業をするには免許はいらない。したがって、Dは免許が不要だ。そして、Cは「貸借」の「代理」をしているのだから、免許が必要だ。 🔖 274頁

(3) 誤。宅地建物の「売買」を「媒介する」ことは「取引」に当たる。だから、宅地建物の「**売買**」の「**媒介**」を反復継続して行っているEは免許が必要だ。
🔖 273頁 3.、275頁 4.

(4) 誤。建物の建築工事を請け負うことを前提にしてはいるが、Fは宅地の「売買」の「あっせん（媒介）」を反復継続して行っている。だから、Fは免許が必要だ。 🔖 273頁 3.

（**正 解**）(2)

Point!

「取引」に当たらないもの
① **自ら貸借を行うこと**（肢(2)）
② ビル管理業（肢(2)）
③ 宅地の造成業
①～③は「取引」に当たらない。だから、①～③は免許なしで、誰でもできる。

宅建業とは？ [平26-26]

　宅地建物取引業の免許（以下この問において「免許」という。）に関する次の記述のうち、宅地建物取引業法の規定によれば、正しいものはいくつあるか。

ア　Aの所有する商業ビルを賃借しているBが、フロアごとに不特定多数の者に反復継続して転貸する場合、AとBは免許を受ける必要はない。

イ　宅地建物取引業者Cが、Dを代理して、Dの所有するマンション（30戸）を不特定多数の者に反復継続して分譲する場合、Dは免許を受ける必要はない。

ウ　Eが転売目的で反復継続して宅地を購入する場合でも、売主が国その他宅地建物取引業法の適用がない者に限られているときは、Eは免許を受ける必要はない。

エ　Fが借金の返済に充てるため、自己所有の宅地を10区画に区画割りして、不特定多数の者に反復継続して売却する場合、Fは免許を受ける必要はない。

(1)　一つ　(2)　二つ　(3)　三つ　(4)　なし

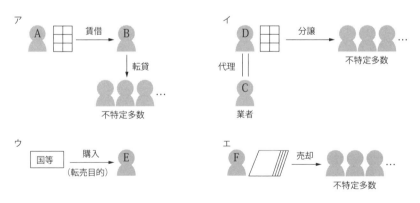

　「買う」ことも「売買」。

講義

ア　正。「自ら貸借（転貸）を行うこと」は、「取引」に当たらないので、免許なしで誰でもできる。だから、「自ら貸借」しているだけのAは免許不要だ。また、「自ら転貸」しているだけのBも免許不要だ。

　274頁(1) 注!

イ　誤。例えば、代理人のCが、4月1日にマンションの1戸をXに売却すると、その効力は、直接Dに帰属し、Dが4月1日にXにマンションの1戸を売却したことになる。そして、Cが4月2日にマンションの1戸をYに売却すると、これまたDがYに売却したことになる。こうしてD自身が、不特定多数の人に反復継続して売買を行っていることになるのだ。だから、Dは免許が必要だ。

　275頁(2)

ウ　誤。転売するために宅地建物を反復継続して自ら購入する場合も、「自ら売買」となり、「取引」に当たるので免許が必要だ。なお、Eは商品となる宅地を、国その他の宅建業法の適用のない者から仕入れているが、仕入先（売主）に宅建業法の適用があるかどうかは関係ない。

　273頁3.

エ　誤。宅地建物の「売買」を「自ら行う」ことは、「取引」に当たる。だから、不特定多数の人に反復継続して、宅地の「売買」を「自ら行う」Fは免許が必要だ。

　273頁3.、275頁4.

以上により、正しいものはアだけなので、正解は肢(1)となる。

（正　解）　(1)

Point!

肢ウについて
　「売る」だけでなく、「買う（購入する）」ことも「売買」だ。
➡ だから、宅地を購入するEは、宅地の「売買」を「自ら行う」ことになる。

宅建業とは？ [平23-26]

　宅地建物取引業の免許（以下この問において「免許」という。）に関する次の記述のうち、正しいものはどれか。

(1)　宅地建物取引業を営もうとする者は、同一県内に2以上の事務所を設置してその事業を営もうとする場合にあっては、国土交通大臣の免許を受けなければならない。

(2)　Aが、B社が甲県に所有する1棟のマンション（20戸）を、貸主として不特定多数の者に反復継続して転貸する場合、Aは甲県知事の免許を受けなければならない。

(3)　C社が乙県にのみ事務所を設置し、Dが丙県に所有する1棟のマンション（10戸）について、不特定多数の者に反復継続して貸借の代理を行う場合、C社は乙県知事の免許を受けなければならない。

(4)　宅地建物取引業を営もうとする者が、国土交通大臣又は都道府県知事から免許を受けた場合、その有効期間は、国土交通大臣から免許を受けたときは5年、都道府県知事から免許を受けたときは3年である。

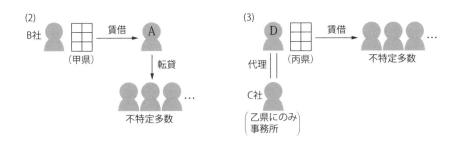

　自ら貸借（転貸）は取引に当たるか？

講義

(1)　誤。1つの都道府県内だけに事務所を設置する場合には、その都道府県の知事から免許をもらわなければならない（事務所が2以上でも、そのすべての事務所が1つの都道府県内にあるのなら、知事免許だ）。

277頁(1) 注!

(2)　誤。「自ら転貸」は取引に当たらない。だから、「自ら転貸」をするAは免許を受ける必要はない。

274頁(1) 注!

(3)　正。「貸借の代理」は取引に当たる。だから、不特定多数の者に反復継続して「貸借の代理」を行うC社は免許を受ける必要がある。そして、C社は乙県にのみ事務所を設置しているので、乙県知事免許が必要だ。

273頁3.、277頁(1)

(4)　誤。免許の有効期間は5年だ。大臣免許でも、知事免許でも有効期間は5年だから、本肢は×だ。

281頁(1)

（正　解）　(3)

Point!

取引に当たるか？

① 自ら貸借・自ら転貸 ➡　✕　（肢(2)）

② 貸借の代理　　　　➡　○　（肢(3)）

③ 貸借の媒介　　　　➡　○

宅建業とは？ [〒30-41]

次の記述のうち、宅地建物取引業の免許を要する業務が含まれるものはどれか。

(1) A社は、所有する土地を 10 区画にほぼ均等に区分けしたうえで、それぞれの区画に戸建住宅を建築し、複数の者に貸し付けた。

(2) B社は、所有するビルの一部にコンビニエンスストアや食堂など複数のテナントの出店を募集し、その募集広告を自社のホームページに掲載したほか、多数の事業者に案内を行った結果、出店事業者が決まった。

(3) C社は賃貸マンションの管理業者であるが、複数の貸主から管理を委託されている物件について、入居者の募集、貸主を代理して行う賃貸借契約の締結、入居者からの苦情・要望の受付、入居者が退去した後の清掃などを行っている。

(4) D社は、多数の顧客から、顧客が所有している土地に住宅や商業用ビルなどの建物を建設することを請け負って、その対価を得ている。

 自ら貸借が２つ、貸借の代理が１つある。

講義

(1)　含まれない。「**自ら貸借**」をするには、免許はいらない。戸建て住宅を
　　貸し付けることは、「**自ら貸借**」だ。だから、A社は免許不要だ（免許を
　　要する業務は含まれない）。　　　　　　　　　　　　　　　　274頁(1)

(2)　含まれない。難しく考える必要はない。「所有するビルに出店を募集し
　　～出店事業者が決まった」とあるから、結局、自分のビルを貸したとい
　　うことだ。（B社が行っていることは、「**自ら貸借**」だ）。だから、B社は
　　免許不要だ（免許を要する業務は含まれない）。　　　　　　　274頁(1)

(3)　含まれる。C社は貸主を代理して行う賃貸借契約の締結を行ってい
　　る。「貸借の代理」を行っているのだから、C社は免許が必要だ（免許を
　　要する業務が含まれる）。　　　　　　　　　　　　　　　　　273頁3.

(4)　含まれない。D社が行っているのは建設だ。当たり前の話だが、建設
　　は宅建業の取引には当たらない。だから、D社は免許不要だ（免許を要
　　する業務は含まれない）。　　　　　　　　　　　　　　　　　273頁3.

　　　　　　　　　　　　　　　　　　　　　　　　（正　解）(3)

Point!

　「**自ら貸借**」をするには、
➡　　免許はいらない。
　コメント　肢(1)のA社と肢(2)のB社が行っているのは、「**自ら貸借**」だ。
　だから、A社もB社も免許不要だ。

宅建業とは？ [平24-27]

　宅地建物取引業の免許（以下この問において「免許」という。）に関する次の記述のうち、正しいものはどれか。

(1)　免許を受けていた個人Aが死亡した場合、その相続人Bは、死亡を知った日から30日以内にその旨をAが免許を受けた国土交通大臣又は都道府県知事に届け出なければならない。

(2)　Cが自己の所有する宅地を駐車場として整備し、賃貸を業として行う場合、当該賃貸の媒介を、免許を受けているD社に依頼するとしても、Cは免許を受けなければならない。

(3)　Eが所有するビルを賃借しているFが、不特定多数の者に反復継続して転貸する場合、Eは免許を受ける必要はないが、Fは免許を受けなければならない。

(4)　G社（甲県知事免許）は、H社（国土交通大臣免許）に吸収合併され、消滅した。この場合、H社を代表する役員Iは、当該合併の日から30日以内にG社が消滅したことを国土交通大臣に届け出なければならない。

 宅建業とは？

講義

(1) 正。業者が死亡した場合、その相続人は死亡を知ってから30日以内に免許権者に届け出なければならない。 📖 284頁 よく出るポイント①

(2) 誤。「**自ら貸借（自ら転貸）**」は「取引」に当たらない＝免許なしで、誰でもできる。だから、Cは免許を受ける必要はない。 📖 273頁 注!

(3) 誤。「**自ら貸借（自ら転貸）**」は「取引」に当たらない＝免許なしで、誰でもできる。だから、自ら貸借をしているEも、自ら転貸をしているFも免許を受ける必要はない。 📖 274頁(1)

(4) 誤。合併の場合、消滅会社の代表役員だった者が30日以内に免許権者に届け出なければならない。だから、本肢の場合は、G社（消滅会社）の代表役員だった者が甲県知事に届出をしなければならない（H社を代表する役員Iが届出をするのではない）。

📖 283頁 下の表②、284頁 よく出るポイント①

(正 解) (1)

Point!

業者が業者でなくなる場合の届出（廃業等の届出）

		届出義務者
①	死　亡	相　続　人（肢(1)）
②	合　併	**消滅会社の代表役員だった者**（肢(4)）
③	破　産	**破産管財人** 注意!
④	解　散	清　算　人
⑤	廃　業	代表役員（個人業者なら本人）

注意! 宅地建物取引士が破産した場合には**本人**が届け出る。

➡ 届出義務者が30日以内に（死亡の場合だけは相続人が**知ってから**30日以内に）免許権者に届け出なければならない（肢(1)）。

15

宅建業とは？ [平22-26]

　宅地建物取引業の免許（以下この問において「免許」という。）に関する次の記述のうち、正しいものはどれか。

(1)　農地所有者が、その所有する農地を宅地に転用して売却しようとするときに、その販売代理の依頼を受ける農業協同組合は、これを業として営む場合であっても、免許を必要としない。

(2)　他人の所有する複数の建物を借り上げ、その建物を自ら貸主として不特定多数の者に反復継続して転貸する場合は、免許が必要となるが、自ら所有する建物を貸借する場合は、免許を必要としない。

(3)　破産管財人が、破産財団の換価のために自ら売主となり、宅地又は建物の売却を反復継続して行う場合において、その媒介を業として営む者は、免許を必要としない。

(4)　信託業法第3条の免許を受けた信託会社が宅地建物取引業を営もうとする場合、免許を取得する必要はないが、その旨を国土交通大臣に届け出ることが必要である。

　免許がなくても宅建業をできる人がいる。

講義

(1)　誤。免許がなくとも宅建業をできる人がいる。１国、２地方公共団体、３信託銀行、４信託会社だ。農業協同組合は、１～４に該当しないから、宅建業をするには、免許が必要だ。　　　　　　　　　　　　　　📖276頁⑶

(2)　誤。「**自ら貸借（自ら転貸）**」は「**取引**」に当たらない。だから、免許なしで、誰でもできる。したがって、自ら借主として不特定多数の者に反復継続して転貸する場合も、自ら所有する建物を貸借する場合も免許は不要だ。

　　　　　　　　　　　　　　　　　　　　　　　　　📖274頁⑴

(3)　誤。破産管財人が、**破産財団の換価のために自ら売主となる場合**、破産管財人は、免許は不要だ（裁判所が監督しているので、破産管財人は悪どいことはできない。だから免許不要）。しかし、その媒介を業として行うものは免許が必要だ。　　　　　　　　📖276頁 下の 注!

(4)　正。**信託会社**は、免許がなくても宅建業ができる。ただし、一定事項を大臣に届け出ることが必要だ。　　　　　　　　　　📖276頁⑶

　　　　　　　　　　　　　　　　　　　　　　（**正　解**）　(4)

Point!

　免許がなくとも宅建業をできる人

１　**国**

２　**地方公共団体**

３　**信託銀行**

４　**信託会社**

注意1　③の信託銀行と④の信託会社は、一定事項を大臣に届け出ることが必要だ（肢(4)）。

注意2　破産管財人が、破産財団の換価のために自ら売主となる場合は免許が不要だ。

免　許　　　　　　　　　　　　　[令3-32]

　宅地建物取引業の免許（以下この問において「免許」という。）に関する次の記述のうち、宅地建物取引業法の規定によれば、正しいものはどれか。なお、いずれの場合も、その行為を業として営むものとする。

⑴　Ａ社が、都市計画法に規定する用途地域外の土地であって、ソーラーパネルを設置するための土地の売買を媒介しようとする場合、免許は必要ない。

⑵　Ｂ社が、土地区画整理事業の換地処分により取得した換地を住宅用地として分譲しようとする場合、免許は必要ない。

⑶　農業協同組合Ｃが、組合員が所有する宅地の売却の代理をする場合、免許は必要ない。

⑷　Ｄ社が、地方公共団体が定住促進策としてその所有する土地について住宅を建築しようとする個人に売却する取引の媒介をしようとする場合、免許は必要ない。

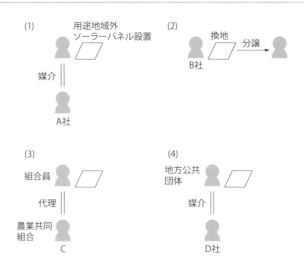

ソーラーパネルは建物ではない。

講 義

(1) 正。用途地域外の土地であっても、①今現在、建物が建っている土地、②今現在、建物は建っていないが、建物を建てる目的で取引される土地なら、宅地だ。しかし、ソーラーパネルは、建物ではない。だから、本肢の土地は、宅地ではない。したがって、本肢の土地の売買の媒介に、免許は不要だ。　🔀272頁 ① ② ③

(2) 誤。宅地が土地区画整理事業の換地処分により取得した換地であることと、免許が必要か否かは関係がない（「取り扱うのが換地処分により取得した換地だから、免許は不要」とはならない）。だから、住宅用地（建物を建てる目的で取引される土地だから宅地だ）を分譲しようとするB社は免許が必要だ。　🔀272頁 ②

(3) 誤。①国、②地方公共団体、③信託銀行、④信託会社なら、免許なしで宅建業ができる。農業協同組合は①〜④のどれにも該当しない。だから、農業協同組合が宅建業をするには、免許が必要だ。　🔀276頁 ③

(4) 誤。地方公共団体は、免許なしで宅建業ができる。しかし、地方公共団体が宅地を個人に売却する取引の媒介（つまり、売買の媒介）をしようとするD社は、免許が必要だ。　🔀276頁 ③ ②

正 解　(1)

👆 Point!

次の①〜④は免許なしで宅建業ができる（肢(3)）

① **国**

② **地方公共団体**（都道府県と市町村）

③ **信託**銀行

④ **信託**会社

注意1　都市再生機構は国とみなされるから免許不要。地方住宅供給公社は地方公共団体とみなされるから免許不要。

注意2　③の信託銀行と④の信託会社は免許不要だが、宅建業を営もうとするときは、その旨を大臣に届け出ることが必要。

免許換え等 [平20-30]

次の記述のうち、宅地建物取引業法（以下この問において「法」という。）の規定によれば、正しい内容のものはどれか。

(1) Xは、甲県で行われた宅地建物取引士資格試験に合格した後、乙県に転居した。その後、登録実務講習を修了したので、乙県知事に対し法第18条第1項の登録を申請した。

(2) Yは、甲県知事から宅地建物取引士証（以下「宅建士証」という。）の交付を受けている。Yは、乙県での勤務を契機に乙県に宅地建物取引士の登録の移転をしたが、甲県知事の宅建士証の有効期間が満了していなかったので、その宅建士証を用いて宅地建物取引士としてすべき事務を行った。

(3) A社（国土交通大臣免許）は、甲県に本店、乙県に支店を設置しているが、乙県の支店を廃止し、本店を含むすべての事務所を甲県内にのみ設置して事業を営むこととし、甲県知事へ免許換えの申請を行った。

(4) B社（甲県知事免許）は、甲県の事務所を廃止し、乙県内で新たに事務所を設置して宅地建物取引業を営むため、甲県知事へ廃業の届けを行うとともに、乙県知事へ免許換えの申請を行った。

 1つの都道府県内にだけ事務所を設置する場合はドーなる？

講 義

(1) 誤。登録をしようとするときは、**受験地の知事**に申請することが必要だ。だから、Xは、甲県知事に登録を申請しなければならない。

　　　　　　　　　　　　　　　　　　　　　　　　　　　 📖 296頁 (2)

(2) 誤。登録を移転すると、今の宅建士証は失効する。だから、Yが甲県知事から交付されていた宅建士証は**効力を失**うので、Yは、その宅建士証を用いて事務を行うことはできない。　　　📖 303頁 よく出るポイント②

(3) 正。1つの都道府県内にだけ事務所を設置する場合には、その都道府県の知事の免許が必要だ。A社は、すべての事務所を**甲県内にだけ設置**して事業を営むことになったのだから、甲県知事に免許換えを申請しなければならない。　　　　　　　　　　　　📖 277頁 (1)、280頁 ②

(4) 誤。B社は、宅建業をやめるわけではないのだから、廃業の届けをする**必要はない**。だから、本肢は×だ。ちなみに、「乙県知事に免許換えの申請を行った」という点は正しい。念のため。　　　📖 280頁 ③

（**正 解**）(3)

Point!

登録と宅建士証の交付

Q1　どこに登録するの？

A1　**受験地**の知事に登録する（肢(1)）。

Q2　どこの知事が宅建士証を交付してくれるの？

A2　自分が登録をしている知事が交付してくれる。

従業者名簿・帳簿 [平29-35]

次の記述のうち、宅地建物取引業法（以下この問において「法」という。）の規定によれば、正しいものはどれか。

(1) 宅地建物取引業者は、自ら貸主として締結した建物の賃貸借契約について、法第49条に規定されている業務に関する帳簿に、法及び国土交通省令で定められた事項を記載しなければならない。

(2) 宅地建物取引業者は、その業務に関する帳簿を、一括して主たる事務所に備えれば、従たる事務所に備えておく必要はない。

(3) 宅地建物取引業者は、その業務に関する帳簿に報酬の額を記載することが義務付けられており、違反した場合は指示処分の対象となる。

(4) 宅地建物取引業者は、その業務に従事する者であっても、一時的に事務の補助のために雇用した者については、従業者名簿に記載する必要がない。

 宅建業法に違反→指示処分の対象となる。

講 義

(1) 誤。「**自ら貸借**」は「取引」には当たらない (「自ら貸借」の場合は宅建業法が適用されない)。だから、帳簿に一定の事項を記載する必要はない。「帳簿に一定の事項を記載しなければならない」というのは、宅建業法上のルールだ。「自ら貸借」の場合は、そもそも宅建業法が適用されないのだから、「帳簿に一定の事項を記載しなければならない」というルールも適用されないということ。　　　　　　　💹 273頁3.、292頁(4)

(2) 誤。業者は**事務所ごと**に、業務に関する帳簿を置かなければならない。主たる事務所に一括しておいてもダメだ。　　　　　　　💹 292頁(4)

(3) 正。**報酬の額**は帳簿の記載事項だ。だから、記載しなかったら宅建業法違反となり、指示処分の対象となる。　　　💹 292頁(4)、385頁(1)①

(4) 誤。業者は事務所ごとに、従業者名簿を置かなければならない。名簿には、従業者1人1人について一定の事項 (宅地建物取引士か否か等) が記載される。この従業者には、代表者 (社長)、役員 (非常勤を含む)、**一時的に事務を補助する者** (パート・アルバイト) も含まれる。だから、一時的に事務を補助する者も従業者名簿に記載する必要がある。

💹 292頁(3)、306頁 注!

(**正 解**) (3)

Point!

帳簿の記載事項
① 取引の年月日
② 宅地建物の所在・面積
③ 取引態様の別
④ **報酬の額** (肢(3))

従業者名簿・従業者証明書 [令2-39]

次の記述のうち、宅地建物取引業法の規定によれば、正しいものはどれか。

(1) 宅地建物取引業者は、従業者名簿の閲覧の請求があったときは、取引の関係者か否かを問わず、請求した者の閲覧に供しなければならない。

(2) 宅地建物取引業者は、その業務に従事させる者に従業者証明書を携帯させなければならず、その者が宅地建物取引士であり、宅地建物取引士証を携帯していても、従業者証明書を携帯させなければならない。

(3) 宅地建物取引業者は、その事務所ごとに従業者名簿を備えなければならないが、退職した従業者に関する事項は、個人情報保護の観点から従業者名簿から消去しなければならない。

(4) 宅地建物取引業者は、その業務に従事させる者に従業者証明書を携帯させなければならないが、その者が非常勤の役員や単に一時的に事務の補助をする者である場合には携帯させなくてもよい。

 宅建士証は、従業者証明書の代わりにはならない。

講義

(1)　誤。業者は、**取引の関係者**から請求があったときは、従業者名簿を閲覧させなければならない。取引の関係者以外の者から請求があっても閲覧させる必要はないので、「取引の関係者か否かを問わず」とある本肢は×だ。 292頁(3)

(2)　正。宅建士証は、従業者証明書の代わりには**ならない**。だから、業者は、宅建士であり宅建士証を携帯している者にも、従業者証明書を携帯させなければならない。 305頁(2)

(3)　誤。従業者名簿は、最終の記載をした日から10年間保存しなければならない。「退職した従業者に関する事項は、従業者名簿から消去しなければならない」という規定はない（最終の記載をした日から10年間経過していないのに消去したらダメだ）。 292頁(3)

(4)　誤。業者は、業務に従事させる従業者に従業者証明書を携帯させなければならない。この従業者には**一時的に事務の補助をする者**（パート・アルバイト）も含まれる。だから、一時的に事務の補助をする者にも従業者証明書を携帯させなければならない。 306頁 注!

（**正　解**）　(2)

Point!

次の者に従業者証明書を携帯させる必要はあるか？

① 　代表者（社長）　　　　　　➡　ある

② 　非常勤の役員　　　　　　　➡　ある

③ 　**一時的に事務の補助をする者**　➡　ある（肢(4)）

従業者名簿・帳簿その他 [㍻20-42]

次の記述のうち、宅地建物取引業法の規定によれば、正しいものはどれか。

(1) 宅地建物取引業者は、販売予定の戸建住宅の展示会を実施する際、会場で売買契約の締結や売買契約の申込みの受付を行わない場合であっても、当該会場内の公衆の見やすい場所に国土交通省令で定める標識を掲示しなければならない。

(2) 宅地建物取引業者は、その事務所ごとに、その業務に関する帳簿を備え、取引の関係者から請求があったときは、閲覧に供しなければならない。

(3) 宅地建物取引業者は、主たる事務所には、設置しているすべての事務所の従業者名簿を、従たる事務所には、その事務所の従業者名簿を備えなければならない。

(4) 宅地建物取引業者は、その業務に従事させる者に、従業者証明書を携帯させなければならないが、その者が非常勤の役員や単に一時的に事務の補助をする者である場合には携帯をさせなくてもよい。

契約をしない場合も、必要だ！

講義

(1)　正。展示会等の**催しを実施する場所**には、**標識を掲示**しなければならない。たとえ、売買契約を行わない場合でも、掲示する必要がある。

📖 290頁 (1)　注！

(2)　誤。業者は、事務所ごとに、業務に関する帳簿（取引のあったつど、取引内容を記載する）を置かなければならない（パソコンのハードディスク等でも可）。しかし、業者は、取引の関係者から請求があっても、帳簿**を見せる必要はない**ので、本肢は×だ。取引の関係者から請求があった場合に見せなければならないのは、**従業者名簿**だ。ヒッカカらないように注意しよう！

📖 292頁 (3)、(4)

(3)　誤。業者は、主たる事務所には主たる事務所の従業者名簿を、従たる事務所には、その従たる事務所の従業者名簿を置かなければならない。つまり、主たる事務所には、**主たる事務所の従業者名簿だけを置けば OK** なので、「主たる事務所には、設置しているすべての事務所の従業者名簿（＝主たる事務所の従業者名簿＋従たる事務所の従業者名簿）を、置かなければならない」とある本肢は×だ。

📖 292頁 (3)

(4)　誤。業者は、従業者**全員**に、従業者証明書を**携帯**させなければ、業務に従事させることができない。

📖 305頁 (2)

（**正　解**）　(1)

Point!

標識が必要な場所
① 事務所
② 案内所
③ 物件（宅地建物）の所在する場所
④ 展示会等の**催しを実施する場所**（肢(1)）
⑤ 継続的に業務ができる施設を有する場所

帳簿・証明書その他　　　　　　　　　　[令1-40]

次の記述のうち、宅地建物取引業法の規定によれば、誤っているものはどれか。

(1) 宅地建物取引業者の従業者は、取引の関係者の請求があったときは、従業者証明書を提示しなければならないが、宅地建物取引士は、重要事項の説明をするときは、請求がなくても説明の相手方に対し、宅地建物取引士証を提示しなければならない。

(2) 宅地建物取引業者は、その業務に関する帳簿を、各取引の終了後5年間、当該宅地建物取引業者が自ら売主となる新築住宅に係るものにあっては10年間、保存しなければならない。

(3) 宅地建物取引業者が、一団の宅地建物の分譲を案内所を設置して行う場合、その案内所が一時的かつ移動が容易な施設であるときは、当該案内所には、クーリング・オフ制度の適用がある旨等所定の事項を表示した標識を掲げなければならない。

(4) 宅地建物取引業者が、一団の宅地建物の分譲を案内所を設置して行う場合、その案内所が契約を締結し、又は契約の申込みを受ける場所であるときは、当該案内所には、専任の宅地建物取引士を置かなければならない。

 保存期間は、閉鎖後5年間（10年間）だ。

講　義

(1)　正。従業者は、取引関係者から**請求があったとき**は、従業者証明書を提示しなければならない（前半は◯）。宅地建物取引士は、重要事項の説明をするときは、**請求がなくても**説明の相手方に対し、宅地建物取引士証を提示しなければならない（後半も◯）。　📖 304頁(1) ②、305頁(2)

(2)　誤。帳簿の保存期間は、「帳簿の**閉鎖後**」5年間（自ら売主となる新築住宅に係るものは10年間）だ。「取引の終了後」5年間（10年間）ではない。　📖 292頁(4)

(3)　正。本肢の案内所は、一時的かつ移動が容易な施設だ。つまり、土地に定着していないわけだ（テント張りの案内所をイメージすればよい）。だから、クーリング・オフができる案内所だ（クーリング・オフができないのは土地に定着している案内所）。そして、クーリング・オフができる案内所には、クーリング・オフ制度の適用がある旨等を表示した標識を掲げなければならないことになっている。

📖 293頁①①、294頁③、352頁③ 注!

(4)　正。案内所で契約を締結したり、申込みを受ける場合には、専任の**宅地建物取引士**を置かなければならない。ちなみに、**1人置けばOK**だ。従業者の5人に1人以上の割合で置く必要はない。　📖 294頁②③

（**正　解**）(2)

Point!

案内所には
➡　標識が必要（土地に定着していない案内所にも、もちろん、必要）。

注意!　土地に定着していない案内所（つまり、クーリング・オフができる案内所）には、**クーリング・オフ**制度の適用がある旨等を表示した標識を掲げなければならない（肢(3)）。

従業者名簿・従業者証明書 [令5-37]

次の記述のうち、宅地建物取引業法の規定によれば、正しいものはどれか。

(1) 宅地建物取引業者は、非常勤役員には従業者であることを証する証明書を携帯させる必要はない。

(2) 宅地建物取引業者は、その事務所ごとに従業者名簿を備えなければならないが、取引の関係者から閲覧の請求があった場合であっても、宅地建物取引業法第45条に規定する秘密を守る義務を理由に、閲覧を拒むことができる。

(3) 宅地建物取引業者の従業者は、宅地の買受けの申込みをした者から請求があった場合には、その者が宅地建物取引業者であっても、その者に従業者であることを証する証明書を提示する必要がある。

(4) 宅地建物取引業者は、従業者名簿を最終の記載をした日から5年間保存しなければならない。

 買受けの申込みをした者は取引の関係者だ。

講義

(1) 誤。業者は、従業者に従業者証明書を携帯させなければならない。この従業者には、代表者（いわゆる社長）、**非常勤の役員**、単に一時的に事務の補助をする者も含まれる。だから、業者は、非常勤役員に従業者証明書を携帯させる必要がある。　　　　　　　　　　　　　　306頁 注!

(2) 誤。業者は、その事務所ごとに従業者名簿を備えなければならない。そして、取引の関係者から請求があった場合は、**閲覧**させなければならない。　　　　　　　　　　　　　　　　　　　　　　　　292頁(3)

(3) 正。従業者は、取引の関係者から請求があった場合は、**従業者証明書を提示**しなければならない。たとえ、取引の関係者が業者であっても、従業者証明書の提示は必要だ。なお、買受けの申込みをした者は取引の関係者だ。　　　　　　　　　　　　　　　　　　　　　　305頁(2)

(4) 誤。従業者名簿の保存期間は、最終の記載をした日から10年間だ。5年間ではないので、本肢は×だ。　　　　　　　　　　　292頁(3)

（正 解）(3)

Point!

保存期間
1 従業者名簿　➡　最終の記載をした日から**10年間**（肢(4)）
2 帳簿　　　　➡　閉鎖後**5年間**（業者が自ら売主となる新築住宅に係るものは10年間）

　宅地建物取引業の免許（以下この問において「免許」という。）に関する次の記述のうち、宅地建物取引業法の規定によれば、正しいものはどれか。

(1)　宅地建物取引業者A社が免許を受けていないB社との合併により消滅する場合、存続会社であるB社はA社の免許を承継することができる。

(2)　個人である宅地建物取引業者Cがその事業を法人化するため、新たに株式会社Dを設立しその代表取締役に就任する場合、D社はCの免許を承継することができる。

(3)　個人である宅地建物取引業者E（甲県知事免許）が死亡した場合、その相続人は、Eの死亡を知った日から30日以内に、その旨を甲県知事に届け出なければならず、免許はその届出があった日に失効する。

(4)　宅地建物取引業者F社（乙県知事免許）が株主総会の決議により解散することとなった場合、その清算人は、当該解散の日から30日以内に、その旨を乙県知事に届け出なければならない。

　届出義務者・期限・効力に注目。

講義

(1)　誤。A社が合併によって消滅すると、A社の免許は、**合併の時**に当然に**失効**する。免許は失効するのであり、存続会社B社はA社の免許を承継することはできない。　　　　　　　　　　　284頁 よく出るポイント②

(2)　誤。ある人が個人で免許を受けて宅建業をやっていたが、その人が、会社を設立して宅建業を営もうとする場合、**改めて免許を受ける必要がある**（会社が個人の免許を承継することはできない）。　　　　279頁 (3)

(3)　誤。業者が死亡した場合、相続人は死亡を知ってから30日以内に免許権者に届け出なければならない。だから、前半部分は○。業者が死亡した場合、業者の免許は、**死亡の時**に当然に**失効**する。「届出があった日」ではないので、後半部分が×。
　　　　　　　　　　284頁 よく出るポイント①、よく出るポイント②

(4)　正。業者が解散した場合、**清算人**は解散の日から30日以内に免許権者に届け出なければならない。　　283頁 (2)④、284頁 よく出るポイント①

（**正　解**）　(4)

Point!

	届出義務者は？	いつまでに届け出る？	免許はいつ失効する？
死亡	相続人	知ってから30日以内 (肢(3))	死亡の時 (肢(3))
合併	消滅会社の代表役員	30日以内	合併の時 (肢(1))

届　　出　　　　　　　　　　　　　　　　[令5-32]

　宅地建物取引業者が行う届出に関する次の記述のうち、宅地建物取引業法の規定によれば、誤っているものはどれか。

(1)　宅地建物取引業者A（甲県知事免許）が、新たに宅地建物取引業を営む支店を甲県内に設置した場合、Aはその日から30日以内にその旨を甲県知事に届け出なければならない。

(2)　宅地建物取引業者B（乙県知事免許）が、宅地建物取引業者ではないCとの合併により消滅した場合、Bを代表する役員であった者は、その日から30日以内にその旨を乙県知事に届け出なければならない。

(3)　宅地建物取引業者D（丙県知事免許）が、本店における専任の宅地建物取引士Eの退職に伴い、新たに専任の宅地建物取引士Fを本店に置いた場合、Dはその日から30日以内にその旨を丙県知事に届け出なければならない。

(4)　宅地建物取引業者G（丁県知事免許）が、その業務に関し展示会を丁県内で実施する場合、展示会を実施する場所において売買契約の締結（予約を含む。）又は売買契約の申込みの受付を行うときは、Gは展示会での業務を開始する日の5日前までに展示会を実施する場所について丁県知事に届け出なければならない。

　案内所と同じルールだ。

講義

(1) 正。事務所の**所在地・名称**に変更が生じたら、業者は**30日**以内に免許権者に届け出なければならない。 ☒283頁(1)②

(2) 正。会社である業者が合併により消滅した場合、消滅した会社の代表役員だった者は、**30日**以内に免許権者に届け出なければならない。
☒283頁(2)②、284頁 よく出るポイント①

(3) 正。専任の宅地建物取引士の**氏名**に変更が生じたら、業者は**30日**以内に免許権者に届け出なければならない。だから、Dが新たに専任の宅地建物取引士を置いた場合(この場合も専任の宅地建物取引士の氏名に変更が生じたことになる)、Dは**30日**以内に丙県知事に届け出なければならない。 ☒283頁(1)④

(4) 誤。業務に関し**展示会**その他これに類する**催しを実施する場所**で契約を締結したり、申込みを受ける場合、免許権者及び現地の知事に、業務開始の**10日**前までに届け出なければならない。だから、Gは業務開始の**10日**前までに丁県知事に届け出なければならない。「**5日前までに**」という部分が×だ。

(**正 解**) (4)

Point!

業務に関し**展示会**その他これに類する**催しを実施する場所**

➡ **契約を締結**したり、申込みを受ける場合、免許権者及び現地の知事に、業務開始の**10日**前までに届け出なければならない(案内所と同じルールだ)(肢(4))。

免　　許　　　　　　　　　　　　[平21-26]

　次の記述のうち、宅地建物取引業法の規定によれば、正しいものはどれか。

(1)　本店及び支店１か所を有する法人Ａが、甲県内の本店では建設業のみを営み、乙県内の支店では宅地建物取引業のみを営む場合、Ａは乙県知事の免許を受けなければならない。

(2)　免許の更新を受けようとする宅地建物取引業者Ｂは、免許の有効期間満了の日の２週間前までに、免許申請書を提出しなければならない。

(3)　宅地建物取引業者Ｃが、免許の更新の申請をしたにもかかわらず、従前の免許の有効期間の満了の日までに、その申請について処分がなされないときは、従前の免許は、有効期間の満了後もその処分がなされるまでの間は、なお効力を有する。

(4)　宅地建物取引業者Ｄ（丙県知事免許）は、丁県内で一団の建物の分譲を行う案内所を設置し、当該案内所において建物の売買契約を締結する場合、国土交通大臣へ免許換えの申請をしなければならない。

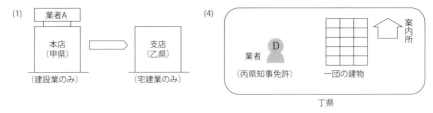

 業者には落ち度がないのだから……。

講 義

(1) 誤。支店で宅建業をやるなら、本店は宅建業をやらなくても自動的に事務所とみなされる。だから、Aは、**2つ以上の都道府県内に事務所を設置**することになるので、**大臣免許を受ける必要がある。** ❷ 278頁 具体例

(2) 誤。更新の手続きは、有効期間満了の日の**90日前**から**30日前**までの間にやらなければならない。 ❷ 281頁(1)

(3) 正。満了の日の90日前から30日前までの間に更新手続きをしたとしても、免許権者（知事または大臣）も忙しいから、新しい免許証を、今までの免許の有効期間中に交付できないこともある。その場合には、業者には落度がない。だから、旧免許は有効期間満了後も**効力を有する**ことになっている。 ❷ 281頁(2)

(4) 誤。案内所は事務所ではない。だから、**案内所を設置しても、免許換えをする必要はない。**だから、丙県知事免許を受けているDが丙県以外の県に案内所を設置しても、免許換えをする必要はない。 ❷ 279頁 2.

（ 正 解 ） (3)

Point!

① 満了の日の90日前から30日前までの間に更新手続きをしたとしても、免許権者が、新しい免許証を、今までの免許の有効期間中に交付できないこともある。その場合、旧免許は有効期間満了後も**効力を有する**ことになっている（肢(3)）。

② ただし、その後、新免許証が交付されると、新免許の有効期間は、交付日からではなく、旧免許の本来の有効期間**満了日の翌日から起算**される。

免許その他 [平29-36]

　次の記述のうち、宅地建物取引業法の規定によれば、正しいものはどれか。なお、この問において「免許」とは、宅地建物取引業の免許をいう。

(1) 宅地建物取引業者Aは、免許の更新を申請したが、免許権者である甲県知事の申請に対する処分がなされないまま、免許の有効期間が満了した。この場合、Aは、当該処分がなされるまで、宅地建物取引業を営むことができない。

(2) Bは、新たに宅地建物取引業を営むため免許の申請を行った。この場合、Bは、免許の申請から免許を受けるまでの間に、宅地建物取引業を営む旨の広告を行い、取引する物件及び顧客を募ることができる。

(3) 宅地建物取引業者Cは、宅地又は建物の売買に関連し、兼業として、新たに不動産管理業を営むこととした。この場合、Cは兼業で不動産管理業を営む旨を、免許権者である国土交通大臣又は都道府県知事に届け出なければならない。

(4) 宅地建物取引業者である法人Dが、宅地建物取引業者でない法人Eに吸収合併されたことにより消滅した場合、一般承継人であるEは、Dが締結した宅地又は建物の契約に基づく取引を結了する目的の範囲内において宅地建物取引業者とみなされる。

 合併後の法人が後始末。

講義

(1) 誤。有効期間の満了の日の 90 日前から 30 日前までの間に更新手続きをしたとしても、免許権者も忙しいから、新しい免許証を、今までの免許の有効期間中に交付できないこともある。この場合、業者側には落度がないわけだから、旧免許は、有効期間満了後も**効力を有する**ことになっている。だから、A は処分がなされるまで宅建業を営むことができる。

281 頁 (2)

(2) 誤。免許を受けていない者は、宅建業を営むことができないし、宅建業の**広告をすることもできない**。 277 頁 注!

(3) 誤。明（名）治（事）の薬（役）剤師（士）（①名称・商号、②事務所の所在地・名称、③役員、④専任の宅地建物取引士の氏名）のどれかに変更が生じたら、30 日以内に業者は免許権者に届け出なければならない。しかし、「兼業（宅建業以外の事業を行っているときは、その事業の種類）」に変更が生じても免許権者に届け出る必要はない。 283 頁 楽勝ゴロ合せ

(4) 正。法人である業者 D が、法人 E に吸収合併されたことにより消滅した場合、E は、D が**消滅前に締結した契約に基づく取引を結了する**目的の範囲内においては、業者とみなされる。要するに、E は、免許なしで取引をやりとげることが認められるということ。 282 頁 (3)

（正 解） (4)

Point!

兼業 (宅建業以外の事業を行っているときは、その事業の種類) は、
① 業者名簿の登載事項であるが、
② 変更を生じても免許権者に**届出不要** (肢(3)) 。

免許その他 [令2-26]

　宅地建物取引業の免許（以下この問において「免許」という。）に関する次の記述のうち、宅地建物取引業法の規定によれば、正しいものはどれか。

(1)　宅地建物取引業者A社（甲県知事免許）が宅地建物取引業者ではないB社との合併により消滅した場合には、B社は、A社が消滅した日から30日以内にA社を合併した旨を甲県知事に届け出れば、A社が受けていた免許を承継することができる。

(2)　信託業法第3条の免許を受けた信託会社が宅地建物取引業を営もうとする場合には、国土交通大臣の免許を受けなければならない。

(3)　個人Cが、転売目的で競売により取得した宅地を多数の区画に分割し、宅地建物取引業者Dに販売代理を依頼して、不特定多数の者に分譲する事業を行おうとする場合には、免許を受けなければならない。

(4)　宅地建物取引業者E（乙県知事免許）は、乙県内に2以上の事務所を設置してその事業を営もうとする場合には、国土交通大臣に免許換えの申請をしなければならない。

(3)

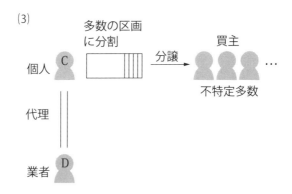

　C自身が、不特定多数の人に反復継続して売買を行っていることになる。

講義

(1)　誤。A社がB社との合併により消滅した場合は、A社の免許は**合併の時**に当然に**失効**する。だから、B社はA社の免許を承継できない。

🦓 284頁 よく出るポイント②

(2)　誤。信託会社は国土交通大臣に**届出**をすれば、宅建業ができる。宅建業の免許を受ける必要はない。　🦓 276頁 (3) 注!

(3)　正。たとえば、Dが4月1日に第1区画をXに売却すると、その効力は直接Cに帰属し、Cが4月1日にXに第1区画を売却したことになる。次にDが4月2日に第2区画をYに売却すると、これまたCが売却したことになる。こうしてC自身が、**不特定多数**の人に**反復継続**して売買を行っていることになるのだ。だから、Cも免許を受ける必要がある。

🦓 275頁 (2)

(4)　誤。知事免許の業者が、**2つ以上の都道府県内**に事務所を設置して事業を営もうとするなら、国土交通大臣に免許換えの申請をする必要がある。しかし、Eは乙県内だけ（1つの都道府県内だけ）に事務所を設置するのだから、乙県知事免許のままでOKだ。だから、国土交通大臣に免許換えの申請をする必要はない。　🦓 277頁 (1)、280頁 ①

（**正　解**）(3)

Point!

信託会社・**信託**銀行
➡　国土交通大臣に**届出**をすれば、宅建業ができる（宅建業の免許を受ける必要はない）（肢(2)）。

免　許 [平28-37]

宅地建物取引業法（以下この問において「法」という。）の規定に関する次の記述のうち、正しいものはいくつあるか。

ア　宅地建物取引業者A（甲県知事免許）が乙県内に新たに支店を設置して宅地建物取引業を営んでいる場合において、免許換えの申請を怠っていることが判明したときは、Aは、甲県知事から業務停止の処分を受けることがある。

イ　宅地建物取引業者Bが自ら売主として宅地の売買契約を成立させた後、当該宅地の引渡しの前に免許の有効期間が満了したときは、Bは、当該契約に基づく取引を結了する目的の範囲内においては、宅地建物取引業者として当該取引に係る業務を行うことができる。

ウ　Cが免許の申請前5年以内に宅地建物取引業に関し不正又は著しく不当な行為をした場合には、その行為について刑に処せられていなかったとしても、Cは免許を受けることができない。

エ　宅地建物取引業者D（甲県知事免許）が乙県内に新たに支店を設置して宅地建物取引業を営むため、国土交通大臣に免許換えの申請を行っているときは、Dは、甲県知事免許業者として、取引の相手方等に対し、法第35条に規定する重要事項を記載した書面及び法第37条の規定により交付すべき書面を交付することができない。

(1)　一つ

(2)　二つ

(3)　三つ

(4)　四つ

 刑に処せられていなくても、極悪な人はダメ。

講義

ア　誤。免許換えをする必要があるのに、免許換えをしていなかったことが判明した場合、免許権者は、**免許取消処分**をしなければならない。だから、Aは、甲県知事から免許取消処分を受けることになる。業務停止処分ではないので、本肢は×だ。　　　　　　　　　　　　　　　　280頁 ①

イ　正。業者の免許の有効期間が満了した場合でも、元業者は、**取引を結了する目的の範囲内**においては、宅建業者とみなされるので、取引をやりとげることが認められる。　　　　　　　　　　　　　　　　　　　282頁 ⑶

ウ　正。免許の申請前**5年**以内に宅建業に関し**不正**または**著しく不当**な行為をした者は、免許を受けることができない（この場合は、刑に処せられてなくても、免許を受けることができない）。　　　　　　　　　288頁 ⑪

エ　誤。免許換えの結果が出るまでは、従前の免許（甲県知事免許）は**効力を有する**。だから、Dは、甲県知事免許業者として、35条書面（重要事項説明書）と37条書面を交付することができる。　　　　　　　　　280頁

以上により、正しいものはイとウなので、正解は肢⑵となる。

（正　解）　⑵

Point!

　　免許の申請前**5年**以内に**宅建業**に関し**不正**または**著しく不当**な行為をした者 ➡ 免許を受けることはできない（肢ウ）。
　注意!　その行為（不正または著しく不当な行為）によって、刑に処せられていなかったとしてもダメ。免許を受けることはできない。

免　許　　　　　　　　　　　　　[令2-43]

　宅地建物取引業の免許（以下この問において「免許」という。）に関する次の記述のうち、宅地建物取引業法の規定によれば、正しいものはどれか。

(1)　免許を受けようとするＡ社の取締役が刑法第204条（傷害）の罪により懲役１年執行猶予２年の刑に処せられた場合、刑の執行猶予の言渡しを取り消されることなく猶予期間を満了し、その日から５年を経過しなければ、Ａ社は免許を受けることができない。

(2)　宅地建物取引業者である個人Ｂが死亡した場合、その相続人Ｃは、Ｂが締結した契約に基づく取引を結了する目的の範囲内において宅地建物取引業者とみなされ、Ｂが売主として締結していた売買契約の目的物を買主に引き渡すことができる。

(3)　宅地建物取引業者Ｄ社について破産手続開始の決定があった場合、Ｄ社を代表する役員は廃業を届け出なければならない。また、廃業が届け出られた日にかかわらず、破産手続開始の決定の日をもって免許の効力が失われる。

(4)　免許を受けようとするＥ社の取締役について、破産手続開始の決定があった場合、復権を得た日から５年を経過しなければ、Ｅ社は免許を受けることができない。

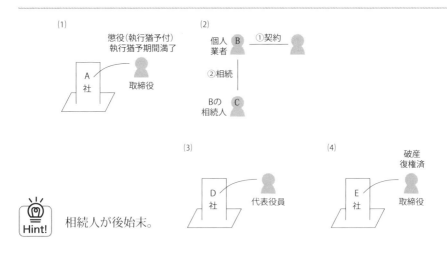

Hint!　相続人が後始末。

講義

(1)　誤。役員（取締役は役員だ）の中に、ダメな人（欠格者）がいる場合、その法人（会社）も免許を受けることができない。執行猶予付の懲役に処せられた者は、執行猶予期間中は欠格者だ。しかし、執行猶予期間が**満了すると**、直ちに欠格者ではなくなる。だから、取締役の執行猶予期間が満了すると、A社は直ちに免許を受けることができる。5年間待つ必要はない。

　286頁 よく出るポイント①、289頁 ⑭

(2)　正。業者Bが死亡した場合、その相続人Cは、Bが締結した契約に基づく**取引を結了する目的の範囲内**において業者とみなされ、Bが売主として締結していた売買契約の目的物を買主に引き渡すことができる（Cは、免許なしで取引をやりとげることができるということ）。　282頁 ⑶

(3)　誤。業者が破産した場合、**破産管財人**が、その日から30日以内に、その旨を免許権者に届け出なければならない（前半は×）。また、この場合、免許の効力は届出の時に効力を失う（後半も×）。

　283頁 ⑵ ③、284頁 よく出るポイント②

(4)　誤。役員（取締役は役員だ）の中に、ダメな人（欠格者）がいる場合、その法人（会社）も免許を受けることができない。復権を得ていない破産者は欠格者だ。しかし、破産者は復権を得れば、直ちに欠格者ではなくなる。だから、取締役が**復権を得れば**、E社は直ちに免許を受けることができる。5年間待つ必要はない。　286頁 ③、289頁 ⑭

（**正　解**）　(2)

Point!

直ちに欠格者ではなくなる場合

1　破産者　　　➡　復権を得れば、直ちに欠格者ではなくなる（肢(4)）。
2　執行猶予付　➡　執行猶予期間が**満了すると**、直ちに欠格者ではなくなる（肢(1)）。

免　許　　　　　　　　　　　　　[平17-31]

　宅地建物取引業の免許（以下この問において「免許」という。）に関する次の記述のうち、宅地建物取引業法の規定によれば、正しいものはどれか。

(1)　宅地建物取引業者A社は、取締役Bが道路交通法に違反し、懲役1年執行猶予3年の刑に処せられたため、免許取消処分を受けた。Bが取締役を退任した後、A社は改めて免許申請をしてもBの執行猶予期間が経過するまでは免許を受けることができない。

(2)　C社の取締役が刑法第198条（贈賄）の罪により罰金の刑に処せられ、その執行を終えてから3年を経過した場合であっても、C社は免許を受けることができない。

(3)　D社の取締役が、刑法第204条（傷害）の罪により懲役1年執行猶予2年の刑に処せられた場合、刑の執行猶予の言渡しを取り消されることなく、かつ猶予期間の満了の日から5年を経過しなければ、D社は免許を受けることができない。

(4)　甲県知事の免許を受けているE社の取締役Fが、刑法第208条（暴行）の罪により罰金の刑に処せられた場合、E社の免許は取り消される。

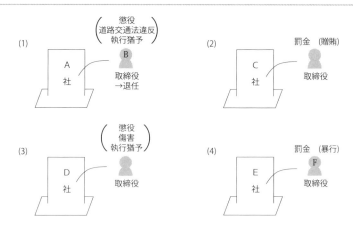

　取締役がダメな人なら、会社もダメ！

(1)　誤。会社の役員（取締役等）か政令で定める使用人（各事務所の代表者）の中に**執行猶予付き**の懲役を受けている人がいる場合は、その人の執行猶予期間が満了するまで、会社は免許を受けることができない。しかし、本肢のＡ社の場合、Ｂはすでに退社しているのだから、Ａ社は改めて免許申請すれば、Ｂの執行猶予期間が満了していなくても、免許を受けることができる。ちなみに、ＢがそのままＡ社に取締役等としてとどまるならば、Ｂの執行猶予期間が満了しなければ、Ａ社は免許を受けることができない。念のため。　　　　　　　　　　　　　　🦥 286頁 4、289頁 14

(2)　誤。仮に、Ｃ社の取締役が**暴力団系の犯罪**（暴行、傷害、現場助勢、脅迫、背任、凶器準備集合・結集、暴力団新法違反等）で罰金に処せられたときは、Ｃ社は、その刑の執行後5年間は免許を受けることはできない。しかし、贈賄は暴力団系の犯罪ではないので、Ｃ社は免許を受けることができる。　　　　　　　　　　　　　　　　🦥 286頁 6、289頁 14

(3)　誤。Ｄ社の取締役が執行猶予期間中は、Ｄ社は免許がもらえない。しかし、執行猶予期間が**満了すると、直ちにOK**で5年間待つ必要はない。
　　　　　　　　　　　　🦥 286頁 よく出るポイント①、289頁 14

(4)　正。会社の役員（取締役等）か政令で定める使用人（各事務所の代表者）が暴力団系の犯罪（**暴行**、傷害、現場助勢、脅迫、背任、凶器準備集合・結集、暴力団新法違反等）で罰金に処せられたときは、会社の免許は取り消されてしまう。Ｅ社は、その取締役が暴力団系の犯罪である暴行によって罰金に処せられたのだから、免許は取り消されてしまう。
　　　　　　　　　　🦥 286頁 6、289頁 14、386頁 4

（**正　解**）　(4)

Point!

暴力団系の犯罪か？
・贈賄➡暴力団系の犯罪ではない。だから、罰金の場合はセーフで欠格事由ではない（肢(2)）。
・暴行➡暴力団系の犯罪だ。だから、罰金の場合でもアウトで欠格事由となる（肢(4)）。

免　　許　　　　　　　　　　　　　[令5-29]

　宅地建物取引業の免許（以下この問において「免許」という。）に関する次の記述のうち、宅地建物取引業法の規定によれば、正しいものはどれか。

(1)　宅地建物取引業者A社の使用人であって、A社の宅地建物取引業を行う支店の代表者であるものが、道路交通法の規定に違反したことにより懲役の刑に処せられたとしても、A社の免許は取り消されることはない。

(2)　宅地建物取引業者B社の取締役が、所得税法の規定に違反したことにより罰金の刑に処せられたとしても、B社の免許は取り消されることはない。

(3)　宅地建物取引業者である個人Cが、宅地建物取引業法の規定に違反したことにより罰金の刑に処せられたとしても、Cの免許は取り消されることはない。

(4)　宅地建物取引業者D社の非常勤の取締役が、刑法第222条（脅迫）の罪を犯したことにより罰金の刑に処せられたとしても、D社の免許は取り消されることはない。

Hint!　罰金が欠格事由になるのは、**業法**違反か暴力団系の犯罪の場合だけだ。

講 義

(1) 誤。支店の代表者は**政令で定める使用人**だ。政令で定める使用人が懲役に処せられ欠格者となったのだから、A社の免許は取り消される。
286頁④、289頁⑭、386頁④

(2) 正。罰金が欠格事由になるのは、**業法違反か暴力団系の犯罪**（暴行、傷害、現場助勢、脅迫、背任、凶器準備集合・結集、暴力団新法違反等）の場合だけだ。だから、所得税法違反で罰金に処せられても欠格事由にならない（B社の取締役は欠格者ではない）。したがって、B社の免許は取り消されることはない。
286頁⑤⑥、289頁⑭

(3) 誤。肢(2)の解説に書いてあるように、**業法違反**の場合は罰金でも欠格事由になる。だから、Cの免許は取り消される。
286頁⑤、386頁④

(4) 誤。肢(2)の解説に書いてあるように、暴力団系の犯罪（暴行、傷害、現場助勢、**脅迫**、背任、凶器準備集合・結集、暴力団新法違反）の場合は罰金でも欠格事由になる。だから、D社の取締役は欠格者だ。したがって、D社の免許は取り消される。
286頁⑥、289頁⑭、386頁④

(正 解) (2)

Point!

罰金が欠格事由になるのは次の場合だ。
1 **業法**違反 （肢(3)）
2 暴力団系の犯罪 注意！
注意！ 暴力団系の犯罪とは、暴行、傷害、現場助勢、脅迫、**背任**、凶器準備集合・結集、暴力団新法違反等のこと（肢(4)）。

免　許　　　　　　　　　　[平18-30]

　宅地建物取引業の免許（以下この問において「免許」という。）に関する次の記述のうち、宅地建物取引業法の規定によれば、正しいものはどれか。

(1)　A社の取締役が、刑法第211条（業務上過失致死傷等）の罪を犯し、懲役1年執行猶予2年の刑に処せられ、執行猶予期間は満了した。その満了の日から5年を経過していない場合、A社は免許を受けることができない。

(2)　B社は不正の手段により免許を取得したとして甲県知事から免許を取り消されたが、B社の取締役Cは、当該取消に係る聴聞の期日及び場所の公示の日の30日前にB社の取締役を退任した。B社の免許取消の日から5年を経過していない場合、Cは免許を受けることができない。

(3)　D社の取締役が、刑法第159条（私文書偽造）の罪を犯し、地方裁判所で懲役2年の判決を言い渡されたが、この判決に対して高等裁判所に控訴して現在裁判が係属中である。この場合、D社は免許を受けることができない。

(4)　E社は乙県知事から業務停止処分についての聴聞の期日及び場所を公示されたが、その公示後聴聞が行われる前に、相当の理由なく宅地建物取引業を廃止した旨の届出をした。その届出の日から5年を経過していない場合、E社は免許を受けることができない。

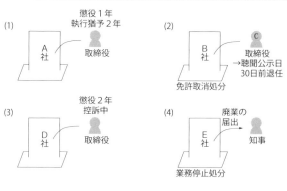

Hint!　会社と役員は一心同体。

講 義

(1)　誤。会社の役員（取締役等）か政令で定める使用人（各事務所の代表者）が執行猶予付きの懲役刑を受けた場合、その執行猶予期間中は、会社も免許をもらうことはできない。しかし、執行猶予期間が**満了すると、直ちにOK**となり、免許がもらえる。5年間待つ必要はない。

　　　　　　　　　　　　　286頁 よく出るポイント①、289頁 ⑭

(2)　正。不正手段で免許を取得した事を理由に、免許権者が免許を取り消す場合、必ず事前に**聴聞**という手続き（何か言い分があれば聞いてやる、という手続き）が取られることになっている。そして、聴聞の**公示前60日以内**にその会社の役員（取締役等）だった者は、免許取消しから5年間は免許がもらえない。　　　　　　　　　　　　　287頁 ⑨

(3)　誤。有罪判決を受けても、**控訴や上告中は免許がもらえる**。刑が確定するまでは、無罪と推定されるからだ。だから、D社はその取締役が懲役2年の判決を言い渡されてはいるが、**控訴中であるので、免許がもらえる。**

　　　　　　　　　　　　　287頁 よく出るポイント②

(4)　誤。会社が業務停止処分に違反した事を理由に、免許権者が**免許取消処分**をしようとして聴聞を公示したところ、免許取消しの処分前に自分から廃業等の届出をした元業者（いわゆるかけこみ廃業）は、5年間は**免許がもらえない。**しかし、免許権者が**業務停止処分**をしようとして聴聞の公示をしたところ、相当な理由がないのに、業務停止処分前に自分から廃業等の届出をした元業者は、**免許がもらえる。**5年間待つ必要はない。

　　　　　　　　　　　　　287頁 ⑦、⑧

（**正　解**）　(2)

違いに注意せよ！（肢(4)）

① 業務停止処分に違反したことを理由とする「**免許取消処分**」前の廃業等の届出 ➡ 5年間は**免許がもらえない。**

② 「**業務停止処分**」前の廃業等の届出 ➡ **免許がもらえる**（5年間待つ必要はない）。

免　許　　　　　　　　　　　　　[平22-27]

　宅地建物取引業の免許（以下この問において「免許」という。）に関する次の記述のうち、正しいものはどれか。

⑴　法人Aの役員のうちに、破産手続開始の決定がなされた後、復権を得てから5年を経過しない者がいる場合、Aは、免許を受けることができない。

⑵　法人Bの役員のうちに、宅地建物取引業法の規定に違反したことにより、罰金の刑に処せられ、その刑の執行が終わった日から5年を経過しない者がいる場合、Bは、免許を受けることができない。

⑶　法人Cの役員のうちに、刑法第204条（傷害）の罪を犯し懲役1年の刑に処せられ、その刑の執行猶予期間を経過したが、その経過した日から5年を経過しない者がいる場合、Cは、免許を受けることができない。

⑷　法人Dの役員のうちに、道路交通法の規定に違反したことにより、科料に処せられ、その刑の執行が終わった日から5年を経過しない者がいる場合、Dは、免許を受けることができない。

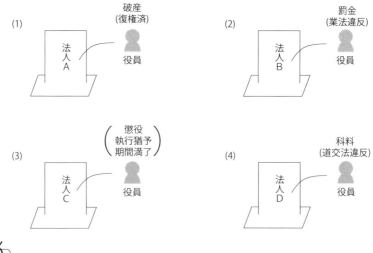

　宅建業法違反は罰金でもダメ。

講義

(1)　誤。役員の中に**復権を得ていない破産者**がいる場合は、その法人は免許を受けることはできない。この役員は復権を得ているので、法人Aは免許を受けることができる。5年間待つ必要はない。

　　　　　　　　　　　　　　　　　　　🔖 286頁 ③、289頁 ⑭

(2)　正。役員の中に**宅建業法違反で罰金**に処せられ、その刑の執行後5年を経過しない者がいる場合は、その法人は免許を受けることはできない。

　　　　　　　　　　　　　　　　　　　🔖 286頁 ⑤、289頁 ⑭

(3)　誤。役員の中に懲役に処せられ、**執行猶予期間中**の者がいる場合は、その法人は免許を受けることはできない。この役員は執行猶予の期間を満了しているので、法人Cは免許を受けることができる。

　　　　　　　　　　　　🔖 286頁 よく出るポイント①、289頁 ⑭

(4)　誤。**拘留**、**科料**、**過料**は欠格事由に**ならない**。だから、役員の中に科料に処せられ、その刑の執行後5年を経過しない者がいる場合でも、その法人は免許を受けることができる。

　　　　　　　　　　　　🔖 287頁 よく出るポイント③、289頁 ⑭

　　　　　　　　　　　　　　　　　　　　　（ 正　解 ）　(2)

Point!

　役員等がダメな人なら、会社（法人）もダメ
　役員（取締役）か、**政令で定める使用人**（各事務所の代表者）の中に、欠格事由に該当する人がいる場合には、➡ その会社（法人）もダメ（免許を受けることができない）。

欠格事由（業者） [平25-26]

　宅地建物取引業の免許（以下この問において「免許」という。）に関する次の記述のうち、宅地建物取引業法の規定によれば、正しいものはどれか。

(1)　宅地建物取引業者A社の代表取締役が、道路交通法違反により罰金の刑に処せられたとしても、A社の免許は取り消されることはない。

(2)　宅地建物取引業者B社の使用人であって、B社の宅地建物取引業を行う支店の代表者が、刑法第222条（脅迫）の罪により罰金の刑に処せられたとしても、B社の免許は取り消されることはない。

(3)　宅地建物取引業者C社の非常勤役員が、刑法第208条の3（凶器準備集合及び結集）の罪により罰金の刑に処せられたとしても、C社の免許は取り消されることはない。

(4)　宅地建物取引業者D社の代表取締役が、法人税法違反により懲役の刑に処せられたとしても、執行猶予が付されれば、D社の免許は取り消されることはない。

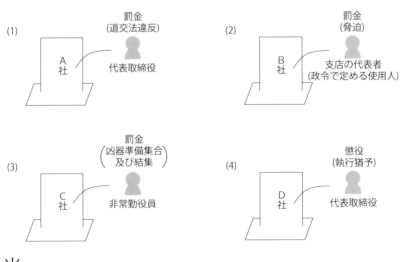

　暴力団系の犯罪は罰金でアウト。

講　義

(1)　正。**宅建業法違反**や**暴力団系の犯罪**（暴行、傷害、現場助勢、脅迫、背任、凶器準備集合・結集、暴力団新法違反等）の場合は、**罰金**に処せられただけで、十分に業者として不適格なので、欠格事由となる。しかし、道路交通法違反で罰金に処せられた場合は、欠格事由とならない。だから、A社の免許が取り消されることはない。

 286頁 ⑤、⑥、289頁 ⑭、386頁 ④

(2)　誤。**暴力団系の犯罪**（暴行、傷害、現場助勢、**脅迫**、背任、凶器準備集合・結集、暴力団新法違反等）の場合は、罰金に処せられただけで、欠格事由となる。だから、B社の免許は取り消されることになる。

 286頁 ⑥、289頁 ⑭、386頁 ④

(3)　誤。凶器準備集合及び結集の罪は**暴力団系の犯罪**だ。だから、**罰金**に処せられただけで、欠格事由となる。したがって、C社の免許は取り消されることになる。　　　 286頁 ⑥、289頁 ⑭、386頁 ④

(4)　誤。**懲役**に処されたら、欠格事由となる（執行猶予中もダメ）。だから、D社の免許は取り消されることになる。

 286頁 ④、よく出るポイント①、289頁 ⑭、386頁 ④

（正　解）(1)

Point!

暴力団系の犯罪
①　暴行
②　傷害、現場助勢
③　**脅迫**（肢(2)）
④　背任
⑤　**凶器準備集合・結集**（肢(3)）
⑥　暴力団新法違反

欠格事由（業者）　　　　　　　　　　　　　[平19-33]

　宅地建物取引業の免許（以下「免許」という。）に関する次の記述のうち、宅地建物取引業法の規定によれば、正しいものはどれか。

(1)　甲県に本店を、乙県に支店をそれぞれ有するA社が、乙県の支店でのみ宅地建物取引業を営もうとするときは、A社は、乙県知事の免許を受けなければならない。

(2)　宅地建物取引業者B社の取締役が、刑法第209条（過失傷害）の罪により罰金の刑に処せられた場合、B社の免許は取り消される。

(3)　宅地建物取引業者C社が業務停止処分に違反したとして、免許を取り消され、その取消しの日から5年を経過していない場合、C社は免許を受けることができない。

(4)　D社の取締役が、かつて破産手続開始の決定を受けたことがある場合で、復権を得てから5年を経過しないとき、D社は免許を受けることができない。

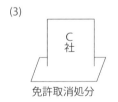

極悪な業者はダメ！

講　義

(1) 誤。本店は、実際に宅建業を営んでいなくても、**支店で宅建業を営ん**でいれば自動的に事務所とみなされる。だから、A社は甲県と乙県の2つの都道府県内に事務所を設置して宅建業を営もうとしていることになるので、国土交通大臣の免許を受けなければならない。　　🕮 277頁(1)、(2)

(2) 誤。B社の取締役が**暴力団系の犯罪で罰金**に処せられた場合は、B社の免許は取り消されることになる。しかし、過失傷害は暴力団系の犯罪ではないので、B社の取締役が過失傷害の罪で罰金に処せられたとしても、B社の免許は取り消されない。　　🕮 286頁 ⑥、289頁 ⑭、386頁 ④

(3) 正。**業務停止処分に違反**して、免許取消処分を受けた元業者は極悪だから、免許取消しから5年間は免許を受けることができない。

🕮 287頁 ⑦

(4) 誤。破産者は、**復権を得れば直ちに免許を受けられる**。だから、D社の取締役が、かつて破産手続開始の決定を受けたことがある場合でも、復権を得ていれば、D社は免許を受けられる。5年間待つ必要はない。

🕮 286頁 ③、289頁 ⑭

（**正　解**）　(3)

極悪な業者はダメ

　a　不正な手段で免許を取得した場合

　b　業務停止処分に違反した場合（肢(3)）

　c　業務停止処分事由に当たり情状が特に重い場合

　a〜cのどれかに当たるために、免許取消処分を受けた元業者は極悪だから　➡　免許取消しから**5年間**はダメ（免許を受けることができない）。

欠格事由（業者）　　　　　　　　　　　[平24-26]

　宅地建物取引業の免許（以下この問において「免許」という。）に関する次の記述のうち、正しいものはどれか。

(1)　免許を受けようとするA社に、刑法第204条（傷害）の罪により懲役1年（執行猶予2年）の刑に処せられ、その刑の執行猶予期間を満了した者が役員として在籍している場合、その満了の日から5年を経過していなくとも、A社は免許を受けることができる。

(2)　免許を受けようとするB社に、刑法第206条（現場助勢）の罪により罰金の刑に処せられた者が非常勤役員として在籍している場合、その刑の執行が終わってから5年を経過していなくとも、B社は免許を受けることができる。

(3)　免許を受けようとするC社に、刑法第208条（暴行）の罪により拘留の刑に処せられた者が役員として在籍している場合、その刑の執行が終わってから5年を経過していなければ、C社は免許を受けることができない。

(4)　免許を受けようとするD社に、刑法第209条（過失傷害）の罪により科料の刑に処せられた者が非常勤役員として在籍している場合、その刑の執行が終わってから5年を経過していなければ、D社は免許を受けることができない。

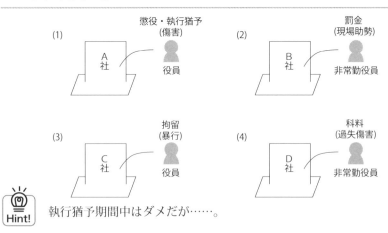

Hint!　執行猶予期間中はダメだが……。

講義

(1)　正。執行猶予期間中はダメだ（免許をもらうことができない）。しかし、執行猶予期間が満了すると、直ちに OK となる（5 年間待つ必要はない）。だから、A 社は免許をもらうことができる。

 286 頁 よく出るポイント①、289 頁 ⑭

(2)　誤。暴力団系の犯罪（暴行、傷害、**現場助勢**、脅迫、背任、凶器準備集合・結集、暴力団新法違反等）で**罰金**に処せられたら、執行終了後 5 年間はダメだ。だから、B 社は免許がもらえない。　 286 頁 ⑥、289 頁 ⑭

(3)　誤。**拘留**、科料、過料は欠格事由に**ならない**。ささいなあやまちは大目に見るということだ。だから、C 社は免許をもらうことができる。

 287 頁 よく出るポイント③、289 頁 ⑭

(4)　誤。拘留、**科料**、過料は欠格事由に**ならない**。ささいなあやまちは大目に見るということだ。だから、D 社は免許をもらうことができる。

 287 頁 よく出るポイント③、289 頁 ⑭

（**正　解**）　(1)

Point!

欠格事由になるか？

① 拘留　➡　**ならない**（肢(3)）。

② 科料　➡　**ならない**（肢(4)）。

③ 過料　➡　**ならない**。

欠格事由（業者）　　　　　　　　　　[令1-43]

　宅地建物取引業の免許（以下この問において「免許」という。）に関する次の記述のうち、宅地建物取引業法の規定によれば、正しいものはどれか。

(1)　免許を受けようとする法人の非常勤役員が、刑法第246条（詐欺）の罪により懲役1年の刑に処せられ、その刑の執行が終わった日から5年を経過していなくても、当該法人は免許を受けることができる。

(2)　免許を受けようとする法人の政令で定める使用人が、刑法第252条（横領）の罪により懲役1年執行猶予2年の刑に処せられ、その刑の執行猶予期間を満了している場合、その満了の日から5年を経過していなくても、当該法人は免許を受けることができる。

(3)　免許を受けようとする法人の事務所に置く専任の宅地建物取引士が、刑法第261条（器物損壊等）の罪により罰金の刑に処せられ、その刑の執行が終わった日から5年を経過していない場合、当該法人は免許を受けることができない。

(4)　免許を受けようとする法人の代表取締役が、刑法第231条（侮辱）の罪により拘留の刑に処せられ、その刑の執行が終わった日から5年を経過していない場合、当該法人は免許を受けることができない。

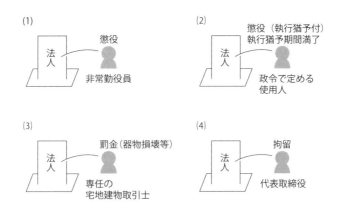

執行猶予中は欠格事由だが……。

講義

(1) 誤。役員（非常勤役員を**含む**）の中に、欠格事由に当たる人がいる場合は、その法人（会社）は免許を受けることができない。だから、法人の非常勤役員が、懲役1年の刑に処せられ、執行終了後5年を経過していない場合は、その法人は免許を受けることができない。　🔏 286頁④、289頁⑭

(2) 正。政令で定める使用人（各事務所の代表者）の中に、欠格事由に当たる人がいる場合は、その法人（会社）は免許を受けることができない。執行猶予付の懲役の場合、執行猶予中は欠格事由だ（免許を受けることができない）。しかし、執行猶予期間が**満了する**と欠格事由がなくなる（免許を受けることができる）。だから、本肢の法人の政令で定める使用人の中に、欠格事由に当たる人はいない。したがって、本肢の法人は免許を受けることができる。　🔏 286頁よく出るポイント①、289頁⑭

(3) 誤。専任の宅地建物取引士の中に欠格事由に当たる人がいる場合でも、その法人（会社）は免許を受けることが**できる**。ちなみに、器物損壊等の罪は暴力団系の犯罪ではないので、器物損壊等の罪により罰金の刑に処せられても欠格事由に当たらない。　🔏 286頁⑥、289頁⑭

(4) 誤。役員の中に、欠格事由に当たる人がいる場合は、その法人（会社）は免許を受けることができない。**拘留**は欠格事由に当たらない。だから、本肢の法人の役員の中に、欠格事由に当たる人はいない。したがって、本肢の法人は免許を受けることができる。ちなみに、代表取締役はもちろん、役員だ。念のため。　🔏 287頁 よく出るポイント③、289頁⑭

（**正　解**）　(2)

Point!

執行猶予について

　執行猶予中も免許はもらえない（執行猶予中も欠格事由に当たる）。しかし、執行猶予期間が**満了する**と、**直ちにOK**だ（欠格事由がなくなる）。それから5年間待つ必要はない（肢(2)）。

欠格事由（業者）　　　　　　　　　　[平21-27]

　宅地建物取引業の免許（以下この問において「免許」という。）に関する次の記述のうち、正しいものはいくつあるか。

ア　破産手続開始の決定を受けた個人Aは、復権を得てから5年を経過しなければ、免許を受けることができない。

イ　宅地建物取引業法の規定に違反したことにより罰金の刑に処せられた取締役がいる法人Bは、その刑の執行が終わった日から5年を経過しなければ、免許を受けることができない。

ウ　宅地建物取引業者Cは、業務停止処分の聴聞の期日及び場所が公示された日から当該処分をする日又は当該処分をしないことを決定する日までの間に、相当の理由なく廃業の届出を行った。この場合、Cは、当該届出の日から5年を経過しなければ、免許を受けることができない。

エ　宅地建物取引業に係る営業に関し成年者と同一の行為能力を有する未成年者Dは、その法定代理人が禁錮以上の刑に処せられ、その刑の執行が終わった日から5年を経過しなければ、免許を受けることができない。

(1)　一つ
(2)　二つ
(3)　三つ
(4)　四つ

業務停止処分だから……。

講 義

ア　誤。破産者は、復権を得れば**直ちに免許が受けられる**。5年間待つ必要はない。　286頁③

イ　正。法人の**役員**（取締役等）か政令で定める使用人（各事務所の代表者）の中に**宅建業法違反**で罰金に処せられた者がいる場合は、法人も、執行終了後5年間は免許を受けることができない。　286頁⑤、289頁⑭

ウ　誤。不正の手段で免許を取得した等の理由で、免許権者が「**免許取消処分**」をしようとして聴聞の期日と場所を公示（言い分があるなら聞いてやるから出てこい）したところ、相当の理由がないのに、処分前に自分から廃業等の届出をした元業者（いわゆる**かけこみ廃業**）は、**届出から5年間は免許を受けることができない**。しかし、本肢の場合のように、免許権者が「業務停止処分」をしようとして聴聞の期日と場所を公示したところ、処分前に自分から廃業等の届出をした元業者は、届出から5年間経過していなくても免許を受けることができる。　287頁⑦、⑧

エ　誤。営業に関して成年者と同一の行為能力を**有しない未成年者**の場合は、法定代理人（法定代理人が法人の場合は、法人の役員）が欠格事由に該当するときは、免許を受けることができない。しかし、本肢のDは、営業に関して成年者と同一の行為能力を**有する未成年者**なので、免許を受けることができる。　285頁①

以上により、正しいものはイだけなので、正解は肢(1)となる。

（正　解） (1)

👆**Point!**

① 不正の手段で免許を取得した場合
② 業務停止処分に違反した場合
③ 業務停止処分事由に当たり情状が特に重い場合
のどれかにあたるために、免許権者が「**免許取消処分**」をしようとして聴聞の期日と場所を公示したところ、処分前に自分から廃業等の届出をした元業者は、廃業等の**届出から5年間は免許を受けることができない**（肢ウ）。

欠格事由（業者）　　　　　　　　　　　　[平27-27]

　宅地建物取引業の免許（以下この問において「免許」という。）に関する次の記述のうち、宅地建物取引業法の規定によれば、誤っているものはどれか。

(1)　A社は、不正の手段により免許を取得したことによる免許の取消処分に係る聴聞の期日及び場所が公示された日から当該処分がなされるまでの間に、合併により消滅したが、合併に相当の理由がなかった。この場合においては、当該公示の日の50日前にA社の取締役を退任したBは、当該消滅の日から5年を経過しなければ、免許を受けることができない。

(2)　C社の政令で定める使用人Dは、刑法第234条（威力業務妨害）の罪により、懲役1年、執行猶予2年の刑に処せられた後、C社を退任し、新たにE社の政令で定める使用人に就任した。この場合においてE社が免許を申請しても、Dの執行猶予期間が満了していなければ、E社は免許を受けることができない。

(3)　営業に関し成年者と同一の行為能力を有しない未成年者であるFの法定代理人であるGが、刑法第247条（背任）の罪により罰金の刑に処せられていた場合、その刑の執行が終わった日から5年を経過していなければ、Fは免許を受けることができない。

(4)　H社の取締役Iが、暴力団員による不当な行為の防止等に関する法律に規定する暴力団員に該当することが判明し、宅地建物取引業法第66条第1項第3号の規定に該当することにより、H社の免許は取り消された。その後、Iは退任したが、当該取消しの日から5年を経過しなければ、H社は免許を受けることができない。

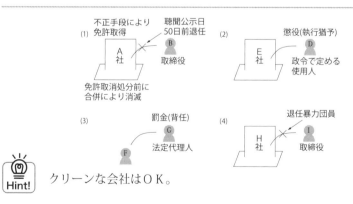

クリーンな会社はOK。

講義

(1) 正。不正手段で免許を取得したことを理由に、免許権者が免許取消処分をしようとして、聴聞の期日と場所を公示（言い分があるなら聞いてやるから出てこい）したところ、処分前に、**合併により消滅した会社**（本肢の場合はA社）の役員だった者（本肢の場合はB）は、会社が消滅した日から5年間は、免許を受けることができない。　287頁⑨

(2) 正。**執行猶予期間中**も免許を受けることはできないので、Dは欠格者だ。そして、役員（取締役等）か、政令で定める使用人（各事務所の代表者）の中に、欠格者がいる場合は、その会社も免許を受けることができない。だから、E社は免許を受けることができない。

　286頁 よく出るポイント①、289頁⑭

(3) 正。営業に関し成年者と同一の行為能力者を有しない未成年者（一般の未成年者のこと）は、**法定代理人**が欠格者の場合は、免許を受けることができない。法定代理人Gは、暴力団系の犯罪である**背任**で**罰金**に処せられ、執行終了後5年を経過していないから欠格者だ。だから、Fは免許を受けることができない。　285頁①、286頁⑥

(4) 誤。役員（取締役等）か、政令で定める使用人（各事務所の代表者）の中に、欠格者が**いる**場合は、その会社も免許を受けることができない。本肢の場合、I（欠格者）は、既に退任している。だから、**今現在**、H社の役員・政令で定める使用人の中に、欠格者は**いない**。したがって、H社は免許を受けることができる。　288頁⑩、289頁⑭

正　解　(4)

Point!

肢(2)と肢(4)の違いに注意！

・肢(2)のE社 ➡ **今現在**、役員・政令で定める使用人の中に、欠格者が**いる**。だから、免許を受けることが**できない**。

・肢(4)のH社 ➡ **今現在**、役員・政令で定める使用人の中に、欠格者は**いない**。だから、免許を受けることが**できる**。

欠格事由（業者） [平23-27]

　宅地建物取引業の免許（以下この問において「免許」という。）に関する次の記述のうち、誤っているものはどれか。

(1)　A社の役員Bは、宅地建物取引業者C社の役員として在籍していたが、その当時、C社の役員Dがかつて禁錮以上の刑に処せられ、その刑の執行が終わった日から5年を経過していないとしてC社は免許を取り消されている。この場合、A社は、C社が免許を取り消されてから5年を経過していなくても、免許を受けることができる。

(2)　E社の役員のうちに、刑法第246条の詐欺罪により罰金の刑に処せられ、その刑の執行が終わった日から5年を経過しない者がいる場合、E社は免許を受けることができない。

(3)　F社の役員のうちに、指定暴力団の構成員がいた場合、暴力団員による不当な行為の防止等に関する法律の規定に違反していなくても、F社は免許を受けることができない。

(4)　宅地建物取引業者G社は、引き続いて1年以上事業を休止したときは、免許の取消しの対象となる。

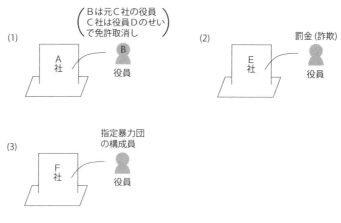

 取り消された理由に注目すること。

講義

(1)　正。Bは**欠格者ではない**（欠格者なのはD）。だから、A社は免許を受けることができる。　　　　　　　　　　　　🈺 287頁 ⑦、289頁 ⑭

(2)　誤。**暴力団系の犯罪**（暴行、傷害、現場助勢、脅迫、背任、凶器準備集合・結集、暴力団新法違反等）で罰金に処せられたら、欠格者となる。しかし、詐欺罪は、暴力団系の犯罪ではない。だから、罰金に処せられても、欠格者とならない。だから、E社は免許を受けることができる。

🈺 286頁 ⑥、289頁 ⑭

(3)　正。**暴力団員**は、欠格者だ。指定暴力団の構成員は、暴力団員だ。だから、F社は免許を受けることができない。　　　　🈺 288頁 ⑩、289頁 ⑭

(4)　正。引き続いて1年以上事業を休止した場合は、免許取消処分を受けることになる。ちなみに、免許を受けてから1年以内に事業を開始しなかった場合も、免許取消処分を受けることになる。　　　　　　🈺 386頁 ⑤

（　正　解　）　(2)

😊 **肢(1)について**

C社が、

① 不正手段で免許を取得した場合
② 業務停止処分に違反した場合
③ 業務停止処分事由に当たり情状が特に重い場合

の**どれかに当たる**ことを理由に免許が取り消されたときに、Bが聴聞の公示前60日以内にC社の役員であったなら、Bは欠格者となる。

しかし、C社は、上記の理由で免許が取り消されたわけではない。だから、Bは欠格者とはならない。

欠格事由（業者）　　　　　　　　　　　　［平20-31］

　宅地建物取引業の免許（以下この問において「免許」という。）に関する次の記述のうち、正しいものはどれか。

(1)　宅地建物取引業者A社に、道路交通法違反により懲役1年執行猶予2年の刑に処せられた者が役員として就任する場合、就任時において執行猶予期間中であれば、その就任をもって、A社の免許が取り消されることはない。

(2)　宅地建物取引業者B社に、かつて破産手続開始の決定を受け、既に復権を得ている者が役員として就任する場合、その就任をもって、B社の免許が取り消されることはない。

(3)　免許を受けようとするC社に、刑法第206条（現場助勢）の罪により科料に処せられた役員がいる場合、その刑の執行が終わってから5年を経過しなければ、C社は免許を受けることができない。

(4)　免許を受けようとするD社に、刑法第204条（傷害）の罪により懲役1年執行猶予2年の刑に処せられ、その猶予期間が満了している役員がいる場合、その満了の日から5年を経過しなければ、D社は免許を受けることができない。

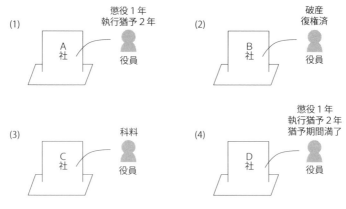

　5年間待つ必要はない。直ちにOKだ！

講義

(1)　誤。役員（取締役等）か政令で定める使用人（各事務所の代表者）の中に、欠格事由に当たる人がいる場合には、その会社もダメで、免許を受けられない。また、この場合（役員や政令で定める使用人に欠格事由に当たる人がいる場合）において、その会社が既に免許をもらっていたときは、その会社の免許が取り消されることになる。A社の役員は、懲役に処せられ、**執行猶予期間中**なので、欠格事由に当たる。だから、A社の免許は取り消されることになる。　　　　　286頁 よく出るポイント①、289頁 ⑭、386頁 ④

(2)　正。破産者は、**復権を得れば直ちに**免許が受けられる。だから、B社の役員は欠格事由に当たらない。だから、B社の免許が取り消されることはない。　　　　　286頁 ③、289頁 ⑭、386頁 ④

(3)　誤。拘留、科料、過料は欠格事由にならない。ささいなあやまちは大目に見るということだ。だから、C社に科料に処せられた役員がいても、C社は免許を受けることができる。　　286頁 よく出るポイント③、289頁 ⑭

(4)　誤。執行猶予中も免許はもらえない。しかし、執行猶予期間が**満了すると、直ちにOK**だ。だから、D社は、役員の執行猶予期間が満了してから5年間待つ必要はない。直ちに免許を受けることができる。

286頁 よく出るポイント①、289頁 ⑭

（正　解）　(2)

Point!

直ちにOKな場合（直ちに免許が受けられる場合）
①　破産者は、**復権を得れば直ちにOK**（肢(2)）。
②　執行猶予期間が**満了すると、直ちにOK**（肢(1)(4)）。

事務所 [令4-26]

宅地建物取引業法第3条第1項に規定する事務所（以下この問において「事務所」という。）に関する次の記述のうち、正しいものはどれか。

(1) 事務所とは、契約締結権限を有する者を置き、継続的に業務を行うことができる施設を有する場所を指すものであるが、商業登記簿に登載されていない営業所又は支店は事務所には該当しない。

(2) 宅地建物取引業を営まず他の兼業業務のみを営んでいる支店は、事務所には該当しない。

(3) 宅地建物取引業者は、主たる事務所については、免許証、標識及び国土交通大臣が定めた報酬の額を掲げ、従業者名簿及び帳簿を備え付ける義務を負う。

(4) 宅地建物取引業者は、その事務所ごとに一定の数の成年者である専任の宅地建物取引士を置かなければならないが、既存の事務所がこれを満たさなくなった場合は、30日以内に必要な措置を執らなければならない。

 支店は、実際に宅建業を営んでいる場合だけ事務所とされる。

講義

(1) 誤。①商業登記簿等に登載された本店、②商業登記簿等に登載された支店（宅建業を営んでいる場合だけ）、③継続的に業務を行なうことができる施設を有する場所で、かつ、宅建業についての契約締結権限を有する使用人が置かれている場所（営業所等）が事務所だ。③については、商業登記簿等に登載されていなくても事務所だ。　🖹277頁(2)、290頁6.

(2) 正。支店は、実際に宅建業を営んでいる場合だけ事務所とされる。だから、宅建業を営まず他の兼業業務（例 建設業）のみを営んでいる支店は、事務所には該当しない。　🖹277頁(2)

(3) 誤。業者は、事務所に「標識」「報酬の額」を掲げ、「従業者名簿」「帳簿」を備え付ける義務を負う。しかし、「免許証」を揚げる義務はない。
　🖹290頁(1)、292頁(3)(4)(5)

(4) 誤。業者は、専任の宅地建物取引士の数に欠員が生じたら、**2週間以内**に必要な措置を執らなければならない（**2週間以内**に補充しなければならないということ）。　🖹291頁よく出るポイント②

（正　解）(2)

事務所とは、
① 商業登記簿等に登載された本店
② 商業登記簿等に登載された支店（宅建業を営んでいる場合だけ）
③ ①②以外で、**継続的に業務**を行なうことができる施設を有する場所で、かつ、宅建業についての**契約締結権限**を有する使用人が置かれている場所（営業所等）（肢(1)）

案内所　　　　　　　　　　　[平21-42]

次の記述のうち、宅地建物取引業法の規定によれば、正しいものはどれか。なお、この問において、契約行為等とは、宅地若しくは建物の売買若しくは交換の契約（予約を含む。）若しくは宅地若しくは建物の売買、交換若しくは貸借の代理若しくは媒介の契約を締結し、又はこれらの契約の申込みを受けることをいう。

(1)　宅地建物取引業者が一団の宅地の分譲を行う案内所において契約行為等を行う場合、当該案内所には国土交通大臣が定めた報酬の額を掲示しなければならない。

(2)　他の宅地建物取引業者が行う一団の建物の分譲の媒介を行うために、案内所を設置する宅地建物取引業者は、当該案内所に、売主の商号又は名称、免許証番号等を記載した国土交通省令で定める標識を掲示しなければならない。

(3)　宅地建物取引業者は、事務所以外の継続的に業務を行うことができる施設を有する場所においては、契約行為等を行わない場合であっても、専任の宅地建物取引士を1人以上置くとともに国土交通省令で定める標識を掲示しなければならない。

(4)　宅地建物取引業者は、業務に関して展示会を実施し、当該展示会場において契約行為等を行おうとする場合、当該展示会場の従業者数5人に対して1人以上の割合となる数の専任の宅地建物取引士を置かなければならない。

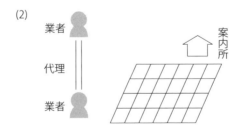

事務所には必要だが、案内所には不要なものは何だ？

講 義

(1) 誤。**報酬額の掲示**をしなければならない場所は、**事務所**だけだ。案内所には、報酬の額を掲示しなくて OK だ。 292 頁 (5)、294 頁 注5

(2) 正。他の宅建業者の一団の宅地建物の分譲の代理・媒介を案内所を設けて行う宅建業者は、標識を掲示しなければならない。

292 頁 1、294 頁 注1

(3) 誤。契約行為を行わない場所であっても、**標識は掲示しなければならない**が、専任の宅地建物取引士を設置する必要はない。 293 頁 1

(4) 誤。契約行為等を行う場合、専任の宅地建物取引士を 1 人以上設置しなければならない（1 人で OK。5 人に 1 人以上の割合ではない）。5 人に 1 人以上の割合で、専任の宅地建物取引士を設置しなければならない場所は、事務所だけだ。 294 頁 2 3

正 解 (2)

Point!

1 **報酬額の掲示**をしなければならない場所は ➡ 事務所だけ（肢(1)）。

2 従業者の **5 人に 1 人**以上の割合で、専任の宅地建物取引士を設置しなければならない場所は ➡ 事務所だけ（肢(4)）。

案 内 所 　　　　　　　　　　　　　[平27-44]

　宅地建物取引業者A（甲県知事免許）が乙県内に所在するマンション（100戸）を分譲する場合における次の記述のうち、宅地建物取引業法（以下この問において「法」という。）の規定によれば、正しいものはどれか。

(1)　Aが宅地建物取引業者Bに販売の代理を依頼し、Bが乙県内に案内所を設置する場合、Aは、その案内所に、法第50条第1項の規定に基づく標識を掲げなければならない。

(2)　Aが案内所を設置して分譲を行う場合において、契約の締結又は契約の申込みの受付を行うか否かにかかわらず、その案内所に法第50条第1項の規定に基づく標識を掲げなければならない。

(3)　Aが宅地建物取引業者Cに販売の代理を依頼し、Cが乙県内に案内所を設置して契約の締結業務を行う場合、A又はCが専任の宅地建物取引士を置けばよいが、法第50条第2項の規定に基づく届出はCがしなければならない。

(4)　Aが甲県内に案内所を設置して分譲を行う場合において、Aは甲県知事及び乙県知事に、業務を開始する日の10日前までに法第50条第2項の規定に基づく届出をしなければならない。

　契約しなくても、これは必要だ。

講義

(1)　誤。案内所には、**案内所を設置した業者**が、標識を掲示しなければならない。本肢の場合、案内所を設置した業者は、Bだ。だから、Bが案内所に標識を掲示しなければならない。　　　　　　　　　　　293頁①

(2)　正。案内所を設置したら、**標識**を掲示しなければならない。たとえ、案内所で、契約の締結・申込みの受付を行わない場合でも、標識は必要だ。　　　　　　　　　　　　　　　　　　　　　　　　　　　　293頁①

(3)　誤。案内所を設置したのはCだ。だから、Cが、成年者である専任の宅地建物取引士を1人以上設置しなければならない。設置する義務はCにあるのであって、Aにはない。だから、「A又はCが置けばよい」とある本肢は、誤りだ。ちなみに、「届出はCがしなければならない」という後半部分の記述は、正しい。　　　　　　　294頁②②、③

(4)　誤。案内所で、契約の締結・申込みの受付を行う場合には、**免許権者**および**現地の知事**（案内所がある都道府県の知事のこと）に、10日前までに届出をしなければならない。Aの免許権者は甲県知事だ。そして、案内所は甲県にあるから、現地の知事も甲県知事だ。だから、Aは乙県知事に届出をする必要はなく、甲県知事にだけ届出をすればよい。

294頁②②

（**正　解**）　(2)

Point!

・案内所の標識を掲示するのは　➡ 案内所を設置した業者（肢(1)）
・専任の宅建士を設置するのは　➡ 案内所を設置した業者（肢(3)）
・届出をするのは　　　　　　　➡ 案内所を設置した業者（肢(3)）

案 内 所　　　　　　　　　　　　　　　　[平26-28]

　宅地建物取引業者A（甲県知事免許）が乙県内に建設したマンション（100戸）の販売について、宅地建物取引業者B（国土交通大臣免許）及び宅地建物取引業者C（甲県知事免許）に媒介を依頼し、Bが当該マンションの所在する場所の隣接地（乙県内）に、Cが甲県内にそれぞれ案内所を設置し、売買契約の申込みを受ける業務を行う場合における次の記述のうち、宅地建物取引業法（以下この問において「法」という。）の規定によれば、誤っているものはどれか。

⑴　Bは国土交通大臣及び乙県知事に、Cは甲県知事に、業務を開始する日の10日前までに法第50条第2項に定める届出をしなければならない。

⑵　Aは、法第50条第2項に定める届出を甲県知事及び乙県知事へ届け出る必要はないが、当該マンションの所在する場所に法第50条第1項で定める標識を掲示しなければならない。

⑶　Bは、その設置した案内所の業務に従事する者の数5人に対して1人以上の割合となる数の専任の宅地建物取引士を当該案内所に置かなければならない。

⑷　Aは、Cが設置した案内所においてCと共同して契約を締結する業務を行うこととなった。この場合、Aが当該案内所に専任の宅地建物取引士を設置すれば、Cは専任の宅地建物取引士を設置する必要はない。

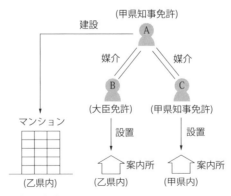

　事務所ではないから……。

講義

(1) 正。案内所で契約を締結する場合には、**免許権者**および**現地の知事**に、業務の開始の10日前までに届出をしなければならない。だから、Bは大臣（免許権者）と乙県知事（現地の知事）に届け出なければならない。また、Cは甲県知事（免許権者であり、かつ、現地の知事だ）に届け出なければならない。　　　　　　　　　　　　　　　　　　　　🖎 294頁②②

(2) 正。案内所を設置したのは、BとCだ。だから、届出をしなければならないのはBとCであり、Aは届出をする必要はない。したがって、前半部分の記述は正しい。また、マンションの**売主**であるAは、現地（マンションがある現場）に「**所在場所の標識**」を掲示しなければならないので、後半部分の記述も正しい。　　　　　　　🖎 293頁①、294頁 注4

(3) 誤。案内所で契約を締結する場合には、専任の宅地建物取引士を1人以上設置しなければならない（1人でOK。5人に1人以上ではない）。　　　　　　　　　　　　　　　　　　　　　　　　　　　　🖎 294頁②③

(4) 正。案内所で契約を締結する場合には、専任の宅地建物取引士を1人設置すればOKだ。だから、Aが専任の宅建士を設置すれば、それで人数は十分だ。したがって、Cが専任の宅建士を設置する必要はない。　　　　　　　　　　　　　　　　　　　　　　　　　　🖎 294頁②③

（正　解） (3)

Point!

標識は必要か？

① 事務所　　➡　〇
② **所在場所**　➡　〇　注意1
③ 案内所　　➡　〇　注意2

注意1 所在場所の標識は、売主である業者が掲示する（肢(2)）。

注意2 案内所の標識は、案内所を設置した業者が掲示する。

登録の移転その他 [平29-30]

宅地建物取引業法（以下この問において「法」という。）の規定に関する次の記述のうち、誤っているものはどれか。なお、この問において「登録」とは、宅地建物取引士の登録をいうものとする。

(1) 宅地建物取引士A（甲県知事登録）が、甲県から乙県に住所を変更したときは、乙県知事に対し、登録の移転の申請をすることができる。

(2) 宅地建物取引業者B（甲県知事免許）が、乙県に所在する1棟のマンション（150戸）を分譲するため、現地に案内所を設置し契約の申込みを受けるときは、甲県知事及び乙県知事に、その業務を開始する日の10日前までに、法第50条第2項の規定に基づく届出をしなければならない。

(3) 宅地建物取引士資格試験合格後18月を経過したC（甲県知事登録）が、甲県知事から宅地建物取引士証の交付を受けようとする場合は、甲県知事が指定する講習を交付の申請前6月以内に受講しなければならない。

(4) 宅地建物取引業者D社（甲県知事免許）が、合併により消滅したときは、その日から30日以内に、D社を代表する役員であった者が、その旨を甲県知事に届け出なければならない。

(2)

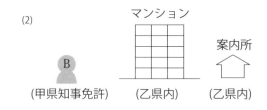

マンション　　　案内所

B
（甲県知事免許）　（乙県内）　（乙県内）

Hint!　転勤ではない。

講義

(1)　誤。登録の移転ができるのは、別の都道府県の**事務所**に勤務することになった場合だ。宅建士自身が別の都道府県に**引越**しても、登録の移転はできない。　　　　　　　　　　　　　　　　📖303頁 よく出るポイント⑤

(2)　正。案内所で契約を締結したり、申込みを受ける場合には、業者は、免許権者および現地の知事に業務開始の**10日前**までに「**届出**（第50条第2項の届出）」をしなければならない。　　　　　　　　📖294頁 ②②

(3)　正。宅建士証の交付を受けるには、交付申請前6カ月以内に行われる知事が指定する講習を受けなければならない。もっとも、試験**合格後1年以内**に交付を受けようとする者は、この知事の講習が**免除**されることになっている。Cは、試験合格後18カ月を経過している（合格後1年以内ではない）ので、甲県知事の講習を受けなければならない。

　　　　　　　　　　　　　　　　　　　　　　　　　　📖297頁(3)

(4)　正。業者が合併により消滅した場合、**消滅会社の代表役員**だった者が**30日以内**に免許権者に届け出なければならない。

　　　　　　　　　📖283頁 (2)②、284頁 よく出るポイント①

（**正　解**）　(1)

Point!

登録の移転ができるか？

① 転勤　➡　○

② 引越　➡　×（肢(1)）

第 1 編　弱点表

項　目	番　号	難　度	正　解	自己採点
宅建業とは？	平 27-26	普通	(1)	
宅建業とは？	令 1-42	カンターン	(1)	
宅建業とは？	平 19-32	カンターン	(2)	
宅建業とは？	平 26-26	普通	(1)	
宅建業とは？	平 23-26	カンターン	(3)	
宅建業とは？	平 30-41	カンターン	(3)	
宅建業とは？	平 24-27	カンターン	(1)	
宅建業とは？	平 22-26	普通	(4)	
免　許	令 3-32	難しい	(1)	
免許換え等	平 20-30	カンターン	(3)	
従業者名簿・帳簿	平 29-35	カンターン	(3)	
従業者名簿・従業者証明書	令 2-39	カンターン	(2)	
従業者名簿・帳簿その他	平 20-42	カンターン	(1)	
帳簿・証明書その他	令 1-40	普通	(2)	
従業者名簿・従業者証明書	令 5-37	カンターン	(3)	
届出その他	平 29-44	カンターン	(4)	
届　出	令 5-32	普通	(4)	
免　許	平 21-26	カンターン	(3)	
免許その他	平 29-36	カンターン	(4)	
免許その他	令 2-26	カンターン	(3)	
免　許	平 28-37	難しい	(2)	
免　許	令 2-43	カンターン	(2)	

免　許	平 17-31	普通	(4)	
免　許	令 5 -29	普通	(2)	
免　許	平 18-30	カンターン	(2)	
免　許	平 22-27	カンターン	(2)	
欠格事由（業者）	平 25-26	カンターン	(1)	
欠格事由（業者）	平 19-33	カンターン	(3)	
欠格事由（業者）	平 24-26	普通	(1)	
欠格事由（業者）	令 1-43	カンターン	(2)	
欠格事由（業者）	平 21-27	難しい	(1)	
欠格事由（業者）	平 27-27	普通	(4)	
欠格事由（業者）	平 23-27	難しい	(2)	
欠格事由（業者）	平 20-31	カンターン	(2)	
事務所	令 4 -26	普通	(2)	
案内所	平 21-42	普通	(2)	
案内所	平 27-44	カンターン	(2)	
案内所	平 26-28	カンターン	(3)	
登録の移転その他	平 29-30	カンターン	(1)	

2

第2編

宅地建物取引士
営業保証金と保証協会

普通

宅地建物取引士 [平19-31]

宅地建物取引士資格登録（以下この問において「登録」という。）及び宅地建物取引士証に関する次の記述のうち、宅地建物取引業法の規定によれば、正しいものはどれか。

(1) 甲県知事の登録を受けて、甲県に所在する宅地建物取引業者Aの事務所の業務に従事する者が、乙県に所在するAの事務所の業務に従事することとなったときは、速やかに、甲県知事を経由して、乙県知事に対して登録の移転の申請をしなければならない。

(2) 登録を受けている者で宅地建物取引士証の交付を受けていない者が重要事項説明を行い、その情状が特に重いと認められる場合は、当該登録の消除の処分を受け、その処分の日から5年を経過するまでは、再び登録を受けることができない。

(3) 丙県知事から宅地建物取引士証の交付を受けている宅地建物取引士が、宅地建物取引士証の有効期間の更新を受けようとするときは、丙県知事に申請し、その申請前6月以内に行われる国土交通大臣の指定する講習を受講しなければならない。

(4) 丁県知事から宅地建物取引士証の交付を受けている宅地建物取引士が、宅地建物取引士証の亡失によりその再交付を受けた後において、亡失した宅地建物取引士証を発見したときは、速やかに、再交付された宅地建物取引士証をその交付を受けた丁県知事に返納しなければならない。

Hint! 極悪な者はダメ！

講義

(1)　誤。登録の移転は義務ではない。あくまでも**任意**だ。登録の移転ができる場合においても、移転しなくて OK だ。　　　　　　📖 302 頁 4.

(2)　正。登録を受けてはいるが、まだ宅建士証の交付を受けていない者は、宅建士ではないのだから、宅建士でなければできない事務（たとえば、重要事項の説明など）は**一切**できない。そして、この登録を受けてはいるが、まだ宅建士証の交付を受けていない者が宅建士しかできない事務をして、情状が特に重い場合（悪質な場合）は、登録消除処分を受けることになる。そして、この登録消除処分を受けた者は、極悪だから、登録を消除されてから 5 年間は、宅建士登録ができない。　　　　　　📖 296 頁 (2)

(3)　誤。宅建士証の交付を受けるには、交付申請前 6 カ月以内に行われる**知事**が指定する講習を受けなければならない。受講しなければならないのは、知事が指定する講習であり、国土交通大臣の指定する講習ではない。

📖 297 頁 (3)

(4)　誤。宅建士証をなくしたので再交付してもらったところ、その後になくした宅建士証が出てきたら、速やかに、**出てきた方の宅建士証を返納**しなければならない。返納しなければならないのは、出てきた方の宅建士証であって、再交付を受けた宅建士証ではない。　　📖 304 頁「返納」

（ 正　解 ）　(2)

Point!

宅地建物取引士しかできない仕事（事務）とは次の 3 つ
　① 重要事項の説明
　② 重要事項説明書への記名
　③ 37 条書面（契約成立後に交付する書面のこと）への記名
　そして、登録を受けてはいるが、まだ宅建士証の交付を受けていない者（＝宅建士ではない者）が、①〜③の仕事をして、情状が特に重い場合（悪質な場合）は登録消除処分を受けることになる。そして、登録を消除されてから **5 年間**は、宅建士登録ができない（肢(2)）。

届出等その他　　　　　　　　　　　［㍻21-29］

次の記述のうち、宅地建物取引業法の規定によれば、正しいものはどれか。

⑴　都道府県知事は、不正の手段によって宅地建物取引士資格試験を受けようとした者に対しては、その試験を受けることを禁止することができ、また、その禁止処分を受けた者に対し2年を上限とする期間を定めて受験を禁止することができる。

⑵　宅地建物取引士の登録を受けている者が本籍を変更した場合、遅滞なく、登録をしている都道府県知事に変更の登録を申請しなければならない。

⑶　宅地建物取引士の登録を受けている者が死亡した場合、その相続人は、死亡した日から30日以内に登録をしている都道府県知事に届出をしなければならない。

⑷　甲県知事の宅地建物取引士の登録を受けている者が、その住所を乙県に変更した場合、甲県知事を経由して乙県知事に対し登録の移転を申請することができる。

 住所・氏名・本籍を変更した場合はドーする？

講義

(1) 誤。不正の手段によって試験を受けようとした者に対する受験禁止の ペナルティーの上限は、**3 年**だ。2 年ではない。　　　　🗺 295 頁 ちなみに

(2) 正。宅地建物取引士の登録を受けている者が住所・氏名・**本籍**等を変 更した場合、遅滞なく、登録先の知事に**変更の登録**を**申請**しなければな らない。　　　　　　　　　　　　　　　　　　　　　　　🗺 301 頁 (1) ①

(3) 誤。宅地建物取引士登録を受けている者が死亡した場合、その相続人は、 死亡の事実を**知った日から 30 日以内**に登録先の知事に届け出なければな らない。　　　　　　　　　　　　　　　　　　　　　　　🗺 301 頁 (2) ①

(4) 誤。登録の移転ができるのは、別の都道府県の**事務所**に勤務すること になった場合だ。宅地建物取引士自身が別の都道府県に引越し（住所変更） しても、登録の移転はできない。　　　　　　　　🗺 303 頁 よく出るポイント ⑤

（　正　解　）　(2)

Point!

①　住所、氏名、**本籍**（肢(2)）
②　勤務先の業者名（名称または商号、免許証番号）
上の事項に変更が生じた場合には　➡　本人が**遅滞なく**登録先の知事に**変 更の登録を申請**しなければならない。

宅地建物取引士その他　　　　　　　　　　　［令2-28］

　宅地建物取引士に関する次の記述のうち、宅地建物取引業法の規定によれば、正しいものはどれか。

⑴　宅地建物取引士資格試験に合格した者は、合格した日から10年以内に登録の申請をしなければ、その合格は無効となる。

⑵　宅地建物取引士証の有効期間の更新の申請は、有効期間満了の90日前から30日前までにする必要がある。

⑶　宅地建物取引士は、重要事項の説明をするときは説明の相手方からの請求の有無にかかわらず宅地建物取引士証を提示しなければならず、また、取引の関係者から請求があったときにも宅地建物取引士証を提示しなければならない。

⑷　甲県知事の登録を受けている宅地建物取引士が、乙県知事に登録の移転を申請するときは、乙県知事が指定する講習を受講しなければならない。

⑷

登録の移転申請

 →

宅建士　　　　　　　乙県知事
（甲県知事登録）

Hint!　重要事項の説明をするときは、請求がなくても宅建士証を提示しなければならない。

講義

(1) 誤。合格は**一生有効**だ。だから、「10年以内に登録の申請をしなければ、合格は無効となる」ということはない。　🔖297頁(4)

(2) 誤。「有効期間の満了の日の90日前から30日前までにする必要がある」のは、**免許**の更新の申請だ。宅建士証の更新の申請には、このような規定はない。　🔖281頁(1)

(3) 正。宅地建物取引士は、重要事項の説明をするときは、説明の相手か**ら請求がなくても**（つまり、請求の有無にかかわらず）宅建士証を提示しなければならない。また、取引の関係者から請求があったときにも宅建士証を提示しなければならない。　🔖304頁(1)

(4) 誤。登録の移転を申請するときに、知事の講習を受ける**必要はない**。
　🔖297頁(3)

（ 正　解 ）　(3)

Point!

有効期間
① 合　　格　➡　一生（肢(1)）
② 登　　録　➡　一生
③ 宅建士証　➡　**5年**

宅地建物取引士 　　　　　　　　　　　 [令1-44]

　宅地建物取引業法に規定する宅地建物取引士資格登録（以下この問において「登録」という。）に関する次の記述のうち、正しいものはどれか。

(1)　業務停止の処分に違反したとして宅地建物取引業の免許の取消しを受けた法人の政令で定める使用人であった者は、当該免許取消しの日から５年を経過しなければ、登録を受けることができない。

(2)　宅地建物取引業者Ａ（甲県知事免許）に勤務する宅地建物取引士（甲県知事登録）が、宅地建物取引業者Ｂ（乙県知事免許）に勤務先を変更した場合は、乙県知事に対して、遅滞なく勤務先の変更の登録を申請しなければならない。

(3)　甲県知事登録を受けている者が、甲県から乙県に住所を変更した場合は、宅地建物取引士証の交付を受けていなくても、甲県知事に対して、遅滞なく住所の変更の登録を申請しなければならない。

(4)　宅地建物取引士資格試験に合格した者は、宅地建物取引に関する実務の経験を有しない場合でも、合格した日から１年以内に登録を受けようとするときは、登録実務講習を受講する必要はない。

(1)

法人

政令で定める
使用人

免許取消し
（業務停止処分違反）

Hint!　一定の事項に変更が生じたら、登録先の知事に申請。

(1)　誤。法人（会社）が、業務停止の処分に違反したとして宅建業の免許の取消しを受けた場合、聴聞の公示日の60日以内に、その法人の**役員**だった者は、免許取消しの日から**5年間**は、登録を受けることができない。登録を受けることができないのは、役員だった者だ。政令で定める使用人ならセーフだ（登録を受けることができる）。　　　　　　　　図300頁の⑨

(2)　誤。①住所、氏名、本籍、②**勤務先**の業者名（名称または商号、免許証番号）に変更が生じた場合には、本人が遅滞なく**登録先の知事**に変更の登録を申請しなければならない。本肢の宅地建物取引士の登録先の知事は甲県知事だ。だから、甲県知事に変更の登録を申請しなければならない。乙県知事に申請するのではないので、本肢は×だ。　　図301頁(1)①

(3)　正。①**住所**、氏名、本籍、②勤務先の業者名（名称または商号、免許証番号）に変更が生じた場合には、本人が遅滞なく登録先の知事に変更の登録を申請しなければならない。この変更の登録申請は、宅地建物取引士でなくても、宅地建物取引士登録を受けているなら、行う必要がある。

図301頁(1)①

(4)　誤。登録を受けるには、2年以上の実務経験があることが必要だ。ただし、実務経験がない場合には、**国土交通大臣**の登録を受けた実務講習（登録実務講習）を受講すればよいことになっている。本肢の試験合格者は、実務経験がないのだから、登録実務講習を受講する必要がある。ちなみに、宅地建物取引士証の交付を受ける際の知事の法定講習は、合格後1年以内なら免除される。　　　　　　　　　　図296頁(2)

（**正　解**）(3)

変更の登録の申請

①　**住所**、氏名、本籍（肢(3)）
②　**勤務先**の業者名（名称または商号、免許証番号）（肢(2)）
　　上の①②に変更が生じた場合には、本人が遅滞なく**登録**先の知事に変更の登録を申請しなければならない（肢(2)）。

注意！　変更の登録の申請は、宅地建物取引士でなくても、宅地建物取引士登録を受けているなら、行う必要がある（肢(3)）。

宅地建物取引士 [㍻24-36]

宅地建物取引士に関する次の記述のうち、宅地建物取引業法の規定によれば、正しいものはどれか。

(1) 宅地建物取引業者A社は、その主たる事務所に従事する唯一の専任の宅地建物取引士が退職したときは、30日以内に、新たな専任の宅地建物取引士を設置しなければならない。

(2) 宅地建物取引業者B社は、10戸の一団の建物の分譲の代理を案内所を設置して行う場合、当該案内所に従事する者が6名であるときは、当該案内所に少なくとも2名の専任の宅地建物取引士を設置しなければならない。

(3) 宅地建物取引業者C社（甲県知事免許）の主たる事務所の専任の宅地建物取引士Dが死亡した場合、当該事務所に従事する者17名に対し、専任の宅地建物取引士4名が設置されていれば、C社が甲県知事に届出をする事項はない。

(4) 宅地建物取引業者E社（甲県知事免許）の専任の宅地建物取引士であるF（乙県知事登録）は、E社が媒介した丙県に所在する建物の売買に関する取引において宅地建物取引士として行う事務に関し著しく不当な行為をした場合、丙県知事による事務禁止処分の対象となる。

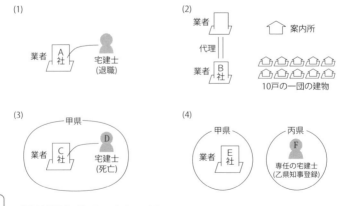

登録消除処分はできないが……。

講義

(1)　誤。宅地建物取引士の数に欠員が生じたら、業者は**2週間以内**に補充しなければならない。「30日以内」ではないので、本肢は×だ。

→ 291頁 よく出るポイント②

(2)　誤。案内所で**契約を締結する場合**、または申込みを受ける場合には、成年者である**専任の宅地建物取引士を1人以上**設置しなければならない（1人でOK。5人に1人以上ではない）。

→ 294頁 ②③

(3)　誤。楽勝ゴロ合せ「明治の薬剤師」（①名称・商号、②事務所の所在地・名称、③役員と政令で定める使用人の氏名、④**専任の宅地建物取引士の氏名**）に変更が生じたら、業者は30日以内に免許権者に届け出なければならない。専任の宅地建物取引士が死亡したら、**専任の宅地建物取引士の氏名**に変更が生じたことになるから、C社は甲県知事に変更の届出をしなければならない。

→ 283頁 (1)④

(4)　正。**事務禁止処分**は、登録権者と**現地の知事**ができる。だから、丙県知事（現地の知事）も事務禁止処分をすることができる。

→ 384頁 表

（正　解） (4)

Point!　**監督処分のまとめ**

		免許権者 登録権者	現地の知事
業者に対する 監督処分	① **指示**処分	○	○
	② **業務停止**処分※	○	○
	③ **免許取消**処分	○	×
宅建士に対する 監督処分	① **指示**処分	○	○
	② **事務禁止**処分※	○	○（肢(4)）
	③ **登録削除**処分	○	×

※＝1年以内

宅地建物取引士登録その他　　　　　　　[令2-34]

　宅地建物取引士の登録（以下この問において「登録」という）及び宅地建物取引士証に関する次の記述のうち、宅地建物取引業法の規定によれば、正しいものはどれか。

(1)　甲県で宅地建物取引士資格試験に合格した後1年以上登録の申請をしていなかった者が宅地建物取引業者（乙県知事免許）に勤務することとなったときは、乙県知事あてに登録の申請をしなければならない。

(2)　登録を受けている者は、住所に変更があっても、登録を受けている都道府県知事に変更の登録を申請する必要はない。

(3)　宅地建物取引士は、従事先として登録している宅地建物取引業者の事務所の所在地に変更があったときは、登録を受けている都道府県知事に変更の登録を申請しなければならない。

(4)　丙県知事の登録を受けている宅地建物取引士が、丁県知事への登録の移転の申請とともに宅地建物取引士証の交付の申請をした場合は、丁県知事から、移転前の宅地建物取引士証の有効期間が経過するまでの期間を有効期間とする新たな宅地建物取引士証が交付される。

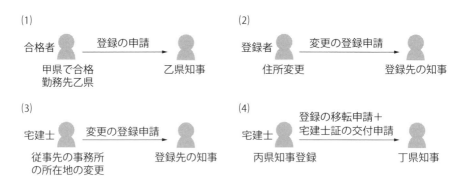

 旧宅建士証の有効期間の残りの期間だ。

講義

(1) 誤。登録の申請は、**受験地の知事**にすることが必要だ。だから、甲県で合格した者は、甲県知事あてに登録の申請をしなければならない。

🈁296頁⑵

(2) 誤。登録を受けている者は、① **住所**、氏名、本籍 ② 勤務先の業者名（名称または商号、免許証番号）に変更があった場合は、遅滞なく登録先の知事に変更の登録を申請しなければならない。

🈁301頁⑴①

(3) 誤。勤務先の**業者名**（名称または商号、免許証番号）に変更があった場合は、遅滞なく登録先の知事に変更の登録を申請しなければならない。しかし、勤務先の業者の事務所の所在地に変更があった場合は、変更の登録申請は不要だ。

🈁301頁⑴②

(4) 正。宅建士が、登録の移転の申請とともに宅建士証の交付の申請をした場合は、移転先の知事から、移転前の宅建士証の有効期間が経過するまでの期間を有効期間とする新たな宅建士証が交付される（交付される新宅建士証の有効期間は、旧宅建士証の有効期間の**残りの期間**だということ）。

🈁303頁 よく出るポイント④

（正　解）⑷

Point!

変更があった場合、変更の登録申請が必要か？

① 勤務先の名称または商号 　➡ 　**必要**

② 勤務先の免許証番号 　➡ 　**必要**

③ 勤務先の事務所の所在地 　➡ 　不要（肢⑶）

宅地建物取引士登録　　　　　　　[令3-28]

　宅地建物取引士の登録（以下この問において「登録」という。）に関する次の記述のうち、宅地建物取引業法の規定によれば、正しいものはどれか。

(1)　宅地建物取引士Ａ（甲県知事登録）が、乙県に所在する宅地建物取引業者の事務所の業務に従事することとなったときは、Ａは甲県知事を経由せずに、直接乙県知事に対して登録の移転を申請しなければならない。

(2)　甲県知事の登録を受けているが宅地建物取引士証の交付を受けていないＢが、宅地建物取引士としてすべき事務を行った場合、情状のいかんを問わず、甲県知事はＢの登録を消除しなければならない。

(3)　宅地建物取引士Ｃ（甲県知事登録）は、宅地建物取引業者Ｄ社を退職し、宅地建物取引業者Ｅ社に再就職したが、ＣはＤ社及びＥ社のいずれにおいても専任の宅地建物取引士ではないので、勤務先の変更の登録を申請しなくてもよい。

(4)　甲県で宅地建物取引士資格試験を受け、合格したＦは、乙県に転勤することとなったとしても、登録は甲県知事に申請しなければならない。

Hint!　受験地の都道府県の知事の登録を受ける。

講義

(1) 誤。別の都道府県の事務所に従事することとなった場合、今の知事（登録をしている知事）を**経由**して、登録の移転の申請をすることができる（登録の移転は義務ではない。**任意**だ）。本肢は「経由せずに、直接」という点と「登録の移転を申請しなければならない（義務）」という点が×だ。

302頁 4.、303頁 よく出るポイント①

(2) 誤。登録を受けてはいるが、まだ宅地建物取引士証の交付を受けていない者が、宅地建物取引士としてすべき事務（重要事項の説明等）を行い、**情状が特に重い**場合（悪質な場合）、知事は、その者の登録を消除しなければならない。知事が登録を消除しなければならないのは「情状が特に重い」場合だ。だから、「情状のいかんを問わず～登録を消除しなければならない」とある本肢は×だ。

296頁 (2)

(3) 誤。**勤務先の業者名**（商号・名称と免許証番号）に変更があった場合、遅滞なく、登録先の知事に変更の登録を申請しなければならない。だから、勤務先を変更したCは変更の登録を申請しなければならない。

301頁 (1)②

(4) 正。試験に合格した者は、**受験地**の都道府県の知事の登録を受けることになる。だから、甲県で試験を受け合格したFは、甲県知事の登録を受けることになる。

296頁 (2)

（**正　解**）（4）

Point!

甲県で試験を受け、合格した場合は、

1 甲県知事の登録を受ける（肢(4)）。

2 甲県知事から宅地建物取引士証の交付を受ける。

宅地建物取引士 [令4-29]

　宅地建物取引士に関する次の記述のうち、宅地建物取引業法の規定によれば、誤っているものはどれか。

(1) 宅地建物取引士は、禁錮以上の刑に処せられた場合、刑に処せられた日から30日以内に、その旨を宅地建物取引士の登録を受けた都道府県知事に届け出なければならない。

(2) 宅地建物取引士は、業務に関して事務禁止の処分を受けた場合、速やかに、宅地建物取引士証をその交付を受けた都道府県知事に提出しなければならず、これを怠った場合には罰則の適用を受けることがある。

(3) 宅地建物取引士は、有効期間の満了日が到来する宅地建物取引士証を更新する場合、国土交通大臣が指定する講習を受講しなければならず、また、当該宅地建物取引士証の有効期間は5年である。

(4) 宅地建物取引士は、宅地建物取引士の信用を害するような行為をしてはならず、信用を害するような行為には、宅地建物取引士の職務に必ずしも直接関係しない行為や私的な行為も含まれる。

　　知事の講習？それとも大臣の講習？

講義

(1)　正。宅地建物取引士は、禁錮以上の刑に処せられた場合、刑に処せられた日から **30 日**以内に、その旨を登録先の知事に届け出なければならない。
305 頁 (2)

(2)　正。宅地建物取引士は、事務禁止の処分を受けた場合、速やかに、宅地建物取引士証を**交付を受けた**知事に提出しなければならない。怠ったら（提出しなかったら）、罰則の適用を受けることがある（10 万円以下の**過料**）。
305 頁 よく出るポイント①、388 頁 ⑬

(3)　誤。有効期間の満了日が到来する宅地建物取引士証を更新する場合、交付申請前 6 カ月以内に行われる「**知事**」が指定する講習を受けなければならない。「**大臣**」が指定する講習ではないので、本肢は×だ。なお、宅地建物取引士証の有効期間は 5 年である、という点は○だ。
297 頁 (3)

(4)　正。宅地建物取引士は、宅地建物取引士の信用を害するような行為をしてはならない。この信用を害するような行為には、宅地建物取引士の職務に必ずしも直接関係しない行為や**私的な行為**も含まれる。
306 頁 (2)

（**正 解**）（3）

Point!

宅地建物取引士が事務禁止の処分を受けた場合（肢(2)）
➡　速やかに、宅地建物取引士証を**交付を受けた**知事に提出しなければならない。
注意!　罰則あり（提出しなかったら、10 万円以下の**過料**）。

宅地建物取引士その他 　　　　　　　　［平29-37］

次の記述のうち、宅地建物取引業法（以下この問において「法」という。）の規定によれば、正しいものはどれか。

⑴　宅地建物取引士は、取引の関係者から請求があったときは、物件の買受けの申込みの前であっても宅地建物取引士証を提示しなければならないが、このときに提示した場合、後日、法第35条に規定する重要事項の説明をする際は、宅地建物取引士証を提示しなくてもよい。

⑵　甲県知事の登録を受けている宅地建物取引士Aは、乙県に主たる事務所を置く宅地建物取引業者Bの専任の宅地建物取引士となる場合、乙県知事に登録を移転しなければならない。

⑶　宅地建物取引士の登録を受けるには、宅地建物取引士資格試験に合格した者で、2年以上の実務の経験を有するもの又は国土交通大臣がその実務の経験を有するものと同等以上の能力を有すると認めたものであり、法で定める事由に該当しないことが必要である。

⑷　宅地建物取引士は、取引の関係者から請求があったときは、従業者証明書を提示しなければならないが、法第35条に規定する重要事項の説明をする際は、宅地建物取引士証の提示が義務付けられているため、宅地建物取引士証の提示をもって、従業者証明書の提示に代えることができる。

 大臣のオスミツキがあればOK。

講　義

(1)　誤。宅建士は、重要事項の説明をするとき以外であっても、取引の関係者から請求があったときは、宅建士証を提示しなければならない（前半部分は○）。また、宅建士は、重要事項の説明をするときは、**請求がなくても**、宅建士証を提示しなければならない。だから、「重要事項を説明する際は、宅建士証を提示しなくてもよい」とある後半部分が×。

304頁(1)①、②

(2)　誤。宅建士は、別の都道府県の事務所に勤務することになった場合は、登録の移転ができる。登録の移転は義務（しなければならない）ではない。あくまでも**任意（できる）**だ。

302頁 4.

(3)　正。試験に合格した者で、2年以上の実務経験を有するもの、または国土交通**大臣**が実務経験を有するものと同等以上の能力を有すると認めたもの（大臣の登録実務講習を受講すればよい）で、法で定める事由に該当しなければ（要するに、欠格事由がなければ、ということ）、登録ができる。

296頁(2)

(4)　誤。従業者証明書は、取引の関係者から**請求があったとき**は、提示しなければならない（前半部分は○）。宅建士が宅建士証を提示しても、宅建士証には本人の住所は記載されているが勤務先までは記載されていないから、宅建士証は従業者証明書の**代わりにはならない**。だから、後半部分が×。

305頁 (2)、306頁 上から1～3行目

（正　解）　(3)

Point!

従業者証明書
① 取引の関係者から**請求があったとき**は、提示しなければならない（肢(4)）。
② 宅建士証や従業者名簿は、従業者証明書の**代わりにはならない**（肢(4)）。
③ 業者は、従業者に従業者証明書を携帯させなければ、業務に従事させることができない。 注意！
注意！ 従業者には、代表者（社長）、役員（非常勤も含む）、一時的に事務を補助する者（パート・アルバイト）も含まれる。

宅地建物取引士 　　　　　　　[†4-33]

　宅地建物取引士に関する次の記述のうち、宅地建物取引業法の規定によれば、正しいものはいくつあるか。

ア　宅地建物取引士資格試験は未成年者でも受験することができるが、宅地建物取引士の登録は成年に達するまでいかなる場合にも受けることができない。

イ　甲県知事登録の宅地建物取引士が、宅地建物取引業者（乙県知事免許）の専任の宅地建物取引士に就任するためには、宅地建物取引士の登録を乙県に移転しなければならない。

ウ　丙県知事登録の宅地建物取引士が、事務の禁止の処分を受けた場合、丁県に所在する宅地建物取引業者の事務所の業務に従事しようとするときでも、その禁止の期間が満了するまで、宅地建物取引士の登録の移転を丁県知事に申請することができない。

エ　戊県知事登録の宅地建物取引士が、己県へ登録の移転の申請とともに宅地建物取引士証の交付を申請した場合、己県知事が宅地建物取引士証を交付するときは、戊県で交付された宅地建物取引士証の有効期間が経過するまでの期間を有効期間とする宅地建物取引士証を交付しなければならない。

(1)　一つ

(2)　二つ

(3)　三つ

(4)　四つ

　事務禁止処分中は、宅地建物取引士としての仕事はできないのだから……。

講義

ア　誤。試験は、未成年者でも受験することができる。登録は、成年者と
　　同一の行為能力を**有しない**未成年者は受けることができないが、成年者
　　と同一の行為能力を**有する**未成年者は受けることができる。だから、「成
　　年に達するまでいかなる場合にも登録を受けることができない」とある
　　本肢は×だ。　　　　　　　　　　　　　　　　　　　　　🐾298頁 ①

イ　誤。宅地建物取引士は、別の都道府県の事務所に従事し、または従事
　　しようとするときは、登録の移転をすることが**できる**（**任意**）。登録の移
　　転は、あくまでも任意だ。義務ではない。また、「○県の専任の宅地建物
　　取引士に就任するためには、登録を○県に移転しなければならない」と
　　いう規定はない。　　　　　　　　　　　　　　　　　　🐾302頁 4.

ウ　正。**事務禁止処分中**は、登録の移転はできない。移転しても、どうせ
　　宅地建物取引士としての仕事はできない以上、無意味だからだ。
　　　　　　　　　　　　　　　　　　　🐾303頁 よく出るポイント⑥

エ　正。登録の移転の申請とともに宅地建物取引士証の交付の申請があっ
　　たときは、移転後の知事は、旧宅地建物取引士証の有効期間が経過する
　　までの期間を有効期間とする宅地建物取引士証を交付しなければならな
　　い（新宅地建物取引士証の有効期間は、旧宅地建物取引士証の有効期間
　　の**残りの期間**だということ）。　　　　　🐾303頁 よく出るポイント④

以上により、正しいものはウとエなので、正解は肢(2)となる。

　　　　　　　　　　　　　　　　　　　　　　（　正　解　）　(2)

Point!

登録できるか？（肢ア）

① 成年者と同一の行為能力を**有する**未成年者　　➡　〇

② 成年者と同一の行為能力を**有しない**未成年者　➡　✕

宅地建物取引士 　　　　　　　　　　　［平30-42］

　次の記述のうち、宅地建物取引業法（以下この問において「法」という。）の規定によれば、正しいものはどれか。

(1)　宅地建物取引士が死亡した場合、その相続人は、死亡した日から30日以内に、その旨を当該宅地建物取引士の登録をしている都道府県知事に届け出なければならない。

(2)　甲県知事の登録を受けている宅地建物取引士は、乙県に所在する宅地建物取引業者の事務所の業務に従事しようとするときは、乙県知事に対し登録の移転の申請をし、乙県知事の登録を受けなければならない。

(3)　宅地建物取引士は、事務禁止の処分を受けたときは宅地建物取引士証をその交付を受けた都道府県知事に提出しなくてよいが、登録消除の処分を受けたときは返納しなければならない。

(4)　宅地建物取引士は、法第37条に規定する書面を交付する際、取引の関係者から請求があったときは、専任の宅地建物取引士であるか否かにかかわらず宅地建物取引士証を提示しなければならない。

重要事項の説明をするときだけではない。

講義

(1) 誤。宅建士が死亡した場合、その相続人は、死亡の事実を**知った日**から **30 日**以内に登録先の知事に届け出なければならない。　　📖301 頁 (2)

(2) 誤。宅建士は、別の都道府県（登録している知事の管轄する都道府県以外の都道府県）の事務所に勤務し、または勤務しようとするときは、登録の移転が**できる**。登録の移転は義務（しなければならない）ではない。あくまでも**任意（できる）**だ。　　📖302頁 4.

(3) 誤。宅建士は、事務禁止処分を受けたときは、速やかに、宅建士証を交付を受けた知事に**提出**しなければならない（前半部分は×）。また、宅建士は、登録が消除されたときは、速やかに、宅建士証を交付を受けた知事に**返納**しなければならない（後半部分は○）。

📖305 頁 ⑦、よく出るポイント①

(4) 正。宅建士は、専任であるか否かにかかわらず、取引の関係者から**請求があった**ときは、宅建士証を提示しなければならない。ちなみに、重要事項の説明をするときは、請求がなくても、宅建士証を提示しなければならない。　　📖304 頁 (1) ②

（正　解） (4)

Point!

① 宅建士は、登録が消除されたときは、
 ➡ 速やかに、宅建士証を交付を受けた知事に**返納**しなければならない（肢(3)）。

② 宅建士は、事務禁止処分を受けたときは、
 ➡ 速やかに、宅建士証を交付を受けた知事に**提出**しなければならない（肢(3)）。

宅地建物取引士証その他　　　　　　[平25-44]

　宅地建物取引業法に規定する宅地建物取引士資格登録（以下この問において「登録」という。）、宅地建物取引士及び宅地建物取引士証に関する次の記述のうち、正しいものはいくつあるか。

ア　登録を受けている者は、登録事項に変更があった場合は変更の登録申請を、また、破産者となった場合はその旨の届出を、遅滞なく、登録している都道府県知事に行わなければならない。

イ　宅地建物取引士証の交付を受けようとする者（宅地建物取引士資格試験合格日から1年以内の者又は登録の移転に伴う者を除く。）は、都道府県知事が指定した講習を、交付の申請の90日前から30日前までに受講しなければならない。

ウ　宅地建物取引業法第35条に規定する事項を記載した書面への記名及び同法第37条の規定により交付すべき書面への記名については、専任の宅地建物取引士でなければ行ってはならない。

エ　宅地建物取引士は、事務禁止処分を受けた場合、宅地建物取引士証をその交付を受けた都道府県知事に速やかに提出しなければならないが、提出しなかったときは10万円以下の過料に処せられることがある。

(1)　一つ　(2)　二つ　(3)　三つ　(4)　なし

　宅建士証がらみは過料。

講義

ア　誤。登録を受けている者が破産をした場合は、本人が**30日以内**に登録
先の知事に届け出なければならない。ちなみに、登録事項に変更があっ
た場合は、本人が**遅滞なく**登録先の知事に変更の登録を申請しなければ
ならない、という部分は正しい。　　　　　　　　　　📖 301頁(1)、(2)

イ　誤。宅地建物取引士証の交付を受けるには、交付申請前**6カ月**以内
に行われる**知事が指定する講習**を受けなければならない。ちなみに、宅
建士試験合格後**1年以内**に宅建士証の交付を受けようとする者または、
登録の移転に伴い、旧宅建士証と引き換えに、新宅建士証の交付を受け
ようとする者は、この知事の講習は**免除**されることになっている。

📖 297頁(3)

ウ　誤。35条書面（重要事項説明書のこと）にも37条書面にも、宅地建
物取引士の記名が必要だ。しかし、この記名は専任の宅地建物取引士が
やる必要はない。パートでもアルバイトでも、**宅地建物取引士**であれば
記名できる。　　　　　　　　　　　　　　📖 373頁(3)、382頁1.

エ　正。宅地建物取引士が事務禁止処分を受けた場合、宅建士証を交付を
受けた知事に提出しなければならない。もし、提出しなかったら**10万円
以下の過料**だ。　　　　　　　　　📖 305頁 よく出るポイント①、388頁⑬

以上により、正しいものはエだけなので、正解は肢(1)となる。

（正　解）　(1)

Point!

宅建士証がらみは過料（罰金ではない）

①　宅建士証を**返納**しなかった場合　➡　10万円以下の**過料**

②　宅建士証を**提出**しなかった場合　➡　10万円以下の**過料**（肢エ）

③　**重要事項の説明**の際、宅建士証を提示しなかった場合　➡　10万円
以下の**過料**

宅地建物取引士　　　　　　　　　　　　　[平20-33]

　次の記述のうち、宅地建物取引業法（以下この問において「法」という。）の規定によれば、正しいものはどれか。

(1)　禁錮以上の刑に処せられた宅地建物取引士は、登録を受けている都道府県知事から登録の消除の処分を受け、その処分の日から5年を経過するまで、宅地建物取引士の登録をすることはできない。

(2)　宅地建物取引士資格試験に合格した者で、宅地建物の取引に関し2年以上の実務経験を有するもの、又は都道府県知事がその実務経験を有するものと同等以上の能力を有すると認めたものは、法第18条第1項の登録を受けることができる。

(3)　甲県知事から宅地建物取引士証の交付を受けている宅地建物取引士は、その住所を変更したときは、遅滞なく、変更の登録の申請をするとともに、宅地建物取引士証の書換え交付の申請を甲県知事に対してしなければならない。

(4)　宅地建物取引士が心身の故障により宅地建物取引士の事務を適正に行うことができない者として国土交通省令で定めるものに該当することになったときは、その日から3月以内にその旨を登録している都道府県知事に本人又はその法定代理人若しくは同居の親族が届け出なければならない。

 一緒にやった方が効率的だ！

(1)　誤。禁錮以上の刑に処せられた者は、**執行終了後5年間はダメ**で免許を受けることはできない。ダメなのは、「執行終了後5年間」であり、「登録の消除処分の日から5年間」ではないので、本肢は×だ。　　🦓 299頁 ④

(2)　誤。2年以上の実務経験を有する者か、国土交通**大臣**がその実務経験を有する者と同等以上の能力を有すると認めた者は、登録を受けることができる。オスミツキを与えるのは、「国土交通**大臣**」であり、「知事」ではないので、本肢は×だ。　　🦓 296頁 ⑵

(3)　正。登録簿には、登録を受けた者の住所が登載されている。また、宅建士証には、その者の住所が記載されている。だから、甲県知事から宅建士証の交付を受けている宅地建物取引士が、住所を変更したら、**遅滞なく変更の登録を申請する**とともに、宅建士証の書換交付の申請を甲県知事にしなければならない。　　🦓 301頁 ⑴、306頁 上の⑶

(4)　誤。宅建士が心身の故障により宅建士の事務を適正に行うことができない者になったときは、本人・法定代理人・同居の親族は、**30日以内**に、その旨を登録先の知事に届け出なければならない。3カ月以内ではないので、本肢は×だ。　　🦓 301頁 ⑵ ②

（**正 解**）　(3)

肢(3)の詳しい話

1　登録簿には ➡ 登録を受けた者の住所が登載されている。 ➡ だから、**住所の変更**があったら変更の登録が必要だ。

2　宅建士証には ➡ 宅建士の住所が記載されている。 ➡ だから、**住所の変更**があったら書換えが必要だ。

　　同じ住所変更の話なのだから、1と2は一緒にやった方が効率的だ。だから、宅建士が、住所を変更したら、**遅滞なく変更の登録を申請する**とともに、宅建士証の書換交付の申請を知事にしなければならないことになっている。

宅地建物取引士証その他　　　　　[平16-34]

　宅地建物取引士資格登録（以下この問において「登録」という。）及び宅地建物取引士証に関する次の記述のうち、宅地建物取引業法の規定によれば、正しいものはどれか。

(1)　宅地建物取引士Ａ（甲県知事登録）が、宅地建物取引業者Ｂ社（乙県知事免許）に従事した場合、Ａは乙県知事に対し、甲県知事を経由して登録の移転を申請しなければならない。

(2)　宅地建物取引士Ｃが、宅地建物取引業者Ｄ社を退職し、宅地建物取引業者Ｅ社に就職したが、ＣはＤ社及びＥ社においても専任の宅地建物取引士ではないので、宅地建物取引士資格登録簿の変更の登録は申請しなくてもよい。

(3)　Ｆは、不正の手段により登録を受けたとして、登録の消除の処分の聴聞の期日及び場所が公示された後、自らの申請により、登録が消除された。Ｆは、登録が消除された日から５年を経過せずに新たに登録を受けることができる。

(4)　宅地建物取引士Ｇは、宅地建物取引士証の有効期間内に更新をせず、有効期間の満了日から２週間後に宅地建物取引士証の交付を受けた。その２週間の間にＧに重要事項説明を行わせた宅地建物取引業者Ｈ社は業務停止処分を受けることがある。

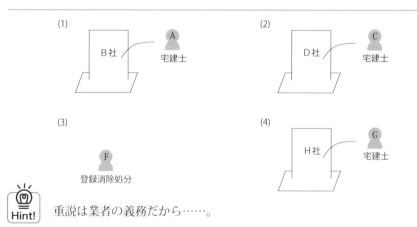

Hint!　重説は業者の義務だから……。

講義

(1) 誤。登録の移転は義務（登録の移転をしなければならない）ではなく、**任意（登録の移転をすることができる）**だ。だから、本肢は×だ。ちなみに、登録の移転は、今の知事である甲県知事を経由して行われるという点は正しい。　　　　　　　　　　　　　　　　　　　　　　　　　🔀 302頁 4.

(2) 誤。宅地建物取引士は、**勤務先の業者名**に変更を生じた場合は、遅滞なく登録先の知事に変更の登録を申請しなければならない。CはD社を退職し、E社に就職したのだから、勤務先の業者名に変更を生じており、変更の登録を申請しなければならない。　　　　　　　　　　🔀 301頁 (1)

(3) 誤。不正の手段で登録を受けたとして、登録権者（知事）が登録消除処分をしようとして聴聞の期日と場所を公示（言い分があるなら出て来い）をしたところ、相当の理由がないのに、処分前に自分から登録を消除してもらった者（いわゆるかけこみ消除）は、登録消除から**5年間**は登録を受けることができない。　　　　　　　　　　　　🔀 300頁 ⑫

(4) 正。有効期間満了日から2週間後に宅建士証を受けるまでの期間は、Gは宅地建物取引士ではない。だから、その2週間の間にGに重要事項の説明を行わせると、H社は宅地建物取引士ではない者に重要事項を説明させたことになるので、**業務停止処分**を受けることがある。　　🔀 373頁 ⑹

（**正 解**）　⑷

Point!

重要事項の説明義務を負っているのは業者
➡ 違反すると業者が**業務停止処分**を受けることがある（肢⑷）。

宅地建物取引士その他 [㍻27-35]

宅地建物取引業法の規定に関する次の記述のうち、正しいものはどれか。

(1) 「宅地建物取引業者は、取引の関係者に対し、信義を旨とし、誠実にその業務を行わなければならない」との規定があるが、宅地建物取引士については、規定はないものの、公正かつ誠実に宅地建物取引業法に定める事務を行うとともに、宅地建物取引業に関連する業務に従事する者との連携に努めなければならないものと解されている。

(2) 「宅地建物取引士は、宅地建物取引業の業務に従事するときは、宅地建物取引士の信用又は品位を害するような行為をしてはならない」との規定がある。

(3) 「宅地建物取引士は、宅地建物取引業を営む事務所において、専ら宅地建物取引業に従事し、これに専念しなければならない」との規定がある。

(4) 「宅地建物取引業者は、その従業者に対し、その業務を適正に実施させるため、必要な教育を行うよう努めなければならない」との規定があり、「宅地建物取引士は、宅地又は建物の取引に係る事務に必要な知識及び能力の維持向上に努めなければならない」との規定がある。

 巧妙なヒッカケがあるぞ！

講義

(1)　誤。「業者は、取引の関係者に対し、**信義を旨とし**、**誠実にその業務を行わなければならない**」との規定はある（前半は○）。そして、「宅建士は、宅建業の業務に従事するときは、宅地建物の取引の専門家として、**公正かつ誠実**に事務を行うとともに、宅建業に関連する業務に従事する者との**連携に努めなければならない**」との規定も**ある**（後半が×）。

306頁(1)

(2)　誤。「宅建士は、宅建士の**信用または品位を害する**ような行為をしてはならない」という規定はある。しかし、この規定には、「宅建業の業務に従事するときは」という文言は**ない**。だから、本肢は×だ。巧妙なヒッカケ問題だ。

306頁(2)

(3)　誤。「宅建士は、宅建業を営む事務所において、専ら宅建業に従事し、これに専念しなければならない」との規定は**ない**。全くのデタラメだ。

306頁 7.

(4)　正。「業者は、従業者に対し、必要な教育を行うよう**努めなければならない**」との規定もあるし、「宅建士は、必要な知識及び能力の維持向上に**努めなければならない**」との規定もある。　　　306頁 7.(3)、331頁 9.

（　正　解　）　(4)

教育と知識・能力
1　業者は　　➡　従業者に対し、必要な教育を行うよう**努めなければならない**（肢(4)）。
2　宅建士は　➡　必要な知識及び能力の維持向上に**努めなければならない**（肢(4)）。
コメント　教育と知識・能力は、「**努めなければならない（努力義務ということ）**」となっている、と覚えておこう。

宅建業とは？・宅地建物取引士　　　　　　　[⇧5-38]

　次の記述のうち、宅地建物取引業法の規定によれば、正しいものはいくつあるか。

ア　宅地建物取引業者Aが、自ら所有する複数の建物について、複数人に対し、反復継続して賃貸する行為は、宅地建物取引業に該当しない。

イ　宅地建物取引士とは、宅地建物取引士資格試験に合格し、都道府県知事の登録を受けた者をいう。

ウ　建設業者Bが、建築請負工事の受注を目的として、業として宅地の売買の媒介を行う行為は、宅地建物取引業に該当しない。

エ　宅地建物取引士は、宅地又は建物の取引に係る事務に必要な知識及び能力の維持向上に努めなければならない。

(1)　一つ

(2)　二つ

(3)　三つ

(4)　四つ

 合格＋登録＋宅地建物取引士証の交付→宅地建物取引士

講義

ア　正。「**自ら貸借**」は「取引」に**当たらない**。だから、自ら所有する複数の建物について、複数人に対し、反復継続して賃貸する行為は、宅建業に当たらない。　　　　　　　　　　　　　　　　　　　　　　📖 274頁(1)

イ　誤。宅地建物取引士とは、試験に合格して→登録を受け→**宅地建物取引士証の交付を受けた者**だ。ちなみに、登録を受けたが宅地建物取引士証の交付を受けていない者は宅地建物取引士ではなく、宅地建物取引士**資格者**だ。　　　　　　　　　　　　　　　　　　　　　📖 297頁(3)

ウ　誤。業として宅地の売買の媒介を行うのだから、宅建業に**当たる**（たとえ、建築請負工事の受注を目的とするものであっても宅建業に当たる）。　　　　　　　　　　　　　　　　　　　　　📖 273頁3.、275頁4.

エ　正。宅地建物取引士は、宅地建物の取引に係る事務に**必要な知識及び能力の維持向上に努めなければならない**（努力義務だ）。　📖 306頁7.(3)

以上により、正しいものはアとエなので、正解は肢(2)となる。

（**正　解**）　(2)

Point!

① 試験に合格した者	➡	宅地建物取引士資格試験合格者
② 知事の登録を受けた者	➡	宅地建物取引士資格者（肢イ）
③ **宅地建物取引士証の交付**を受けた者	➡	宅地建物取引士

営業保証金 [令3-34]

　宅地建物取引業法の規定に基づく営業保証金に関する次の記述のうち、正しいものはどれか。

(1)　国土交通大臣から免許を受けた宅地建物取引業者が、営業保証金を主たる事務所のもよりの供託所に供託した場合、当該供託所から国土交通大臣にその旨が通知されるため、当該宅地建物取引業者は国土交通大臣にその旨を届け出る必要はない。

(2)　宅地建物取引業者と宅地建物取引業に関し取引をした者は、その取引により生じた債権に関し、当該宅地建物取引業者が供託した営業保証金について、その債権の弁済を受ける権利を有するが、取引をした者が宅地建物取引業者に該当する場合は、その権利を有しない。

(3)　営業保証金は、金銭による供託のほか、有価証券をもって供託することができるが、金銭と有価証券とを併用して供託することはできない。

(4)　有価証券を営業保証金に充てる場合における当該有価証券の価額は、国債証券の場合はその額面金額の100分の90、地方債証券の場合はその額面金額の100分の80である。

　営業保証金はシロートのためにある。

講 義

(1) 誤。業者は、営業保証金を供託したときは、その供託物受入れの記載のある供託書の写しを添付して、その旨を**免許権者**に**届け出**なければならない。業者は、免許権者に届出をする必要があるので、本肢は×だ。

309頁(3)

(2) 正。業者は、営業保証金から還付（弁済）を受けることが**できない**。還付を受けることができるのはシロート（非業者）だけだ。

308頁[注!]

(3) 誤。営業保証金は、金銭でも有価証券（国債証券、地方債証券等）でも供託することができる。そして、金銭と有価証券とを**併用**して供託することもできる。

309頁(2)

(4) 誤。国債証券は額面金額の**100**％（100分の100）、地方債証券は額面金額の**90**％（100分の90）で評価される。

309頁(2)①②

（**正 解**） (2)

Point!

① 業者は、営業保証金から還付（弁済）を受けることが**できない**（肢(2)）。
② 業者は、弁済業務保証金から還付（弁済）を受けることが**できない**。
③ 取引の相手方が業者である場合は、供託所等の説明は**不要**。

営業保証金　　　　　　　　　　　　　　　　　[㍻29-32]

　宅地建物取引業法に規定する営業保証金に関する次の記述のうち、誤っているものはどれか。

(1)　宅地建物取引業者は、主たる事務所を移転したことにより、その最寄りの供託所が変更となった場合において、金銭のみをもって営業保証金を供託しているときは、従前の供託所から営業保証金を取り戻した後、移転後の最寄りの供託所に供託しなければならない。

(2)　宅地建物取引業者は、事業の開始後新たに事務所を設置するため営業保証金を供託したときは、供託物受入れの記載のある供託書の写しを添附して、その旨を免許を受けた国土交通大臣又は都道府県知事に届け出なければならない。

(3)　宅地建物取引業者は、一部の事務所を廃止し営業保証金を取り戻そうとする場合には、供託した営業保証金につき還付を請求する権利を有する者に対し、6月以上の期間を定めて申し出るべき旨の公告をしなければならない。

(4)　宅地建物取引業者は、営業保証金の還付があったために営業保証金に不足が生じたときは、国土交通大臣又は都道府県知事から不足額を供託すべき旨の通知書の送付を受けた日から2週間以内に、不足額を供託しなければならない。

　金銭だけで供託している。

講義

(1)　誤。**金銭だけ**で供託している場合は、**保管替え**を請求しなければならない。ちなみに、新たに供託し直さなければならないのは、有価証券だけで供託している場合と、有価証券プラス金銭で供託している場合だ。ついでに覚えておこう。　　　　　　　　　　　　　　　311頁 ①

(2)　正。業者は、開業後、事務所を新設した場合は、その分の営業保証金を供託し、供託書の写しを添付して、供託した旨を免許権者に**届け出**なければならない。ちなみに、この届け出をした後でなければ、その事務所での営業を開始できない。ついでに覚えておこう。　　　309頁 (3)

(3)　正。業者は、営業保証金を供託しておく必要がなくなった全ての場合に、営業保証金を取り戻すことができる。だから、廃業の場合も、免許が取り消された場合も、**支店**（一部の事務所）を**廃止**した場合も、営業保証金を取り戻すことができる。そして、営業保証金を取り戻そうとする場合は、**6カ月**を下らない一定期間を定めて、「債権をお持ちの方はお申し出下さい」と公告をしなければならない。　　315頁 4.

(4)　正。業者が不足額を追加供託しなければならないタイムリミットは、免許権者から**不足通知**を受けてから**2週間以内**だ。　　313頁 (3)

（正　解）　(1)

Point!

業者が不足額を追加供託しなければならないタイムリミットは、
➡　免許権者から**不足通知**を受けてから**2週間以内**だ（肢(4)）。

注意！　追加供託をした場合、業者は、その日から**2週間以内**に、供託した旨を免許権者に届け出なければならない。

営業保証金 [〒26-29]

宅地建物取引業法に規定する営業保証金に関する次の記述のうち、正しいものはどれか。

(1) 新たに宅地建物取引業を営もうとする者は、営業保証金を金銭又は国土交通省令で定める有価証券により、主たる事務所の最寄りの供託所に供託した後に、国土交通大臣又は都道府県知事の免許を受けなければならない。

(2) 宅地建物取引業者は、既に供託した額面金額1,000万円の国債証券と変換するため1,000万円の金銭を新たに供託した場合、遅滞なく、その旨を免許を受けた国土交通大臣又は都道府県知事に届け出なければならない。

(3) 宅地建物取引業者は、事業の開始後新たに従たる事務所を設置したときは、その従たる事務所の最寄りの供託所に政令で定める額を供託し、その旨を免許を受けた国土交通大臣又は都道府県知事に届け出なければならない。

(4) 宅地建物取引業者が、営業保証金を金銭及び有価証券をもって供託している場合で、主たる事務所を移転したためその最寄りの供託所が変更したときは、金銭の部分に限り、移転後の主たる事務所の最寄りの供託所への営業保証金の保管替えを請求することができる。

 消去法で解くのがイイかも。

講　義

(1)　誤。「①免許を取得した後に ➡ ②供託する」という順番が正しい。本肢は「供託した後に ➡ 免許を取得する」という順番になっているので×だ。　　　　　　　　　　　　　　　　　　　　　　　309頁(3)

(2)　正。**営業保証金の変換**とは、供託の方法を変えることだ（**例** 今までは、「国債証券で供託」していたが、これからは、「金銭で供託」する）。そして、営業保証金の変換をした場合は、遅滞なく、**免許権者**に**届け出**なければならないことになっている。　　　　　　　　　　　　309頁 注!

(3)　誤。営業保証金は、**主たる事務所の最寄りの供託所**に供託する。従たる事務所の分の営業保証金についても、主たる事務所の最寄りの供託所に供託するので、本肢は×だ。　　　　　　　　　　　311頁(5)

(4)　誤。**金銭だけ**で供託している場合は、**保管替え**を請求しなければならない（ただし、遅滞なく費用の予納を要す）。本肢の業者は、有価証券＋金銭で供託しているので、保管替えを請求できない。だから、本肢の業者は、営業保証金を新たに供託し直さなければならない。　　311頁(6)

正　解　(2)

Point!

営業保証金の変換とは、供託の方法を変えることだ。
　➡ 営業保証金の変換をした場合は、遅滞なく、**免許権者**に**届け出**なければならない（肢(2)）。

宅地建物取引業者A（甲県知事免許）の営業保証金に関する次の記述のうち、宅地建物取引業法の規定によれば、正しいものはいくつあるか。なお、Aは宅地建物取引業保証協会の社員ではないものとする。

ア　Aが免許を受けた日から6か月以内に甲県知事に営業保証金を供託した旨の届出を行わないとき、甲県知事はその届出をすべき旨の催告をしなければならず、当該催告が到達した日から1か月以内にAが届出を行わないときは、その免許を取り消すことができる。

イ　Aは、営業保証金を供託したときは、その供託物受入れの記載のある供託書の写しを添付して、その旨を甲県知事に届け出なければならず、当該届出をした後でなければ、その事業を開始することができない。

ウ　Aは、営業保証金が還付され、甲県知事から営業保証金が政令で定める額に不足が生じた旨の通知を受け、その不足額を供託したときは、30日以内に甲県知事にその旨を届け出なければならない。

エ　Aが免許失効に伴い営業保証金を取り戻す際、供託した営業保証金につき還付を受ける権利を有する者に対し、3か月を下らない一定期間内に申し出るべき旨を公告し、期間内にその申出がなかった場合でなければ、取り戻すことができない。

(1)　一つ

(2)　二つ

(3)　三つ

(4)　四つ

 Hint!　期間が間違っている。

講義

ア　誤。免許権者は、免許をした日から**３カ月**以内に営業保証金を供託した旨の届出をしない業者には、早く届出をしろと**催告**をしなければならない。そして、催告が到達した日から**１カ月**以内に業者が届出を行わないときは、免許を取り消すことができる。　　　　　　　　📖310頁(4)

イ　正。業者は、営業保証金を供託し、供託した旨を免許権者に**届け出た後**でなければ、事業（営業）を開始できない。　　　　　📖309頁(3)①

ウ　誤。業者は、追加供託をした場合は、その日から**２週間**以内に免許権者に供託した旨を届け出なければならない。　　　　　📖314頁|注!|

エ　誤。業者は、営業保証金を取り戻す際、**６カ月**を下らない一定の期間を定めて、「**債権をお持ちの方はお申し出下さい**」と公告し、期間内にその申出がなかった場合でなければ、取り戻すことができない。

📖315頁 **原則**

以上により、正しいものはイだけなので、正解は肢(1)となる。

(**正　解**)　(1)

Point!

> ①　業者は、営業保証金を供託したときは、その供託物受入れの記載のある供託書の写しを添付して、その旨を免許権者に届け出なければならない。
>
> ②　業者は、①の**届出をした後**でなければ、事業（営業）を開始できない（肢イ）。

営業保証金　　　　　　　　　　　　　　[平23-30]

　宅地建物取引業者Ａ社（甲県知事免許）の営業保証金に関する次の記述のうち、宅地建物取引業法の規定によれば、正しいものはどれか。

(1)　Ａ社は、甲県の区域内に新たに支店を設置し宅地建物取引業を営もうとする場合、甲県知事にその旨の届出を行うことにより事業を開始することができるが、当該支店を設置してから３月以内に、営業保証金を供託した旨を甲県知事に届け出なければならない。

(2)　甲県知事は、Ａ社が宅地建物取引業の免許を受けた日から３月以内に営業保証金を供託した旨の届出をしないときは、その届出をすべき旨の催告をしなければならず、その催告が到達した日から１月以内にＡ社が届出をしないときは、Ａ社の免許を取り消すことができる。

(3)　Ａ社は、宅地建物取引業の廃業により営業保証金を取り戻すときは、営業保証金の還付を請求する権利を有する者（以下この問において「還付請求権者」という。）に対して公告しなければならないが、支店の廃止により営業保証金を取り戻すときは、還付請求権者に対して公告する必要はない。

(4)　Ａ社は、宅地建物取引業の廃業によりその免許が効力を失い、その後に自らを売主とする取引が結了した場合、廃業の日から10年経過していれば、還付請求権者に対して公告することなく営業保証金を取り戻すことができる。

　幽霊のような業者を放置しておくのはマズイ。

講義

(1)　誤。開業後に、支店を**新設**した場合は、**いつ届出をしても OK** だ（ただし、その支店分の営業保証金を供託し、その旨の届出を免許権者にしなければ、その支店での営業が開始できない）。　　　　　　　　　　　🈩 309 頁 (3) ②

(2)　正。免許権者は、免許を与えてから **3 カ月**以内に営業保証金を供託した旨の届出をしない業者には、「早く届出をしろ」と**催告**しなければならず、催告後 **1 カ月**以内に届出がない場合には、免許を**取り消す**ことができる。　　　　　　　　　　　🈩 310 頁 (4)

(3)　誤。業者は、廃業をする場合も支店を**廃止**する場合も、6 カ月を下らない一定の期間を定めて、「債権をお持ちの方はお申し出下さい」と**公告**しなければならない。　　　　　　　　　　　🈩 315 頁 4.

(4)　誤。**取戻しの原因が生じてから 10 年**を経過した場合は、業者は、公告をしないで直ちに取り戻せる（「廃業の日から 10 年を経過した場合」ではない）。　　　　　　　　　　　🈩 315 頁 ③

（**正　解**）　(2)

Point!

　免許権者は、

① 免許を与えてから **3 カ月**以内に営業保証金を供託した旨の届出をしない業者には、「早く届出をしろ」と**催告**しなければならず（義務）、

② 催告後 **1 カ月**以内に届出がない場合には、免許を**取り消す**ことができる（任意）（肢(2)）。

営業保証金 [平30-43]

宅地建物取引業法に規定する営業保証金に関する次の記述のうち、正しいものはどれか。

(1) 宅地建物取引業者は、免許を受けた日から3月以内に営業保証金を供託した旨の届出を行わなかったことにより国土交通大臣又は都道府県知事の催告を受けた場合、当該催告が到達した日から1月以内に届出をしないときは、免許を取り消されることがある。

(2) 宅地建物取引業者に委託している家賃収納代行業務により生じた債権を有する者は、宅地建物取引業者が供託した営業保証金について、その債権の弁済を受けることができる。

(3) 宅地建物取引業者は、宅地建物取引業の開始後1週間以内に、供託物受入れの記載のある供託書の写しを添附して、営業保証金を供託した旨を免許を受けた国土交通大臣又は都道府県知事に届け出なければならない。

(4) 宅地建物取引業者は、新たに事務所を2か所増設するための営業保証金の供託について国債証券と地方債証券を充てる場合、地方債証券の額面金額が800万円であるときは、額面金額が200万円の国債証券が必要となる。

 催告は義務、取消しは任意。

講 義

(1)　正。免許権者は、免許を与えてから３カ月以内に営業保証金を供託した旨の届出をしない業者には、早く届出をしろと催告しなければならず、催告後１カ月以内に届出がない場合には、免許を**取り消す**ことが**できる**（任意）。だから、本肢の業者は免許を取り消されることがある。

📖310頁(4)

(2)　誤。営業保証金から弁済を受けることができるのは、「**宅建業の取引から生じた債権**」だ。家賃収納代行業務により生じた債権は、「宅建業の取引から生じた債権」ではないので、営業保証金から弁済を受けることはできない。

📖313頁(2)

(3)　誤。業者は、営業保証金を供託し、供託した旨を免許権者に届け出た後でなければ、宅建業（営業）を開始できない。つまり、「届出の後　→　宅建業の開始」という順番だ。本肢は「宅建業の開始の後　→　届出」となっているので、×だ（順番が逆になっている）。

📖309頁(3)①

(4)　誤。新たに事務所（支店）を２カ所増設するのだから、1,000万円の営業保証金が必要だ。国債証券は額面金額の100％の金額に評価されるが、地方債証券は90％の金額で評価される。だから、地方債証券の額面金額が800万円のときは、720万円に評価される（800万円×90％＝720万円）ので、額面金額が280万円の国債証券が必要だ。

📖309頁(2)①、②

正　解　(1)

Point!

免許権者への届出
業者は、
① 開業の場合は、
➡ 営業保証金を供託し、供託した旨を免許権者に届け出た**後**でなければ、営業を開始できない（肢(3)）。
② 開業後に、事務所を新設した場合は、
➡ その分の営業保証金を供託し、供託した旨を免許権者に届け出た**後**でなければ、その事務所での営業を開始できない。

営業保証金　　　　　　　　　　　［㍻28-40］

　宅地建物取引業者Ａ（甲県知事免許）は、甲県に本店と支店を設け、営業保証金として1,000万円の金銭と額面金額500万円の国債証券を供託し、営業している。この場合に関する次の記述のうち宅地建物取引業法の規定によれば、正しいものはどれか。

(1)　Ａは、本店を移転したため、その最寄りの供託所が変更した場合は、遅滞なく、移転後の本店の最寄りの供託所に新たに営業保証金を供託しなければならない。

(2)　Ａは、営業保証金が還付され、営業保証金の不足額を供託したときは、供託書の写しを添附して、30日以内にその旨を甲県知事に届け出なければならない。

(3)　本店でＡと宅地建物取引業に関する取引をした者（宅地建物取引業者に該当する者を除く。）は、その取引により生じた債権に関し、1,000万円を限度としてＡからその債権の弁済を受ける権利を有する。

(4)　Ａは、本店を移転したため、その最寄りの供託所が変更した場合において、従前の営業保証金を取りもどすときは、営業保証金の還付を請求する権利を有する者に対し、一定期間内に申し出るべき旨の公告をしなければならない。

　保管替えは、金銭だけで供託している場合の話だ。

講義

(1) 正。有価証券だけで供託している場合と、**有価証券プラス金銭**で供託している場合は、遅滞なく、営業保証金を移転後の主たる事務所（本店）の最寄りの供託所に**新たに供託**しなければならない。　311頁 ②

(2) 誤。追加供託をした場合、業者は、その日から**2週間以内**に、供託した旨を免許権者に届け出なければならない。　314頁 注!

(3) 誤。お客さん（業者を除く）は、業者が**供託した営業保証金**の額を限度に還付を受けることができる。Aは1,500万円の営業保証金を供託している。だから、Aと宅建業に関する取引をした者は、1,500万円を限度として還付を受けることができる。ちなみに、業者は還付を受けることができない。例えば、業者Bが、業者Aと宅建業に関する取引をして、損害を受けたとしても、BはAが供託した営業保証金からは1円ももらえない（還付を受けることができない）。　312頁 3.(1)

(4) 誤。**二重供託**を生じた場合（主たる事務所を移転したが、営業保証金を有価証券も含めて供託しているため、保管替えができず、新たに供託し直して二重供託を生じた場合）において、従来の営業保証金を取り戻すときは、「債権をお持ちの方はお申し出下さい」との**公告は不要**だ。　315頁 例外 ①

（正　解）　(1)

Point!

主たる事務所を移転したためその最寄りの供託所が変更した場合
① 金銭だけで供託している場合 ➡ 保管替え
② 有価証券だけで供託している場合 ➡ 新たに供託
③ **有価証券プラス金銭**で供託している場合 ➡ **新たに供託**（肢(1)）

営業保証金 [㋴19-37]

宅地建物取引業者A（甲県知事免許）の営業保証金に関する次の記述のうち、宅地建物取引業法の規定によれば、誤っているものはどれか。なお、Aは、甲県内に本店と一つの支店を設置して事業を営んでいるものとする。

(1) Aが販売する新築分譲マンションの広告を受託した広告代理店は、その広告代金債権に関し、Aが供託した営業保証金からその債権の弁済を受ける権利を有しない。

(2) Aは、免許の有効期間の満了に伴い、営業保証金の取戻しをするための公告をしたときは、遅滞なく、その旨を甲県知事に届け出なければならない。

(3) Aは、マンション3棟を分譲するための現地出張所を甲県内に設置した場合、営業保証金を追加して供託しなければ、当該出張所でマンションの売買契約を締結することはできない。

(4) Aの支店でAと宅地建物取引業に関する取引をした者（宅地建物取引業者に該当する者を除く。）は、その取引により生じた債権に関し、1,500万円を限度として、Aが供託した営業保証金からその債権の弁済を受ける権利を有する。

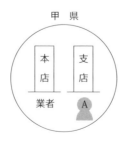

 現地出張所と事務所は違う！

講義

(1)　正。営業保証金から還付が受けられる債権は「**宅建業の取引から生じた債権**」だ。これ以外の債権については、還付を受けられない。そして、「広告を依頼すること」は、「宅建業の取引」ではないので、広告代理店は、広告の代金債権について、還付を受けることはできない。　🔖 313頁(2)

(2)　正。業者が、営業保証金の取戻しをするために公告をしたときは、遅滞なく、その旨を**免許権者に届け出**なければならない。　🔖 315頁4.

(3)　誤。営業保証金を追加して供託しなければならないのは、**事務所を設置**した場合だ。だから、現地出張所を設置しても、営業保証金を追加して供託する必要はない。　🔖 309頁(3)②

(4)　正。業者と宅建業に関する取引をして損害を受けたお客さん（業者を除く）は、その**業者が供託した営業保証金の額**を限度に還付を受けることができる。Aは、本店と一つの支店を設置して事業を営んでいるから、1,500万円（本店の分1,000万円＋支店の分500万円）の営業保証金を供託している。だから、Aと宅建業に関する取引をして損害を受けたお客さん（業者を除く）は、Aが供託した営業保証金の1,500万円を限度として還付を受けることができる。　🔖 312頁(1)

（**正　解**）　(3)

Point!

営業保証金を供託する必要があるか？

①	**事務所**を設置	➡	必要
②	案内所を設置	➡	不要
③	現地出張所を設置	➡	不要（肢(3)）

営業保証金 [平22-31]

　宅地建物取引業者の営業保証金に関する次の記述のうち、宅地建物取引業法の規定によれば、誤っているものはどれか。なお、この問において、「還付請求権者」とは、同法第27条第1項の規定に基づき、営業保証金の還付を請求する権利を有する者をいう。

(1)　宅地建物取引業者は、宅地建物取引業に関し不正な行為をし、情状が特に重いとして免許を取り消されたときであっても、営業保証金を取り戻すことができる場合がある。

(2)　宅地建物取引業者は、免許の有効期間満了に伴い営業保証金を取り戻す場合は、還付請求権者に対する公告をすることなく、営業保証金を取り戻すことができる。

(3)　宅地建物取引業者は、一部の支店を廃止したことにより、営業保証金の額が政令で定める額を超えた場合は、還付請求権者に対し所定の期間内に申し出るべき旨を公告し、その期間内にその申出がなかったときに、その超過額を取り戻すことができる。

(4)　宅地建物取引業者は、宅地建物取引業保証協会の社員となった後において、社員となる前に供託していた営業保証金を取り戻す場合は、還付請求権者に対する公告をすることなく、営業保証金を取り戻すことができる。

　直ちに取り戻せるのは、3つの場合だけ。

(1) 正。**免許取消**処分を受けた場合でも、営業保証金は没収されない。だ
から、免許取消処分を受けた元業者は、営業保証金を取り戻すことがで
きる。 ⊠316頁 例題

(2) 誤。業者が、公告せずに**直ちに**営業保証金を取り戻せるのは、①二重
供託を生じた場合と、②業者が保証協会に加入した場合と、③取戻しの
原因が生じてから10年経過した場合の3つだけだ。だから、本肢の業者は、
公告をする必要がある。 ⊠315頁 **例 外**

(3) 正。業者は、営業保証金を供託しておく必要がなくなった全ての場合に、
営業保証金を取り戻すことができる。だから、廃業の場合も免許が取り
消された場合も、**支店を廃止**した場合も、営業保証金を取り戻すことが
できる。 ⊠315頁 4.

(4) 正。業者が保証協会に加入したら、これで債権者は安泰だ。だから、
業者が**保証協会に加入**した場合、業者は、公告せずに直ちに営業保証金
を取り戻せる。 ⊠315頁 **例 外** ②

（ 正 解 ） (2)

Point!

業者が、公告せずに**直ちに**営業保証金を取り戻せる場合（肢(2)）
① **二重供託**を生じた場合
② 業者が**保証協会に加入**した場合（肢(4)）
③ 取戻しの原因が生じてから**10年経過**した場合

営業保証金 [平25-27]

　宅地建物取引業者の営業保証金に関する次の記述のうち、宅地建物取引業法（以下この問において「法」という。）の規定によれば、正しいものはどれか。

(1)　宅地建物取引業者は、不正の手段により法第3条第1項の免許を受けたことを理由に免許を取り消された場合であっても、営業保証金を取り戻すことができる。

(2)　信託業法第3条の免許を受けた信託会社で宅地建物取引業を営むものは、国土交通大臣の免許を受けた宅地建物取引業者とみなされるため、営業保証金を供託した旨の届出を国土交通大臣に行わない場合は、国土交通大臣から免許を取り消されることがある。

(3)　宅地建物取引業者は、本店を移転したためその最寄りの供託所が変更した場合、国債証券をもって営業保証金を供託しているときは、遅滞なく、従前の本店の最寄りの供託所に対し、営業保証金の保管替えを請求しなければならない。

(4)　宅地建物取引業者は、その免許を受けた国土交通大臣又は都道府県知事から、営業保証金の額が政令で定める額に不足することとなった旨の通知を受けたときは、供託額に不足を生じた日から2週間以内に、その不足額を供託しなければならない。

 供託しておく必要がなくなった全ての場合、取り戻し OK。

講 義

(1) 正。業者は、営業保証金を供託しておく必要がなくなった全ての場合において、取り戻すことができる。だから、廃業の場合も、**免許取消し**の場合も、支店の廃止の場合も、取り戻すことができる。 🔷315頁 4.

(2) 誤。信託会社は特別扱いだ。**免許なし**で宅建業ができる（つまり、免許をもらっていないわけだ）。免許をもらっていないのだから、免許を取り消されることもない（そもそも、ないのだから、取り消すことはできない）。 🔷276頁 ④

(3) 誤。保管替えを請求しなければならないのは、**金銭だけ**で供託している場合だけだ。有価証券だけで供託している場合と、有価証券プラス金銭で供託している場合は、ダメだ。新たに供託し直さなければならない。 🔷311頁 ①

(4) 誤。業者が、不足額を追加供託しなければならないタイムリミットは、免許権者から「**不足通知を受けてから**」2週間以内だ。「供託額に不足を生じた日から」ではないので、本肢は×だ。 🔷313頁 (3)

（ 正 解 ） (1)

Point!

　業者は、営業保証金を供託しておく必要がなくなった場合は、営業保証金を取り戻すことができる。
➡ ① 廃業の場合も、
　 ② **免許取消し**の場合も（肢(1)）、
　 ③ 支店の廃止の場合も、取り戻すことができる。

営業保証金・保証協会 [平27-42]

　営業保証金を供託している宅地建物取引業者Aと宅地建物取引保証協会（以下この問において「保証協会」という。）の社員である宅地建物取引業者Bに関する次の記述のうち、宅地建物取引業法の規定によれば、正しいものはどれか。

(1)　新たに事務所を設置する場合、Aは、主たる事務所の最寄りの供託所に供託すべき営業保証金に、Bは、保証協会に納付すべき弁済業務保証金分担金に、それぞれ金銭又は有価証券をもって充てることができる。

(2)　一部の事務所を廃止した場合において、営業保証金又は弁済業務保証金を取り戻すときは、A、Bはそれぞれ還付を請求する権利を有する者に対して6か月以内に申し出るべき旨を官報に公告しなければならない。

(3)　AとBが、それぞれ主たる事務所の他に3か所の従たる事務所を有している場合、Aは営業保証金として2,500万円の供託を、Bは弁済業務保証金分担金として150万円の納付をしなければならない。

(4)　宅地建物取引業に関する取引により生じた債権を有する者（宅地建物取引業者に該当する者を除く。）は、Aに関する債権にあってはAが供託した営業保証金についてその額を上限として弁済を受ける権利を有し、Bに関する債権にあってはBが納付した弁済業務保証金分担金についてその額を上限として弁済を受ける権利を有する。

1,000万円、500万円、60万円、30万円。

講義

(1) 誤。業者が、**営業保証金を主たる事務所の最寄りの供託所に供託する**場合は、金銭で供託しても OK だし、**有価証券**で供託しても OK だ。しかし、業者が、保証協会に弁済業務保証金**分担金**を納付する場合は、**金銭だけ**で納付しなければならない。　　　　📖 309頁(2)、318頁(3)

(2) 誤。①業者が、一部の事務所を廃止した場合、業者が、営業保証金を取り戻すときは、「債権者出てこい」公告が必要だ。しかし、②業者が、一部の事務所を廃止した場合、**保証協会**が、弁済業務保証金を取り戻すときは、「債権者出てこい」公告は**不要**だ。　📖 315頁4.、323頁(3) 注！

(3) 正。営業保証金の場合は、主たる事務所については、**1,000万円**、その他の事務所（従たる事務所）については、1カ所につき **500万円**の合計額を供託しなければならない。だから、Aは、営業保証金として 2,500万円供託しなければならない。また、弁済業務保証金分担金の場合は、主たる事務所については、**60万円**、その他の事務所（従たる事務所）については、1カ所につき **30万円**の合計額を納付しなければならない。だから、Bは、弁済業務保証金分担金として 150万円納付しなければならない。

　　　　　　　　　　　　　　　　　　　　　　📖 308頁(1)、318頁(1)

(4) 誤。業者が、保証協会の社員である場合、お客さん（業者を除く）が還付を受けられる額の限度は、「その業者が保証協会の社員でないとした場合の**営業保証金の額**」だ。営業保証金の場合も、保証協会の場合も、お客さん（業者を除く）は、同じ額のお金を還付してもらえる、ということ。

　　　　　　　　　　　　　　　　　　　　　　　　　　　📖 320頁(3)

（正 解）　(3)

Point!

公告は必要か？

	一部の事務所を廃止した場合、公告は必要か？
営業保証金	必要（肢(2)）
保証協会	不要（肢(2)）

営業保証金・保証協会 [令4-41]

　営業保証金及び宅地建物取引業保証協会（以下この問において「保証協会」という。）に関する次の記述のうち、宅地建物取引業法の規定によれば、誤っているものはいくつあるか。

ア　宅地建物取引業者の代表者が、その業務に関し刑法第222条（脅迫）の罪により懲役の刑に処せられたことを理由に宅地建物取引業の免許を取り消された場合、当該宅地建物取引業者であった者は、当該刑の執行を終わった日から5年間は供託した営業保証金を取り戻すことができない。

イ　営業保証金の還付により、営業保証金が政令で定める額に不足することとなったため、国土交通大臣又は都道府県知事から不足額を供託すべき旨の通知書の送付を受けた宅地建物取引業者は、その送付を受けた日から2週間以内にその不足額を供託しなければならない。

ウ　保証協会の社員は、自らが取り扱った宅地建物取引業に係る取引の相手方から当該取引に関する苦情について解決の申出が保証協会にあり、保証協会から関係する資料の提出を求められたときは、正当な理由がある場合でなければ、これを拒んではならない。

エ　保証協会の社員と宅地建物取引業に関し取引をした者は、その取引により生じた債権に関し、当該社員が納付した弁済業務保証金の額に相当する額の範囲内において弁済を受ける権利を有する。

(1)　一つ
(2)　二つ
(3)　三つ
(4)　四つ

Hint!　お客さんは、同じ額の還付（弁済）が受けられる。

講義

ア　誤。業者は、営業保証金を供託しておく必要がなくなった全ての場合において、取り戻すことができる。だから、**免許取消し**の場合も取り戻すことができる（ただし、原則として、公告が必要）。そして、本肢のような「刑の執行を終わった日から 5 年間取り戻せない」というルールはない。　　　　　　　　　　　　　　　　　　　　　　　　　　　　　　　圏315頁 4.

イ　正。業者が不足額を追加供託しなければならないタイムリミットは、免許権者から不足通知を受けてから **2 週間**以内だ。　　　　　圏313頁 (3)

ウ　正。保証協会は、取引の相手方等から社員の取り扱った宅建業に係る取引に関する苦情について解決の申出があった場合、苦情の解決について必要があるときは、社員に対し、**資料の提出**を求めることができる。資料の提出を求められた社員は、正当な理由がある場合でなければ、これを拒んではならない。　　　　　　　　　　　　　　　　　　圏323頁 (1) ②

エ　誤。還付（弁済）の限度額は、「その業者が社員でないとした場合の「**営業保証金の額**」だ。　　　　　　　　　　　　　　　　　　　　　圏320頁 (3)

　以上より、誤っているものはアとエなので、正解は肢(2)となる。

（正　解） (2)

Point!

　保証協会の社員と宅建業に関し取引をした者（業者を除く）の還付（弁済）の限度額　➡　「その業者が社員でないとした場合の**営業保証金の額**」だ（肢エ）。

　宅地建物取引業保証協会（以下この問において「保証協会」という。）の社員である宅地建物取引業者に関する次の記述のうち、宅地建物取引業法の規定によれば、正しいものはどれか。

(1)　保証協会に加入することは宅地建物取引業者の任意であり、一の保証協会の社員となった後に、宅地建物取引業に関し取引をした者の保護を目的として、重ねて他の保証協会の社員となることができる。

(2)　保証協会に加入している宅地建物取引業者（甲県知事免許）は、甲県の区域内に新たに支店を設置した場合、その設置した日から1月以内に当該保証協会に追加の弁済業務保証金分担金を納付しないときは、社員の地位を失う。

(3)　保証協会から還付充当金の納付の通知を受けた社員は、その通知を受けた日から2週間以内に、その通知された額の還付充当金を主たる事務所の最寄りの供託所に供託しなければならない。

(4)　150万円の弁済業務保証金分担金を保証協会に納付して当該保証協会の社員となった者と宅地建物取引業に関し取引をした者（宅地建物取引業者に該当する者を除く。）は、その取引により生じた債権に関し、2,500万円を限度として、当該保証協会が供託した弁済業務保証金から弁済を受ける権利を有する。

　150万円の分担金＝本店と3カ所の支店を設置。

講義

(1)　誤。業者が保証協会に加入するかしないかは**任意**だ（加入しなくても OK）。だから、前半部分は○だ。そして、業者は、**重ねて**他の保証協会の社員になることは**できない**（一つの保証協会にしか加入できない）。だから、後半部分は×だ。　　　　　　　　　　　　　　　　　　　　　　　　🔖 317 頁 システム

(2)　誤。業者は、保証協会に加入後に事務所を**新設**した場合、新事務所設置後 **2 週間以内**に弁済業務保証金分担金を納付しなければならない。そして、この期間内に納付しなかったら社員としての地位を失う。「1 カ月以内」ではなく「2 週間以内」に納付しなければならないので、本肢は×だ。　　🔖 318 頁 (2) ②

(3)　誤。業者は、保証協会から納付通知を受けてから 2 週間以内に、還付充当金を「**保証協会に納付**」しなければならない。「主たる事務所の最寄りの供託所に供託」ではないので、本肢は×だ。　　　　　　　　　　🔖 321 頁 図 12

(4)　正。還付の限度額は、「その業者が保証協会の社員でないとした場合の**営業保証金の額**」だ。本肢の業者は、150 万円の弁済業務保証金分担金を納付していることから、本店の他に支店 3 カ所を有していることが分かる（本店 60 万円＋支店 30 万円× 3 ＝ 150 万円の分担金）。だから、還付の限度額は、2,500 万円（本店 1,000 万円＋支店 500 万円× 3 ＝ 2,500 万円）となる。ちなみに、業者は還付を受けることができない。例えば、業者Aが、業者Bと宅建業に関する取引をして、損害を受けたとしても、Aは弁済業務保証金からは 1 円ももらえない（還付を受けることができない）。　　　　　　　　🔖 320 頁 (3)

（**正　解**）　(4)

Point!

保証協会
① 国土交通大臣の指定を受けた一般**社団**法人。
② 業者が加入するかしないかは**任意**（肢(1)）。
③ 業者は、**重ねて**他の保証協会の社員になることは**できない**（肢(1)）。

保証協会　　　　　　　　　　　　　　　　[令1-33]

　宅地建物取引業保証協会（以下この問において「保証協会」という。）に関する次の記述のうち、宅地建物取引業法の規定によれば、正しいものはどれか。

(1)　宅地建物取引業者で保証協会に加入した者は、その加入の日から2週間以内に、弁済業務保証金分担金を保証協会に納付しなければならない。

(2)　保証協会の社員となった宅地建物取引業者が、保証協会に加入する前に供託していた営業保証金を取り戻すときは、還付請求権者に対する公告をしなければならない。

(3)　保証協会の社員は、新たに事務所を設置したにもかかわらずその日から2週間以内に弁済業務保証金分担金を納付しなかったときは、保証協会の社員の地位を失う。

(4)　還付充当金の未納により保証協会の社員の地位を失った宅地建物取引業者は、その地位を失った日から2週間以内に弁済業務保証金を供託すれば、その地位を回復する。

Hint!　加入する場合と、加入後に事務所を設置した場合で異なる。

講義

(1)　誤。保証協会に加入しようとする者は、**加入しようとする日までに**弁済業務保証金分担金を保証協会に納付しなければならない。加入の日から２週間以内ではないので、本肢は×だ。　　　　　　　　図 318頁(2)①

(2)　誤。業者が**保証協会**に加入したら、これで債権者は安泰だ。だから、**保証協会**の社員となった業者が営業保証金を取り戻す場合は、公告は不要だ。
図 315頁 **例 外** ②

(3)　正。　業者が保証協会に加入した後に、新たに事務所を設置した場合は、新事務所設置後**２週間**以内に弁済業務保証金分担金を保証協会に納付しなければならない。２週間以内に納付しなかったら、制裁として社員の地位を失うことになる。　　　　　　　　　　　　　図 318頁(2)②

(4)　誤。「社員の地位を失った日から２週間以内に弁済業務保証金を供託すれば、地位を回復する」という規定はない。また、そもそも、弁済業務保証金を供託するのは保証協会の仕事であって、業者の仕事ではない。本肢は全くのデタラメだ。　　　　　　　図 318頁(3)、322頁(6)

（正　解）　(3)

Point!

業者は弁済業務保証金分担金をいつまでに納付すればいいのか？

①　業者が保証協会に加入する場合　➡　**加入しようとする日までに**納付しなければならない（肢(1)）。

②　加入後に事務所を新設した場合　➡　新事務所設置後**２週間**以内に納付しなければならない。
　　　　　　　　　　　　　注意！

注意！　２週間以内に納付しなかったときは、制裁として社員の地位を失う（肢(3)）。

保証協会 [〒20-44]

宅地建物取引業保証協会（以下この問において「保証協会」という。）又はその社員に関する次の記述のうち、正しいものはどれか。

(1) 300万円の弁済業務保証金分担金を保証協会に納付して当該保証協会の社員となった者と宅地建物取引業に関し取引をした者（宅地建物取引業者に該当する者を除く。）は、その取引により生じた債権に関し、6,000万円を限度として、当該保証協会が供託した弁済業務保証金から弁済を受ける権利を有する。

(2) 保証協会は、弁済業務保証金の還付があったときは、当該還付に係る社員又は社員であった者に対し、当該還付額に相当する額の還付充当金を主たる事務所の最寄りの供託所に供託すべきことを通知しなければならない。

(3) 保証協会の社員は、保証協会から特別弁済業務保証金分担金を納付すべき旨の通知を受けた場合で、その通知を受けた日から1か月以内にその通知された額の特別弁済業務保証金分担金を保証協会に納付しないときは、当該保証協会の社員の地位を失う。

(4) 宅地建物取引業者は、保証協会の社員の地位を失ったときは、当該地位を失った日から2週間以内に、営業保証金を主たる事務所の最寄りの供託所に供託しなければならない。

 制裁なしでは、虫が良すぎる。

講義

(1)　誤。還付の限度額は、「その業者が保証協会の社員でないとした場合の**営業保証金の額**」だ。本肢の業者は、300万円の分担金を納付しているのだから、本店の他に支店8カ所を有していることになる（本店60万円＋支店30万円×8＝300万円の分担金）。だから、還付の限度額は、1,000万円（本店分）＋500万円×8（支店分）＝5,000万円となる。

🔖 320頁(3)

(2)　誤。保証協会は、社員または社員であった者に対し、還付充当金を「**保証協会**」に納付すべきことを通知しなければならない。「供託所」に供託すべきことを通知するのではない。

🔖 321頁(4)

(3)　正。保証協会から特別弁済業務保証金分担金を納付すべき通知を受けてから、1カ月以内に納付しなかった社員は、制裁として社員としての地位を失う。

🔖 322頁(5)

(4)　誤。社員の地位を失った業者は、社員の地位を失ってから「1週間以内」に営業保証金を供託しなければならない。「2週間以内」ではない。

🔖 322頁(6)

正　解　(3)

Point!

保証協会の社員が社員としての地位を失う場合
①　業者が保証協会に加入後に事務所を新設したのに、新事務所設置後**2週間**以内に、弁済業務保証金分担金を納付しなかった場合。
②　保証協会から還付充当金を納付すべき通知を受けてから、**2週間以内**に納付しなかった場合。
③　保証協会から特別弁済業務保証金分担金を納付すべき通知を受けてから、**1カ月**以内に納付しなかった場合（肢(3)）。

保証協会 [令2-36]

　宅地建物取引業保証協会（以下この問において「保証協会」という。）に関する次の記述のうち、宅地建物取引業法の規定によれば、正しいものはどれか。

(1)　保証協会の社員との宅地建物取引業に関する取引により生じた債権を有する者は、当該社員が納付した弁済業務保証金分担金の額に相当する額の範囲内で弁済を受ける権利を有する。

(2)　保証協会の社員と宅地建物取引業に関し取引をした者が、その取引により生じた債権に関し、弁済業務保証金について弁済を受ける権利を実行するときは、当該保証協会の認証を受けるとともに、当該保証協会に対し還付請求をしなければならない。

(3)　保証協会は、弁済業務保証金の還付があったときは、当該還付に係る社員又は社員であった者に対し、当該還付額に相当する額の還付充当金をその主たる事務所の最寄りの供託所に供託すべきことを通知しなければならない。

(4)　保証協会は、弁済業務保証金の還付があったときは、当該還付額に相当する額の弁済業務保証金を供託しなければならない。

---

①供託所から大臣に通知→②大臣から保証協会に通知→③保証協会は還付額に相当する額の弁済業務保証金を供託という順番。

講義

(1)　誤。還付（弁済）の限度額は、「その業者が保証協会の社員でないとした場合の**営業保証金の額**」だ。取引をした業者が営業保証金を供託している場合でも、保証協会の社員である場合でも、お客さんは同じ額を還付してもらえる、ということ。　　　　　　　　　　　320頁(3)

(2)　誤。お客さんは、還付を受ける前に保証協会の**認証**（債権額の確認）を受けなければならない。そして、認証を受けたお客さんは、**供託所**に還付請求をしなければならない。「保証協会に還付請求をしなければならない」という点が×だ。　　　　　320頁(1)、321頁 図の4～7

(3)　誤。保証協会は、弁済業務保証金の還付があったときは、社員または社員であった者に対して、還付充当金を**保証協会**に納付すべきことを通知しなければならない。「還付充当金を供託所に供託すべきことを通知」という点が×だ。　　　　　　　　321頁(4)、図の11 12

(4)　正。保証協会は、弁済業務保証金の還付があったときは、国土交通大臣から還付があった旨の通知を受けてから2週間以内に、還付額に相当する額の弁済業務保証金を供託所に**供託**しなければならない。

　　　　　　　　　　　　　　　　　　　　　321頁(4)、図の8～10

（**正　解**）(4)

Point!

　お客さんは、**保証協会**に対して認証の申出をする　➡　そして、認証を受けたら**供託所**に還付請求をする（肢(2)）。

保証協会 [〒25-39]

宅地建物取引業保証協会（以下この問において「保証協会」という。）に関する次の記述のうち、宅地建物取引業法の規定によれば、正しいものはどれか。

(1) 保証協会は、社員の取り扱った宅地建物取引業に係る取引に関する苦情について、宅地建物取引業者の相手方等からの解決の申出及びその解決の結果を社員に周知させなければならない。

(2) 保証協会に加入した宅地建物取引業者は、直ちに、その旨を免許を受けた国土交通大臣又は都道府県知事に報告しなければならない。

(3) 保証協会は、弁済業務保証金の還付があったときは、当該還付に係る社員又は社員であった者に対し、当該還付額に相当する額の還付充当金をその主たる事務所の最寄りの供託所に供託すべきことを通知しなければならない。

(4) 宅地建物取引業者で保証協会に加入しようとする者は、その加入の日から2週間以内に、弁済業務保証金分担金を保証協会に納付しなければならない。

 同じことが起こらないように。

講義

(1)　正。保証協会は、必須業務（必ずやらなければならない業務のこと）として、**苦情の解決**を行わなければならない。そして、業者の相手方等からの苦情解決の申出およびその解決の結果について社員に周知させなければならない。　　　　　　　　　　　　　　　　　　　　　　　図 323頁 (1) ② 注!

(2)　誤。**保証協会は**、「業者○○が保証協会に加入しました」との報告を大臣または知事に対してしなければならない（報告をするのは保証協会であり、業者ではない）。　　　　　　　　　　　　　　図 318頁 下の 注!

(3)　誤。保証協会は、「還付充当金を**保証協会に納付**してくれ」と通知しなければならない（「保証協会に納付してくれ」と通知するのであり、「主たる事務所の最寄りの供託所に供託してくれ」と通知するのではない）。

図 321頁 図の ⑪、⑫

(4)　誤。保証協会に加入しようとする者は、**加入しようとする日**までに弁済業務保証金分担金を保証協会に納付しなければならない（「加入しようとする日」までに納付しなければならないのであり、「加入の日から2週間以内」ではない）。　　　　　　　　　　　　　　　　　図 318頁 (2) ①

正　解　(1)

Point!

保証協会が必ずやらなければならない業務（必須業務）
① **弁済業務**（これが一番大事な業務）
② **苦情の解決**（肢(1)）
③ 研修

保証協会 [平30-44]

　宅地建物取引業保証協会（以下この問において「保証協会」という。）の社員である宅地建物取引業者Aに関する次の記述のうち、宅地建物取引業法の規定によれば、正しいものはどれか。

(1)　Aは、保証協会の社員の地位を失った場合、Aとの宅地建物取引業に関する取引により生じた債権に関し権利を有する者に対し、6月以内に申し出るべき旨の公告をしなければならない。

(2)　保証協会は、Aの取引の相手方から宅地建物取引業に係る取引に関する苦情を受けた場合は、Aに対し、文書又は口頭による説明を求めることができる。

(3)　Aは、保証協会の社員の地位を失った場合において、保証協会に弁済業務保証金分担金として150万円の納付をしていたときは、全ての事務所で営業を継続するためには、1週間以内に主たる事務所の最寄りの供託所に営業保証金として1,500万円を供託しなければならない。

(4)　Aは、その一部の事務所を廃止したときは、保証協会が弁済業務保証金の還付請求権者に対し、一定期間内に申し出るべき旨の公告をした後でなければ、弁済業務保証金分担金の返還を受けることができない。

(2)

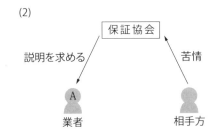

 苦情を解決するために必要なら、求めることができる。

講義

(1) 誤。Aが社員の地位を失った場合、**保証協会は**、6カ月を下らない一定期間を定めて、「債権をお持ちの方はお申し出下さい」と公告をしなければならない。この公告をしなければならないのは、保証協会であって、Aではない。　　　　　　　　　　　　　　　　　　323頁 (3) ①

(2) 正。保証協会は、Aが取り扱った取引に関する**苦情の解決**を行わなければならない（苦情の解決は、保証協会の必須業務だ）。保証協会は、苦情の解決について必要があるときは、Aに対し、文書または口頭による**説明**を求めることができる。　　　　　　　　　　　　323頁 (1) ②

(3) 誤。150万円の弁済業務保証金分担金を納付していることから、本店の他に支店3カ所を有していることが分かる（本店60万円＋支店30万円×3＝150万円）。だから、Aは、1週間以内に主たる事務所の最寄りの供託所に営業保証金として2,500万円（本店1,000万円＋支店500万円×3＝2,500万円）を供託しなければならない。　　308頁 (1)、318頁 (1)

(4) 誤。保証協会は、Aが社員の地位を失った場合は、公告をしなければならない（肢(1)参照）。しかし、**一部の事務所を廃止した**場合は、公告は不要だ。　　　　　　　　　　　　　　　　　　323頁 (3) 注!

（ 正　解 ） (2)

Point!

保証協会は、苦情の解決について必要があるときは、社員に対し、次の①②を求めることができる。
① 文書・口頭による**説明**（肢(2)）。
② **資料の提出**。

保証協会　　　　　　　　　　　　　　　[令5-44]

　宅地建物取引業保証協会（以下この問において「保証協会」という。）に関する次の記述のうち、宅地建物取引業法の規定によれば、正しいものはどれか。

(1)　保証協会の社員は、自らが取り扱った宅地建物取引業に係る取引の相手方から当該取引に関する苦情について解決の申出が保証協会にあり、保証協会から関係する資料の提出を求められたときは、正当な理由がある場合でなければ、これを拒んではならない。

(2)　保証協会は、社員がその一部の事務所を廃止したことに伴って弁済業務保証金分担金を当該社員に返還しようとするときは、弁済業務保証金の還付請求権者に対し、一定期間内に認証を受けるため申し出るべき旨の公告を行わなければならない。

(3)　保証協会は、宅地建物取引業者の相手方から、社員である宅地建物取引業者の取り扱った宅地建物取引業に係る取引に関する損害の還付請求を受けたときは、直ちに弁済業務保証金から返還しなければならない。

(4)　保証協会は、手付金等保管事業について国土交通大臣の承認を受けた場合、社員が自ら売主となって行う宅地又は建物の売買で、宅地の造成又は建築に関する工事の完了前における買主からの手付金等の受領について、当該事業の対象とすることができる。

Hint!　正当な理由がある場合でなければ、拒んではならない。

講義

(1) 正。保証協会は、苦情の解決について必要があると認めるときは、社員に対し、**資料の提出**を求めることができる。社員は、正当な理由がある場合でなければ、この資料の提出を拒んではならない。📖 323頁(1)注!

(2) 誤。保証協会は、社員が**一部の事務所**を廃止した場合は、公告なしで弁済業務保証金分担金を社員に返還することができる（業者が社員でなくなった場合は、公告が必要だが、一部の事務所廃止の場合は、公告は**不要**だ）。📖 323頁(3)注!

(3) 誤。保証協会は、還付前に債権額をチェックしておく必要がある。そこで、お客さんは、供託所から還付を受ける前に、まず、**保証協会の認証**（債権額の確認）を受けなければならないことになっている。還付を受ける前に保証協会の認証を受ける必要があるのだから、「直ちに」という部分が×だ。📖 320頁(1)

(4) 誤。保証協会は、**指定保管機関**になることができる(つまり、保証協会は、手付金等保管事業を行うことができる)。ただし、指定保管機関は、未完成物件については手付金等保管事業を行うことができない。本肢は「工事の完了前における買主からの手付金等の受領について、当該事業の対象とすることができる（未完成物件について、手付金等保管事業を行うことができる）」とあるから×だ。📖 323頁(2)②

(　**正　解**　)　(1)

苦情の解決

　保証協会は、苦情の解決について必要があると認めるときは、社員に対し、次の①②を求めることができる。

①　文書または、口頭による説明。

②　**資料の提出**（肢(1)）。

注意!　社員は、正当な理由がある場合でなければ、①②を拒んではならない（肢(1)）。

保証協会 [令4-39]

宅地建物取引業保証協会（以下この問において「保証協会」という。）に関する次の記述のうち、宅地建物取引業法の規定によれば、正しいものはどれか。

(1) 保証協会は、弁済業務保証金について弁済を受ける権利を有する者から認証申出書の提出があり、認証に係る事務を処理する場合には、各月ごとに、認証申出書に記載された取引が成立した時期の順序に従ってしなければならない。

(2) 保証協会は、当該保証協会の社員から弁済業務保証金分担金の納付を受けたときは、その納付を受けた額に相当する額の弁済業務保証金を当該社員の主たる事務所の最寄りの供託所に供託しなければならない。

(3) 保証協会の社員が弁済業務保証金分担金を納付した後に、新たに事務所を設置したときは、その日から2週間以内に保証協会に納付すべき弁済業務保証金分担金について、国債証券をもって充てることができる。

(4) 宅地建物取引業者と宅地の売買契約を締結した買主（宅地建物取引業者ではない。）は、当該宅地建物取引業者が保証協会の社員となる前にその取引により生じた債権に関し、当該保証協会が供託した弁済業務保証金について弁済を受ける権利を有する。

 加入前の取引でも OK。

講義

(1)　誤。保証協会は、認証に係る事務を処理する場合には、「認証申出書の**受理の順序に従って**」しなければならない。「認証申出書に記載された取引が成立した時期の順序に従って」ではないので、本肢は×だ。

(2)　誤。弁済業務保証金の供託は、「**法務**大臣及び**国土交通**大臣の定める供託所（東京法務局）」にしなければならない。「社員の主たる事務所の最寄りの供託所」ではないので、本肢は×だ。　　　　　　　　　🔖319頁⑷

(3)　誤。弁済業務保証金分担金は、**金銭**だけで納付しなければならない。国債証券（有価証券）で納付することはできないので、本肢は×だ。

🔖318頁⑴

(4)　正。業者が社員となった後にその業者と取引したお客さん（業者を除く）だけでなく、業者が社員となる前に取引したお客さん（業者を除く）も弁済を受ける権利を有する（「３つの親切」その①）。　　🔖320頁⑵②

（**正　解**）　(4)

Point!

認証事務の処理

　保証協会は、認証に係る事務を処理する場合には、認証申出書の**受理**の順序に従ってしなければならない（肢(1)）。

保証協会 [平23-43]

　宅地建物取引業保証協会（以下この問において「保証協会」という。）に関する次の記述のうち、宅地建物取引業法（以下この問において「法」という。）の規定によれば、正しいものはどれか。

(1)　宅地建物取引業者が保証協会に加入しようとするときは、当該保証協会に弁済業務保証金分担金を金銭又は有価証券で納付することができるが、保証協会が弁済業務保証金を供託所に供託するときは、金銭でしなければならない。

(2)　保証協会は、宅地建物取引業の業務に従事し、又は、従事しようとする者に対する研修を行わなければならないが、宅地建物取引士については、法第22条の2の規定に基づき都道府県知事が指定する講習をもって代えることができる。

(3)　保証協会に加入している宅地建物取引業者（甲県知事免許）は、甲県の区域内に新たに支店を設置する場合、その日までに当該保証協会に追加の弁済業務保証金分担金を納付しないときは、社員の地位を失う。

(4)　保証協会は、弁済業務保証金から生ずる利息又は配当金、及び、弁済業務保証金準備金を弁済業務保証金の供託に充てた後に社員から納付された還付充当金は、いずれも弁済業務保証金準備金に繰り入れなければならない。

Hint!　消去法で解く問題だ。

講義

(1)　誤。業者が保証協会に納付する弁済業務保証金分担金は、必ず**金銭**に限る。これに対して、保証協会が供託所に供託する弁済業務保証金は**有価証券**でも供託できる。　　　　　　　　　　　　　📖 319頁 囲み内

(2)　誤。保証協会は、現に宅建業の業務に従事し、または、これから従事しようとする者に対する**研修**を行わなければならない（必須業務）。そして、この研修は、知事が指定する講習をもって代えることはできない。

📖 323頁(1)③

(3)　誤。業者が保証協会に加入後に支店を新設した場合、業者は、新支店設置後**2週間**以内に弁済業務保証金分担金を納付しなければならない。この期間内に納付しなかったら、業者は社員の地位を失うことになる。

📖 318頁(2)②注!

(4)　正。弁済業務保証金から生じる利息等や、社員から納付された還付充当金は、**弁済業務保証金準備金**（穴埋めのために保証協会が積み立てているお金のこと）に繰り入れる必要がある。　　　　　📖 322頁(5)

（正　解）(4)

Point!

①　弁済業務保証金から生じる利息等や、
②　弁済業務保証金準備金を弁済業務保証金の供託に充てた後に社員から納付された還付充当金は、
➡　**弁済業務保証金準備金**に繰り入れなければならない（肢(4)）。

第 2 編　弱点表

項　目	番　号	難　度	正　解	自己採点
宅地建物取引士	平 19-31	普通	(2)	
届出等その他	平 21-29	カンターン	(2)	
宅地建物取引士その他	令　2-28	カンターン	(3)	
宅地建物取引士	令　1-44	普通	(3)	
宅地建物取引士	平 24-36	カンターン	(4)	
宅地建物取引士登録その他	令　2-34	普通	(4)	
宅地建物取引士登録	令　3-28	カンターン	(4)	
宅地建物取引士	令　4-29	普通	(3)	
宅地建物取引士その他	平 29-37	カンターン	(3)	
宅地建物取引士	令　4-33	普通	(2)	
宅地建物取引士	平 30-42	カンターン	(4)	
宅地建物取引士証その他	平 25-44	難しい	(1)	
宅地建物取引士	平 20-33	カンターン	(3)	
宅地建物取引士証その他	平 16-34	普通	(4)	
宅地建物取引士その他	平 27-35	普通	(4)	
宅建業とは？・宅地建物取引士	令　5-38	難しい	(2)	
営業保証金	令　3-34	カンターン	(2)	
営業保証金	平 29-32	カンターン	(1)	
営業保証金	平 26-29	普通	(2)	
営業保証金	令　5-30	難しい	(1)	
営業保証金	平 23-30	普通	(2)	
営業保証金	平 30-43	カンターン	(1)	

営業保証金	平 28-40	普通	(1)	
営業保証金	平 19-37	カ ン ターン	(3)	
営業保証金	平 22-31	カ ン ターン	(2)	
営業保証金	平 25-27	カ ン ターン	(1)	
営業保証金・保証協会	平 27-42	カ ン ターン	(3)	
営業保証金・保証協会	令 4-41	普通	(2)	
保証協会	平 28-31	カ ン ターン	(4)	
保証協会	令 1-33	カ ン ターン	(3)	
保証協会	平 20-44	普通	(3)	
保証協会	令 2-36	普通	(4)	
保証協会	平 25-39	カ ン ターン	(1)	
保証協会	平 30-44	カ ン ターン	(2)	
保証協会	令 5-44	カ ン ターン	(1)	
保証協会	令 4-39	カ ン ターン	(4)	
保証協会	平 23-43	普通	(4)	

3

第3編

業務上の規制と媒介契約
報酬額の制限

業務上の規制 [平21-43]

次の記述のうち、宅地建物取引業法の規定によれば、正しいものはどれか。

(1) 宅地建物取引業者の従業者である宅地建物取引士は、取引の関係者から事務所で従業者証明書の提示を求められたときは、この証明書に代えて従業者名簿又は宅地建物取引士証を提示することで足りる。

(2) 宅地建物取引業者がその事務所ごとに備える従業者名簿には、従業者の氏名、生年月日、当該事務所の従業者となった年月日及び当該事務所の従業者でなくなった年月日を記載することで足りる。

(3) 宅地建物取引業者は、一団の宅地の分譲を案内所を設置して行う場合、業務を開始する日の10日前までに、その旨を免許を受けた国土交通大臣又は都道府県知事及び案内所の所在地を管轄する都道府県知事に届け出なければならない。

(4) 宅地建物取引業者は、その事務所ごとに、その業務に関する帳簿を備え、宅地建物取引業に関し取引のあった月の翌月10日までに、一定の事項を記載しなければならない。

Hint! 所在地を管轄する知事＝現地の知事。

講 義

(1) 誤。従業者証明書は、取引の関係者から**請求があったとき**は、提示しなければならない。そして、従業者名簿や宅建士証は、従業者証明書の代わりにはならないので、従業者証明書に代えて、従業者名簿や宅建士証を提示してもダメだ。 305頁(2)

(2) 誤。業者は事務所ごとに、従業者名簿（ハードディスク等でも可）を置かなければならない。そして、従業者名簿には、従業者1人1人について一定の事項（**宅地建物取引士か否か等**）が記載される。本肢の記載内容では、宅地建物取引士か否か等が記載されていないので、足りない。なお、従業者の氏名は、従業者名簿の記載事項だが、住所は、記載事項ではないから念のため。 292頁(3)

(3) 正。案内所で契約を締結する場合、または申込みを受ける場合、業者は、免許権者および現地の知事に業務開始の**10日前**までに「**届出**」をしなければならない。 294頁②②

(4) 誤。業者は、**取引のあったつど**、取引内容を記載しなければならない。 292頁(4)

正 解 (3)

肢(2)の詳しい話

　従業者名簿には ➡ 従業者の①氏名、②生年月日、③従業者証明番号、④主たる職務内容、⑤**宅地建物取引士であるか否かの別**、⑥当該事務所の従業者となった年月日、⑦当該事務所の従業者でなくなった年月日を記載しなければならない。

業務上の規制 [令3-29]

次の記述のうち、宅地建物取引業法の規定によれば、正しいものはどれか。

(1) 宅地建物取引業者は、その事務所ごとに従業者の氏名、従業者証明書番号その他国土交通省令で定める事項を記載した従業者名簿を備えなければならず、当該名簿を最終の記載をした日から5年間保存しなければならない。

(2) 宅地建物取引業者は、一団の宅地の分譲を行う案内所において宅地の売買の契約の締結を行わない場合、その案内所には国土交通省令で定める標識を掲示しなくてもよい。

(3) 宅地建物取引業者が、一団の宅地の分譲を行う案内所において宅地の売買の契約の締結を行う場合、その案内所には国土交通大臣が定めた報酬の額を掲示しなければならない。

(4) 宅地建物取引業者は、事務所以外の継続的に業務を行うことができる施設を有する場所であっても、契約（予約を含む。）を締結せず、かつ、その申込みを受けない場合、当該場所に専任の宅地建物取引士を置く必要はない。

 契約の締結・契約の申込みの受付を行う場合は必要。

(1)　誤。業者は、**事務所**ごとに、従業者の氏名等を記載した従業者名簿を備えなければならない（前半は○）。従業者名簿の保存期間は、最終の記載をした日から 10 年間だ（後半が×）。　　　　　　　　　　　　🐾 292 頁 (3)

(2)　誤。案内所には、**標識を掲示**しなければならない。契約の締結・契約の申込みの受付を行わない場合でも、標識の掲示は必要だ。

🐾 293 頁 ① ①

(3)　誤。業者は、**事務所**ごとに、公衆の見やすい場所に、報酬額を掲示しなければならない。案内所は事務所ではないから、報酬額の掲示は不要だ。

🐾 292 頁 (5)、294 頁 [注5]

(4)　正。事務所以外の継続的業務施設で、**契約の締結・契約の申込みの受付を行う**場合は、専任の宅地建物取引士を 1 人以上置かなければならない。だから、契約の締結・契約の申込みの受付を行わない場合は、専任の宅地建物取引士の設置は不要だ。

（　正　解　）　(4)

Point!

　事務所以外の継続的業務施設（⑩ 特定のプロジェクトを実施するための出張所）

① 標識　➡　必要
② 専任の宅地建物取引士　➡　**契約の締結・契約の申込みの受付を行う**場合は、1 人以上必要（肢(4)）[注意！]

[注意！]　1 人以上置けば OK（5 人に 1 人以上の割合ではない）

業務上の規制その他　　　　　　　[令1-27]

　宅地建物取引業法に関する次の記述のうち、正しいものはいくつあるか。なお、取引の相手方は宅地建物取引業者ではないものとする。

ア　宅地建物取引業者は、自己の所有に属しない宅地又は建物についての自ら売主となる売買契約を締結してはならないが、当該売買契約の予約を行うことはできる。

イ　宅地建物取引業者は、自ら売主となる宅地又は建物の売買契約において、その目的物が種類又は品質に関して契約の内容に適合しない場合におけるその不適合を担保すべき責任に関し、取引の相手方が同意した場合に限り、その目的物が契約の内容に適合しない旨を通知すべき期間を当該宅地又は建物の引渡しの日から1年とする特約を有効に定めることができる。

ウ　宅地建物取引業者は、いかなる理由があっても、その業務上取り扱ったことについて知り得た秘密を他に漏らしてはならない。

エ　宅地建物取引業者は、宅地建物取引業に係る契約の締結の勧誘をするに際し、その相手方に対し、利益を生ずることが確実であると誤解させるべき断定的判断を提供する行為をしてはならない。

(1)　一つ
(2)　二つ
(3)　三つ
(4)　なし

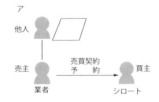

アコギなワザ（交渉方法）を使ってはダメ。

講義

ア　誤。業者は、自ら売主となって、他人の物件をシロートの買主に売ってはならない（ 1 契約はもちろん、 2 **予約**も、 3 条件付契約もダメ）。だから、売買契約の予約を行うこともできない。　　　　　📖357頁 **原則**

イ　誤。契約不適合の場合の担保責任の通知期間を「目的物の引渡しの日から **2年以上**」とする特約なら有効だ。本肢の特約は「目的物の引渡しの日から 1 年」だから無効だ（たとえ、取引の相手方が同意しても無効だ）。
　　　　　📖369頁 **例外**

ウ　誤。業者は、業務上知った秘密を、**正当な理由**なく他に漏らしてはならない。だから、正当な理由があれば漏らしてよいので、「いかなる理由があっても、漏らしてはならない」とある本肢は×だ。　　📖324頁1.③

エ　正。業者は、「必ず利益が出ますよ」というような**断定的判断**を提供してはならない。　　　　　📖325頁3.

　以上により、正しいものはエだけなので、正解は肢(1)となる。

正　解　(1)

守秘義務のポイント
1　業者だけでなく、**従業者**にも守秘義務がある。
2　**引退後**、退職後も、守秘義務がある。
3　**正当な理由**があれば漏らしてよい（肢ウ）。

業務上の規制 [令3-40]

次の記述のうち、宅地建物取引業法の規定によれば、正しいものはどれか。

(1)　宅地建物取引業者は、その業務に関する帳簿を備え、取引のあったつど、その年月日、その取引に係る宅地又は建物の所在及び面積その他国土交通省令で定める事項を記載しなければならないが、支店及び案内所には備え付ける必要はない。

(2)　成年である宅地建物取引業者は、宅地建物取引業の業務に関し行った行為について、行為能力の制限を理由に取り消すことができる。

(3)　宅地建物取引業者は、一団の宅地建物の分譲をする場合における当該宅地又は建物の所在する場所に国土交通省令で定める標識を掲示しなければならない。

(4)　宅地建物取引業者は、業務上取り扱ったことについて知り得た秘密に関し、税務署の職員から質問検査権の規定に基づき質問を受けたときであっても、回答してはならない。

標識は現地にも必要だ。

講 義

(1)　誤。業者は**事務所ごと**に、業務に関する帳簿を備え、取引のあったつど、その年月日、その取引に係る宅地建物の所在及び面積等を記載しなければならない。だから、本店と**支店**には帳簿を備え付ける必要があるが、案内所には備え付ける必要はない。　　　　　292頁(4)

(2)　誤。成年である業者が宅建業の業務に関し行った行為は、行為能力の制限を理由に取り消すことが**できない**。たとえば、成年である業者Aが被保佐人である場合、Aが宅建業の業務に関し行った行為は、被保佐人であることを理由に取り消すことができないということ。

　　　　　290頁 上の 注！

(3)　正。標識は、① 事務所、② 案内所、③ 一団の宅地建物の分譲をする場合における宅地建物の**所在**する場所（現地のこと）、④ 展示会等の催しを実施する場所、⑤ 事務所以外で継続的に業務を行うことができる施設を有する場所に掲示しなければならない。　　　　　290頁(1) 注！

(4)　誤。**正当な理由**があれば、秘密を漏らしてよい。「**税務署の職員から質問検査権**の規定に基づき質問を受けたときに、回答すること」は正当な理由になる。だから、回答して OK だ。　　　　　324頁③

（正　解）(3)

Point!

　正当な理由があれば、秘密を他に漏らしてよい。次の4つは、正当な理由に当たる（①〜④に該当すれば秘密を他に漏らしてよい）。
① 法律上秘密事項を告げる義務がある場合 注意！
② 取引の相手方に真実を告げなければならない場合
③ 依頼者本人の承諾があった場合
④ 他の法令に基づく事務のための資料として提供する場合
　注意！ ①の例としては①**裁判の証人**として証言を求められたとき、②**税務署**の職員から**質問検査権**の規定に基づき質問を受けたときがある（肢(4)）。

第3編　業務上の規制と媒介契約／報酬額の制限

業務上の規制 [令4-30]

次の記述のうち、宅地建物取引業法（以下この問において「法」という。）及び犯罪による収益の移転防止に関する法律の規定によれば、正しいものはいくつあるか。

ア 法第35条第2項の規定による割賦販売とは、代金の全部又は一部について、目的物の引渡し後6か月以上の期間にわたり、かつ、2回以上に分割して受領することを条件として販売することをいう。

イ 犯罪による収益の移転防止に関する法律において、宅地建物取引業のうち、宅地若しくは建物の売買契約の締結又はその代理若しくは媒介が特定取引として規定されている。

ウ 宅地建物取引業者は、その従業者に対し、その業務を適正に実施させるため、必要な教育を行うよう努めなければならないと法に定められている。

エ 宅地建物取引業者の使用人その他の従業者は、正当な理由がある場合でなければ、宅地建物取引業の業務を補助したことについて知り得た秘密を他に漏らしてはならないと法に定められている。

(1) 一つ

(2) 二つ

(3) 三つ

(4) なし

1年以上＋2回以上。

講義

ア　誤。割賦販売とは、代金の全部または一部について、目的物の引渡し後「1年」以上の期間にわたり、かつ、2回以上に分割して受領することを条件として販売することをいう。本肢は「6か月」という部分が誤っている。
370頁 注!

イ　正。犯罪による収益の移転防止に関する法律は、暴力団等によるマネー・ローンダリング（資金洗浄）を防止するため等の法律だ。この法律では、特定事業者が特定取引を行うに際して、本人確認を行わなければならないことになっている（暴力団員等でないか確認するわけだ）。たとえば、銀行は特定事業者だ。そして、預金または貯金の受入れを内容とする契約（つまり、口座の開設）は特定取引だ。だから、銀行（特定事業者）は、口座の開設（特定取引）をする際は、本人確認を行わなければならない。宅建業者は、特定事業者だ。そして、宅地建物の売買契約の締結またはその代理・媒介が**特定取引**として規定されている。だから、宅建業者が宅地建物の売買契約の締結またはその代理・媒介をする際は、本人確認をしなければならない、ということ。

ウ　正。業者は、その従業者に対し、その業務を適正に実施させるため、**必要な教育**を行うよう努めなければならない。このことは宅建業法に定められている。
331頁 9.

エ　正。業者の使用人その他の従業者は、**正当な理由**がある場合でなければ、宅建業の業務を補助したことについて知り得た秘密を他に漏らしてはならない（正当な理由があれば、秘密を漏らしてよい）。このことは宅建業法に定められている。
324頁 ① ③

以上により、正しいものはイとウとエなので、正解は肢(3)となる。

正　解　(3)

Point!

割賦販売とは、
➡　代金の全部または一部について、目的物の引渡し後**1年**以上の期間にわたり、かつ、**2回以上**に分割して受領することを条件として販売すること（**1年以上＋2回以上**）（肢ア）。

業務上の規制 [平28-41]

　宅地建物取引業者Aが行う業務に関する次の記述のうち、宅地建物取引業法（以下この問において「法」という。）の規定によれば、正しいものはどれか。

(1)　Aは、宅地建物取引業者Bから宅地の売却についての依頼を受けた場合、媒介契約を締結したときは媒介契約の内容を記載した書面を交付しなければならないが、代理契約を締結したときは代理契約の内容を記載した書面を交付する必要はない。

(2)　Aは、自ら売主として宅地の売買契約を締結したときは、相手方に対して、遅滞なく、法第37条の規定による書面を交付するとともに、その内容について宅地建物取引士をして説明させなければならない。

(3)　Aは、宅地建物取引業者でないCが所有する宅地について、自らを売主、宅地建物取引業者Dを買主とする売買契約を締結することができる。

(4)　Aは、宅地建物取引業者でないEから宅地の売却についての依頼を受け、専属専任媒介契約を締結したときは、当該宅地について法で規定されている事項を、契約締結の日から休業日数を含め5日以内に指定流通機構へ登録する義務がある。

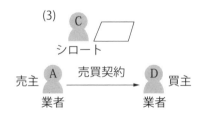

　シロートの買主に売ってはダメ。

講義

(1) 誤。トラブルが生じないように、業者は、媒介契約をした場合は媒介契約書を、代理契約をした場合は**代理契約書**を交付しなければならない。

　　　　　　　　　　　　　　　　　　　　　　　　　　　　　図 335頁 2.

(2) 誤。37条書面は**交付**すれば、それで OK だ。宅建士にその内容を説明させる必要はない。

　　　　　　　　　　　　　　　　　　　　　　　　　　　　　図 382頁 1.

(3) 正。原則として、業者は、自ら売主となって、**他人の物件**をシロートの買主に売ってはならない。しかし本肢の買主 D は業者なので、この制限は適用されない。だから A は、C の物件を D に売って OK だ。なお、例外として、買主がシロートでも、業者がその他人の物件を確実に取得できる場合には、買主が期待を裏切られる心配はないから売ってもよい。

　　　　　　　　　　　　　　　　　　　　　　　　　　図 357頁 **原則**

(4) 誤。専属専任媒介契約の場合、媒介契約締結の日から 5 日（休業日数は算入しない）以内に指定流通機構に登録しなければならない。本肢は「休業日数を含め（算入して）」とあるから×だ。

　　　　　　　　　　　　　　　　　　　　　　　図 333頁 ⑤ **3**

　　　　　　　　　　　　　　　　　　（正　解） (3)

> なお、媒介契約書（代理契約書）の交付に代えて、依頼者の承諾を得て、媒介契約書に記載すべき事項を電磁的方法(電子メール等)であって宅地建物取引業者の記名押印に代わる措置を講じたものにより提供できる。また、37条書面の交付に代えて、相手方の承諾を得て、37条書面に記載すべき事項を電磁的方法(電子メール等)であって宅地建物取引士の記名に代わる措置を講じたものにより提供できる。

Point!

　指定流通機構への登録義務は？

① 一般媒介契約　　　➡ なし。

② 専任媒介契約　　　➡ 媒介契約締結の日から **7 日**（休業日数は**算入しない**）以内に登録しなければならない。

③ 専属専任媒介契約 ➡ 媒介契約締結の日から **5 日**（休業日数は**算入しない**）以内に登録しなければならない（肢(4)）。

業務上の規制 [平24-41]

　宅地建物取引業者Ａ社による投資用マンションの販売の勧誘に関する次の記述のうち、宅地建物取引業法の規定に違反するものはいくつあるか。

ア　Ａ社の従業員は、勧誘に先立ってＡ社の商号及び自らの氏名を告げてから勧誘を行ったが、勧誘の目的が投資用マンションの売買契約の締結である旨を告げなかった。

イ　Ａ社の従業員は、「将来、南側に５階建て以上の建物が建つ予定は全くない。」と告げ、将来の環境について誤解させるべき断定的判断を提供したが、当該従業員には故意に誤解させるつもりはなかった。

ウ　Ａ社の従業員は、勧誘の相手方が金銭的に不安であることを述べたため、売買代金を引き下げ、契約の締結を誘引した。

エ　Ａ社の従業員は、勧誘の相手方から、「午後３時に訪問されるのは迷惑である。」と事前に聞いていたが、深夜でなければ迷惑にはならないだろうと判断し、午後３時に当該相手方を訪問して勧誘を行った。

(1)　一つ

(2)　二つ

(3)　三つ

(4)　四つ

Hint!　「手付金」を貸し付けて、契約を勧誘してはダメ。

講義

ア　違反する。**勧誘に先立って**、業者名・勧誘を行う者の氏名・契約の締結について勧誘をする目的である旨を告げずに、勧誘をしたらアウトだ。だから、A社の従業員が勧誘に先立って、勧誘の目的を告げなかったことは、業法の規定に違反する。　　　　🀰 325頁 ④

イ　違反する。「近くに国道が必ず開通しますよ」「将来、南側に5階建て以上の建物が建つ予定は全くない」というように**断定的判断を提供**したらアウトだ（故意がなくてもアウトだ）。　　　　🀰 325頁 3.

ウ　違反しない。**手付金をお客さんに貸し付けて**、契約の勧誘をしたらアウトだ。しかし、本肢のように、売買代金を引き下げて、契約の勧誘をしてもセーフだ（単なる値引きであり、何の問題もない。よくある話だ）。

　　　　🀰 326頁 5.

エ　違反する。**迷惑を覚えさせるような時間に電話**したり、**訪問**したらアウトだ。本肢の場合、「午後3時に訪問されるのは迷惑である。」と事前に聞いていたのだから、午後3時に訪問したらアウトだ。　🀰 326頁 ⑥

以上により、違反しているものはアとイとエなので、正解は肢⑶となる。

（正　解）　⑶

Point!

① **手付金を貸し付けて**、契約の勧誘　➡ 違反となる。

② 売買代金を引き下げて、契約の勧誘　➡ 違反とならない（肢ウ）。

業務上の規制 [平29-28]

　宅地建物取引業者Aが行う業務に関する次の記述のうち、宅地建物取引業法（以下この問において「法」という。）の規定に違反しないものはいくつあるか。

ア　Aは、法第49条に規定されている業務に関する帳簿について、業務上知り得た秘密が含まれているため、当該帳簿の閉鎖後、遅滞なく、専門業者に委託して廃棄した。

イ　Aは、宅地の売却を希望するBと専任代理契約を締結した。Aは、Bの要望を踏まえ、当該代理契約に指定流通機構に登録しない旨の特約を付したため、その登録をしなかった。

ウ　Aの従業者Cは、投資用マンションの販売において、勧誘に先立ちAの名称を告げず、自己の氏名及び契約締結の勧誘が目的であることを告げたうえで勧誘を行ったが、相手方から関心がない旨の意思表示があったので、勧誘の継続を断念した。

エ　Aは、自ら売主として新築マンションを分譲するに当たり、売買契約の締結に際して買主から手付を受領した。その後、当該契約の当事者の双方が契約の履行に着手する前に、Aは、手付を買主に返還して、契約を一方的に解除した。

(1)　一つ

(2)　二つ

(3)　三つ

(4)　なし

専任代理と専任媒介は同じ規制。

講義

ア　違反する。帳簿の保存期間は、5年間（業者が自ら売主となる新築住宅に係るものは10年間）だ。だから、「遅滞なく、廃棄したら」業法違反だ。　📙292頁(4)

イ　違反する。専任代理契約の場合、業者は、代理契約締結の日から7日（休業日数は算入しない）以内に指定流通機構に登録しなければならない。だから、登録をしなかったら、業法違反だ（登録しない旨の特約を定めても、その特約は無効だ）。　📙333頁⑤2、335頁(5)

ウ　違反する。勧誘に先立って、①業者名、②勧誘を行う者の氏名、③契約の締結について勧誘をする目的である旨を告げずに、勧誘を行ってはダメだ。Cは、②と③については告げているが、①を告げていないので、業法違反だ（告げずに勧誘したら、それだけでアウトであり、勧誘の継続を断念しても、業法違反だ）。　📙325頁④

エ　違反する。売主である業者Aは、買主が履行に着手する前は、手付の**倍額**を返還すれば契約を解除できる。Aは、手付を返還しただけなので（手付の倍額を返還していないので）、業法違反だ。

📙174頁 ①②、366頁 第4節

以上により、違反しないものはないので（全部が違反するので）、正解は肢(4)となる。

正　解 (4)

Point!

勧誘に先立って、次の①〜③を**告げず**に勧誘したら、業法違反となる。
① **業者名**（肢ウ）
② **勧誘を行う者の氏名**
③ **締結**について**勧誘をする目的**

注意！　①〜③を**告げず**に勧誘したら、それだけで、アウトだ。たとえ、勧誘の継続を断念しても、業法違反だ（肢ウ）。

業務上の規制 [平26-41]

次の記述のうち、宅地建物取引業法（以下この問において「法」という。）の規定によれば、正しいものはどれか。

(1) 宅地建物取引業者が、他の宅地建物取引業者が行う一団の宅地建物の分譲の代理又は媒介を、案内所を設置して行う場合で、その案内所が専任の宅地建物取引士を置くべき場所に該当しない場合は、当該案内所には、クーリング・オフ制度の適用がある旨を表示した標識を掲げなければならない。

(2) 宅地建物取引業者が、その従業者をして宅地の売買の勧誘を行わせたが、相手方が明確に買う意思がない旨を表明した場合、別の従業者をして、再度同じ相手方に勧誘を行わせることは法に違反しない。

(3) 宅地建物取引業者が、自ら売主となる宅地建物売買契約成立後、媒介を依頼した他の宅地建物取引業者へ報酬を支払うことを拒む行為は、不当な履行遅延（法第44条）に該当する。

(4) 宅地建物取引業者は、その事務所ごとに従業者名簿を備えなければならないが、退職した従業者に関する事項は従業者名簿への記載の対象ではない。

 お客さんを守れ！

(1) 正。専任の宅地建物取引士を置かなくてよい案内所（契約を締結しない案内所のこと）の標識には、「この場所においてした契約については、**クーリング・オフ制度の適用があります（クーリング・オフができるということ）**」という表示をしなければならない。

(2) 誤。相手方が**契約を締結しない旨の意思**を表示した場合は、勧誘を続けてはダメだ。欲にかられた業者が、アコギなワザ（交渉方法）を使うことは許しません、という話だ。 🔲 325頁 ⑤

(3) 誤。不当な履行遅延の禁止の対象となるのは、「登記」「引渡し」「**代金（対価）の支払い**」の３つだけだ。他の業者に対する報酬は、「代金（対価）の支払い」ではないので、不当な履行遅延の禁止の対象とならない。

　コメント 報酬を支払わなかったとしても、法第44条違反にはならない、という話だ。 🔲 326頁 4.

(4) 誤。**退職した従業者に関する事項も従業者名簿への記載の対象**なので、本肢は×である（たとえば、業者Aで働いていたBが、Aを退職したとする。この場合、Aの従業者名簿には、「B－従業者でなくなった年月日は、○年○月○日」というように記載される）。 🔲 292頁 (3)

　　　　　　　　　　　　　　　　　　　　　　正　解 (1)

🧑 肢(3)について

　不当な履行遅延をしたら（法第44条に違反したら）
➡ **懲役**もしくは**罰金**または両者の併科だ（懲役まであるのだから、きびしい罰則だ）。

事例－業者Aが、媒介業者Bに報酬を支払うことを拒んだ。

　報酬を支払うことを拒むことは、確かに、イケナイことだ。しかし、不当な履行遅延には**ならない**（法第44条違反にはならない）。だから、Aは、報酬を支払うことを拒んだことを理由として、牢屋に入れられる（懲役）ことはないし、お金を取られる（罰金）こともない、という話だ。
　宅建業法は何のためにあるかと言うと、「一般消費者保護」のためにある。だから、報酬の支払いを拒むことについて、「業者を保護」するような規定はないのだ。

業務上の規制 [令5-36]

次の記述のうち、宅地建物取引業者Aが行う業務に関して宅地建物取引業法の規定に違反するものはいくつあるか。

ア 建物の貸借の媒介に際して、賃借の申込みをした者がその撤回を申し出たので、Aはかかった諸費用を差し引いて預り金を返還した。

イ Aは、売主としてマンションの売買契約を締結するに際して、買主が手付として必要な額を今すぐには用意できないと申し出たので、手付金の分割払いを買主に提案した。

ウ Aは取引のあったつど、その年月日やその取引に係る宅地又は建物の所在及び面積その他必要な記載事項を帳簿に漏らさず記載し、必要に応じて紙面にその内容を表示できる状態で、電子媒体により帳簿の保存を行っている。

エ Aはアンケート調査を装ってその目的がマンションの売買の勧誘であることを告げずに個人宅を訪問し、マンションの売買の勧誘をした。

(1) 一つ
(2) 二つ
(3) 三つ
(4) 四つ

 保存は、紙でなくても OK だ。

ア　違反する。相手方が契約の申込みの撤回を行うに際し、既に受領した**預り金**を返還することを**拒んではならない**。「諸費用を差し引いて」はダメなので、本肢は×だ（そもそも、契約が成立していないのだから、Aは諸費用をもらってはダメだ。だから、「諸費用を差し引いて」の返還は業法違反となる）。　　　　　　　　　　　　　　　　　　　📖 325 頁 ②

イ　違反する。業者は、手付金の**分割払い**を提案して、契約の勧誘をしてはならない（手付金を**貸し付け**ての勧誘もダメだが、手付金の**分割払い**を提案しての勧誘もダメだ）。　　　　　　　　📖 327 頁 ちなみに

ウ　違反しない。業者は、取引のあったつど、一定の事項を帳簿に記載しなければならない（前半は違反しない）。また、帳簿の保存は、**電子計算機**（パソコン）のファイルまたは磁気ディスク（ハードディスク）等に記録するという方法でもOKだ（後半も違反しない）。　　📖 292 頁 ⑷

エ　違反する。業者は、勧誘に先立って①業者名②勧誘を行う者の氏名③**勧誘をする目的**である旨を告げなければならない。Aは勧誘をする目的である旨告げていないから、業法に違反する。　　　📖 325 頁 ④

以上により、違反するものはアとイとエなので、正解は肢⑶となる。

（<u>正　解</u>）　⑶

第3編　業務上の規制と媒介契約／報酬額の制限

Point!

電子媒体による帳簿の保存
　帳簿について法及び規則に定められた事項が**電子計算機**（パソコン）に備えられたファイル、磁気ディスク（ハードディスク）等に記録され、必要に応じ、電子計算機（パソコン）、プリンター等の機器により明確に紙面に表示することができる場合には、当該記録をもって**帳簿への記載に代える**ことができる（肢ウ）。

業務上の規制　　　　　　　　　　　　　　　　［〒21-40］

　宅地建物取引業者Aが行う建物の売買又は売買の媒介に関する次の記述のうち、宅地建物取引業法の規定に違反しないものはどれか。

(1)　Aは、建物の売買の媒介に際し、買主に対して手付の貸付けを行う旨を告げて契約の締結を勧誘したが、売買契約は成立しなかった。

(2)　建物の売買の媒介に際し、買主から売買契約の申込みを撤回する旨の申出があったが、Aは、申込みの際に受領した預り金を既に売主に交付していたため、買主に返還しなかった。

(3)　Aは、自ら売主となる建物（代金5,000万円）の売買に際し、あらかじめ買主の承諾を得た上で、代金の30%に当たる1,500万円の手付金を受領した。

(4)　Aは、自ら売主として行う中古建物の売買に際し、当該建物が種類又は品質に関して、契約の内容に適合しない場合におけるその不適合を担保すべき責任について、買主がその不適合をAに通知すべき期間を引渡しの日から2年間とする特約をした。

Hint!　　例外あり！

講義

(1) 違反する。業者は、手付金をお客さんに貸し付けて、契約を勧誘してはならない。**勧誘したら、それだけでアウト**であり、たとえ、契約が成立しなくても宅建業法違反となる。　🔖 326頁 5.

(2) 違反する。預り金はお客さんから預ったお金だから、申込みが撤回されたら返すのが当たり前だ。だから、お客さんが契約の申込みを撤回する申出をしたのに、**預り金を返還することを拒むこと**は、宅建業法違反となる。　🔖 325頁 ②

(3) 違反する。業者がシロートの買主から受け取れる手付の額は、代金の 20％（本肢の場合は 1,000 万円）が限度だ。たとえ、買主の承諾を得ていても、代金の 20％を超える手付金を受け取ったら、宅建業法違反となる。　🔖 366頁 第4節

(4) 違反しない。業者が自ら売主となって、シロートの買主と契約する場合には、原則として、民法の規定より買主に不利な特約をしても無効だ。しかし、例外として、契約不適合の通知期間を「**引渡しの日から2年以上の期間内**」とする特約だけは、民法の規定より買主に不利だが、有効だ。　🔖 369頁 **例外**

（**正　解**）(4)

Point!

業者が自ら売主となって、シロートの買主と契約する場合には、
原則　民法の規定より買主に不利な特約をしても無効だ。
例外　契約不適合の通知期間を「**引渡しの日から2年以上の期間内**」とする特約だけは、民法の規定より買主に不利だが、有効だ（肢(4)）。

業務上の規制 [令5-28]

　宅地建物取引業者Aの業務に関する次の記述のうち、宅地建物取引業法（以下この問において「法」という。）の規定に違反するものはいくつあるか。

ア　Aの従業員Bが、Cが所有する戸建住宅の買取りを目的とした訪問勧誘をCに対して行ったところ、Cから「契約の意思がないので今後勧誘に来ないでほしい」と言われたことから、後日、Aは、別の従業員Dに同じ目的で訪問勧誘を行わせて、当該勧誘を継続した。

イ　Aの従業員Eは、Fが所有する戸建住宅の買取りを目的とした電話勧誘をFに対して行った際に、不実のことと認識しながら「今後5年以内にこの一帯は再開発されるので、急いで売却した方がよい。」と説明した。

ウ　Aの従業員Gは、Hが所有する戸建住宅の買取りを目的とした電話勧誘をHに対して行おうと考え、23時頃にHの自宅に電話をかけ、勧誘を行い、Hの私生活の平穏を害し、Hを困惑させた。

エ　Aは、Jとの間でJが所有する戸建住宅を買い取る売買契約を締結し、法第37条の規定に基づく書面をJに交付したが、Aの宅地建物取引士に、当該書面に記名のみさせ、押印させることを省略した。

(1)　一つ
(2)　二つ
(3)　三つ
(4)　四つ

ウソをつくことも黙秘することも許されない。

講義

ア　違反する。相手方が**契約を締結しない**旨の意思を表示したにもかかわらず、勧誘を継続することは禁止されている。勧誘を継続する者が別の従業員であってもダメだ。　　　　　　　　　　　　　　　　 325頁 ⑤

イ　違反する。業者は、相手方の判断に重要な影響を及ぼす事項について、故意に**不実**のことを告げる行為をしてはならない（つまり、ウソをついてはならない）。　　　　　　　　　　　　　　　　　　　　 325頁 2.①

ウ　違反する。迷惑を覚えさせるような時間に**電話**し、または**訪問**することは禁止されている。また、深夜または長時間の勧誘その他の私生活または業務の**平穏を害する**ような方法によりその者を**困惑**させることも禁止されている。　　　　　　　　　　　　　　　　　　　　 326頁 ⑥ ⑦

エ　違反しない。37条書面には宅地建物取引士の**記名**は必要だが、押印は不要だ。　　　　　　　　　　　　　　　　　　　　　　　 382頁 1.③

以上により、違反するものはアとイとウなので、正解は肢(3) となる。

正　解　(3)

ウソと黙秘の禁止

業者は、相手方の判断に重要な影響を及ぼす事項について、次のことをしてはならない。

① 故意に**不実**のことを告げること（ウソをつくこと）（肢イ）。

② 故意に**事実**を告げないこと（黙秘すること）。

業務上の規制 [平27-41]

　宅地建物取引業者が売主である新築分譲マンションを訪れた買主Aに対して、当該宅地建物取引業者の従業者Bが行った次の発言内容のうち、宅地建物取引業法の規定に違反しないものはいくつあるか。

ア　A：眺望の良さが気に入った。隣接地は空地だが、将来の眺望は大丈夫なのか。

　　B：隣接地は、市有地で、現在、建築計画や売却の予定がないことを市に確認しました。将来、建つとしても公共施設なので、市が眺望を遮るような建物を建てることは絶対ありません。ご安心ください。

イ　A：先日来たとき、5年後の転売で利益が生じるのが確実だと言われたが本当か。

　　B：弊社が数年前に分譲したマンションが、先日高値で売れました。このマンションはそれより立地条件が良く、また、近隣のマンション価格の動向から見ても、5年後値上がりするのは間違いありません。

ウ　A：購入を検討している。貯金が少なく、手付金の負担が重いのだが。

　　B：弊社と提携している銀行の担当者から、手付金も融資の対象になっていると聞いております。ご検討ください。

エ　A：昨日、申込証拠金10万円を支払ったが、都合により撤回したいので申込証拠金を返してほしい。

　　B：お預かりした10万円のうち、社内規程上、お客様の個人情報保護のため、申込書の処分手数料として、5,000円はお返しできませんが、残金につきましては法令に従いお返しします。

(1)　一つ
(2)　二つ
(3)　三つ
(4)　なし

　手付貸与。

ア　違反する。「眺望を遮るような建物を建てることは**絶対ありません**」というような**断定的判断**を提供してはいけない。　　　📖325頁 3.

イ　違反する。「**必ず値上がりしますよ（値上がりするのは間違いありません）**」というような**断定的判断**を提供してはいけない。　　　📖325頁 3.

ウ　違反しない。手付金をお客さんに**貸し付けて**、契約の勧誘をしてはいけない。Bは、「手付金の融資をしてくれる銀行を紹介（あっせん）しますよ」と言っているだけであり、手付金を貸し付けているわけではない。だから、業法の規定に違反しない。　　　📖327頁 ちなみに

エ　違反する。相手方が契約の申込みの撤回を行う場合、既に受け取った預り金を返還することを**拒んではダメ**だ（全額返還する必要がある）。　　　📖325頁 ②

　以上により、違反しないものはウだけなので、正解は肢⑴となる。

正　解　⑴

Point!

手付貸与の禁止
① 手付金の立替え　➡ ダメ
② 手付金の分割払い ➡ ダメ
③ 手付金の後払い　➡ ダメ
④ 手付金の**減額**　　➡ OK
⑤ 手付金を貸してくれる銀行のあっせん ➡ OK（肢ウ）
ダメ：手付貸与に該当する（業法違反となる）
OK：手付貸与に該当しない（業法違反とならない）

業務上の規制 [令3-43]

　宅地建物取引業者の業務に関する次の記述のうち、宅地建物取引業法の規定に違反するものはいくつあるか。

ア　マンションの販売に際して、買主が手付として必要な額を持ち合わせていなかったため、手付を分割受領することにより、契約の締結を誘引した。

イ　宅地の売買に際して、相手方が「契約の締結をするかどうか明日まで考えさせてほしい」と申し出たのに対し、事実を歪めて「明日では契約締結できなくなるので、今日しか待てない」と告げた。

ウ　マンション販売の勧誘を電話で行った際に、勧誘に先立って電話口で宅地建物取引業者の商号又は名称を名乗らずに勧誘を行った。

エ　建物の貸借の媒介に際して、賃貸借契約の申込みをした者がその撤回を申し出たが、物件案内等に経費がかかったため、預り金を返還しなかった。

(1)　一つ
(2)　二つ
(3)　三つ
(4)　四つ

Hint!　業者名・勧誘を行う者の氏名・勧誘をする目的の3つを告げることが必要。

講義

ア　違反する。業者は、手付を**分割**受領することにより、契約の締結を誘引してはならない（手付を貸し付けて誘引することもダメだが、手付を分割受領することにより誘引することもダメだ）。　　🔖327頁 ちなみに

イ　違反する。業者は、契約の締結の勧誘をするに際し、相手方に対し、正当な理由なく、契約を締結するかどうかを**判断**するために必要な**時間**を与えることを拒んではならない。本肢の業者は、事実を歪めて「明日では契約締結できなくなるので、今日しか待てない」と告げている（つまり、正当な理由なく、契約を締結するかどうかを判断するために必要な時間を与えることを拒んでいる）ので、違反となる。　　🔖325頁 ①

ウ　違反する。業者は、勧誘に先立って ① **業者名**（商号または名称）、② 勧誘を行う者の氏名、③ 契約の締結について勧誘をする目的である旨を告げずに、勧誘を行ってはならない。本肢の業者は、① を告げていないので、違反となる。　　🔖325頁 ④

エ　違反する。業者は、相手方が契約の申込みの撤回を行うに際し、既に受領した**預り金**を返還することを拒んではならない。たとえ、物件案内等に経費がかかっていても、返還を拒んではダメだ。　　🔖325頁 ②

以上により、違反するものはアとイとウとエなので（全部が違反するので）、正解は肢(4)となる。

（正　解）　(4)

Point!

預り金
➡　業者は、相手方が契約の申込みの撤回を行うに際し、既に受領した**預り金**を返還することを拒んではならない（肢エ）。

業務上の規制その他　　　　　　　　　　[令1-35]

　宅地建物取引業者Ａが行う業務に関する次の記述のうち、宅地建物取引業法の規定に違反しないものはどれか。

(1)　Ａは、宅地建物取引業者ではないＢが所有する宅地について、Ｂとの間で確定測量図の交付を停止条件とする売買契約を締結した。その後、停止条件が成就する前に、Ａは自ら売主として、宅地建物取引業者ではないＣとの間で当該宅地の売買契約を締結した。

(2)　Ａは、その主たる事務所に従事する唯一の専任の宅地建物取引士Ｄが令和６年５月15日に退職したため、同年６月10日に新たな専任の宅地建物取引士Ｅを置いた。

(3)　Ａは、宅地建物取引業者Ｆから宅地の売買に関する注文を受けた際、Ｆに対して取引態様の別を明示しなかった。

(4)　Ａは、宅地の貸借の媒介に際し、当該宅地が都市計画法第29条の許可の申請中であることを知りつつ、賃貸借契約を成立させた。

　貸借契約は大目に見られている。

(1)　違反する。業者AがBの宅地について、Bと**条件付契約**を締結していても、宅地を確実に取得できるとは言えない。だから、AはBの宅地をシロートの買主Cに売ることはできない。　　　🗝 357頁 **例　外**

(2)　違反する。宅地建物取引士の数に欠員が生じたら、業者は**2週間以内**に補充しなければならない。Aは6月10日に補充している（新たな専任の宅地建物取引士Eを置いた）が、2週間を超えているので、業法違反だ。　　　🗝 291頁 **よく出るポイント②**

(3)　違反する。業者は、取引態様を「**注文を受けたら遅滞なく**」明示しなければならない。この取引態様の明示は、お客さんが業者の場合でも省略できない（業者間にも適用あり）。だから、業者Fに対して取引態様の別を明示しなかったAは業法違反だ。　　　🗝 329頁 **5**

(4)　違反しない。未完成の宅地の場合、開発許可を受けた後でなければ、売買契約・交換契約をしてはいけないことになっている。ただし、**貸借契約**については、大目に見られていて、開発許可を受ける前でもできる。　　　🗝 330頁 表

正　解　(4)

Point!

宅地建物取引士の数に欠員が生じたら、

➡　業者は**2週間**以内に補充しなければならない（肢(2)）。

広　　告 ［㍻20-32］

　次の記述のうち、宅地建物取引業法の規定によれば、正しいものはどれか。

(1)　新たに宅地建物取引業の免許を受けようとする者は、当該免許の取得に係る申請をしてから当該免許を受けるまでの間においても、免許申請中である旨を表示すれば、免許取得後の営業に備えて広告をすることができる。

(2)　宅地建物取引業者は、宅地の造成又は建物の建築に関する工事の完了前においては、当該工事に必要な都市計画法に基づく開発許可、建築基準法に基づく建築確認その他法令に基づく許可等の申請をした後でなければ、当該工事に係る宅地又は建物の売買その他の業務に関する広告をしてはならない。

(3)　宅地建物取引業者は、宅地又は建物の売買、交換又は貸借に関する広告をするときに取引態様の別を明示していれば、注文を受けたときに改めて取引態様の別を明らかにする必要はない。

(4)　宅地建物取引業者は、販売する宅地又は建物の広告に著しく事実に相違する表示をした場合、監督処分の対象となるほか、6月以下の懲役又は100万円以下の罰金に処せられることがある。

違反すると、重いペナルティーを受けることになるぞ。

講義

(1)　誤。免許を受けていないのだから、まだ、宅建業者ではない。まだ宅建業者ではないのだから、トーゼン広告することもできない。たとえ、「免許申請中」である旨を表示してもダメだ。　　　　　　　　277頁 注!

(2)　誤。未完成物件の場合は、開発許可（宅地の場合）、建築確認（建物の場合）等を**実際に得た後**でないと広告できないことになっている。開発許可、建築確認、津波防災地域づくりに関する法律の許可等を**申請しただけでは広告できない**ので、本肢は×だ。　　　　　　331頁 (3)

(3)　誤。業者は、取引態様を広告のときおよび注文のときに明示しなければならない。たとえ、広告に取引態様を明示しても、更に念のため、注文を受けたときにも取引態様を**重ねて明示**しなければならないのだ。

329頁 ❷

(4)　正。誇大広告をすると、監督処分の対象となるほか、**6 カ月以下の懲役または 100万円以下の罰金**に処せられることがある。

385頁 ⑥、388頁 ②

（正　解）(4)

Point!

誇大広告をするとドーなる？（肢(4)）
① 　監督処分として　➡ 業務停止処分（情状が特に重い場合は免許取消処分）
② 　罰則として　　　➡ **6 カ月以下の懲役**もしくは **100 万円以下の罰金**または**は両者の併科**

広　　告　　　　　　　　　　　　　[平23-36]

　宅地建物取引業者が行う広告に関する次の記述のうち、宅地建物取引業法の規定によれば、正しいものはどれか。

(1)　宅地建物取引業者は、宅地の造成又は建物の建築に関する工事が完了するまでの間は、当該工事に必要な都市計画法に基づく開発許可、建築基準法に基づく建築確認その他法令に基づく許可等の処分があった後でなければ、当該工事に係る宅地又は建物の売買その他の業務に関する広告をすることはできない。

(2)　宅地建物取引業者が、複数の区画がある宅地の売買について、数回に分けて広告をするときは、最初に行う広告以外には取引態様の別を明示する必要はない。

(3)　宅地建物取引業者は、建物の貸借の媒介において広告を行った場合には、依頼者の依頼の有無にかかわらず、報酬とは別に、当該広告の料金に相当する額を受領することができる。

(4)　宅地建物取引業の免許を取り消された者は、免許の取消し前に建物の売買の広告をしていれば、当該建物の売買契約を締結する目的の範囲内においては、なお宅地建物取引業者とみなされる。

　トラブルを防止して、お客さんを守れ！

講 義

(1) 正。未完成物件については、お客さんを守るため、**開発許可**（宅地の場合）、**建築確認**（建物の場合）、津波防災地域づくりに関する法律の許可等の後でなければ、広告をしてはいけないことになっている。

🔖 330頁 (1)

(2) 誤。業者は、**広告をするときに取引態様を明示**しなければならない。そして、数回に分けて広告をするときは、すべての広告において取引態様を明示する必要がある。

🔖 329頁 ⑥

(3) 誤。依頼者から**頼まれて**やった広告の料金については、その実費を報酬とは別に受領できる。頼まれていないのにやった広告の料金については、受領できないので、本肢は×だ。

🔖 349頁 (1) ①

(4) 誤。業者が免許取消前に**契約**を締結していた場合、免許取消しにより契約が履行されなくなると、相手方に迷惑がかかる。だから、こういう場合は、業者とみなすことになっている（つまり、免許を再取得しないで履行を行って OK ということ）。このように、業者とみなされるのは、免許取消前に**契約**を締結していた場合であって、売買の広告をしていた場合ではないので、本肢は×だ。

🔖 282頁 (3)

(**正　解**) (1)

建築確認・開発許可等の前でも	売 買 （自ら・代理・媒介）	交 換 （自ら・代理・媒介）	貸 借 （代理・媒介）
「**広告**」ができるか？（肢(1))	×	×	×
「**契約**」ができるか？	×	×	○

広　告　　　　　　　　　　　　　　　[令3-30]

　宅地建物取引業者がその業務に関して行う広告に関する次の記述のうち、宅地建物取引業法の規定によれば、正しいものはいくつあるか。

ア　宅地の販売広告において、宅地に対する将来の利用の制限について、著しく事実に相違する表示をしてはならない。

イ　建物の貸借の媒介において広告を行った場合には、依頼者の依頼の有無にかかわらず、報酬の限度額を超えて、当該広告の料金に相当する額を受領することができる。

ウ　複数の区画がある宅地の売買について、数回に分けて広告するときは、最初に行う広告に取引態様の別を明示すれば足り、それ以降は明示する必要はない。

エ　賃貸マンションの貸借に係る媒介の依頼を受け、媒介契約を締結した場合であっても、当該賃貸マンションが建築確認申請中であるときは広告をすることができない。

(1)　一つ

(2)　二つ

(3)　三つ

(4)　四つ

Hint!　建築確認申請中→つまり、建築確認を受ける前だ。

講義

ア　正。業者は、広告をするときは、宅地建物の現在または**将来**の利用の制限について、著しく事実に相違する表示をし、または実際のものよりも著しく優良・有利であると誤認させるような表示をしてはならない。

🔖 327頁② Ⓑ

イ　誤。依頼者から**頼まれて**（依頼されて）やった広告の料金については、その実費を報酬とは別に受け取ることができる（つまり、報酬の限度額を超えて、広告の料金を受け取ることができる）。だから、「依頼者の依頼の有無にかかわらず」とある本肢は×だ。　　🔖 349頁(1)

ウ　誤。業者は、取引態様の別を広告するときに明示しなければならない。そして、本肢のように数回に分けて広告をするときは、**すべて**の広告について取引態様の別を明示しなければならない。　　🔖 329頁❻

エ　正。未完成の建物は、**建築確認を受けた後**でなければ、広告をすることができない。だから、建築確認申請中は、広告をすることができない（申請中ということは、建築確認を受ける前だから）。

🔖 330頁(1)、331頁(3)

以上により、正しいものはアとエなので、正解は肢(2)となる。

（正　解）　(2)

Point!

数回に分けて広告をするときは、
➡　**すべての**広告について取引態様の別を明示しなければならない（肢ウ）。

広　　告　　　　　　　　　　　　　　　　　[㍻26-30]

　宅地建物取引業者Aが行う業務に関する次の記述のうち、宅地建物取引業法の規定によれば、正しいものはどれか。

(1)　Aは、新築分譲マンションを建築工事の完了前に販売しようとする場合、建築基準法第6条第1項の確認を受ける前において、当該マンションの売買契約の締結をすることはできないが、当該販売に関する広告をすることはできる。

(2)　Aは、宅地の売買に関する広告をするに当たり、当該宅地の形質について、実際のものよりも著しく優良であると人を誤認させる表示をした場合、当該宅地に関する注文がなく、売買が成立しなかったときであっても、監督処分及び罰則の対象となる。

(3)　Aは、宅地又は建物の売買に関する広告をする際に取引態様の別を明示した場合、当該広告を見た者から売買に関する注文を受けたときは、改めて取引態様の別を明示する必要はない。

(4)　Aは、一団の宅地の販売について、数回に分けて広告をするときは、最初に行う広告以外は、取引態様の別を明示する必要はない。

誇大広告はダメ。

講 義

(1) 誤。未完成物件については、お客さんを守るため、開発許可（宅地の場合）、**建築確認**（建物の場合）等の後でなければ、広告・契約をしてはいけないことになっている（ただし、貸借の「契約」だけはできる）。

🈪 330 頁 (1)

(2) 正。宅地の形質について、実際のものよりも著しく優良であると人を誤認させる表示をしたのだから、誇大広告だ。そして、本肢の場合のように、誰も信じなかったため、「**実害**」が発生しなかったとしても誇大広告となり、監督処分および罰則の対象となる。

🈪 327 頁 6. ④ 、385 頁 (2) ⑥、388 頁 ②

(3) 誤。業者は、取引態様を①「広告をするときに」明示しなければならない。**かつ、②「注文を受けたら遅滞なく」**明示しなければならない。注文の際において、取引態様の明示を省略することはできないので、本肢は×だ。

🈪 328 頁 表Ⓑ

(4) 誤。業者は、取引態様を「**広告をするときに**」明示しなければならない。そして、数回に分けて広告をする場合は、すべての広告において取引態様を明示しなければならない。

🈪 329 頁 ⑥

正　解 (2)

Point!

誰も信じなかったため、「**実害**」が発生しなかったとしても、誇大広告となる（肢(2)）。

注意！ 誇大広告をすると監督処分（業務停止処分）及び罰則（6 カ月以下の懲役または 100 万円以下の罰金）の対象となる。

広告その他 [平29-42]

　宅地建物取引業者が行う広告に関する次の記述のうち、宅地建物取引業法の規定によれば、正しいものはいくつあるか。

ア　宅地の販売広告において、宅地の将来の環境について、著しく事実に相違する表示をしてはならない。

イ　宅地又は建物に係る広告の表示項目の中に、取引物件に係る現在又は将来の利用の制限があるが、この制限には、都市計画法に基づく利用制限等の公法上の制限だけではなく、借地権の有無等の私法上の制限も含まれる。

ウ　顧客を集めるために売る意思のない条件の良い物件を広告することにより他の物件を販売しようとした場合、取引の相手方が実際に誤認したか否か、あるいは損害を受けたか否かにかかわらず、監督処分の対象となる。

エ　建物の売却について代理を依頼されて広告を行う場合、取引態様として、代理であることを明示しなければならないが、その後、当該物件の購入の注文を受けたとき、広告を行った時点と取引態様に変更がない場合でも、遅滞なく、その注文者に対し取引態様を明らかにしなければならない。

(1)　一つ

(2)　二つ

(3)　三つ

(4)　四つ

Hint!　「実害」が発生しなくてもアウト。

ア　正。**環境**等については、現在だけでなく、「**将来**」のことについての表示も誇大広告になる。だから、宅地の将来の環境について、著しく事実に相違する表示をしてはならない。　🔖327頁 ②、②

イ　正。お上の制限（公法上の制限、例えば、都市計画法や建築基準法の「○○してはいけません」）だけでなく、民間の制限（**私法上の制限**、例えば、借地権の有無や内容）も利用の制限に**含まれる**。要するに、民間の制限についても、①著しく事実に相違する表示、②実際より著しく優良・有利と誤解されるような表示をしてはならないということ。　🔖327頁 ②

ウ　正。**おとり広告**（売る意思のない、条件の良い物件を広告し、実際は他の物件を販売しようとすること）も誇大広告になる。誇大広告は、しただけでアウトであり、誰も信じなかったため、「**実害**」が発生しなかったとしても、監督処分の対象となる。　🔖327頁 ④、⑤

エ　正。業者は、取引態様を①「**広告をするときに**」明示しなければならない。かつ、②「**注文を受けたら遅滞なく**」明示しなければならない。

🔖328頁 Ⓐ、Ⓑ

以上により、正しいものはアとイとウとエなので（全部が正しいので）、正解は肢(4)となる。

（**正　解**）(4)

Point!

　現在または、**将来**の「環境（肢ア）・利用の制限（肢イ）・交通」について、①著しく事実に相違する表示、②実際より著しく優良・有利と誤解されるような表示をしてはならない。

注意！　利用の制限には、公法上の制限だけでなく、**私法上の制限も含まれる**（肢イ）。

広告その他 [令2-27]

　宅地建物取引業者がその業務に関して行う広告に関する次の記述のうち、宅地建物取引業法の規定によれば、正しいものはいくつあるか。

ア　建物の売却について代理を依頼されて広告を行う場合、取引態様として、代理であることを明示しなければならないが、その後、当該物件の購入の注文を受けたときは、広告を行った時点と取引態様に変更がない場合を除き、遅滞なく、その注文者に対し取引態様を明らかにしなければならない。

イ　広告をするに当たり、実際のものよりも著しく優良又は有利であると人を誤認させるような表示をしてはならないが、誤認させる方法には限定がなく、宅地又は建物に係る現在又は将来の利用の制限の一部を表示しないことにより誤認させることも禁止されている。

ウ　複数の区画がある宅地の売買について、数回に分けて広告をする場合は、広告の都度取引態様の別を明示しなければならない。

エ　宅地の造成又は建物の建築に関する工事の完了前においては、当該工事に必要な都市計画法に基づく開発許可、建築基準法に基づく建築確認その他法令に基づく許可等の申請をした後でなければ、当該工事に係る宅地又は建物の売買その他の業務に関する広告をしてはならない。

(1)　一つ
(2)　二つ
(3)　三つ
(4)　四つ

　申請しただけではダメ。

講　義

ア　誤。業者は「**注文を受けたら遅滞なく**」取引態様を明示しなければならない。たとえ広告を行った時点と取引態様に変更がない場合でも、注文を受けたら遅滞なく明示しなければならないので、本肢は×だ。
329頁 **2**

イ　正。誤認させる方法には限定がない。宅地または建物の現在または**将来の利用の制限の一部**を表示しないことにより誤認させることも禁止されている。
327頁 6.②

ウ　正。数回に分けて広告をする場合は、広告のつど取引態様を明示しなければならない（すべての広告において取引態様を明示しなければならない、ということ）。
329頁 **6**

エ　誤。開発許可（宅地の場合）、建築確認（建物の場合）等を**実際に得た後でない**と広告できない。開発許可、建築確認等を申請しただけでは広告できないので、本肢は×だ。
331頁 (3)

以上により、正しいものはイとウなので、正解は肢(2)となる。

（正　解）　(2)

数回に分けて広告する場合は、
➡　広告のつど取引態様を明示しなければならない（**すべての広告において**取引態様を明示しなければならない）（肢ウ）。

広 告 [令4-37]

宅地建物取引業者Aがその業務に関して行う広告に関する次の記述のうち、宅地建物取引業法（以下この問において「法」という。）の規定によれば、正しいものはいくつあるか。

ア　Aが未完成の建売住宅を販売する場合、建築基準法第6条第1項に基づく確認を受けた後、同項の変更の確認の申請書を提出している期間においては、変更の確認を受ける予定であることを表示し、かつ、当初の確認内容を合わせて表示すれば、変更の確認の内容を広告することができる。

イ　Aが新築住宅の売買に関する広告をインターネットで行った場合、実際のものより著しく優良又は有利であると人を誤認させるような表示を行ったが、当該広告について問合せや申込みがなかったときは、法第32条に定める誇大広告等の禁止の規定に違反しない。

ウ　Aが一団の宅地の販売について、数回に分けて広告をするときは、そのたびごとに広告へ取引態様の別を明示しなければならず、当該広告を見た者から売買に関する注文を受けたときも、改めて取引態様の別を明示しなければならない。

(1)　一つ
(2)　二つ
(3)　三つ
(4)　なし

　要件を満たせば、変更の確認の内容を広告することができる。

講義

ア　正。当初確認を受けた後、変更の確認の申請を提出している期間においては、**変更の確認を受ける予定である旨を表示**し、かつ、**当初の確認の内容**をあわせて表示すれば、変更の確認の内容を広告することができる。

イ　誤。一定の事項について、実際のものよりも著しく優良・有利であると誤認させるような表示を行ったら、それだけでアウトだ。たとえ、**実害が発生しなかったとしても**（広告について問合せや申込みがなかったとしても）、誇大広告等の禁止の規定に違反する。　　　　　　327頁 ④

ウ　正。業者は、取引態様の別を広告をするときに明示しなければならない。そして、本肢のように数回に分けて広告をするときは、**すべての広告について取引態様の別を明示**しなければならない（前半は○）。そして、注文を受けたときにも取引態様の別を重ねて明示しなければならない（後半も○）。　　　　　　329頁 ❷ ❻

以上により、正しいものはアとウなので、正解は肢(2)となる。

（正　解）　(2)

変更の確認の申請をしている場合の広告

➡　当初の確認を受けた後、変更の確認の申請を建築主事へ提出している期間、または提出を予定している場合においては、**変更の確認を受ける予定である旨を表示**し、かつ、当初の**確認の内容**も当該広告に**あわせて表示**すれば、変更の確認の内容を広告することができる（肢ア）。

広　告　　　　　　　　　　　[平24-28]

　宅地建物取引業者が行う広告に関する次の記述のうち、宅地建物取引業法（以下この問において「法」という。）の規定によれば、正しいものはいくつあるか。

ア　建物の所有者と賃貸借契約を締結し、当該建物を転貸するための広告をする際は、当該広告に自らが契約の当事者となって貸借を成立させる旨を明示しなければ、法第34条に規定する取引態様の明示義務に違反する。

イ　居住用賃貸マンションとする予定の建築確認申請中の建物については、当該建物の貸借に係る媒介の依頼を受け、媒介契約を締結した場合であっても、広告をすることができない。

ウ　宅地の売買に関する広告をインターネットで行った場合において、当該宅地の売買契約成立後に継続して広告を掲載していたとしても、最初の広告掲載時点で当該宅地に関する売買契約が成立していなければ、法第32条に規定する誇大広告等の禁止に違反することはない。

エ　新築分譲住宅としての販売を予定している建築確認申請中の物件については、建築確認申請中である旨を表示をすれば、広告をすることができる。

(1)　一つ
(2)　二つ
(3)　三つ
(4)　四つ

　ダメなものはダメ。

ア　誤。「自ら貸借（**自ら転貸**）」は「取引」に当たらない。だから、広告をする際にその旨を明示しなくても OK（取引態様の明示義務に違反しない）。　　　　　　　　　　　　　　　🔖 274 頁 ⑴、328 頁 ⑴

イ　正。建物の場合は、**建築確認を実際に得た後**でないと広告できない。だから、建築確認申請中は広告できない（「建築確認申請中」＝「まだ、建築確認を得ていない」ということだから）。　　🔖 330 頁 ⑴、331 頁 ⑶

ウ　誤。広告をインターネットで行った場合において、物件の売買契約**成立後**に継続して**広告**を掲載していたら、アウトだ（物件の売買契約成立後に、その物件の広告を掲載したということは、取引できない物件の広告をしたということだから誇大広告等の禁止に違反する）。

🔖 327 頁 6.　注！

エ　誤。建物の場合は、建築確認を実際に得た後でないと広告できない。だから、「**建築確認申請中**」と注記しても、広告できない。　🔖 331 頁 ⑶

以上により、正しいものはイだけなので、正解は肢⑴となる。

（　**正　解**　）　⑴

Point!

建築確認・開発許可等の前でも	売買 （自ら・代理・媒介）	交換 （自ら・代理・媒介）	**貸借** （代理・媒介）
「**広告**」ができるか？	×	×	×
「**契約**」ができるか？	×	×	**○**

↑
ここだけ○になるのがポイントだ！

広告その他 [平27-37]

次の記述のうち、宅地建物取引業法の規定によれば、正しいものはどれか。なお、この問において「建築確認」とは、建築基準法第6条第1項の確認をいうものとする。

(1) 宅地建物取引業者は、建築確認が必要とされる建物の建築に関する工事の完了前においては、建築確認を受けた後でなければ、当該建物の貸借の媒介をしてはならない。

(2) 宅地建物取引業者は、建築確認が必要とされる建物の建築に関する工事の完了前において、建築確認の申請中である場合は、その旨を表示すれば、自ら売主として当該建物を販売する旨の広告をすることができる。

(3) 宅地建物取引業者は、建築確認が必要とされる建物の建築に関する工事の完了前においては、建築確認を受けた後でなければ、当該建物の貸借の代理を行う旨の広告をしてはならない。

(4) 宅地建物取引業者は、建築確認が必要とされる建物の建築に関する工事の完了前において、建築確認の申請中である場合は、建築確認を受けることを停止条件とする特約を付ければ、自ら売主として当該建物の売買契約を締結することができる。

これも大目に見て欲しいが……。

講義

(1) 誤。建築確認を得ていない未完成物件は原則として、広告・契約してはいけないことになっている。しかし、貸借「契約」の代理・媒介だけは、大目に見られていて、建築確認を得ていなくてもできる。　330頁 表

(2) 誤。建築確認を実際に得た後でないと、広告できない。だから、「建築確認申請中」と注記しても、広告できない。　331頁(3)

(3) 正。大目に見られているのは、貸借「契約」の代理・媒介だけだ。貸借の代理・媒介でも、「広告」については、建築確認を得た後でないと、できない。　330頁 表

(4) 誤。建築確認を実際に得た後でないと、売買契約できない。だから、「建築確認を受けることを停止条件」とする特約を付けても、売買契約できない。　331頁(3)

(　正　解　) (3)

Point!

ダメなものはダメ
① 「建築確認申請中」と注記しても ➡ ダメ（肢(2)）
② 「建築確認を受けることを停止条件」とする特約を付けても ➡ ダメ（肢(4)）

広告その他　　　　　　　　　　　　　　　[令1-30]

　宅地建物取引業者が行う広告に関する次の記述のうち、宅地建物取引業法の規定に違反するものはいくつあるか。

ア　建築基準法第6条第1項に基づき必要とされる確認を受ける前において、建築工事着手前の賃貸住宅の貸主から当該住宅の貸借の媒介を依頼され、取引態様を媒介と明示して募集広告を行った。

イ　一団の宅地の売買について、数回に分けて広告する際に、最初に行った広告以外には取引態様の別を明示しなかった。

ウ　建物の貸借の媒介において、依頼者の依頼によらない通常の広告を行い、国土交通大臣の定める報酬限度額の媒介報酬のほか、当該広告の料金に相当する額を受領した。

エ　建築工事着手前の分譲住宅の販売において、建築基準法第6条第1項に基づき必要とされる確認を受ける前に、取引態様を売主と明示して当該住宅の広告を行った。

(1)　一つ

(2)　二つ

(3)　三つ

(4)　四つ

　最初の広告を見ていない人はドーなる！？

ア　違反する。建築確認を受ける**前**は、広告をしてはいけない。もちろん、取引態様を明示してもダメだ。　　　　　　　　　　　　330頁 (1)

イ　違反する。業者は、取引態様を「**広告をするときに**」明示しなければならない。そして、本肢のように数回に分けて広告をする場合は、すべての広告において取引態様を明示しなければならない（例えば、３回に分けて広告をする場合は、１回目の広告をするときも２回目の広告をするときも３回目の広告をするときも取引態様を明示しなければならない）。　　　　　　　　　　　　329頁 **6**

ウ　違反する。依頼者から**頼まれてやった**広告なら、広告の料金に相当する額を、報酬とは別に受け取ることができる。しかし、本肢の場合は、頼まれてやった広告ではないので、受け取ることはできない。　　　　　　　　　　　　349頁 (1) ①

エ　違反する。建築確認を受ける**前**は、広告をしてはいけない。もちろん、取引態様を明示してもダメだ。　　　　　　　　　　　　330頁 (1)

　　以上により、違反するものはアとイとウとエなので（全部が違反するので）、正解は肢(4)となる。

（正　解）　(4)

Point!

数回に分けて広告をする場合は、
➡ **すべて**の広告において取引態様を明示しなければならない（肢イ）。

広　　告　　　　　　　　　　　　　　[令5-31]

　宅地建物取引業者がその業務に関して行う広告に関する次の記述のうち、宅地建物取引業法（以下この問において「法」という。）の規定によれば、正しいものはどれか。なお、この問において「建築確認」とは、建築基準法第6条第1項の確認をいうものとする。

(1)　宅地又は建物の売買に関する注文を受けたときは、遅滞なくその注文をした者に対して取引態様の別を明らかにしなければならないが、当該注文者が事前に取引態様の別を明示した広告を見てから注文してきた場合においては、取引態様の別を遅滞なく明らかにする必要はない。

(2)　既存の住宅に関する広告を行うときは、法第34条の2第1項第4号に規定する建物状況調査を実施しているかどうかを明示しなければならない。

(3)　これから建築工事を行う予定である建築確認申請中の建物については、当該建物の売買の媒介に関する広告をしてはならないが、貸借の媒介に関する広告はすることができる。

(4)　販売する宅地又は建物の広告に関し、著しく事実に相違する表示をした場合、監督処分の対象となるだけでなく、懲役若しくは罰金に処せられ、又はこれを併科されることもある。

重い違反だから……。

講義

(1)　誤。業者は、取引態様を⊛「広告をするとき」に明示しなければならない。
かつ、⊛「注文を受けたら遅滞なく」明示しなければならない。たとえ、
注文者が事前に取引態様の別を明示した広告を見てから注文してきた場
合でも、「注文を受けたら遅滞なく」明示しなければならないので、本肢
は×だ。　　　　　　　　　　　　　　　　　　　　　　　📖 329 頁 **2**

(2)　誤。広告をするときに建物状況調査を実施しているかどうかを明示す
る必要はない。ちなみに、建物状況調査を実施しているかどうかは**重要
事項説明書**の記載事項だ。　　　　　　　　　　📖 377 頁 ⑭ ③ a) ⓐ

(3)　誤。未完成の建物については、建築確認の後でなければ、**広告をして
はならない**。ちなみに、貸借の代理・媒介の**契約**は、建築確認の前でも
できる。　　　　　　　　　　　　　　　　　　　　　📖 330 頁 (1) の枠内

(4)　正。誇大広告をした場合は、監督処分の対象となるだけでなく、**懲役**
もしくは罰金に処せられ、またはこれを併科されることもある。

📖 385 頁 ⑥、388 頁 ②

正　解　(4)

誇大広告をした場合（肢(4)）

① 監督処分　➡　業務停止処分

② 罰則　　　➡　**懲役**もしくは罰金、または両者の併科

媒介契約 　　　　　　　　　　　　　　　　　　[平22-33]

　宅地建物取引業者Aが、Bから自己所有の宅地の売買の媒介を依頼された場合における当該媒介に係る契約に関する次の記述のうち、宅地建物取引業法（以下この問において「法」という。）の規定によれば、正しいものはどれか。

(1)　Aは、Bとの間で専任媒介契約を締結したときは、宅地建物取引士に法第34条の2第1項の規定に基づき交付すべき書面の記載内容を確認させた上で、当該宅地建物取引士をして記名させなければならない。

(2)　Aは、Bとの間で有効期間を2月とする専任媒介契約を締結した場合、Bの申出により契約を更新するときは、更新する媒介契約の有効期間は当初の有効期間を超えてはならない。

(3)　Aは、Bとの間で一般媒介契約（専任媒介契約でない媒介契約）を締結する際、Bから媒介契約の有効期間を6月とする旨の申出があったとしても、当該媒介契約において3月を超える有効期間を定めてはならない。

(4)　Aは、Bとの間で締結した媒介契約が一般媒介契約であるか、専任媒介契約であるかにかかわらず、宅地を売買すべき価額をBに口頭で述べたとしても、法第34条の2第1項の規定に基づき交付すべき書面に当該価額を記載しなければならない。

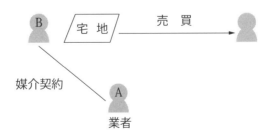

　売買価額は記載事項。

⑴　誤。媒介契約書には、宅地建物取引士の記名は不要だ。必要なのは**業者**の記名押印だ。　　　　　　　　　　　　　　　　图 336頁 ポイント②

⑵　誤。専任媒介契約の有効期間は **3 カ月**が限度だ（更新する場合も 3 カ月が限度）。だから、更新する媒介契約の有効期間が 3 カ月以内であれば、当初の有効期間を超えても OK だ。　　　　　　　　　图 333頁 表③**2**

⑶　誤。一般媒介契約の有効期間は、**無制限**だ。だから、一般媒介契約の有効期間を 6 カ月と定めても OK だ。　　　　　　　　　图 333頁 表③**1**

⑷　正。**売買価額**は、媒介契約書の記載事項だ。だから、A が B に口頭で売買価額を述べた場合でも、売買価額を媒介契約書に記載しなければならない。　　　　　　　　　　　　　　　　　　　　　　图 337頁 **1**②

（**正　解**）⑷

> なお、媒介契約書（法第 34 条の 2 第 1 項の規定に基づき交付すべき書面）の交付に代えて、依頼者の承諾を得て、媒介契約書に記載すべき事項を電磁的方法（電子メール等）であって宅地建物取引業者の記名押印に代わる措置を講じたものにより提供できる。

Point!

媒介契約の有効期間（更新の場合も同様）
① 一般媒介契約 ➡ 無制限（肢⑶）
② 専任媒介契約 ➡ **3 カ月**以内（肢⑵）
③ 専属専任媒介契約 ➡ **3 カ月**以内

媒介契約 [平23-31]

　宅地建物取引業者Ａ社が、Ｂから自己所有の宅地の売買の媒介を依頼された場合における次の記述のうち、宅地建物取引業法の規定によれば、正しいものはどれか。

(1)　Ａ社は、Ｂとの間で締結した媒介契約が専任媒介契約であるか否かにかかわらず、所定の事項を指定流通機構に登録しなければならない。

(2)　Ａ社は、Ｂとの間で専任媒介契約を締結したときは、Ｂからの申出があれば、所定の事項を指定流通機構に登録しない旨の特約を定めることができる。

(3)　Ａ社は、Ｂとの間で専任媒介契約を締結し、所定の事項を指定流通機構に登録したときは、その登録を証する書面を遅滞なくＢに引き渡さなければならない。

(4)　Ａ社は、Ｂとの間で専任媒介契約を締結した場合、当該宅地の売買契約が成立したとしても、その旨を指定流通機構に通知する必要はない。

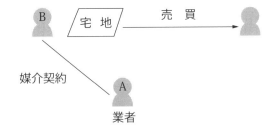

 依頼者に引き渡す必要あり。

(1) 誤。指定流通機構に登録しなければならないのは、**専任媒介契約と専属専任媒介契約**だ。一般媒介契約の場合は、指定流通機構に登録しなくて OK だ。　　　　　　　　　　　　　　　　　　　　　　　333頁 ⑤

(2) 誤。専任媒介契約と専属専任媒介契約の場合は、指定流通機構に登録しなければならない。登録しない旨の特約を定めても、その特約は**無効**だ。　　　　　　　　　　　　　　　　　　　　　　　　　　　333頁 ⑤

(3) 正。A社が登録すると指定流通機構が登録を証する書面を発行してくれる。A社はこの**登録を証する書面を遅滞なくB**に引き渡さなければならない。　　　　　　　　　　　　　　334頁 よく出るポイント②

(4) 誤。Bの宅地がめでたく売れた暁には、A社は「どれが・いくらで・いつ」（①登録番号、②取引価格、③売買契約成立年月日）を**遅滞なく指定流通機構に通知**しなければならない。　　335頁 よく出るポイント③

（**正　解**）　(3)

> なお、登録を証する書面の引渡しに代えて、依頼者の承諾を得て、登録を証する書面を電磁的方法（電子メール等）で提供できる。

Point!

① 業者が登録すると、指定流通機構が、登録を証する書面を発行してくれる。業者は、この**登録を証する書面を遅滞なく**依頼者に引き渡さなければならない（肢(3)）。

② 依頼者の宅地建物がめでたく売れた暁には、業者は、「どれが・いくらで・いつ」（①登録番号、②取引価格、③売買契約成立年月日）を**遅滞なく**指定流通機構に**通知**しなければならない（肢(4)）。

媒介契約 [令2-29]

　宅地建物取引業者Aが、BからB所有の住宅の売却の媒介を依頼された場合における次の記述のうち、宅地建物取引業法（以下この問において「法」という。）の規定によれば、正しいものはいくつあるか。

ア　Aは、Bとの間で専任媒介契約を締結し、所定の事項を指定流通機構に登録したときは、その登録を証する書面を遅滞なくBに引き渡さなければならない。

イ　Aは、Bとの間で媒介契約を締結したときは、当該契約が国土交通大臣が定める標準媒介契約約款に基づくものであるか否かの別を、法第34条の2第1項の規定に基づき交付すべき書面に記載しなければならない。

ウ　Aは、Bとの間で専任媒介契約を締結するときは、Bの要望に基づく場合を除き、当該契約の有効期間について、有効期間満了時に自動的に更新する旨の特約をすることはできない。

エ　Aは、Bとの間で専属専任媒介契約を締結したときは、Bに対し、当該契約に係る業務の処理状況を1週間に1回以上報告しなければならない。

(1)　一つ　　(2)　二つ　　(3)　三つ　　(4)　四つ

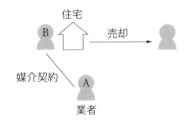

　更新には、依頼者からの申出が不可欠だ。

講義

ア　正。業者が登録をすると指定流通機構が登録を証する書面を発行してくれる。業者はこの**登録を証する書面**を遅滞なく依頼者に引き渡さなければならない。　　　　　　　　　　　　　　　🐾334頁 よく出るポイント②

イ　正。書式を統一するために、国土交通大臣が定めた標準媒介契約約款というヒナ型がある。媒介契約がこの標準媒介契約約款に**基づくか否か**の別を、法第34条の２第１項の規定に基づき交付すべき書面（媒介契約書のこと）に記載しなければならない。　　　　　🐾337頁 **2** ⑤

ウ　誤。専任媒介契約と専属専任媒介契約では、長期間依頼者を束縛しては気の毒だということで、有効期間は３カ月が限度となっているが、契約を更新することもできる。ただし、更新には、**依頼者からの申出が不可欠**だ。だから、自動的に更新する旨の特約（依頼者の申出がなくても更新するという特約）はできない。　　　　　　　🐾334頁(3)

エ　正。専属専任媒介契約の場合、業者は１週間に１回以上、業務の処理状況を報告しなければならない。　　　　🐾333頁 ④ **3**

以上により、正しいものはアとイとエなので、正解は肢(3)となる。

正　解　(3)

> なお、登録を証する書面の引渡しに代えて、依頼者の承諾を得て、登録を証する書面を電磁的方法（電子メール等）で提供できる。また、媒介契約書（法第34条の２第１項の規定に基づき交付すべき書面）の交付に代えて、依頼者の承諾を得て、媒介契約書に記載すべき事項を電磁的方法（電子メール等）であって宅地建物取引業者の記名押印に代わる措置を講じたものにより提供できる。

Point!

専任媒介契約、専属専任媒介契約の有効期間と自動更新の特約

① 有効期間は**３カ月以内**（３カ月を超える期間を約定しても**３カ月に短縮**される）。

② 自動更新の特約はできない（肢ウ）。

媒介契約 [平28-27]

　宅地建物取引業者Aが、BからB所有の宅地の売却に係る媒介を依頼された場合における次の記述のうち、宅地建物取引業法（以下この問において「法」という。）の規定によれば、正しいものはどれか。なお、この問において一般媒介契約とは、専任媒介契約でない媒介契約をいう。

(1)　AがBと一般媒介契約を締結した場合、当該一般媒介契約が国土交通大臣が定める標準媒介契約約款に基づくものであるか否かの別を、法第34条の2第1項に規定する書面に記載する必要はない。

(2)　AがBと専任媒介契約を締結した場合、当該宅地の売買契約が成立しても、当該宅地の引渡しが完了していなければ、売買契約が成立した旨を指定流通機構に通知する必要はない。

(3)　AがBと一般媒介契約を締結した場合、当該宅地の売買の媒介を担当するAの宅地建物取引士は、法第34条の2第1項に規定する書面に記名する必要はない。

(4)　Aは、Bとの間で締結した媒介契約が一般媒介契約であるか、専任媒介契約であるかを問わず、法第34条の2第1項に規定する書面に売買すべき価額を記載する必要はない。

　重要事項説明書と37条書面には必要だが……。

(1) 誤。書式を統一するために、国土交通大臣が定めた標準媒介契約約款というヒナ型がある。そして、第34条の2の第1項に規定する書面（媒介契約書のこと）には、締結した媒介契約が、標準媒介契約約款に**基づく契約かどうか**を記載しなければならない。　　　🗺 337頁 **2** 5

(2) 誤。Bの宅地がめでたく**売れた**暁には、Aは「どれが・いくらで・いつ」（1 登録番号、2 取引**価格**、3 売買契約成立**年月日**）を遅滞なく指定流通機構に通知しなければならない。引渡しは関係ない。売れたら通知しなければならないので、本肢は×だ。　　　🗺 335頁 よく出るポイント3

(3) 正。媒介契約書には、**業者が**記名押印しなければならない。必要なのは業者の記名押印であって、宅建士の記名ではないので、本肢は○だ。

🗺 336頁 ポイント2

(4) 誤。媒介契約書には、**売買価額**を記載しなければならない（一般媒介契約の場合も、専任媒介契約の場合も、専属専任媒介契約の場合も記載が必要だ）。　　　🗺 337頁 **1** 2

（　正　解　） (3)

> なお、媒介契約書（法第34条の2第1項に規定する書面）の交付に代えて、依頼者の承諾を得て、媒介契約書に記載すべき事項を電磁的方法（電子メール等）であって宅地建物取引業者の記名押印に代わる措置を講じたものにより提供できる。

Point!

媒介契約書には ➡ **業者が**記名押印しなければならない。

注意！　宅建士の記名は不要。必要なのは業者の記名押印（肢(3)）。

媒介契約 [平24-29]

　宅地建物取引業者Ａ社が、宅地建物取引業者でないＢから自己所有の土地付建物の売却の媒介を依頼された場合における次の記述のうち、宅地建物取引業法（以下この問において「法」という。）の規定によれば、誤っているものはどれか。

(1) 　Ａ社がＢと専任媒介契約を締結した場合、当該土地付建物の売買契約が成立したときは、Ａ社は、遅滞なく、登録番号、取引価格及び売買契約の成立した年月日を指定流通機構に通知しなければならない。

(2) 　Ａ社がＢと専属専任媒介契約を締結した場合、Ａ社は、Ｂに当該媒介業務の処理状況の報告を電子メールで行うことはできない。

(3) 　Ａ社が宅地建物取引業者Ｃ社から当該土地付建物の購入の媒介を依頼され、Ｃ社との間で一般媒介契約（専任媒介契約でない媒介契約）を締結した場合、Ａ社は、Ｃ社に法第34条の２の規定に基づく書面を交付しなければならない。

(4) 　Ａ社がＢと一般媒介契約（専任媒介契約でない媒介契約）を締結した場合、Ａ社がＢに対し当該土地付建物の価額又は評価額について意見を述べるときは、その根拠を明らかにしなければならない。

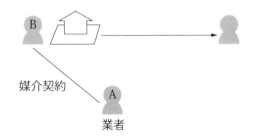

媒介契約

Ａ
業者

Hint! 　報告なのだから……。

講　義

(1)　正。登録した物件が売れた暁（あかつき）には、業者は、「どれが・いくらで・いつ」（1登録番号、2取引価格、3売買契約成立年月日）を**遅滞なく**指定流通機構に通知しなければならない。　　　　　　　　📖 335頁 よく出るポイント 3

(2)　誤。業務の処理状況は書面でする必要はない。**電子メールでも OK** だ。
　　　　　　　　　　　　　　　　　　　　　　　　　　📖 333頁 4

(3)　正。依頼者が業者の場合にも、媒介契約書を交付しなければならない（**業者間でも、省略できない**）。　　　　　　　　　　📖 336頁 ポイント4

(4)　正。売買価額について、業者が意見を述べるときは、必ずその**根拠**を示さなければならない。　　　　　　　　　　　　📖 338頁 ポイント1

（　**正　解**　）　(2)

> なお、媒介契約書（法第34条の2第1項の規定に基づき交付すべき書面）の交付に代えて、依頼者の承諾を得て、媒介契約書に記載すべき事項を電磁的方法（電子メール等）であって宅地建物取引業者の記名押印に代わる措置を講じたものにより提供できる。

Point!

業務処理状況の**報告義務**は？
1　**一般媒介契約**　　　　➡ なし
2　**専任媒介契約**　　　　➡ **2週間**に **1回**以上
3　**専属専任媒介契約**　➡ **1週間**に **1回**以上

注意！　業務の処理状況は書面でする必要はない。**電子メールでも OK** だ（肢(2)）。

媒介契約 [平25-28]

　宅地建物取引業者Ａ社が、Ｂから自己所有の甲宅地の売却の媒介を依頼され、Ｂと媒介契約を締結した場合における次の記述のうち、宅地建物取引業法の規定によれば、正しいものはいくつあるか。

ア　Ａ社が、Ｂとの間に専任媒介契約を締結し、甲宅地の売買契約を成立させたときは、Ａ社は、遅滞なく、登録番号、取引価格、売買契約の成立した年月日、売主及び買主の氏名を指定流通機構に通知しなければならない。

イ　Ａ社は、Ｂとの間に媒介契約を締結し、Ｂに対して甲宅地を売買すべき価額又はその評価額について意見を述べるときは、その根拠を明らかにしなければならない。

ウ　Ａ社がＢとの間に締結した専任媒介契約の有効期間は、Ｂからの申出により更新することができるが、更新の時から３月を超えることができない。

(1)　一つ

(2)　二つ

(3)　三つ

(4)　なし

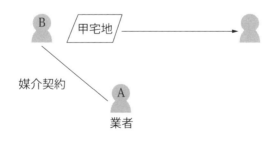

媒介契約

Hint!　通知事項は全部で３つ。

ア　誤。Bの甲宅地がめでたく売れた暁には、A社は、「どれが・いくらで・
　いつ」（①登録番号、②取引価格、③売買契約成立年月日）を遅滞なく指
　定流通機構に通知しなければならない。しかし、売主と買主の氏名は通
　知する必要がないので、本肢は×だ。　　　　　　　335頁 よく出るポイント ③

イ　正。売買価額または評価額について、業者が意見を述べるときは、必
　ずその根拠を示さなければならない。　　　　　　　　　338頁 ポイント ①

ウ　正。専任媒介契約と専属専任媒介契約では、有効期間は3カ月が限度
　となっている。そして、依頼者からの申出があれば、契約を更新するこ
　とができるが、更新後の有効期間も、同じく3カ月が限度だ。

　　　　　　　　　　　　　　　　　333頁 ③ ②、334頁 (3)

以上により、正しいものはイとウなので、正解は肢(2)となる。

（正　解）　(2)

Point!

　契約が成立したときに、業者が遅滞なく指定流通機構に通知しなければ
ならないこと（肢ア）
① 　登録番号
② 　取引価格
③ 　売買契約成立年月日
注意！　売主と買主の氏名は通知事項ではない。

媒介契約 [令4-42]

　宅地建物取引業者Aが、BからB所有の宅地の売却を依頼され、Bと専属専任媒介契約（以下この問において「本件媒介契約」という。）を締結した場合に関する次の記述のうち、宅地建物取引業法の規定によれば、正しいものはどれか。

(1)　AはBに対して、契約の相手方を探索するために行った措置など本件媒介契約に係る業務の処理状況を2週間に1回以上報告しなければならない。

(2)　AがBに対し当該宅地の価額又は評価額について意見を述べるときは、その根拠を明らかにしなければならないが、根拠の明示は口頭でも書面を用いてもどちらでもよい。

(3)　本件媒介契約の有効期間について、あらかじめBからの書面による申出があるときは、3か月を超える期間を定めることができる。

(4)　Aは所定の事項を指定流通機構に登録した場合、Bから引渡しの依頼がなければ、その登録を証する書面をBに引き渡さなくてもよい。

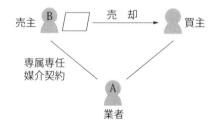

 根拠の明示は口頭で行ってもOKだ。

(1) 誤。専属専任媒介契約の場合、業者は、業務の処理状況を**1週間に1回以上**報告しなければならない。 📖 333頁 ④ 3

(2) 正。業者は、売買価額または評価額について意見を述べるときは、その根拠を明らかにしなければならない。この根拠の明示は、書面で行う必要はない。**口頭で行ってもOK**だ。 📖 338頁 ポイント ①

(3) 誤。専任媒介契約と専属専任媒介契約では、有効期間は**3カ月**が限度だ。たとえ、あらかじめ依頼者からの書面による申出があっても3カ月を超えることはできない。 📖 333頁 ③ 3

(4) 誤。登録をした業者は、**登録を証する書面**を遅滞なく依頼者に引き渡さなければならない。この書面は依頼者からの依頼がなくても引き渡さなければならない。 📖 334頁 よく出るポイント ②

（正 解） (2)

> なお、登録を証する書面の引渡しに代えて、依頼者の承諾を得て、登録を証する書面を電磁的方法(電子メール等)で提供できる。

Point!

売買価額または評価額について業者が意見を述べるとき
① **根拠**を明らかにしなければならない。
② ①の根拠の明示は**口頭**で行ってもOKだ（肢(2)）。

媒介契約 [平30-33]

　宅地建物取引業者Aは、Bから、Bが所有し居住している甲住宅の売却について媒介の依頼を受けた。この場合における次の記述のうち、宅地建物取引業法（以下この問において「法」という。）の規定によれば、正しいものはどれか。

(1)　Aが甲住宅について、法第34条の2第1項第4号に規定する建物状況調査の制度概要を紹介し、Bが同調査を実施する者のあっせんを希望しなかった場合、Aは、同項の規定に基づき交付すべき書面に同調査を実施する者のあっせんに関する事項を記載する必要はない。

(2)　Aは、Bとの間で専属専任媒介契約を締結した場合、当該媒介契約締結日から7日以内（休業日を含まない。）に、指定流通機構に甲住宅の所在等を登録しなければならない。

(3)　Aは、甲住宅の評価額についての根拠を明らかにするため周辺の取引事例の調査をした場合、当該調査の実施についてBの承諾を得ていなくても、同調査に要した費用をBに請求することができる。

(4)　AとBの間で専任媒介契約を締結した場合、Aは、法第34条の2第1項の規定に基づき交付すべき書面に、BがA以外の宅地建物取引業者の媒介又は代理によって売買又は交換の契約を成立させたときの措置について記載しなければならない。

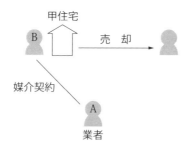

「違反したらどーなるか？」は記載事項。

講　義

(1)　誤。中古（既存）の建物であるときは、依頼者に対する建物状況調査を実施する者の**あっせん**に関する事項を媒介契約書面に記載しなければならない。もちろん、Ｂがあっせんを希望しなかった場合でも、記載は必要だ。この場合は、あっせん無し（あっせんを行わない）と記載することになる。　　　　337頁 **1** 注！

(2)　誤。業者は、専属専任媒介契約を締結した場合、媒介契約締結の日から５日（休業日数は算入しない）以内に、一定の事項（物件の所在等）を、指定流通機構に登録しなければならない。　　　　333頁 **5** **3**

(3)　誤。依頼者から特別に頼まれてやった支出を要する特別の費用で、事前に依頼者の**承諾**があるものについては、請求できる。ＡはＢの承諾を得ていないのだから、請求できない。　　　　349頁(1)

(4)　正。媒介契約**違反**の場合の措置は、媒介契約書の記載事項だ（専任媒介契約なのに、依頼者が他の業者に二股をかけ売買契約を成立させたら、違約金を支払わなければならない、などということを書く）。
　　　　337頁 **2** 4

正　解　(4)

> なお、媒介契約書（法第34条の２第１項の規定に基づき交付すべき書面）の交付に代えて、依頼者の承諾を得て、媒介契約書に記載すべき事項を電磁的方法（電子メール等）であって宅地建物取引業者の記名押印に代わる措置を講じたものにより提供できる。

Point!

　業者は、価額または評価額について意見を述べるときは、その**根拠**を明らかにしなければならない。

注意！　根拠を明らかにするために行った調査費用を請求できない（ただし、特別に頼まれてやった費用で、事前に承諾があるものなら請求できる）（肢(3)）。

媒介契約 [☆4-31]

宅地建物取引業者Aが、BからB所有の土地付建物の売却について媒介の依頼を受けた場合における次の記述のうち、宅地建物取引業法（以下この問において「法」という。）の規定によれば、正しいものはどれか。

(1) Aが、Bと一般媒介契約を締結した場合、AがBに対し当該土地付建物の価額について意見を述べるために行った価額の査定に要した費用をBに請求することはできない。

(2) Aは、Bとの間で締結した媒介契約が一般媒介契約である場合には、専任媒介契約の場合とは異なり、法第34条の2第1項の規定に基づく書面に、売買すべき価額を記載する必要はない。

(3) Aが、Bとの間で締結した専任媒介契約については、Bからの申出により更新することができ、その後の有効期間については、更新の時から3か月を超える内容に定めることができる。

(4) Aが、当該土地付建物の購入の媒介をCから依頼され、Cとの間で一般媒介契約を締結した場合、Aは、買主であるCに対しては、必ずしも法第34条の2第1項の規定に基づく書面を交付しなくともよい。

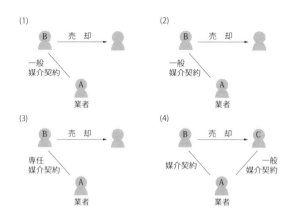

価額の査定に要した費用については、請求できない。

(1)　正。売買価額について、業者が意見を述べるときは、その根拠を明らかにしなければならない。この根拠の明示は、法律上の義務だ。だから、そのために行った価額の査定等に要した費用は、依頼者に請求できない。

338頁 ポイント①

(2)　誤。媒介契約書には、**売買価額を記載しなければならない**（**一般媒介契約の場合も専任媒介契約の場合も専属専任媒介契約の場合も記載しなければならない**）。

337頁 ❶ ②

(3)　誤。専任媒介契約と専属専任媒介契約では、有効期間は３カ月が限度だ。そして、依頼者の申出があれば、契約を更新することができるが、更新後の有効期間も**３カ月**が限度だ。

333頁 ③ ❷、334頁 (3)

(4)　誤。業者は、**売買・交換の媒介契約を締結したときは、遅滞なく、媒介契約書を依頼者に交付しなければならない**（一般媒介契約の場合も専任媒介契約の場合も専属専任媒介契約の場合も交付しなければならない）。

335頁 2.

（正　解）　(1)

> なお、媒介契約書（法第34条の2第1項の規定に基づく書面）の交付に代えて、依頼者の承諾を得て、媒介契約書に記載すべき事項を電磁的方法（電子メール等）であって宅地建物取引士の記名に代わる措置を講じたものにより提供できる。

Point!

売買価額に関する意見の根拠の明示義務について

　根拠の明示は、法律上の義務であるので、そのために行った価額の査定等に要した費用は、依頼者に請求**できない**（肢(1)）。

　宅地建物取引業者Aが、BからB所有の既存のマンションの売却に係る媒介を依頼され、Bと専任媒介契約（専属専任媒介契約ではないものとする。）を締結した。この場合における次の記述のうち、宅地建物取引業法の規定によれば、正しいものはいくつあるか。

ア　Aは、専任媒介契約の締結の日から7日以内に所定の事項を指定流通機構に登録しなければならないが、その期間の計算については、休業日数を算入しなければならない。

イ　AがBとの間で有効期間を6月とする専任媒介契約を締結した場合、その媒介契約は無効となる。

ウ　Bが宅地建物取引業者である場合、Aは、当該専任媒介契約に係る業務の処理状況の報告をする必要はない。

エ　AがBに対して建物状況調査を実施する者のあっせんを行う場合、建物状況調査を実施する者は建築士法第2条第1項に規定する建築士であって国土交通大臣が定める講習を修了した者でなければならない。

(1)　一つ
(2)　二つ
(3)　三つ
(4)　四つ

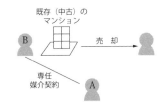

　専門家で講習を修了した者が実施する。

講 義

ア 誤。専任媒介契約の場合、業者は媒介契約締結の日から7日（休業日数は算入**しない**）以内に指定流通機構に登録しなければならない。期間の計算については、休業日数を算入**しない**ことになっている。本肢は「休業日数を算入しなければならない」となっているから×だ。

📖 333頁 ⑤ **2**

イ 誤。専任媒介契約の有効期間は3カ月を超えることができない。3カ月を超える期間を約定しても**3カ月**に**短縮**される。だから、期間を6カ月とする専任媒介契約を締結した場合、期間が3カ月の専任媒介契約となる。媒介契約自体は無効にならない。

📖 333頁 ③ **2**

ウ 誤。専任媒介契約の場合、業者は**2週間**に1回以上、業務の処理状況を報告しなければならない。依頼者が業者であっても、もちろん、この報告は必要だ。

📖 333頁 ④ **2**

エ 正。建物状況調査を実施する者は建築士であって、**国土交通大臣**が定める講習を修了した者でなければならない。

📖 337頁 **1** 注！

以上により、正しいものはエだけなので、正解は肢(1)となる。

正 解 (1)

Point!

建物状況調査を実施する者は、

➡ ① 建築士であって、かつ、② **国土交通大臣**が定める講習を修了した者でなければならない（肢エ）。

媒介契約 [令5-40]

宅地建物取引業者Aが、BからB所有の中古住宅の売却の依頼を受け、専任媒介契約（専属専任媒介契約ではないものとする。）を締結した場合に関する次の記述のうち、宅地建物取引業法（以下この問において「法」という。）の規定によれば、正しいものはどれか。

(1) Aは、当該中古住宅について購入の申込みがあったときは、遅滞なく、その旨をBに報告しなければならないが、Bの希望条件を満たさない申込みだとAが判断した場合については報告する必要はない。

(2) Aは、法第34条の2第1項の規定に基づく書面の交付後、速やかに、Bに対し、法第34条の2第1項第4号に規定する建物状況調査を実施する者のあっせんの有無について確認しなければならない。

(3) Aは、当該中古住宅について法で規定されている事項を、契約締結の日から休業日数を含め7日以内に指定流通機構へ登録する義務がある。

(4) Aは、Bが他の宅地建物取引業者の媒介又は代理によって売買の契約を成立させたときの措置を法第34条の2第1項の規定に基づく書面に記載しなければならない。

 専任媒介契約は、二股をかけてはいけないタイプだ。

(1) 誤。媒介契約を締結した業者は、媒介契約の目的物である宅地建物の売買または交換の申込みがあったときは、遅滞なく、その旨を依頼者に**報告**しなければならない。たとえ、お客さんの希望条件を満たさない申込みだと業者が判断した場合でも報告する必要がある。 📖335頁(6)

(2) 誤。中古の建物の場合、業者は媒介契約書（法第34条の2第1項の規定に基づく書面）に「**建物状況調査を実施する者のあっせんの有無**」について記載しなければならない。ということは、業者は媒介契約書の作成前に「建物状況調査を実施する者のあっせんの有無」を確認しておく必要がある（そうしないと、記載できない）。本肢のように媒介契約書の交付後に確認しても遅い（媒介契約書の交付後に確認 → つまり、Aは「建物状況調査を実施する者のあっせんの有無」について記載していない媒介契約書を交付したということだからアウトだ）。 📖337頁①注!

(3) 誤。業者は、専任媒介契約を締結したときは、一定の事項を専任媒介契約の締結の日から7日（休業日数は含めない）。「含めない」で7日以内だから、本肢は×だ。 📖333頁⑤**2**

(4) 正。業者は、媒介契約書に媒介契約**違反**をしたときの措置を記載しなければならない（専任媒介契約なのに、依頼者が他の業者に二股をかけ売買契約を成立させたら、違約金を支払わなければならない、などと記載する）。 📖337頁**2**④

（**正 解**）(4)

Point!

指定流通機構への登録義務

① 一般媒介契約 　➡ 　登録義務なし。

② 専任媒介契約 　➡ 　媒介契約締結の日から**7日**以内に登録しなければならない。注意!

③ 専属専任媒介契約 ➡ 　媒介契約締結の日から**5日**以内に登録しなければならない。注意!

注意! 　この期間（7日、5日）については、休業日数は算入**しない**（肢(3)）。

媒介契約 [平29-43]

　宅地建物取引業者Aが、BからB所有の中古マンションの売却の依頼を受け、Bと専任媒介契約（専属専任媒介契約ではない媒介契約）を締結した場合に関する次の記述のうち、宅地建物取引業法（以下この問において「法」という。）の規定によれば、正しいものはいくつあるか。

ア　Aは、2週間に1回以上当該専任媒介契約に係る業務の処理状況をBに報告しなければならないが、これに加え、当該中古マンションについて購入の申込みがあったときは、遅滞なく、その旨をBに報告しなければならない。

イ　当該専任媒介契約の有効期間は、3月を超えることができず、また、依頼者の更新しない旨の申出がなければ自動更新とする旨の特約も認められない。ただし、Bが宅地建物取引業者である場合は、AとBの合意により、自動更新とすることができる。

ウ　Aは、当該専任媒介契約の締結の日から7日（ただし、Aの休業日は含まない。）以内に所定の事項を指定流通機構に登録しなければならず、また、法第50条の6に規定する登録を証する書面を遅滞なくBに提示しなければならない。

エ　当該専任媒介契約に係る通常の広告費用はAの負担であるが、指定流通機構への情報登録及びBがAに特別に依頼した広告に係る費用については、成約したか否かにかかわらず、国土交通大臣の定める報酬の限度額を超えてその費用をBに請求することができる。

(1)　一つ

(2)　二つ

(3)　三つ

(4)　四つ

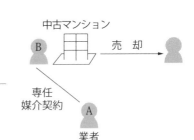

　引渡しが必要。

ア　正。専任媒介契約の場合、業者は、**2週間に1回以上**、業務の処理状況を報告しなければならない。だから、前半部分は○。また、媒介契約を締結した業者は、その媒介契約の目的物である宅地建物の売買・交換の**申込み**があったときは、遅滞なく、その旨を依頼者に報告しなければならない。だから、後半部分も○。　　　　　　　　　　　　　　　　🗒 333頁 ④❷、335頁⑹

イ　誤。専任媒介契約と専属専任媒介契約では、長期間依頼者を束縛しては気の毒だということで、有効期間は3カ月が限度となっているが、契約を更新することもできる。ただし、更新には**依頼者からの申出が不可欠**だ。だから、自動更新とする特約は**無効**だ（業者間取引であっても、自動更新とする特約は無効）。　　　　　　　　　　　　　　　　　　　　　　　　　🗒 334頁⑶

ウ　誤。専任媒介契約の場合、業者は、契約締結の日から**7日**（休業日数は算入しない）以内に登録しなければならない。だから、前半部分は○。また、業者が登録すると指定流通機構が登録を証する書面（法第50条の6に規定する登録を証する書面）を発行してくれる。業者は、この登録を証する書面を遅滞なく依頼者に**引き渡さなければならない**。「提示」ではダメなので、後半部分が×。　　　　　　　　　　🗒 333頁 ⑤❷、334頁 よく出るポイント②

エ　誤。依頼者から頼まれてやった広告の料金や依頼者から特別に頼まれてやった支出を要する特別の費用で、事前に依頼者の承諾があるもの（**例**現地調査等の費用）については、その実費を報酬とは別に請求できるが、指定流通機構への登録費用については請求できない。　　　　　　　　　🗒 349頁⑴

以上により、正しいものはアだけなので、正解は肢⑴となる。

正　解　⑴

> なお、登録を証する書面の引渡しに代えて、依頼者の承諾を得て、登録を証する書面を電磁的方法（電子メール等）で提供できる。

専任媒介契約と専属専任媒介契約

	専任媒介契約	専属専任媒介契約
有効期間	**3カ月**以内（肢イ）	**3カ月**以内
報告義務	**2週間**に1回以上（肢ア）	**1週間**に1回以上
登録義務	**7日**（休業日数は算入しない）以内（肢ウ）	**5日**（休業日数は算入しない）以内

媒介契約 [平26-32]

　宅地建物取引業者Aは、BからB所有の宅地の売却について媒介の依頼を受けた。この場合における次の記述のうち、宅地建物取引業法（以下この問において「法」という。）の規定によれば、誤っているものはいくつあるか。

ア　AがBとの間で専任媒介契約を締結し、Bから「売却を秘密にしておきたいので指定流通機構への登録をしないでほしい」旨の申出があった場合、Aは、そのことを理由に登録をしなかったとしても法に違反しない。

イ　AがBとの間で媒介契約を締結した場合、Aは、Bに対して遅滞なく法第34条の2第1項の規定に基づく書面を交付しなければならないが、Bが宅地建物取引業者であるときは、当該書面の交付を省略することができる。

ウ　AがBとの間で有効期間を3月とする専任媒介契約を締結した場合、期間満了前にBから当該契約の更新をしない旨の申出がない限り、当該期間は自動的に更新される。

エ　AがBとの間で一般媒介契約（専任媒介契約でない媒介契約）を締結し、当該媒介契約において、重ねて依頼する他の宅地建物取引業者を明示する義務がある場合、Aは、Bが明示していない他の宅地建物取引業者の媒介又は代理によって売買の契約を成立させたときの措置を法第34条の2第1項の規定に基づく書面に記載しなければならない。

(1)　一つ　(2)　二つ　(3)　三つ　(4)　四つ

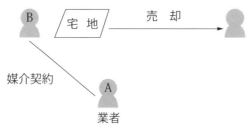

約束違反したら……。

ア　誤。専任媒介契約の場合、業者は、指定流通機構に**登録する義務**がある。本肢のように、依頼者から「登録しないでほしい」と頼まれたとしても、登録を省略することはできない。　　　　　　　　333頁 表 ⑤ ❷

イ　誤。依頼者が業者の場合にも、媒介契約書を交付しなければならない（**業者間でも、省略できない**）。　　　　　　　　　　　336頁 ポイント 4

ウ　誤。専任媒介契約では、長期間依頼者のＢを束縛しては気の毒だということで、有効期間は３カ月が限度となっているが、契約を更新することもできる。ただし、更新には、**依頼者Ｂからの申し出が不可欠**だ。だから、自動的に更新される、とある本肢は×だ。　　　　　　334頁 (3)

エ　正。一般媒介契約では、売主Ｂは、Ａ以外の業者にも媒介を依頼できる。その場合、ＢがＡに、「○にも依頼したよ」と明示しなければならないことにすることもできるし（**明示義務あり型**）、黙秘することもできる（**明示義務なし型**）。そして、明示義務あり型の場合、媒介契約書に、明示していない業者によって**契約を成立させたときの措置を記載**しなければならない。　　　　　　　　　　　333頁 (1)、337頁 ❷ 4

以上により、誤っているものはアとイとウなので、正解は肢(3)となる。

（**正　解**）　(3)

なお、媒介契約書（法第34条の２第１項の規定に基づく書面）の交付に代えて、依頼者の承諾を得て、媒介契約書に記載すべき事項を電磁的方法（電子メール等）であって宅地建物取引業者の記名押印に代わる措置を講じたものにより提供できる。

Point!

一般媒介契約には、
① **明示義務あり型**と
② **明示義務なし型**がある。
➡ そして、①の明示義務あり型の媒介契約書には、明示していない業者によって**契約を成立させたときの措置**を記載しなければならない（「依頼者Ｂが、明示していない業者によって契約を成立させたときは、ＡはＢに費用を請求できる」などということを書く）（肢エ）。

媒介契約　　　　　　　　　　　［㍻27-28］

　宅地建物取引業者Aが行う業務に関する次の記述のうち、宅地建物取引業法（以下この問において「法」という。）の規定によれば、正しいものはいくつあるか。

ア　Aは、Bが所有する甲宅地の売却に係る媒介の依頼を受け、Bと専任媒介契約を締結した。このとき、Aは、法第34条の2第1項に規定する書面に記名押印し、Bに交付のうえ、宅地建物取引士をしてその内容を説明させなければならない。

イ　Aは、Cが所有する乙アパートの売却に係る媒介の依頼を受け、Cと専任媒介契約を締結した。このとき、Aは、乙アパートの所在、規模、形質、売買すべき価額、依頼者の氏名、都市計画法その他の法令に基づく制限で主要なものを指定流通機構に登録しなければならない。

ウ　Aは、Dが所有する丙宅地の貸借に係る媒介の依頼を受け、Dと専任媒介契約を締結した。このとき、Aは、Dに法第34条の2第1項に規定する書面を交付しなければならない。

(1)　一つ

(2)　二つ

(3)　三つ

(4)　なし

正しいものを見つけるのは難しい。

講義

ア　誤。「売買・交換」の媒介契約が成立したら、業者は、媒介契約の内容を法第34条の2第1項に規定する書面（媒介契約書）にして遅滞なく依頼者に渡さなければならない。しかし、媒介契約の内容については、説明する必要がない（宅地建物取引士が説明しなければならないのは、**重要事項**の内容だ）。だから、本肢は誤りだ。　　　　🔖 336頁 ポイント①

イ　誤。①所在・規模・形質、②売買すべき**価額**、③**法令上の制限**で主要なもの、④専属専任媒介契約である場合は、その旨については、指定流通機構に登録しなければならない。しかし、依頼者の氏名については、登録する必要はない。　　　　　　　　🔖 334頁 よく出るポイント①

ウ　誤。貸借の媒介・代理の場合は、媒介契約書の交付は不要（貸借は金額も低いことだし、**口約束でOK**、ということ）。　　🔖 336頁 ポイント①

　以上により、正しいものはないので、正解は肢(4)となる。

（正　解）(4)

> なお、媒介契約書（法第34条の2第1項の規定に基づく書面）の交付に代えて、依頼者の承諾を得て、媒介契約書に記載すべき事項を電磁的方法（電子メール等）であって宅地建物取引業者の記名押印に代わる措置を講じたものにより提供できる。

Point!

指定流通機構の登録事項（肢イ）

① **所在・規模・形質**

② 売買すべき**価額**

③ **法令上の制限**で主要なもの

④ 専属専任媒介契約である場合は、その旨

|注意！| 依頼者の**氏名住所**は、登録事項ではない（➡ 宅地建物の情報は登録事項だが、依頼者の情報は登録事項ではない、と覚えておこう）。

媒介契約　　　　　　　　　　　　　　[平20-35]

　宅地建物取引業者Aが、Bから自己所有の宅地の売却の媒介を依頼された場合における当該媒介に係る契約に関する次の記述のうち、宅地建物取引業法の規定によれば、正しいものはいくつあるか。

ア　Aが、Bとの間に一般媒介契約（専任媒介契約でない媒介契約）を締結したときは、当該宅地に関する所定の事項を必ずしも指定流通機構へ登録しなくてもよいため、当該媒介契約の内容を記載した書面に、指定流通機構への登録に関する事項を記載する必要はない。

イ　Aが、Bとの間に専任媒介契約を締結し、当該宅地に関する所定の事項を指定流通機構に登録したときは、Aは、遅滞なく、その旨を記載した書面を作成してBに交付しなければならない。

ウ　Aが、Bとの間に専任媒介契約を締結し、売買契約を成立させたときは、Aは、遅滞なく、当該宅地の所在、取引価格、売買契約の成立した年月日を指定流通機構に通知しなければならない。

(1)　一つ
(2)　二つ
(3)　三つ
(4)　なし

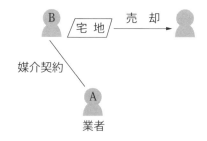

　個数問題は、全部×（または全部○）、ということも十分ありえるぞ！

ア　誤。一般媒介契約の場合は、指定流通機構への登録義務は**ない**。だから、登録しなくてもよい。ただし、登録をしなかったときは、媒介契約書に登録に関する事項として、「指定流通機構への登録は無し」と記載することになる。だから、「記載する必要はない」とある本肢は×だ。

337頁 4 注!

イ　誤。業者Aが登録をすると、**指定流通機構**がその旨を記載した書面（登録済証）を発行してくれる。Aは、この登録済証を遅滞なくBに引き渡さなければならないことになっている。この登録済証を作成するのは、指定流通機構であって、業者ではないので、本肢は×だ。

334頁 よく出るポイント 2

ウ　誤。Bの宅地がめでたく売れた暁には、業者Aは「どれが・いくらで・いつ」（1登録番号、2取引価格、3売買契約成立年月日）を遅滞なく指定流通機構に通知しなければならないが、所在については通知する必要はない。

335頁 よく出るポイント 3

以上により、誤っているものはアとイとウなので（全部が誤っているので）、正解は肢(4)となる。

正　解　(4)

> なお、媒介契約書（媒介契約の内容を記載した書面）の交付に代えて、依頼者の承諾を得て、媒介契約書に記載すべき事項を電磁的方法（電子メール等）であって宅地建物取引業者の記名押印に代わる措置を講じたものにより提供できる。

Point!

契約が成立したときに、業者が遅滞なく指定流通機構に通知しなければならないこと（肢ウ）。

1　登録番号
2　取引価格
3　売買契約成立年月日

注意！　所在は通知事項ではない。

媒介契約 [令3-38]

　宅地建物取引業者Ａが、宅地建物取引業者ＢからＢ所有の建物の売却を依頼され、Ｂと一般媒介契約（以下この問において「本件契約」という。）を締結した場合に関する次の記述のうち、宅地建物取引業法の規定に違反しないものはいくつあるか。

ア　本件契約を締結する際に、Ｂから有効期間を６か月としたい旨の申出があったが、ＡとＢが協議して、有効期間を３か月とした。

イ　当該物件に係る買受けの申込みはなかったが、ＡはＢに対し本件契約に係る業務の処理状況の報告を口頭により14日に1回以上の頻度で行った。

ウ　Ａは本件契約を締結した後、所定の事項を遅滞なく指定流通機構に登録したが、その登録を証する書面を、登録してから14日後にＢに交付した。

エ　本件契約締結後、１年を経過しても当該物件を売却できなかったため、Ｂは売却をあきらめ、当該物件を賃貸することにした。そこでＢはＡと当該物件の貸借に係る一般媒介契約を締結したが、当該契約の有効期間を定めなかった。

(1)　一つ

(2)　二つ

(3)　三つ

(4)　四つ

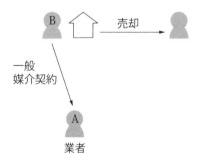

貸借の媒介には、媒介契約の規定は適用されない。

講 義

ア　違反しない。一般媒介契約には、有効期間の制限は**ない**。だから、有効期間を3か月とすることもできる。　　　　　　　　📖333頁③❶

イ　違反しない。一般媒介契約には、業務処理状況の報告義務は**ない**（ただし、義務はないが、サービスで報告してもOKだ）。だから、口頭により14日に1回以上の頻度で行うとすることもできる。　　📖333頁④❶

ウ　違反しない。一般媒介契約には、指定流通機構への登録義務は**ない**（ただし、義務はないが、サービスで登録してもOKだ）。だから、指定流通機構に登録し、その登録を証する書面を、登録してから14日後に交付してもOKだ。　　　　　　　　　　　　　　　　　　📖333頁⑤❶

エ　違反しない。貸借の媒介には、媒介契約の規定は適用**されない**（媒介契約の規定が適用されるのは、売買・交換の媒介だ）。だから、有効期間を定めなくてもOKだ。　　　　　　　　　　📖336頁 ポイント①

　以上により、違反しないものはアとイとウとエなので（全部が違反しないので）、正解は肢(4)となる。

（　正　解　）　(4)

Point!

貸借の媒介
➡　媒介契約の規定は適用**されない**。だから、有効期間を定めなくてもOKだ（肢エ）。

業務上の規制その他　　　　　　　[平30-28]

　次の記述のうち、宅地建物取引業法（以下この問において「法」という。）の規定によれば、正しいものはいくつあるか。

ア　宅地建物取引業者が、買主として、造成工事完了前の宅地の売買契約を締結しようとする場合、売主が当該造成工事に関し必要な都市計画法第29条第1項の許可を申請中であっても、当該売買契約を締結することができる。

イ　宅地建物取引業者が、買主として、宅地建物取引業者との間で宅地の売買契約を締結した場合、法第37条の規定により交付すべき書面を交付しなくてよい。

ウ　営業保証金を供託している宅地建物取引業者が、売主として、宅地建物取引業者との間で宅地の売買契約を締結しようとする場合、営業保証金を供託した供託所及びその所在地について、買主に対し説明をしなければならない。

エ　宅地建物取引業者が、宅地の売却の依頼者と媒介契約を締結した場合、当該宅地の購入の申込みがあったときは、売却の依頼者が宅地建物取引業者であっても、遅滞なく、その旨を当該依頼者に報告しなければならない。

(1)　一つ

(2)　二つ

(3)　三つ

(4)　なし

　媒介契約→依頼者が業者であっても同じルールが適用される。

講義

ア　誤。開発許可（都市計画法第29条第1項の許可）等を実際に得た後でないと、売買契約できない。だから、「開発許可**申請中**」と注記しても売買契約できない。このルールは、業者が買主として売買契約する場合も適用される。　　　　　　　　　　　　　　　　　　　　　　　　❷331頁(3)

イ　誤。業者が買主となって売買契約を締結した場合、売主に対して、37条書面を交付しなければならない。　　　　　　　　　　　❷382頁1.

ウ　誤。業者は、取引の相手方に対して、契約が成立する前に、どこの供託所に営業保証金を供託しているか等を説明するようにしなければならない。ただし、相手方が**業者**である場合は、この説明をする必要はない。
　　　　　　　　　　　　　　　　　　　　　　　　　　　　❷381頁 第2節

エ　正。媒介契約を締結した業者は、その媒介契約の目的物である宅地建物の売買・交換の申し込みがあったときは、遅滞なく、その旨を依頼者に**報告**しなければならない。媒介契約に関しては、依頼者が業者であっても同じルールが適用される。だから、依頼者が業者であっても、報告は必要だ。　　　　　　　　　　　　　　　　　　　　　　❷335頁(6)

以上により、正しいものはエだけなので、正解は肢(1)となる。

正　解　(1)

> なお、37条書面の交付に代えて、相手方の承諾を得て、37条書面に記載すべき事項を電磁的方法（電子メール等）であって宅地建物取引士の記名に代わる措置を講じたものにより提供できる。

Point!

1　そもそも、業者は、営業保証金から弁済を受けることもできないし、弁済業務保証金から弁済を受けることもできない。
2　だから、取引の相手方が**業者**の場合は、どこの供託所に営業保証金を供託しているか等を説明する必要は**ない**（どうせ、弁済を受けることができないのだから、説明を受けてもムダ）（肢ウ）。

報酬額の制限　　　　　　　　　　　　　　[平15-44]

　宅地建物取引業者Aが、単独で又は宅地建物取引業者Bと共同して店舗用建物の賃貸借契約の代理又は媒介業務を行う際の報酬に関する次の記述のうち、宅地建物取引業法の規定によれば、正しいものはどれか。なお、消費税及び地方消費税に関しては考慮しないものとする。

(1)　Aが、単独で貸主と借主双方から媒介を依頼され契約を成立させた場合、双方から受けることができる報酬額の合計は借賃の1カ月分以内である。

(2)　Aが、単独で貸主と借主双方から媒介を依頼され1カ月当たり借賃50万円、権利金1,000万円（権利設定の対価として支払われる金銭であって返還されないもの）の契約を成立させた場合、双方から受けることのできる報酬額の合計は50万円以内である。

(3)　Aが貸主から代理を依頼され、Bが借主から媒介を依頼され、共同して契約を成立させた場合、Aは貸主から、Bは借主からそれぞれ借賃の1カ月分の報酬額を受けることができる。

(4)　Aが貸主から、Bが借主からそれぞれ媒介を依頼され、共同して契約を成立させた場合、Aは貸主から、Bは借主からそれぞれ借賃の1カ月分の報酬額を受けることができる。

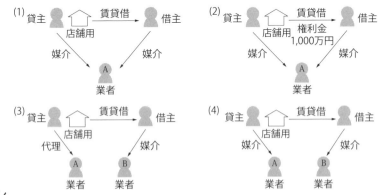

複数の業者が関与した場合でも報酬の限度額は、1人の業者だけが関与した場合と同じ額だ！

講義

(1) 正。賃貸借の媒介の場合、依頼者（貸主と借主）の双方から業者が受け取ることのできる報酬額の合計は、**1カ月分**の借賃額が限度だ。ちなみに、店舗用建物賃貸借の場合、合計が1カ月分の借賃額であれば、貸主側と借主側からどのような割合でもらっても OK だ。　　　　　　　　　　　　　　　☞ 345頁 (1)

(2) 誤。居住用建物以外の賃貸借で、権利金が支払われる場合には、**権利金の額を売買価額とみなして**、売買の計算の方法で報酬額を計算することができる。本肢の店舗用建物は、居住用建物ではないから、権利金の 1,000万円を売買価額とみなして、売買の計算の方法で計算して OK だ。だから、1,000万円× 3％＋ 6万円＝ 36万円を貸主・借主双方から受け取ることができる。したがって、Aが双方から受け取ることのできる報酬の限度額は 36万円＋ 36万円＝ 72万円である。　　　　　　　　　　　　　　　　　　　　　　　　　☞ 346頁 (3)

(3) 誤。複数の業者が1つの取引に関与した場合、その複数の業者全員がもらえる報酬の合計の限度額は、1人の業者だけが関与した場合と同じ額だ。だから、複数の業者が関与している本肢の賃貸借契約の場合も業者AとBが受け取ることができる報酬額の合計は、**1カ月分**の借賃額が限度だ。　　☞ 349頁 (6)

(4) 誤。複数の業者が関与している本肢の賃貸借契約の場合も肢(3)と同様、業者AとBが受け取ることができる報酬額の合計は、**1カ月分**の借賃額が限度だ。　　　　　　　　　　　　　　　　　　　　　　　　　　　　　　　☞ 349頁 (6)

正 解 (1)

Point!　　賃貸借のまとめ

	媒　介	代　理
居住用建物	貸主・借主の双方から **半月分づつ** （承諾があれば変更 OK）	貸主・借主合わせて **1カ月分** （どのような内訳 でもOK）
非居住用建物 宅地	貸主・借主合わせて **1カ月分** （どのような内訳 でもOK）	貸主・借主合わせて **1カ月分** （どのような内訳 でもOK）

➡ 要するに居住用建物・媒介のときだけ、双方から半月分ずつという規制があるわけだ！

報酬額の制限 [令5-34]

　宅地建物取引業者A（消費税課税事業者）は貸主Bから建物の貸借の媒介の依頼を受け、宅地建物取引業者C（消費税課税事業者）は借主Dから建物の貸借の媒介の依頼を受け、BとDとの間で、1か月分の借賃を12万円（消費税等相当額を含まない。）とする賃貸借契約（以下この問において「本件契約」という。）を成立させた場合における次の記述のうち、宅地建物取引業法の規定に違反するものはいくつあるか。

ア　本件契約が建物を住居として貸借する契約である場合に、Cは、媒介の依頼を受けるに当たってDから承諾を得ないまま、132,000円の報酬を受領した。

イ　AはBから事前に特別な広告の依頼があったので、依頼に基づく大手新聞掲載広告料金に相当する額をBに請求し、受領した。

ウ　CはDに対し、賃貸借契約書の作成費を、Dから限度額まで受領した媒介報酬の他に請求して受領した。

エ　本件契約が建物を事務所として貸借する契約である場合に、報酬として、AはBから132,000円を、CはDから132,000円をそれぞれ受領した。

(1)　一つ

(2)　二つ

(3)　三つ

(4)　四つ

　賃貸借の媒介の報酬は、合計で1カ月分（消費税込みで1.1カ月分）が限度だ。

講義

ア　**違反する。** 居住用建物の貸借の媒介の場合は、双方から借賃の **0.5カ月分**（消費税分の 10％を上乗せすると **0.55カ月分**）ずつもらうことができることになっているが、この 0.5カ月分（0.55カ月分）ずつという比率は、依頼を受けるに当たって承諾を得ているなら変更することができる。Cは、この承諾を得ていない。だから、Cがもらうことができる限度額は 0.55カ月分の 66,000 円だ。
345 頁⑴ 注!

イ　**違反しない。** 報酬とは別にもらうことができるのは、①依頼者から頼まれてやった**広告の料金**、②依頼者から特別に頼まれてやった支出を要する**特別の費用**で、事前に依頼者の承諾があるものだ。本肢は①に当たるから、Aは大手新聞掲載広告料金に相当する額をもらうことができる。
349 頁⑴ ①

ウ　**違反する。** イの解説に書いてあるように、報酬とは別にもらうことができるのは、①依頼者から頼まれてやった**広告の料金**、②依頼者から特別に頼まれてやった支出を要する**特別の費用**で、事前に依頼者の承諾があるものだ。契約書の作成費は①にも②にも当たらないから、Cは契約書の作成費をもらうことはできない。
349 頁⑴ ① ②

エ　**違反する。** 賃貸借の媒介の場合、依頼者の双方（貸主と借主）からもらうことができる報酬額の合計は、**1 カ月分**（消費税分の 10％を上乗せすると **1.1 カ月分**）の借賃額が限度だ。AはBから 132,000 円（**1 カ月分＋消費税**）を、CはDから 132,000 円（**1 カ月分＋消費税**）をもらっている。つまり、合計で 264,000 円（**2 カ月分＋消費税**）をもらっているから、業法違反となる。
345 頁⑴

以上により、違反するものはアとウとエなので、正解は肢⑶となる。

（正　解）⑶

Point!

賃貸借の媒介の報酬の限度額

① **居住用建物** ➡ 貸主から **0.5カ月分**（消費税込みで **0.55カ月分**）、借主から **0.5カ月分**（消費税込みで 0.55カ月分）ずつ、合計で 1 カ月分（消費税込みで 1.1カ月分）。

注意！ この **0.5カ月分**（消費税込みで **0.55月分**）ずつという比率は、依頼を受けるにあたって承諾を得ている場合は変更することができる（肢ア）。

② **居住用建物以外** ➡ 貸主と借主の合計で 1 カ月分（消費税込みで 1.1 カ月分）。

注意！ 合計で 1 カ月分（消費税込みで 1.1 カ月分）以内であれば、どのような比率でもらっても OK（肢エ）。

報酬額の制限　　　　　　　　　　　　[〒29-26]

　宅地建物取引業者Ａ（消費税課税事業者）は貸主Ｂから建物の貸借の媒介の依頼を受け、宅地建物取引業者Ｃ（消費税課税事業者）は借主Ｄから建物の貸借の媒介の依頼を受け、ＢとＤの間での賃貸借契約を成立させた。この場合における次の記述のうち、宅地建物取引業法（以下この問において「法」という。）の規定によれば、正しいものはどれか、なお、１か月分の借賃は９万円（消費税等相当額を含まない。）である。

(1)　建物を店舗として貸借する場合、当該賃貸借契約において200万円の権利金（権利設定の対価として支払われる金銭であって返還されないものをいい、消費税等相当額を含まない。）の授受があるときは、Ａ及びＣが受領できる報酬の限度額の合計は220,000円である。

(2)　ＡがＢから49,500円の報酬を受領し、ＣがＤから49,500円の報酬を受領した場合、ＡはＢの依頼によって行った広告の料金に相当する額を別途受領することができない。

(3)　Ｃは、Ｄから報酬をその限度額まで受領できるほかに、法第35条の規定に基づく重要事項の説明を行った対価として、報酬を受領することができる。

(4)　建物を居住用として貸借する場合、当該賃貸借契約において100万円の保証金（Ｄの退去時にＤに全額返還されるものとする。）の授受があるときは、Ａ及びＣが受領できる報酬の限度額の合計は110,000円である。

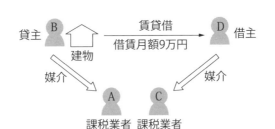

Hint!　居住用建物以外の賃貸借だから……。

(1) 正。店舗だから居住用建物以外だ。居住用建物**以外**の賃貸借なので、**権利金の額を売買価額とみなして**、売買の計算方法で計算してよい。

200万円× 5 ％＝ 10万円

だから、A・Cがそれぞれ受け取ることができる限度額は、10万円× 1.1 ＝ 11万円だ（A・Cは課税業者なので、報酬には消費税分の 10％を上乗せできる）。

したがって、A・Cが受け取ることができる限度額の合計は 11万円＋ 11万円で 22万円となる。　　　　　339 頁 ①、342 頁 ポイント②、346 頁 ⑶

(2) 誤。依頼者から**頼まれてやった広告**の料金や、依頼者から特別に頼まれてやった支出を要する特別の費用で、事前に依頼者の承諾があるもの（**例** 現地調査等の費用）については、その実費を報酬とは別に受け取ることができる。　　　　　349 頁 ⑴①

(3) 誤。依頼者から頼まれてやった広告の料金や、依頼者から特別に**頼まれてやった支出を要する特別の費用**で、事前に依頼者の承諾があるものについては、その実費を報酬とは別に受け取ることができる。しかし、重要事項説明の対価については、報酬とは別に受け取ることはできない。　　　　　349 頁 ⑴①、②

(4) 誤。A・Cが依頼者（貸主と借主）の双方から受け取ることができる報酬の限度額の合計は、**1 カ月分の借賃額である** 9 万円に消費税分を上乗せした 9 万9,000 円（ 9 万円× 1.1 ＝ 9 万9,000 円）だ。ちなみに、本肢の建物が仮に居住用建物以外であったとしても、本肢は権利金ではなく保証金なので、売買の計算方法で計算することはできない。　　　　　345 頁 ⑴、346 頁 ⑶

正　解 ⑴

居住用建物**以外**（つまり、非居住用建物または宅地）の賃貸借

➡ 　権利金の額を売買価額とみなして、売買の計算方法で計算してよい（肢⑴）。

注意！　売買価額とみなして計算してよいのは、権利金（返還されないもの）の場合だ。保証金（返還されるもの）の場合は、売買の計算方法で計算することはできない。

報酬額の制限　　　　　　　　　　　［平30-30］

　宅地建物取引業者A（消費税課税事業者）は、Bが所有する建物について、B及びCから媒介の依頼を受け、Bを貸主、Cを借主とし、1か月分の借賃を10万円（消費税等相当額を含まない。）、CからBに支払われる権利金（権利設定の対価として支払われる金銭であって返還されないものであり、消費税等相当額を含まない。）を150万円とする定期建物賃貸借契約を成立させた。この場合における次の記述のうち、宅地建物取引業法の規定によれば、正しいものはどれか。

⑴　建物が店舗用である場合、Aは、B及びCの承諾を得たときは、B及びCの双方からそれぞれ11万円の報酬を受けることができる。

⑵　建物が居住用である場合、Aが受け取ることができる報酬の額は、CからBに支払われる権利金の額を売買に係る代金の額とみなして算出される16万5,000円が上限となる。

⑶　建物が店舗用である場合、Aは、Bからの依頼に基づくことなく広告をした場合でも、その広告が賃貸借契約の成立に寄与したときは、報酬とは別に、その広告料金に相当する額をBに請求することができる。

⑷　定期建物賃貸借契約の契約期間が終了した直後にAが依頼を受けてBC間の定期建物賃貸借契約の再契約を成立させた場合、Aが受け取る報酬については、宅地建物取引業法の規定が適用される。

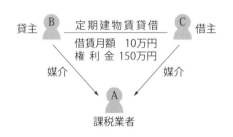

　新規の賃貸借の媒介をしたときと同じ。

講義

(1)　誤。賃貸借の媒介の場合、依頼者（貸主と借主）の双方から業者が受け取ることのできる報酬額の**合計**は、**1 カ月分の借賃額**（＋消費税）が限度だ（本肢の場合、合計で 11 万円が限度）。また、本肢は店舗用の建物（居住用の建物**以外**）だから、**権利金の額を売買価額**とみなして、売買の計算方法で計算してもよい。この場合、Aは、BとCの双方からそれぞれ 150 万円× 5 ％＝ 7 万 5,000 円に消費税分の 10 ％を上乗せした 8 万 2,500 円を受け取ることができる（結局、本肢の場合、これが限度額となる）。したがって、Aは、BとCの双方からそれぞれ 11 万円を受けることはできない。　　　　　　　　　　　　　 345 頁 (1)、346 頁 (3)

(2)　誤。権利金の額を売買価額とみなして、売買の計算方法で計算してもよいのは、居住用の建物**以外**の場合だ。本肢は居住用の建物だから、売買の計算方法で計算してはダメ。　　　　　　　　　　　　 346 頁 (3)

(3)　誤。依頼者から**頼まれて**やった広告については、その実費を報酬とは別に請求することができる。本肢の場合、頼まれていない（依頼者の依頼に基づいていない）ので、請求することはできない。　　　 349 頁 (1)

(4)　正。定期建物賃貸借の**再契約**に関して業者が受けることのできる報酬についても、業法の規定が適用される（つまり、定期建物賃貸借の再契約の媒介をした場合も、新規の貸借の媒介をしたときと同じように、報酬を受け取ることができるということ）。　　　　　　　　 345 頁 (1)

（　正　解　）(4)

Point!

定期建物賃貸借の**再契約**
➡　受けることのできる報酬について、業法の規定が適用される（肢(4)）。

報酬額の制限 [平27-33]

宅地建物取引業者A及びB（ともに消費税課税事業者）が受領した報酬に関する次の記述のうち、宅地建物取引業法の規定に違反するものの組合せはどれか。なお、この問において「消費税等相当額」とは、消費税額及び地方消費税額に相当する金額をいうものとする。

ア 土地付新築住宅（代金3,000万円。消費税等相当額を含まない。）の売買について、Aは売主から代理を、Bは買主から媒介を依頼され、Aは売主から211万2,000円を、Bは買主から105万6,000円を報酬として受領した。

イ Aは、店舗用建物について、貸主と借主双方から媒介を依頼され、借賃1か月分20万円（消費税等相当額を含まない。）、権利金500万円（権利設定の対価として支払われる金銭であって返還されないもので、消費税等相当額を含まない。）の賃貸借契約を成立させ、貸主と借主からそれぞれ22万5,000円を報酬として受領した。

ウ 居住用建物（借賃1か月分10万円）について、Aは貸主から媒介を依頼され、Bは借主から媒介を依頼され、Aは貸主から8万円、Bは借主から5万5,000円を報酬として受領した。なお、Aは、媒介の依頼を受けるに当たって、報酬が借賃の0.55か月分を超えることについて貸主から承諾を得ていた。

(1) ア、イ
(2) イ、ウ
(3) ア、ウ
(4) ア、イ、ウ

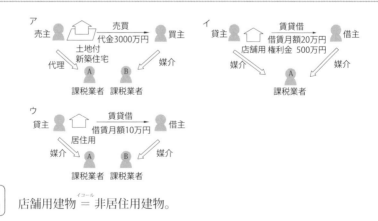

店舗用建物 ＝(イコール) 非居住用建物。

講義

ア　違反する。

　　3,000万円×3％＋6万円＝96万円

　　96万円×1.1＝105万6,000円（AもBも課税業者なので、報酬には消費税分の10％を上乗せできる）。この105万6,000円という金額が、媒介業者が依頼者の一方から受け取ることのできる限度額だ。

本肢の場合、次のようなルールとなる。

ルール1　Aは、**代理**業者なので、2倍の211万2,000円（105万6,000円×2＝211万2,000円）まで受け取ってOK。

ルール2　Bは、媒介業者なので、105万6,000円まで受け取ってOK。

ルール3　AとBの合計で211万2,000円まで受け取ってOK。

　　本肢は、ルール1とルール2には違反しないが、ルール3に違反するので、ダメだ。🔖 339頁1.、340頁2.、342頁 ポイント②、344頁6.

イ　違反しない。店舗（非居住用建物）だから、**権利金の額を売買価額**とみなして、売買の計算方法で計算してOK。

　　500万円×3％＋6万円＝21万円

　　21万円×1.1＝23万1,000円（Aは課税業者なので、報酬には消費税分の10％を上乗せできる）。この23万1,000円という金額が、媒介業者Aが依頼者の**一方**から受け取ることのできる限度額だ。

　　Aは、依頼者の一方である貸主から、22万5,000円（＝限度額以内）受け取り、また、依頼者の一方である借主から、22万5,000円（＝限度額以内）受け取っている。だから、本肢は、違反しない。

🔖 339頁1.、342頁 ポイント②、346頁(3)

ウ　違反する。賃貸借の場合、依頼者（貸主と借主）の双方から業者が受け取ることのできる報酬額の**合計**は、**1カ月分の借賃額**が限度だ。だから、本肢の場合、AとBの**合計**で11万円（1カ月分の借賃10万円×消費税分1.1＝11万円）まで受け取ることができる。AとBは合計で13万5,000円（8万円＋5万5,000円＝13万5,000円）受け取っているので、違反だ。🔖 342頁 ポイント②、345頁(1)

以上により、違反するものはアとウなので、正解は肢(3)となる。

正　解　(3)

報酬額の制限 　　　　　　　　　　　　　　　 [令4-27]

　宅地建物取引業者Ａ（消費税課税事業者）が受け取ることができる報酬についての次の記述のうち、宅地建物取引業法の規定によれば、正しいものはどれか。

(1)　Ａが、Ｂから売買の媒介を依頼され、Ｂからの特別の依頼に基づき、遠隔地への現地調査を実施した。その際、当該調査に要する特別の費用について、Ｂが負担することを事前に承諾していたので、Ａは媒介報酬とは別に、当該調査に要した特別の費用相当額を受領することができる。

(2)　Ａが、居住用建物について、貸主Ｂから貸借の媒介を依頼され、この媒介が使用貸借に係るものである場合は、当該建物の通常の借賃をもとに報酬の限度額が定まるが、その算定に当たっては、不動産鑑定業者の鑑定評価を求めなければならない。

(3)　Ａが居住用建物の貸主Ｂ及び借主Ｃの双方から媒介の依頼を受けるに当たって、依頼者の一方から受けることのできる報酬の額は、借賃の1か月分の0.55倍に相当する金額以内である。ただし、媒介の依頼を受けるに当たって、依頼者から承諾を得ている場合はこの限りではなく、双方から受けることのできる報酬の合計額は借賃の1か月分の1.1倍に相当する金額を超えてもよい。

(4)　Ａは、土地付建物について、売主Ｂから媒介を依頼され、代金300万円（消費税等相当額を含み、土地代金は80万円である。）で契約を成立させた。現地調査等の費用については、通常の売買の媒介に比べ5万円（消費税等相当額を含まない。）多く要する旨、Ｂに対して説明し、合意の上、媒介契約を締結した。この場合、ＡがＢから受領できる報酬の限度額は20万200円である。

Hint!　頼まれてやったなら請求できる。

(1)　正。依頼者から特別に頼まれてやった支出を要する特別の費用（遠隔地における現地調査や空家の特別な調査等に要する費用）で、事前に依頼者の承諾があるものについては、その実費を報酬とは別に請求できる。　　📖349頁(1)②

(2)　誤。タダで貸すのが使用貸借。使用貸借の場合の報酬の限度額は、通常の借賃を想定し、それ元にして計算する。この通常の借賃とは、通常定められる適正かつ客観的な賃料だが、必要に応じて不動産鑑定業者の鑑定評価を求めることとされている。あくまでも「必要に応じて」なので、「求めなければならない」とある本肢は×だ。　　📖347頁(4)

(3)　誤。居住用建物の貸借の媒介の場合は、双方から借賃の0.5カ月分（消費税分の10％を上乗せすると0.55カ月分）ずつもらうことになっているが、この0.5カ月分（0.55カ月分）ずつという比率は、依頼を受けるに当たって承諾を得ているなら変更できる（変更できるのは、あくまでも比率だ）。しかし、双方からもらうことのできる報酬額は合計で1カ月分（消費税分の10％を上乗せすると1.1カ月分）が限度だから、1カ月分の1.1倍（1.1カ月分）を超えてもよいとある本肢は×だ。　　📖345頁(1)注!

(4)　誤。400万円以下の売買の媒介だから、空家等の売買の媒介の規定が適用される。ただし、空家等の売買の媒介は、報酬と現地調査費用等の合計で18万円（消費税分を上乗せすると19万8,000円）が限度額だ。だから、報酬の限度額は20万200円であるとなっている本肢は×だ（本肢は計算しないでも答えが出るぞ。計算したら時間がモッタイナイ）。　　📖341頁(1)②

（正　解）　(1)

肢(4)について

　　肢(4)は計算しなくても、答えが出るから計算しなくてOKだが、計算すると次のようになる
①　税抜き価格にすると、280万円になる。 注意! 建物は税込み220万円だから、税抜きにすると、200万円。土地は80万円のまま（土地はそもそも消費税が課税されないから80万円のまま）。200万円＋80万円＝280万円。
②　①を元にして計算すると280万円×4％＋2万円＝13万2,000円になる。
③　13万2,000円に現地調査等の費用5万円を加えると18万2,000円だ。そして、18万2,000円に消費税分の10％を上乗せすると20万200円になる。しかし、限度額は報酬と現地調査費用等の合計で18万円（消費税分を上乗せすると19万8,000円）だ。だから、AがBから20万200円もらったらアウトだ。

報酬額の制限 [令3-44]

　宅地建物取引業者Ａ（消費税課税事業者）が受け取ることができる報酬額についての次の記述のうち、宅地建物取引業法の規定によれば、正しいものはどれか。

(1)　居住の用に供する建物（１か月の借賃20万円。消費税等相当額を含まない。）の貸借であって100万円の権利金の授受があるものの媒介をする場合、依頼者双方から受領する報酬の合計額は11万円を超えてはならない。

(2)　宅地（代金1,000万円。消費税等相当額を含まない。）の売買について、売主から代理の依頼を受け、買主から媒介の依頼を受け、売買契約を成立させて買主から303,000円の報酬を受領する場合、売主からは489,000円を上限として報酬を受領することができる。

(3)　宅地（代金300万円。消費税等相当額を含まない。）の売買の媒介について、通常の媒介と比較して現地調査等の費用が６万円（消費税等相当額を含まない。）多く要した場合、依頼者双方から合計で44万円を上限として報酬を受領することができる。

(4)　店舗兼住宅（１か月の借賃20万円。消費税等相当額を含まない。）の貸借の媒介をする場合、依頼者の一方から受領する報酬は11万円を超えてはならない。

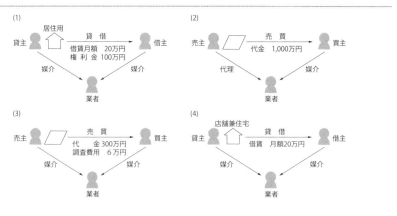

Hint! 　買主（媒介）と売主（代理）の合計で媒介の報酬の２倍が限度。

(1)　誤。賃貸借の媒介の場合、業者が依頼者の双方から受け取ることができる報酬の限度額は、**1カ月分の賃料**（消費税分の 10％を上乗せすると 1.1 カ月分）だ。だから、本肢の場合、22万円（1カ月分の賃料 20万円＋消費税分 2万円）が限度額となる。したがって、「11 万円を超えてはならない」とある本肢は×だ。ちなみに、居住用建物だから、権利金を売買代金とみなして、売買の計算方法で報酬額を計算することはできない。

345 頁 (1)、346 頁 (3)、348 頁 (5)

(2)　正。1,000万円× 3 ％＋ 6 万円＝ 36 万円。36 万円× 1.1 ＝ 39万6,000円（課税業者だから、消費税分の 10％を上乗せできる）。この 39万 6,000円が、媒介業者が依頼者の一方から受け取ることができる限度額だ。

ルール1　売主からは代理を受けている。だから、売主からは 39万6,000円の **2倍**の 79万2,000円まで受け取って OK（79万2,000円が限度額）。

ルール2　買主からは媒介を受けている。だから、買主からは 39万6,000円まで受け取ってOK（39万6,000円が限度額）。

ルール3　売主と買主から合計で 79万2,000円まで受け取って OK（79万2,000円が限度額）。　売主と買主の合計で 79万2,000円が限度額なので（ルール3）、買主から 30万3,000円受け取る場合、売主からは 48万9,000円を上限として受け取ることができる（79万2,000円−30万3,000円＝48万9,000円）。

339 頁 1.、340 頁 2.、344 頁 6.、348 頁 (5)

(3)　誤。**400万円**以下の宅地なので、空家等の売買の規定が適用される。本来の媒介の報酬額は 300万円× 4 ％＋ 2 万円＝14万円だ。空家等の売買だから、売主側から受け取ることができる限度額は、この 14万円に現地調査等の費用 4 万円を上乗せした **18万円**（消費税分を上乗せすると 19万8,000円）となる　注意！ 報酬と現地調査費用の合計で 18万円（消費税分を上乗せすると 19万8,000円）が限度額となる。だから、6 万円を上乗せしてはダメ。そして、買主側から受け取ることができる限度額は、14万円（消費税分を上乗せすると 15万4,000円）だ。だから、依頼者双方から受け取ることができる限度額は、合計で 19万8,000円＋15万4,000円＝35万2,000円となる。

341 頁 1 2 4

(4)　誤。居住用建物とは、専ら居住の用に供する建物のことだ。だから、本肢の店舗兼住宅は、**居住用建物ではない**（専ら居住が要件だから、兼用住宅は居住用建物ではないのだ。Point!参照）したがって、本肢の店舗兼住宅には、「依頼者（貸主・借主）の一方から受け取ることができる報酬の限度額は、借賃の半月分（消費税分を上乗せすると 0.55カ月分）」というルールは適用されない。依頼者双方から合計で借賃の 1カ月分（消費税分を上乗せすると 1.1カ月分）以内であれば、貸主側と借主側からどのような比率で受け取っても OK だ。だから、依頼者の一方から受け取る報酬は 11万円を超えても OK だ（たとえば、貸主側からは 0円で、借主側からは 22万円という内訳でも OK だ）。

345 頁 (1) 注！

正　解　(2)

Point!

居住用建物（居住の用に供する建物）とは？
➡　**専ら**居住の用に供する建物のことだ。

注意！　事務所、店舗その他居住以外の用途を兼ねるものは含まれない。だから、肢(4)の店舗兼住宅は、居住用建物ではない。

報酬額の制限 　　　　　　　　　　　　　　　[令1-32]

　宅地建物取引業者Ａ（消費税課税事業者）が受け取ることのできる報酬額に関する次の記述のうち、宅地建物取引業法の規定によれば、誤っているものはどれか。なお、この問において報酬額に含まれる消費税等相当額は税率10％で計算するものとする。

(1)　宅地（代金200万円。消費税等相当額を含まない。）の売買の代理について、通常の売買の代理と比較して現地調査等の費用が8万円（消費税等相当額を含まない。）多く要した場合、売主Ｂと合意していた場合には、ＡはＢから308,000円を上限として報酬を受領することができる。

(2)　事務所（1か月の借賃110万円。消費税等相当額を含む。）の貸借の媒介について、Ａは依頼者の双方から合計で110万円を上限として報酬を受領することができる。

(3)　既存住宅の売買の媒介について、Ａが売主Ｃに対して建物状況調査を実施する者をあっせんした場合、ＡはＣから報酬とは別にあっせんに係る料金を受領することはできない。

(4)　宅地（代金200万円。消費税等相当額を含まない。）の売買の媒介について、通常の売買の媒介と比較して現地調査等の費用を多く要しない場合でも、売主Ｄと合意していた場合には、ＡはＤから198,000円を報酬として受領することができる。

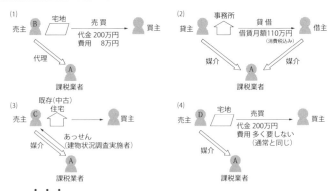

　費用を要するのであれば、受け取ってOK。

講　義

(1)　正。200万円×5％＝10万円。代理だから、この**2倍**の20万円をBから受け取ることができる。そして、本肢は**400万円以下**の物件だ。だから、空家等の特例が適用され、本来の報酬の他に現地調査等の費用も受け取ってOKだ。20万円＋8万円（現地調査等の費用）＝28万円。この28万円に消費税分の10％を上乗せした30万8,000円が、AがBから受け取ることができる限度額だ。　　　　　　　　　　　　　　　　　　　　　　　　　　　　　🔀341頁(2)

(2)　正。賃貸借の媒介だから、依頼者（貸主と借主）の双方から業者が受け取ることのできる報酬額の合計は、**1カ月分**の借賃額が限度だ。事務所の1カ月分の借賃は、消費税抜きの価額にすると100万円だ。この100万円に消費税分の10％を上乗せした110万円が、Aが依頼者（貸主と借主）の双方から合計で受け取ることができる限度額だ。　　　　　　　　　　🔀345頁(1)、348頁(5)

(3)　正。①依頼者から頼まれてやった**広告**の料金や②依頼者から特別に頼まれてやった支出を要する**特別の費用**で、事前に依頼者の承諾があるものについては、報酬とは別に受け取ることができる。しかし、建物状況調査を実施する者のあっせんに係る料金を報酬と別に受け取ることはできない。　　🔀349頁(1)

(4)　誤。本肢は**400万円以下**の物件だ。だから、通常の売買と比較して、現地調査等の費用を要するのであれば、本来の報酬の他に現地調査等の費用も受け取ってOKだ。しかし、本肢の場合は「費用を多く要しない」のであるから、受け取ることはできない。200万円×5％＝10万円。この10万円に消費税分の10％を上乗せした11万円が、AがDから受け取ることができる限度額だ。

　　　　　　　　　　🔀339頁①、341頁(1)、342頁ポイント②

（正　解）　(4)

Point!

報酬とは別に受け取ることができるもの
①　依頼者から**頼まれて**やった**広告**の料金。
②　依頼者から特別に**頼まれて**やった支出を要する**特別の費用**で、事前に依頼者の承諾があるもの。

注意!　建物状況調査を実施する者のあっせんに係る料金を報酬と別に受け取ることはできない（肢(3)）。

報酬額の制限　　　　　　　　　　　　　　　[令2-30]

　宅地建物取引業者A及び宅地建物取引業者B（ともに消費税課税事業者）が受領する報酬に関する次の記述のうち、宅地建物取引業法の規定によれば、正しいものはどれか。なお、借賃には消費税等相当額を含まないものとする。

⑴　Aは売主から代理の依頼を、Bは買主から媒介の依頼を、それぞれ受けて、代金5,000万円の宅地の売買契約を成立させた場合、Aは売主から343万2,000円、Bは買主から171万6,000円、合計で514万8,000円の報酬を受けることができる。

⑵　Aが単独で行う居住用建物の貸借の媒介に関して、Aが依頼者の一方から受けることができる報酬の上限額は、当該媒介の依頼者から報酬請求時までに承諾を得ている場合には、借賃の1.1か月分である。

⑶　Aが単独で貸主と借主の双方から店舗用建物の貸借の媒介の依頼を受け、1か月の借賃25万円、権利金330万円（権利設定の対価として支払われるもので、返還されないものをいい、消費税等相当額を含む。）の賃貸借契約を成立させた場合、Aが依頼者の一方から受けることができる報酬の上限額は、30万8,000円である。

⑷　Aが単独で行う事務所用建物の貸借の媒介に関し、Aが受ける報酬の合計額が借賃の1.1か月分以内であれば、Aは依頼者の双方からどのような割合で報酬を受けてもよく、また、依頼者の一方のみから報酬を受けることもできる。

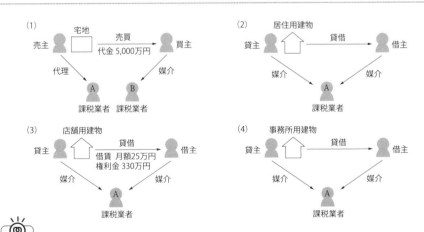

Hint! 居住用建物以外の賃貸借の媒介→いくらずつもらえるかという内訳に制限はない。

(1) 誤。計算の元になる売買価額には、消費税抜きの価額を用いる（ただし、土地の売買には消費税は**課税されない**ので、5,000万円のままで計算することになる）。

　　5,000万円×3％＋6万円＝156万円。この156万円に消費税分の10％を上乗せすると171万6,000円になる（AもBも課税業者なので、消費税分を上乗せして受け取れる）。この171万6,000円が、媒介業者が受け取れる限度額だ。

　ルール1　Aは、**代理業者**なので、2倍の343万2,000円（171万6,000円×2＝343万2,000円）まで受け取ってOK。

　ルール2　Bは、媒介業者なので、171万6,000円まで受け取ってOK。

　ルール3　AとBの**合計**で343万2,000円まで受け取ってOK。

　　本肢は、ルール1とルール2には違反しないが、ルール3に違反する（「合計で514万8,000円の報酬を受けとれる」という部分が×）。

　　　　　　　　　　　　　　　　📖339頁 ③、342頁 ポイント① ②、344頁 6.

(2) 誤。賃貸借の媒介の場合、依頼者（貸主と借主）の双方から業者が受け取れる報酬額の合計は、1カ月分（消費税分10％を上乗せすると1.1カ月分）の借賃額が限度だ。そして、居住用建物の場合だけは、双方から借賃の0.5カ月分（消費税分を上乗せすると0.55カ月分）ずつもらうことになっているが、この0.5カ月分（0.55カ月分）ずつという比率も、媒介の**依頼を受ける**にあたって承諾を得ているときは変更できる。承諾は依頼を受けるにあたって得る必要があるので、「報酬請求時までに承諾を得ている～」とある本肢は×だ。　　　　　📖345頁 注!、348頁 (5)上の①

(3) 誤。店舗（居住用建物**以外**）だから、**権利金**の額を売買価額とみなして、売買の計算方法で計算してもよい。300万円（330万円から消費税分を抜いた価格）×4％＋2万円＝14万円。この14万円に消費税分10％を上乗せした15万4,000円が、Aが依頼者の一方から受け取れる限度額だ（Aは貸主から15万4,000円まで、借主から15万4,000円まで受け取れる。つまり、合計で30万8,000円まで受け取れるわけだが、一方から受け取れるのは15万4,000円までだ）。

　　　　　　　　　　　　　　　　📖339頁 ②、342頁 ポイント①②、346頁 (3)

(4) 正。賃貸借の媒介の場合、依頼者（貸主と借主）の双方から業者が受け取れる報酬額の合計は、1カ月分（消費税分を上乗せすると1.1カ月分）の借賃額が限度だ。そして、居住用建物**以外**の場合は、借主側と貸主側からいくらずつもらえるかという内訳に**制限はない**。どのような割合で報酬を受け取ってもOKだし、また、依頼者の一方のみから報酬を受け取ってもOKだ。　　　📖345頁 注!、348頁 (5)上の①

　　　　　　　　　　　　　　　　　　　　　　　　　　　　　正　解　(4)

報酬額の制限 [平25-37]

　宅地建物取引業者Ａ社（消費税課税事業者）は売主Ｂから土地付建物の売却の代理の依頼を受け、宅地建物取引業者Ｃ社（消費税課税事業者）は買主Ｄから戸建住宅の購入の媒介の依頼を受け、ＢとＤの間で売買契約を成立させた。この場合における次の記述のうち、宅地建物取引業法の規定に違反しないものはいくつあるか。なお、土地付建物の代金は5,500万円（うち、土地代金は2,200万円）で、消費税額及び地方消費税額を含むものとする。

ア　Ａ社はＢから3,570,000円の報酬を受領し、Ｃ社はＤから1,790,000円の報酬を受領した。

イ　Ａ社はＢから2,500,000円の報酬を受領し、Ｃ社はＡ社及びＤの了承を得た上でＤから1,065,000円の報酬を受領した。

ウ　Ａ社はＢから1,780,000円の報酬を受領し、Ｃ社はＤから1,782,000円を報酬として受領したほか、Ｄの特別の依頼に基づき行った遠隔地への現地調査に要した特別の費用について、Ｄが事前に負担を承諾していたので、50,000円を受領した。

(1)　一つ

(2)　二つ

(3)　三つ

(4)　なし

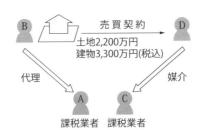

　合わせて２倍以内。

　報酬額は、消費税抜きの価額を元に計算する（そして、消費税は「土地」の売買には課税されないが、「建物」の売買には課税される）。

　本問においても、まず、消費税抜きの価額である「土地 2,200 万円＋建物 3,000 万円＝ 5,200 万円」に直してから、3％＋ 6 万円の計算に入ることになる（ 注意！ 　土地にはもともと消費税は課税されていない。だから、土地については 10％分引いてはダメ。2,200 万円のまま計算すること）。

　5,200 万円× 3％＋ 6 万円＝ 162 万円。

　この 162 万円に消費税分の 10％を上乗せすると、178 万 2,000 円となる（課税業者の場合は、消費税分を上乗せして依頼者に請求して OK だ。そして、A 社も C 社も課税業者だ）。

　結局、本問の結論としては、次の ルール1 ～ ルール3 のようになる。

ルール1 　A 社は代理業者なので、178 万 2,000 円× 2 ＝ 356 万 4,000 円まで受け取って OK（356 万 4,000 円超えたらダメ）。

ルール2 　C 社は媒介業者なので、178 万 2,000 円まで受け取って OK（178 万 2,000 円超えたらダメ）。

ルール3 　A 社と C 社合わせて、356 万 4,000 円まで受け取って OK（356 万 4,000 円超えたらダメ）。

（ ルール1 ～ ルール3 のどれか 1 つにでも違反したらアウトだ）。

ア　違反する。 ルール1 と ルール2 と ルール3 に違反するので、アウト。

イ　違反する。 ルール1 と ルール2 には違反しないが、 ルール3 に違反するのでアウト。

ウ　違反しない。 ルール1 にも ルール2 にも ルール3 にも違反しない。また、依頼者から**特別に**頼まれてやった特別の費用については、その実費を報酬とは別に請求できるので、C 社が D から報酬の他に 50,000 円受領したこともセーフ。

以上全体につき、🗂 339 頁③、340 頁2.、342 頁5.ポイント①②、344 頁6.、349 頁⑴

以上により、違反しないものはウだけなので、正解は肢⑴となる。

（　正　解　）⑴

報酬額の制限　　　　　　　　　　　　　　　[平30-31]

　宅地建物取引業者A（消費税課税事業者）が受け取ることのできる報酬の上限額に関する次の記述のうち、宅地建物取引業法の規定によれば、正しいものはどれか。

⑴　土地付中古住宅（代金500万円。消費税等相当額を含まない。）の売買について、Aが売主Bから媒介を依頼され、現地調査等の費用が通常の売買の媒介に比べ5万円（消費税等相当額を含まない。）多く要する場合、その旨をBに対し説明した上で、AがBから受け取ることができる報酬の上限額は286,000円である。

⑵　土地付中古住宅（代金300万円。消費税等相当額を含まない。）の売買について、Aが買主Cから媒介を依頼され、現地調査等の費用が通常の売買の媒介に比べ4万円（消費税等相当額を含まない。）多く要する場合、その旨をCに対し説明した上で、AがCから受け取ることができる報酬の上限額は198,000円である。

⑶　土地（代金350万円。消費税等相当額を含まない。）の売買について、Aが売主Dから媒介を依頼され、現地調査等の費用が通常の売買の媒介に比べ2万円（消費税等相当額を含まない。）多く要する場合、その旨をDに対し説明した上で、AがDから受け取ることができる報酬の上限額は198,000円である。

⑷　中古住宅（1か月分の借賃15万円。消費税等相当額を含まない。）の貸借について、Aが貸主Eから媒介を依頼され、現地調査等の費用が通常の貸借の媒介に比べ3万円（消費税等相当額を含まない。）多く要する場合、その旨をEに対し説明した上で、AがEから受け取ることができる報酬の上限額は198,000円である。

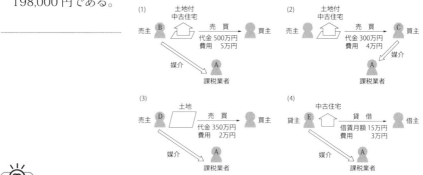

Hint!　18万円＋消費税分が限度額だ。

空家等の特例について

　物件の値段が安いと、当然、媒介の報酬も安くなる。苦労して契約までこぎつけても、儲けはスズメの涙だ。それではあんまりだ。そこで、**400万円以下の物件（宅地・建物）の場合、業者は、売主から、現地調査等の費用を含めて18万円**（消費税分の10%を上乗せすると19万8,000円）まで受け取ることができることになっている。

(1)　誤。空家等の特例を適用できるのは、**400万円以下の物件の場合**だ。本肢は500万円なので、適用できない（本来の報酬の他に現地調査等の費用を受け取ることはできない）。

　　　500万×3％＋6万＝21万円。

　　　この21万円に、消費税分の10%を上乗せした23万1,000円（21万円×1.1）が、AがBから受け取ることができる限度額だ。

(2)　誤。現地調査等の費用は**売主**から受け取ることができる（買主から受け取ってはダメ）。Cは買主なので、Cから現地調査等の費用を受け取ることはできない。

　　　300万円×4％＋2万円＝14万円

　　　この14万円に、消費税分の10%を上乗せした15万4,000円（14万円×1.1）が、AがCから受け取ることができる限度額だ。

(3)　正。**400万円以下**だから、特例を適用できる（現地調査等の費用を含めて消費税抜きで18万円まで受け取ることができる）。

　　　350万円×4％＋2万円＝16万円

　　　16万円＋2万円（現地調査等の費用）＝18万円

　　　この18万円に、消費税分の10%を上乗せした19万8,000円（18万円×1.1）が、AがDから受け取ることができる限度額だ。

(4)　誤。貸借の場合は、特例を適用できない（現地調査等の費用を受け取ることはできない）。だから、AがEから受け取ることができる限度額は、**1カ月分**の借賃額である15万円に消費税分の10%を上乗せした16万5,000円（15万円×1.1）だ。なお、住宅（居住用）なので、Eの承諾がない場合は8万2,500円が限度額となる。　　　　　　　　　　　以上全体につき、 ▨ 341 頁 4.

（**正　解**）(3)

空家等の売買の媒介の特例

1　**400万円以下**の宅地・建物が対象だ（肢(1)）。

2　合計で**18万円**が限度額となる（肢(3)）。 注意！

3　**あらかじめ説明し**、合意する必要がある。

4　現地調査等の費用は**売主**から受け取る（買主から受け取ってはダメ）（肢(2)）。

注意！　消費税分の10%を上乗せすると19万8,000円になる。

第3編　弱点表

項　目	番　号	難　度	正　解	自己採点
業務上の規制	平 21-43	普通	(3)	
業務上の規制	令 3-29	カンターン	(4)	
業務上の規制その他	令 1-27	カンターン	(1)	
業務上の規制	令 3-40	カンターン	(3)	
業務上の規制	令 4-30	普通	(3)	
業務上の規制	平 28-41	普通	(3)	
業務上の規制	平 24-41	難しい	(3)	
業務上の規制	平 29-28	普通	(4)	
業務上の規制	平 26-41	難しい	(1)	
業務上の規制	令 5-36	カンターン	(3)	
業務上の規制	平 21-40	カンターン	(4)	
業務上の規制	令 5-28	カンターン	(3)	
業務上の規制	平 27-41	普通	(1)	
業務上の規制	令 3-43	カンターン	(4)	
業務上の規制その他	令 1-35	カンターン	(4)	
広　告	平 20-32	カンターン	(4)	
広　告	平 23-36	カンターン	(1)	
広　告	令 3-30	カンターン	(2)	
広　告	平 26-30	カンターン	(2)	
広告その他	平 29-42	普通	(4)	
広告その他	令 2-27	普通	(2)	
広　告	令 4-37	難しい	(2)	

広　告	平 24-28	難しい	(1)	
広告その他	平 27-37	カンタン	(3)	
広告その他	令 1 -30	カンタン	(4)	
広　告	令 5 -31	普通	(4)	
媒介契約	平 22-33	カンタン	(4)	
媒介契約	平 23-31	カンタン	(3)	
媒介契約	令 2 -29	普通	(3)	
媒介契約	平 28-27	カンタン	(3)	
媒介契約	平 24-29	カンタン	(2)	
媒介契約	平 25-28	普通	(2)	
媒介契約	令 4 -42	カンタン	(2)	
媒介契約	平 30-33	カンタン	(4)	
媒介契約	令 4 -31	カンタン	(1)	
媒介契約	令 1 -31	普通	(1)	
媒介契約	令 5 -40	カンタン	(4)	
媒介契約	平 29-43	難しい	(1)	
媒介契約	平 26-32	普通	(3)	
媒介契約	平 27-28	難しい	(4)	
媒介契約	平 20-35	難しい	(4)	
媒介契約	令 3 - 38	難しい	(4)	
業務上の規制その他	平 30-28	難しい	(1)	
報酬額の制限	平 15-44	普通	(1)	
報酬額の制限	令 5 -34	難しい	(3)	
報酬額の制限	平 29-26	普通	(1)	

報酬額の制限	平 30-30	普通	(4)	
報酬額の制限	平 27-33	普通	(3)	
報酬額の制限	令 4-27	カンターン	(1)	
報酬額の制限	令 3-44	普通	(2)	
報酬額の制限	令 1-32	普通	(4)	
報酬額の制限	令 2-30	普通	(4)	
報酬額の制限	平 25-37	難しい	(1)	
報酬額の制限	平 30-31	難しい	(3)	

4

第 4 編

「自ら売主」の「8つの制限」

クーリング・オフ [平22-38]

　宅地建物取引業者Ａが、自ら売主となり、宅地建物取引業者でない買主Ｂとの間で締結した宅地の売買契約について、Ｂが宅地建物取引業法第37条の2の規定に基づき、いわゆるクーリング・オフによる契約の解除をする場合における次の記述のうち、正しいものはどれか。

(1) Ｂが、自ら指定したホテルのロビーで買受けの申込みをし、その際にＡからクーリング・オフについて何も告げられず、その3日後、Ａのモデルルームで契約を締結した場合、Ｂは売買契約を解除することができる。

(2) Ｂは、テント張りの案内所で買受けの申込みをし、その際にＡからクーリング・オフについて書面で告げられ、契約を締結した。その5日後、代金の全部を支払い、翌日に宅地の引渡しを受けた。この場合、Ｂは売買契約を解除することができる。

(3) Ｂは、喫茶店で買受けの申込みをし、その際にＡからクーリング・オフについて書面で告げられ、翌日、喫茶店で契約を締結した。その5日後、契約解除の書面をＡに発送し、その3日後に到達した。この場合、Ｂは売買契約を解除することができない。

(4) Ｂは、自ら指定した知人の宅地建物取引業者Ｃ（ＣはＡから当該宅地の売却について代理又は媒介の依頼を受けていない。）の事務所で買受けの申込みをし、その際にＡからクーリング・オフについて何も告げられず、翌日、Ｃの事務所で契約を締結した場合、Ｂは売買契約を解除することができない。

業者　宅　地　　　　　シロート

Hint!　買主が自ら申し出た場合の「自宅・勤務先」なら……。

(1) 正。買主が自ら申し出た場合の**自宅・勤務先**で買受けの申込みをした場合は、クーリング・オフができなくなる。買主Bが買受けの申込みをした場所は、自ら申し出た「ホテルのロビー」なので、売買契約を解除することができる。　　　　　　　　　　　　　　　　[※] 352頁 5 [注!]

(2) 誤。買主が[1]宅地建物の**引渡し**を受け、かつ、[2]代金**全額**を支払うと、クーリング・オフができなくなる。だから、Bは売買契約を解除することはできない。　　　　　　　　　　　　　　　　　　　[※] 355頁 1、2

(3) 誤。クーリング・オフの効力は、買主が書面を**発した時**に生じる（発信主義）。Bが書面を発信した時は、業者Aから「書面」で告げられた日から「8日間」を経過していないので、Bは売買契約を解除することができる。　　　　　　　　　　　　　　　　　　　　　　　　[※] 355頁 4.

(4) 誤。売主である業者Aが、業者Cに売買の媒介・代理を**依頼した**場合は、BがCの事務所で買受けの申込みをしたら、Bはクーリング・オフできなくなる。しかし、本肢のAはCに売買の媒介・代理を「依頼していない」ので、Bは売買契約を解除することができる。　　[※] 352頁 4

（**正 解**）(1)

Point!

買主が自ら申し出た場合の**自宅・勤務先**で買受けの申込みをした場合
➡ クーリング・オフができなくなる。

[注意!] 買主が自ら申し出た場合のホテルのロビー ➡ クーリング・オフできる（肢(1)）。

クーリング・オフ　　　　　　　　　　　［平25-34］

　宅地建物取引業者A社が、自ら売主として宅地建物取引業者でない買主Bとの間で締結した宅地の売買契約について、Bが宅地建物取引業法第37条の2の規定に基づき、いわゆるクーリング・オフによる契約の解除をする場合における次の記述のうち、正しいものはどれか。

(1)　Bは、自ら指定した喫茶店において買受けの申込みをし、契約を締結した。Bが翌日に売買契約の解除を申し出た場合、A社は、既に支払われている手付金及び中間金の全額の返還を拒むことができる。

(2)　Bは、月曜日にホテルのロビーにおいて買受けの申込みをし、その際にクーリング・オフについて書面で告げられ、契約を締結した。Bは、翌週の火曜日までであれば、契約の解除をすることができる。

(3)　Bは、宅地の売買契約締結後に速やかに建物請負契約を締結したいと考え、自ら指定した宅地建物取引業者であるハウスメーカー（A社より当該宅地の売却について代理又は媒介の依頼は受けていない。）の事務所において買受けの申込みをし、A社と売買契約を締結した。その際、クーリング・オフについてBは書面で告げられた。その6日後、Bが契約の解除の書面をA社に発送した場合、Bは売買契約を解除することができる。

(4)　Bは、10区画の宅地を販売するテント張りの案内所において、買受けの申込みをし、2日後、A社の事務所で契約を締結した上で代金全額を支払った。その5日後、Bが、宅地の引渡しを受ける前に契約の解除の書面を送付した場合、A社は代金全額が支払われていることを理由に契約の解除を拒むことができる。

　代理・媒介の依頼を受けていないのだから……。

講義

(1)　誤。Bが自ら申し出た場合の**自宅・勤務先**で、Bが買受けの申込みをした場合は、Bはクーリング・オフできない。しかし、本肢のBが買受けの申込みをした場所は、Bが自ら指定した「喫茶店」なので、Bはクーリング・オフでき、A社は手付金及び中間金の返還を拒むことはできない。

🔖 352頁 ⑤ 注!、356頁 5.

(2)　誤。クーリング・オフができることを、業者から「書面」で**告げられた日**から「**8日間**」経過すると、クーリング・オフできなくなる。だから、本肢のBがクーリング・オフできるのは、翌週の「月曜日」までだ。

🔖 354頁 3.

(3)　正。A社がハウスメーカーに売買の媒介・代理を**依頼していた**のなら、Bはクーリング・オフできない。しかし、本肢のA社はハウスメーカーに売買の媒介・代理を依頼していないので、Bはクーリング・オフできる。

🔖 352頁 ④

(4)　誤。Bが ① 宅地建物の**引渡し**を受け、**かつ**、② 代金の**全額**を支払ったなら、Bはクーリング・オフできない。しかし、本肢のBは宅地の引渡しを受けていないので、クーリング・オフできる。だから、A社は契約の解除を拒むことはできない。

🔖 355頁 ① ②

正解 (3)

👤 **肢(2)について**

　業者から「書面」で**告げられた日**から「**8日間**」経過すると、クーリング・オフできなくなる。

[注意!]　**告げられた日**から数え始める（翌日から数え始めるのではない）ので、肢(2)のBがクーリング・オフできるのは、翌週の「月曜日」までになる。

クーリング・オフ [令4-38]

　宅地建物取引業者が自ら売主となる宅地の売買契約について、買受けの申込みを喫茶店で行った場合における宅地建物取引業法第37条の2の規定に基づくいわゆるクーリング・オフに関する次の記述のうち、正しいものはどれか。

(1)　買受けの申込みをした者が、売買契約締結後、当該宅地の引渡しを受けた場合、クーリング・オフによる当該売買契約の解除を行うことができない。

(2)　買受けの申込みをした者が宅地建物取引業者であった場合、クーリング・オフについて告げられていなくても、申込みを行った日から起算して8日を経過するまでは、書面により買受けの申込みの撤回をすることができる。

(3)　売主業者の申出により、買受けの申込みをした者の勤務先で売買契約を行った場合、クーリング・オフによる当該売買契約の解除を行うことはできない。

(4)　クーリング・オフによる売買契約の解除がなされた場合において、宅地建物取引業者は、買受けの申込みをした者に対し、速やかに、当該売買契約の締結に際し受領した手付金その他の金銭を返還しなければならない。

売主 👤□ ──売買契約──→ 👤 買主
　業者　　（喫茶店で申込み）

 クーリング・オフの結果、契約はなかったことになる。

講義

(1)　誤。①宅地建物の**引渡し**を受け、かつ、②代金の**全部**を支払うとクーリング・オフができなくなる。だから、引渡しを受けても、代金の全部を支払っていなければクーリング・オフできる。　　　　　　355頁①②

(2)　誤。買受けの申込みをした者が**業者**だから（業者間取引だから）、クーリング・オフの規定は適用されない。だからクーリング・オフできない。　　　　　　351頁①②

(3)　誤。買主の申込みの場所と売主の承諾の場所（売買契約の場所）が異なる場合に、クーリング・オフができるかどうかは、**買主の申込みの場所**で決まる。本肢の買主は買受けの申込みを喫茶店で行っているのだから、売買契約をどこで行ってもクーリング・オフできる。　　　　353頁 2.

(4)　正。クーリング・オフの結果、契約はなかったことになるのだから、業者は、手付金等を受け取っていた場合、**すみやかに返還**しなければならない。　　　　　　356頁 5.

正　解 (4)

Point!

後始末（クーリング・オフが行われた後）
① 業者は、手付金等を受け取っていた場合、**すみやかに返還**しなければならない（肢(4)）。
② 業者は、**損害賠償**や**違約金**の支払いを請求できない。

クーリング・オフ　　　　　　　　　　　[平15-39]

　宅地建物取引業者Aが、自ら売主となり、宅地建物取引業者でない買主との間で締結した宅地の売買契約について、買主が宅地建物取引業法第37条の2の規定に基づき売買契約の解除（以下この問において「クーリング・オフ」という。）をする場合に関する次の記述のうち、正しいものはどれか。

(1)　買主Bは、20区画の宅地を販売するテント張りの案内所において、買受けを申し込み、契約を締結して、手付金を支払った。Bは、Aからクーリング・オフについて書面で告げられていなくても、その翌日に契約の解除をすることができる。

(2)　買主Cは、喫茶店で買受けの申込みをした際に、Aからクーリング・オフについて書面で告げられ、その4日後にAの事務所で契約を締結した場合、契約締結日から起算して8日が経過するまでは契約の解除をすることができる。

(3)　買主Dは、ホテルのロビーで買受けの申込みをし、翌日、Aの事務所で契約を締結した際に手付金を支払った。その3日後、Dから、クーリング・オフの書面が送付されてきた場合、Aは、契約の解除に伴う損害額と手付金を相殺することができる。

(4)　買主Eは、自ら指定したレストランで買受けの申込みをし、翌日、Aの事務所で契約を締結した際に代金の全部を支払った。その6日後、Eは、宅地の引渡しを受ける前にクーリング・オフの書面を送付したが、Aは、代金の全部が支払われていることを理由に契約の解除を拒むことができる。

　買主が冷静に判断できる場所か否かがポイント！

(1)　正。テント張りの案内所は、**土地に定着していないから、Bは、クーリング・オフができる。**クーリング・オフができないのは、土地に定着している案内所だ。また、Bは、Aからクーリング・オフができることを、業者のAから書面で告げられた日から「8日間」は、クーリング・オフできるのだから、書面で告げられていない段階（＝書面で告げられた日から8日間経過していない）でもクーリング・オフができる。

352頁 ③ 注！

(2)　誤。Cは、喫茶店で申込みをしたのだから、Aからクーリング・オフができることを、**書面で告げられてから8日間**は、クーリング・オフができる。契約締結日から8日間ではない。契約締結日から8日間を経過していたとしても、クーリング・オフができることを、書面で告げられてから8日間を経過していなければ、Cは、クーリング・オフしてOKだ。

354頁 3.

(3)　誤。クーリング・オフの結果、たとえ業者が損害を受けたとしても、業者は、損害賠償の支払いを請求することはできない。そして、業者は、もともと**損害賠償を請求できない**のだから、損害金と手付金を相殺することもできない。

356頁 5.

(4)　誤。クーリング・オフができなくなるのは、買主が宅地建物の**引渡し**を受け、かつ、代金の**全額**を支払った場合だ。買主Eは、代金の全額を支払ってはいるが、宅地の引渡しをまだ受けていないから、クーリング・オフができる。

355頁 ①、②

（正　解）(1)

Point!

・土地に定着している案内所　➡　クーリング・オフができない。
・土地に定着していない案内所　➡　クーリング・オフができる（肢(1)）。

クーリング・オフ [令1-38]

宅地建物取引業者Aが、自ら売主として、宅地建物取引業者ではないB
との間で宅地の売買契約を締結した場合における、宅地建物取引業法第37
条の2の規定に基づくいわゆるクーリング・オフに関する次の記述のうち、
誤っているものはいくつあるか。

ア　Bがクーリング・オフにより売買契約を解除した場合、当該契約の解
　　除に伴う違約金について定めがあるときは、Aは、Bに対して違約金の
　　支払を請求することができる。

イ　Aは、Bの指定した喫茶店で買受けの申込みを受けたが、その際クー
　　リング・オフについて何も告げず、その3日後に、クーリング・オフに
　　ついて書面で告げたうえで売買契約を締結した。この契約において、クー
　　リング・オフにより契約を解除できる期間について買受けの申込みをし
　　た日から起算して10日間とする旨の特約を定めた場合、当該特約は無効
　　となる。

ウ　Aが媒介を依頼した宅地建物取引業者Cの事務所でBが買受けの申込
　　みをし、売買契約を締結した場合、Aからクーリング・オフについて何
　　も告げられていなければ、当該契約を締結した日から起算して8日経過
　　していてもクーリング・オフにより契約を解除することができる。

(1)　一つ

(2)　二つ

(3)　三つ

(4)　なし

ウ
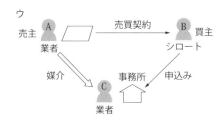

書面で告げられた日から「8日間」より短かったら買主に不利。

ア　誤。クーリング・オフの結果、たとえ業者が損害を受けたとしても、業者は、損害賠償や**違約金**の支払いを請求できない。そして、「Aは、Bに対して違約金の支払いを請求できる」という定め（特約）があっても、その定めはBにとって不利だから無効だ。だから、Aは違約金の支払いを請求できない。　**図**356頁5.　**注!**

イ　正。例えば、Bが申込みをしたのが4月1日だとする。その3日後（つまり4月4日）にクーリング・オフについて書面で告げられている。**書面で告げられた日**（4月4日）から**8日間**クーリング・オフができるのだから、Bは4月11日までクーリング・オフできる。ところが特約は、申込みの日（4月1日）から10日間（4月10日まで）となっている。つまり、特約はクーリング・オフができる期間が1日少ないわけだ。だから、Bにとって不利だから、無効となる。　**図**354頁3.、356頁5.　**注!**

ウ　誤。業者が自ら売主となり、他の業者に売買の媒介・代理を依頼した場合の、**他の業者の事務所**はクーリング・オフができなくなる場所だ。Bは、Aが媒介を依頼した業者Cの事務所で買受けの申込みをし、売買契約を締結したので、クーリング・オフができない。　**図**352頁4

以上により、誤っているものはアとウなので、正解は肢(2)となる。

正　解　(2)

肢イの特約について

買主Bが申込みをした日を4月1日とする。
① 申込日　➡　4月1日
② **書面で告げられた日**　➡　4月4日（書面で告げられたのでカウント開始）
③ 4月4日から**8日間**　➡　4月11日（11日までクーリング・オフできる。これが原則だ）
④ 特約は申込日（4月1日）から10日間　➡　4月10日（10日までクーリング・オフできる）

結論　特約は原則より1日短いので買主Bに不利だ。だから、無効。

クーリング・オフ [令5-35]

　宅地建物取引業者Aが、自ら売主として、宅地建物取引業者ではない買主Bから宅地の買受けの申込みを受けた場合における宅地建物取引業法第37条の2の規定に基づくいわゆるクーリング・オフに関する次の記述のうち、正しいものはどれか。

(1)　Aは、仮設テント張りの案内所でBから買受けの申込みを受けた際、以後の取引について、その取引に係る書類に関してBから電磁的方法で提供をすることについての承諾を得た場合、クーリング・オフについて電磁的方法で告げることができる。

(2)　Aが、仮設テント張りの案内所でBから買受けの申込みを受けた場合、Bは、クーリング・オフについて告げられた日から8日以内に電磁的方法により当該申込みの撤回を申し出れば、申込みの撤回を行うことができる。

(3)　Aが、Aの事務所でBから買受けの申込みを受けた場合、Bは、申込みの日から8日以内に電磁的方法により当該申込みの撤回を申し出れば、申込みの撤回を行うことができる。

(4)　Aが、売却の媒介を依頼している宅地建物取引業者Cの事務所でBから買受けの申込みを受けた場合、Bは、申込みの日から8日以内に書面により当該申込みの撤回を申し出ても、申込みの撤回を行うことができない。

 冷静に判断できる場所で意思表示をした場合は、クーリング・オフできない。

⑴　誤。重要事項説明書や 37 条書面等と違って、クーリング・オフ関連の書面については、**電磁的方法**による提供は認められて**いない**。だから、Ａはクーリング・オフについて電磁的方法で告げることはできない（クーリング・オフの告知は**書面**で行う必要がある）。　　　　🔖 354 頁 3.

⑵　誤。肢⑴の解説に書いてあるように、クーリング・オフ関連の書面については、**電磁的方法**による提供は認められて**いない**。だから、Ｂはクーリング・オフについて告げられた日から 8 日以内に電磁的方法により申込みの撤回を申し出ても、申込みの撤回を行うことはできない（**書面**で行っていないから、申込みの撤回を行うことはできない）。　　　🔖 355 頁 4.

⑶　誤。**事務所**は、冷静に判断できる場所だ。だから、事務所で申込みをした場合はクーリング・オフできない。ＢはＡの事務所で申込みをしている。だから、クーリング・オフできない（申込みの撤回を行うことはできない）。　　　　　　　　　　　　　　　　　　🔖 352 頁 ①

⑷　正。業者が自ら売主となり、他の業者に売却の媒介を依頼した場合の他の業者の**事務所**は、冷静に判断できる場所だ。だから、他の業者の**事務所**で申込みをした場合はクーリング・オフできない。ＢはＣの事務所で申込みをしている。だから、クーリング・オフできない（申込みの撤回を行うことはできない）。　　　　　　　　　　　　　　　　　　🔖 352 頁 ④

（正　解）　⑷

👆 **Point!**

クーリング・オフの方法（肢⑵）

①	書面	➡	○
②	電磁的方法	➡	×
③	口頭	➡	×

クーリング・オフ　　　　　　　　　　[令3-39]

　宅地建物取引業者Ａが、自ら売主として、宅地建物取引業者Ｂの媒介により、宅地建物取引業者ではないＣを買主とするマンションの売買契約を締結した場合における宅地建物取引業法第37条の2の規定に基づくいわゆるクーリング・オフについて告げるときに交付すべき書面（以下この問において「告知書面」という。）に関する次の記述のうち、正しいものはどれか。

(1)　告知書面には、クーリング・オフによる買受けの申込みの撤回又は売買契約の解除があったときは、Ａは、その買受けの申込みの撤回又は売買契約の解除に伴う損害賠償又は違約金の支払を請求することができないことを記載しなければならない。

(2)　告知書面には、クーリング・オフについて告げられた日から起算して8日を経過するまでの間は、Ｃが当該マンションの引渡しを受け又は代金の全部を支払った場合を除き、書面によりクーリング・オフによる買受けの申込みの撤回又は売買契約の解除を行うことができることを記載しなければならない。

(3)　告知書面には、Ｃがクーリング・オフによる売買契約の解除をするときは、その旨を記載した書面がＡに到達した時点で、その効力が発生することを記載しなければならない。

(4)　告知書面には、Ａ及びＢの商号又は名称及び住所並びに免許証番号を記載しなければならない。

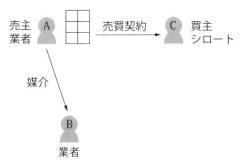

　業者は泣き寝入りだ。損害賠償や違約金を請求できない。

(1) 正。告知書面には、「クーリング・オフによる買受けの申込みの撤回または売買契約の解除があったときは、業者は、その買受けの申込みの撤回または売買契約の解除に伴う**損害賠償または違約金**の支払を請求することができないこと」を記載しなければならない。　**図** 356頁 5.

(2) 誤。告知書面には、「告げられた日から起算して8日を経過する日までの間は、宅地建物の引渡しを受け、**かつ**、その代金の全部を支払った場合を除き、書面により買受けの申込みの撤回または売買契約の解除を行うことができること」を記載しなければならない。「または」ではないので、本肢は×だ（クーリング・オフができなくなるのは、買主が ① 宅地建物の引渡しを受け、かつ、② 代金の全部を支払った場合だ）。

図 355頁 ① ②

(3) 誤。告知書面には、「買受けの申込みの撤回または売買契約の解除は、買受けの申込みの撤回または売買契約の解除を行う旨を記載した書面を**発した時**に、その効力を生ずること」を記載しなければならない。「到達した時点」ではないので、本肢は×だ。　**図** 355頁 4.

(4) 誤。告知書面には、「**売主**である業者（本肢では A）の商号または名称、住所、免許証番号」を記載しなければならない。媒介業者（本肢では B）の「商号または名称、住所、免許証番号」の記載は不要だ。

（**正　解**）(1)

Point!

クーリング・オフを告げるときに交付すべき書面（告知書面）には、次の記載が必要。

① **売主**業者の①商号または名称②住所③免許証番号（肢(4)）|注意!|
② 買主シロートの①氏名（法人の場合は、商号または名称）②住所
|注意!| 媒介業者の商号等は記載不要（肢(4)）。

クーリング・オフ [平28-44]

宅地建物取引業者Aが、自ら売主として、宅地建物取引業者でないBと宅地の売買契約を締結した場合、宅地建物取引業法第37条の2の規定に基づくいわゆるクーリング・オフについてAがBに告げるときに交付すべき書面の内容に関する次の記述のうち、誤っているものはどれか。

(1) Aについては、その商号又は名称及び住所並びに免許証番号、Bについては、その氏名（法人の場合、その商号又は名称）及び住所が記載されていなければならない。

(2) Bは、クーリング・オフについて告げられた日から起算して8日を経過するまでの間は、代金の全部を支払った場合を除き、書面によりクーリング・オフによる契約の解除を行うことができることが記載されていなければならない。

(3) クーリング・オフによる契約の解除は、Bが当該契約の解除を行う旨を記載した書面を発した時にその効力を生ずることが記載されていなければならない。

(4) Bがクーリング・オフによる契約の解除を行った場合、Aは、それに伴う損害賠償又は違約金の支払をBに請求することができないこと、また、売買契約の締結に際し、手付金その他の金銭が支払われているときは、遅滞なくその全額をBに返還することが記載されていなければならない。

 引渡しは？

⑴　正。書面には、①売主である業者Aの商号または名称・住所・**免許証番号**、②買主Bの氏名（法人の場合は、その商号または名称）・住所が記載されていなければならない。

⑵　誤。書面には、告げられた日から起算して8日を経過する日までの間は、宅地の**引渡し**を受け、かつ、代金の全部を支払った場合を除き、書面により契約の解除を行うことができることが記載されていなければならない。本肢は「代金の全部を支払った場合を除き」となっている（「宅地の引渡しを受け、かつ、」の部分が抜けている）ので、×だ。

355頁 上の枠

⑶　正。書面には、契約の解除は、Bが当該契約の解除を行う旨を記載した書面を**発した時**にその効力を生ずることが記載されていなければならない。

355頁 4.

⑷　正。書面には、Bが契約の解除を行った場合、Aは、それに伴う**損害賠償**または**違約金**の支払をBに請求することが**できない**こと、また、売買契約の締結に際し、**手付金**その他の金銭が支払われているときは、遅滞なくその全額をBに**返還**することが記載されていなければならない。

356頁 5.

（**正 解**）　⑵

Point!

買主が　① 宅地建物の**引渡し**を受け、かつ、
　　　　② 代金**全額**を支払うと
➡ クーリング・オフができなくなる（肢⑵）。

クーリング・オフ [⇧2-40]

　宅地建物取引業者Aが、自ら売主として、宅地建物取引業者ではないB
との間で宅地の売買契約を締結した場合における、宅地建物取引業法第37
条の2の規定に基づくいわゆるクーリング・オフに関する次の記述のうち、
Bがクーリング・オフにより契約の解除を行うことができるものはいくつ
あるか。

ア　Bが喫茶店で当該宅地の買受けの申込みをした場合において、Bが、
　　Aからクーリング・オフについて書面で告げられた日の翌日から起算し
　　て8日目にクーリング・オフによる契約の解除の書面を発送し、10日目
　　にAに到達したとき。

イ　Bが喫茶店で当該宅地の買受けの申込みをした場合において、クーリ
　　ング・オフによる契約の解除ができる期間内に、Aが契約の履行に着手
　　したとき。

ウ　Bが喫茶店で当該宅地の買受けの申込みをした場合において、AとB
　　との間でクーリング・オフによる契約の解除をしない旨の合意をしたとき。

エ　Aの事務所ではないがAが継続的に業務を行うことができる施設があ
　　り宅地建物取引業法第31条の3第1項の規定により専任の宅地建物取引
　　士が置かれている場所で、Bが買受けの申込みをし、2日後に喫茶店で
　　売買契約を締結したとき。

(1)　一つ

(2)　二つ

(3)　三つ

(4)　四つ

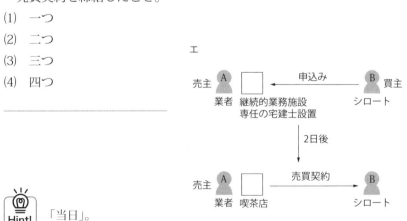

Hint!　「当日」。

ア　解除できない。クーリング・オフができることを、業者から書面で告げられた日から8日間経過すると、クーリング・オフができなくなる。Bは書面で告げられた日の「翌日」から起算して8日目に書面を発送している。つまり、書面で告げられた日から9日目に発送しているわけだ。だから、Bはクーリング・オフができない。　　　　　　　　　　図354頁 3.

イ　解除できる。相手方が履行に着手した後は、解除できなくなるのは**手付**による解除だ。クーリング・オフによる解除は、相手方が履行に着手した後でもできる。　　　　　　　　　　　　　　　　　　　図175頁 ⑵

ウ　解除できる。クーリング・オフについての特約は、買主にとって**不利**なものは無効となる。「クーリング・オフによる契約の解除をしない旨」の特約（合意）は買主に不利だから、無効となる。だから、Bはクーリング・オフができる。　　　　　　　　　　　　　　図356頁 注!

エ　解除できない。買主が申込みをした場所と売主が承諾した場所（契約が締結された場所）が異なる場合に、クーリング・オフができるかどうかは、買主が**申込み**をした場所で決まる。Bが申込みをした場所は、事務所以外の場所で、継続的に業務を行うことができる施設があり、専任の宅地建物取引士の設置義務がある場所（ここはクーリング・オフができなくなる場所）なので、Bはクーリング・オフができない。

図352頁 ⑵、353頁 2.

以上により、解除できるものはイとウなので、正解は肢⑵となる。

（**正　解**）⑵

Point!

相手方が履行に着手した後でも解除できるか？

１　**手付**による解除　　　　➡　できない

２　クーリング・オフによる解除 ➡　できる（肢イ）

クーリング・オフ [平30-37]

　宅地建物取引業者である売主Aが、宅地建物取引業者Bの媒介により宅地建物取引業者ではない買主Cと新築マンションの売買契約を締結した場合において、宅地建物取引業法第37条の2の規定に基づくいわゆるクーリング・オフに関する次の記述のうち、正しいものはいくつあるか。

ア　AとCの間で、クーリング・オフによる契約の解除に関し、Cは契約の解除の書面をクーリング・オフの告知の日から起算して8日以内にAに到達させなければ契約を解除することができない旨の特約を定めた場合、当該特約は無効である。

イ　Cは、Bの事務所で買受けの申込みを行い、その3日後に、Cの自宅近くの喫茶店で売買契約を締結した場合、クーリング・オフによる契約の解除はできない。

ウ　Cは、Bからの提案によりCの自宅で買受けの申込みを行ったが、クーリング・オフについては告げられず、その10日後に、Aの事務所で売買契約を締結した場合、クーリング・オフによる契約の解除はできない。

エ　クーリング・オフについて告げる書面には、Bの商号又は名称及び住所並びに免許証番号を記載しなければならない。

(1)　一つ

(2)　二つ

(3)　三つ

(4)　なし

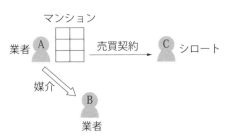

媒介業者の情報ではなく、売主に関する情報を記載する。

ア　正。クーリング・オフの効力は、買主が解除の書面を**発した時**に生じる（発信主義）。だから、Ｃは解除の書面を告知の日から起算して８日以内に発信すれば契約を解除できる。したがって、本肢の「８日以内に到達させなければ解除できない」旨の特約は、Ｃにとって不利だから無効となる。　　　　　　　　　　　　　　　　　　　　　355頁４.、356頁5. 注!

イ　正。申込みの場所と契約の場所（承諾の場所）が異なる場合に、クーリング・オフができるかどうかは、**申込み**の場所で決まる。ＣはＢの事務所で申込みをしているから、クーリング・オフできない。

　　　　　　　　　　　　　　　　　　　　　　　　　352頁④、353頁2.

ウ　誤。申込みの場所が、Ｃが**自ら申し出**た場合の自宅なら、クーリング・オフできない。しかし、本肢の場合、提案したのはＢであり、Ｃが申し出たのではない。また、クーリング・オフができることを、**書面で告げ**られてから８日間経過すると、クーリング・オフができなくなるが、Ｃは告げられてはいない。したがって、Ｃはクーリング・オフできる。

　　　　　　　　　　　　　　　　　　　　352頁⑤ 注!、354頁3.

エ　誤。クーリング・オフについて告げる書面には、**売主**（つまりＡ）の①商号または名称②住所③免許証番号を記載しなければならない。媒介業者Ｂのものではなく、売主Ａのものを記載しなければならないので、本肢は×だ。

　　以上により、正しいものはアとイなので、正解は肢(2)となる。

（**正　解**）　(2)

Point!

　クーリング・オフについて告げる書面には、次の事項を記載しなければならない（肢エ）。

① 売主の　① 商号または名称
　　　　　　② 住所
　　　　　　③ 免許証番号
② 買主の　① 氏名（法人の場合は、商号または名称）
　　　　　　② 住所

他人の物件の売買 [平17-35]

　宅地建物取引業者Aが自ら売主となって宅地建物の売買契約を締結した場合に関する次の記述のうち、宅地建物取引業法の規定に違反するものはどれか。

　なお、この問において、AとC以外の者は宅地建物取引業者でないものとする。

(1) Bの所有する宅地について、BとCが売買契約を締結し、所有権の移転登記がなされる前に、CはAに転売し、Aは更にDに転売した。

(2) Aの所有する土地付建物について、Eが賃借していたが、Aは当該土地付建物を停止条件付でFに売却した。

(3) Gの所有する宅地について、AはGと売買契約の予約をし、Aは当該宅地をHに転売した。

(4) Iの所有する宅地について、AはIと停止条件付で取得する売買契約を締結し、その条件が成就する前に当該物件についてJと売買契約を締結した。

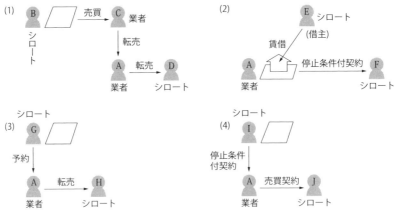

Aが他人の物件を手に入れることが確実なら、シロートに売却してOKだ！

(1)　違反しない。BとCで売買契約を締結しているので、宅地（便宜上この宅地を甲地と呼ぶ）の所有権はCに移転している。業者は他人の物件を確実に取得できる場合には、シロートの買主に売ってOKなのだ。業者Aは、甲地の所有者であるCと甲地を取得する「**契約**」を締結しているから、他人の物件を確実に取得できる場合だ。だから、業者Aは甲地をシロートの買主であるDに売ってOKだ。ちなみに、登記をしてなくても、所有権は移転することになる。念のため。　　　　　　　　　　　　　357頁 [1]

(2)　違反しない。Aは自分が所有している土地付建物を売却しているだけであり、そもそも**他人の物件の売買**にはならないので、トーゼン宅建業法には違反しない。自己の所有物件に賃借人がいても何の問題もない。
　　　　　　　　　　　　　　　　　　　　　　　　　　　356頁 1.

(3)　違反しない。業者が他人の物件を取得する「**予約**」を締結している場合は、他人の物件を確実に取得できる場合だからシロートの買主に売ってOKだ。他人の物件をシロートであるHに転売しても宅建業法には違反しない。　　　　　　　　　　　　　　　　　　　　　　　357頁 [2]

(4)　**違 反 す る** 。業者が他人の物件を取得する「**条件付契約**」を締結している場合は、他人の物件を確実に取得できる場合ではないので、シロートの買主に売ることはできない。宅建業法に違反している。　　357頁 [3]

（正　解） (4)

Point!

他人の物件の売買
　　業者がその物件を取得する　　　　　シロートの買主に売ってよいか？
[1]　「**契約**」を締結している場合　　➡ ○ （肢(1)）
[2]　「**予約**」を締結している場合　　➡ ○ （肢(3)）
[3]　「**条件付契約**」を締結している場合 ➡ × （肢(4)）
注意 ➡ 「条件付契約」であっても、条件が成就した後は、シロート買主に売ってOKとなる。

手付金等保全措置 [令1-37]

　宅地建物取引業者Aが、自ら売主として、宅地建物取引業者ではないB との間で締結する建築工事完了前のマンション（代金3,000万円）の売買 契約に関する次の記述のうち、宅地建物取引業法（以下この問において「法」 という。）の規定によれば、正しいものはどれか。

(1)　Aが手付金として200万円を受領しようとする場合、Aは、Bに対し て書面で法第41条に定める手付金等の保全措置を講じないことを告げれ ば、当該手付金について保全措置を講じる必要はない。

(2)　Aが手付金を受領している場合、Bが契約の履行に着手する前であっ ても、Aは、契約を解除することについて正当な理由がなければ、手付 金の倍額を現実に提供して契約を解除することができない。

(3)　Aが150万円を手付金として受領し、さらに建築工事完了前に中間金 として50万円を受領しようとする場合、Aは、手付金と中間金の合計額 200万円について法第41条に定める手付金等の保全措置を講じれば、当 該中間金を受領することができる。

(4)　Aが150万円を手付金として受領し、さらに建築工事完了前に中間金 として500万円を受領しようとする場合、Aは、手付金と中間金の合計 額650万円について法第41条に定める手付金等の保全措置を講じたと しても、当該中間金を受領することができない。

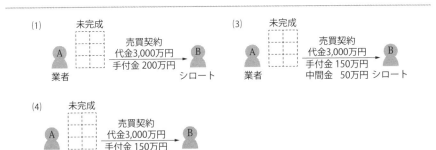

限度額を超える部分だけに講じてもダメ。

講義

(1) 誤。未完成物件で、代金の5％（150万円）を超える200万円を受領しようとするのだから、保全措置を講じる必要がある。「書面で保全措置を講じないことを告げれば、保全措置を講じる必要はない」というのは、全くのデタラメだ。　　　　　　　　　　　　　　　　363頁(2)①

(2) 誤。Bが履行に着手する前であれば、Aは手付金の倍額を現実に提供して、契約を解除できる。この手付金の倍返しによる解除は、正当な理由がなくてもできる。　　　　　174頁(1)、175頁(2)、176頁(3)

(3) 正。手付金の150万円＋中間金の50万円＝200万円となり、代金の5％（150万円）を超えるから、中間金を受領するためには保全措置が必要だ。そして、保全措置は、限度額を超える部分である50万円だけに講じるのではなく200万円**全額**に講じる必要がある。だから、Aは200万円について保全措置を講じれば、中間金を受領できる。

363頁(2)①、364頁 よく出るポイント②

(4) 誤。手付金の150万円＋中間金の500万円＝650万円となり、代金の5％（150万円）を超えるから、中間金を受領するためには保全措置が必要だ。そして、保全措置は、限度額を超える部分である500万円だけに講じるのではなく650万円**全額**に講じる必要がある。だから、Aは650万円について保全措置を講じれば、中間金を受領できる。なお、売主業者、買主シロートの場合、受け取れる手付の額は、代金の20％が限度だが、中間金は手付金ではないので、代金の20％に制限されない。

363頁(2)①、364頁 よく出るポイント②

正　解　(3)

Point!

全額に講じる
　手付金等保全措置は、限度額を超える部分だけに講じるのではなく、**全額**に講じなければならない（肢(3)(4)）。

手付金等保全措置 [平22-41]

　宅地建物取引業者Ａが、自ら売主として宅地建物取引業者でない買主Ｂとの間で、建築工事完了前のマンションの売買契約を締結するに当たり、宅地建物取引業法第41条の規定に基づく手付金等の保全措置（以下この問において「保全措置」という。）が必要な場合における次の記述のうち、同法の規定によれば、誤っているものはいくつあるか。

ア　売買契約において、当該マンションの代金の額の10％に相当する額の中間金を支払う旨の定めをしたが、Ａが保全措置を講じないことを理由に、Ｂが当該中間金を支払わないときは、Ａは、Ｂの当該行為が債務不履行に当たるとして契約を解除することができる。

イ　Ａが受領した手付金の返還債務を連帯して保証することを委託する契約をＡとＡの代表取締役との間であらかじめ締結したときは、Ａは、当該マンションの代金の額の20％に相当する額を手付金として受領することができる。

ウ　Ａが受領した手付金の返還債務のうち、保全措置を講じる必要があるとされた額を超えた部分についてのみ保証することを内容とする保証委託契約をＡと銀行との間であらかじめ締結したときは、Ａは、この額を超える額の手付金を受領することができる。

エ　手付金の受領後遅滞なく保全措置を講じる予定である旨を、ＡがあらかじめＢに対して説明したときは、Ａは、保全措置を講じることなく当該マンションの代金の額の10％に相当する額を手付金として受領することができる。

(1)　一つ
(2)　二つ
(3)　三つ
(4)　四つ

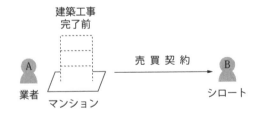

Hint!　個数問題は、全部×（全部○）ということもありうる。

ア　誤。買主は、業者が手付金等保全措置をとらない限り、手付金等を**支払わなくて OK** だ（支払わなくても債務不履行にはならない）。そして、債務不履行にならないのだから、業者Aは、契約を解除することはできない。

🈹 362頁(3)

イ　誤。本肢のような方法で手付金等保全措置を講じる場合は、**銀行等の金融機関**か、**保険事業者**と保証委託契約を締結しなければならない。民間人であるAの代表取締役と保証委託契約を締結してもダメだ。

🈹 361頁(1)

ウ　誤。手付金等保全措置は、限度額を超える部分にだけ講じるのではなく、**全額**に講じなければならない。　　　　　🈹 364頁 よく出るポイント②

エ　誤。業者は、手付金等を**受領する前**に手付金等保全措置を講じなければならない。受領後遅滞なく講じるのでは、ダメだ。　　　🈹 362頁(3)

　以上により、誤っているものはアとイとウとエなので（全部が誤っているので）、正解は肢(4)となる。

（**正　解**）(4)

Point!

Q1　業者は、いつまでに手付金等保全措置を講じなければならないか？

A1　手付金等を**受領する前**だ（肢エ）。

Q2　業者が、手付金等保全措置を講じない場合、買主はドーする？

A2　手付金等を**支払わなくて OK**（支払わなくても債務不履行にはならない）（肢ア）。

手付金等保全措置その他　　　[平24-34]

　宅地建物取引業者A社は、自ら売主として宅地建物取引業者でない買主Bとの間で、中古マンション（代金2,000万円）の売買契約（以下「本件売買契約」という。）を締結し、その際、代金に充当される解約手付金200万円（以下「本件手付金」という。）を受領した。この場合におけるA社の行為に関する次の記述のうち、宅地建物取引業法（以下この問において「法」という。）の規定に違反するものはいくつあるか。

ア　引渡前に、A社は、代金に充当される中間金として100万円をBから受領し、その後、本件手付金と当該中間金について法第41条の2に定める保全措置を講じた。

イ　本件売買契約締結前に、A社は、Bから申込証拠金として10万円を受領した。本件売買契約締結時に、当該申込証拠金を代金の一部とした上で、A社は、法第41条の2に定める保全措置を講じた後、Bから本件手付金を受領した。

ウ　A社は、本件手付金の一部について、Bに貸付けを行い、本件売買契約の締結を誘引した。

(1)　一つ

(2)　二つ

(3)　三つ

(4)　なし

中古マンション
(＝完成物件)

売買契約
2,000万円

A　業者　手付金 200万円

B　シロート

Hint!　中間金は手付金等に含まれる。

講義

ア　違反する。A社は、100万円の中間金（＝手付金等）を受領する前に手付金等保全措置を講じなければならない。A社は、中間金を「受領した後」に保全措置を講じているので業法の規定に違反する。

　　　　　　　　　　　　　　　　362頁⑶、364頁 よく出るポイント③

イ　違反しない。申込証拠金（代金の一部とする）10万円＋手付金200万円＝210万円となり、代金の**10%**を超えるので、保全措置が必要となる。そして、A社は、手付金を**受領する前**に手付金等保全措置を講じているので、何の問題もない。　　　　　　　363頁⑵、364頁 注！

ウ　違反する。業者は、**手付金をお客さんに貸し付けて、契約の勧誘をしてはならない。**　　　　　　　　　　　　　　　　326頁 5.

以上により、違反するものはアとウなので、正解は肢⑵となる。

（　正　解　）⑵

Point!

手付金**等**保全措置の「**等**」とは、
➡ 手付金という名称でなくとも、「契約の締結以後、物件の引渡し前に支払われ、**代金に充当**されるお金」であれば、すべて含む、という意味。よく出るのは、**中間金**だ（肢ア）。

手付金等保全措置 [平26-33]

　宅地建物取引業者Aが、自ら売主として買主との間で建築工事完了前の建物を5,000万円で売買する契約をした場合において、宅地建物取引業法第41条第1項に規定する手付金等の保全措置（以下この問において「保全措置」という。）に関する次の記述のうち、同法に違反するものはどれか。

(1) Aは、宅地建物取引業者であるBと契約を締結し、保全措置を講じずに、Bから手付金として1,000万円を受領した。

(2) Aは、宅地建物取引業者でないCと契約を締結し、保全措置を講じた上でCから1,000万円の手付金を受領した。

(3) Aは、宅地建物取引業者でないDと契約を締結し、保全措置を講じることなくDから手付金100万円を受領した後、500万円の保全措置を講じた上で中間金500万円を受領した。

(4) Aは、宅地建物取引業者でないEと契約を締結し、Eから手付金100万円と中間金500万円を受領したが、既に当該建物についてAからEへの所有権移転の登記を完了していたため、保全措置を講じなかった。

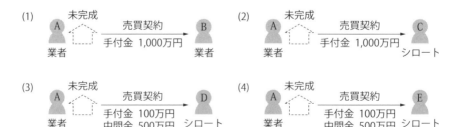

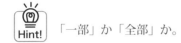

「一部」か「全部」か。

(1) 違反しない。買主が業者の場合（**業者間取引**の場合）は、保全措置を講じる必要はない。だから、Aは、保全措置を講じずに、1,000万円の手付金を受け取ってOK。　　　　　　　　　　　🈞 351頁 ②

(2) 違反しない。Aは、**保全措置を講じた**上で手付金を受け取っているのだから、宅建業法に違反しない。　　　　　　　　　　🈞 362頁 (3)

(3) 違反する。保全措置は、**全額**について講じなければならない。本肢の場合、Aは、600万円**全額**（手付金の100万円＋中間金の500万円）講じなければならない。中間金の500万円についてだけ講じてもダメなので、本肢は宅建業法に違反する。　　　🈞 364頁 よく出るポイント②

(4) 違反しない。買主Eが登記さえ得れば、その後Aがたとえ二重譲渡したとしても、Eは安泰だ。だから、Eが**登記**を得た場合には、保全措置は不要となる。　　　　　　　　　　　　　　　　🈞 363頁 (1)

（正　解）(3)

第4編　「自ら売主」の「8つの制限」

Point!

　手付金等保全措置は、**全額**に講じなければならない。

例 5,000万円の未完成物件について、手付金の100万円と中間金の500万円を受け取る場合、

　➡ 手付金等保全措置は、600万円**全額**に講じなければならない（肢(3)）。

手付金等保全措置　　　　　　　　　　　[㋻30-38]

　宅地建物取引業者である売主は、宅地建物取引業者ではない買主との間で、戸建住宅の売買契約（所有権の登記は当該住宅の引渡し時に行うものとする。）を締結した。この場合における宅地建物取引業法第41条又は第41条の2の規定に基づく手付金等の保全措置（以下この問において「保全措置」という。）に関する次の記述のうち、正しいものはどれか。

(1)　当該住宅が建築工事の完了後で、売買代金が3,000万円であった場合、売主は、買主から手付金200万円を受領した後、当該住宅を引き渡す前に中間金300万円を受領するためには、手付金200万円と合わせて保全措置を講じた後でなければ、その中間金を受領することができない。

(2)　当該住宅が建築工事の完了前で、売買代金が2,500万円であった場合、売主は、当該住宅を引き渡す前に買主から保全措置を講じないで手付金150万円を受領することができる。

(3)　当該住宅が建築工事の完了前で、売主が買主から保全措置が必要となる額の手付金を受領する場合、売主は、事前に、国土交通大臣が指定する指定保管機関と手付金等寄託契約を締結し、かつ、当該契約を証する書面を買主に交付した後でなければ、買主からその手付金を受領することができない。

(4)　当該住宅が建築工事の完了前で、売主が買主から保全措置が必要となる額の手付金等を受領する場合において売主が銀行との間で締結する保証委託契約に基づく保証契約は、建築工事の完了までの間を保証期間とするものでなければならない。

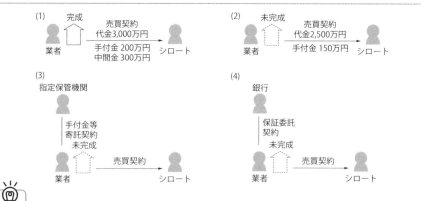

超える部分だけではダメ。

講義

(1) 正。3,000万円の完成物件だから、手付金等の額が300万円以下（代金の10%以下）の場合は、保全措置は不要だ。だから、手付金（200万円）については、保全措置を講じないで受け取ってOKだ。ただし、中間金（300万円）を受け取るためには、手付金200万円＋中間金300万円＝500万円となり、300万円を超えるので保全措置が必要だ。そして、手付金等保全措置は、限度額を超える部分だけに講じるのではなく、**全額**に講じなければならない。　　　　　　　　　　📖363頁(2)②、364頁 よく出るポイント②

(2) 誤。2,500万円の未完成物件だから、手付金等の額が125万円以下（代金の5%以下）の場合は、保全措置は不要だ。本肢の手付金の150万円は、125万円を超えるので保全措置が必要だ。　　　　　　　　　📖363頁(2)①

(3) 誤。未完成物件の場合は、**指定保管機関**には手付金等保全措置を依頼**できない**。指定保管機関が面倒を見てくれるのは、完成物件だけだ。
　　　　　　　　　　　　　　　　　　　　　　　📖362頁 注!

(4) 誤。保証委託契約に基づく保証契約とは、銀行等に面倒を見てもらう方法のことだ。この保証委託契約に基づく保証契約は、「**引渡し**」までの間を保証期間とするものでなければならない。「工事完了」までの間ではないので、本肢は×だ。

（**正　解**）(1)

Point!

全額に講じる
手付金等保全措置は、限度額を超える部分だけに講じるのではなく、**全額**に講じなければならない（肢(1)）。

手付金等保全措置　　　　　　　　　　[〒28-43]

　宅地建物取引業者Aが、自ら売主として、宅地建物取引業者でないBと建築工事完了前のマンション（代金3,000万円）の売買契約を締結した場合、宅地建物取引業法第41条の規定に基づく手付金等の保全措置（以下この問において「保全措置」という。）に関する次の記述のうち、正しいものはいくつあるか。

ア　Aが、Bから手付金600万円を受領する場合において、その手付金の保全措置を講じていないときは、Bは、この手付金の支払を拒否することができる。

イ　Aが、保全措置を講じて、Bから手付金300万円を受領した場合、Bから媒介を依頼されていた宅地建物取引業者Cは、Bから媒介報酬を受領するに当たり、Aと同様、あらかじめ保全措置を講じなければ媒介報酬を受領することができない。

ウ　Aは、Bから手付金150万円を保全措置を講じないで受領し、その後引渡し前に、中間金350万円を受領する場合は、すでに受領した手付金と中間金の合計額500万円について保全措置を講じなければならない。

エ　Aは、保全措置を講じないで、Bから手付金150万円を受領した場合、その後、建築工事が完了しBに引き渡す前に中間金150万円を受領するときは、建物についてBへの所有権移転の登記がなされるまで、保全措置を講じる必要がない。

(1)　一つ

(2)　二つ

(3)　三つ

(4)　四つ

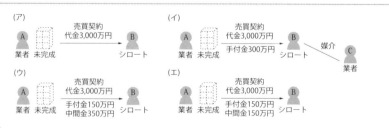

　未完成物件か完成物件かは、契約時で判断する。

ア　正。業者が手付金等保全措置を講ずる必要があるのに、講じない場合、買主は、業者が手付金等保全措置を講じない限り、手付金等を支払わなくていい。
　　　　　　　　　　　　　　　　　　　　　　　　　　　362頁⑶

イ　誤。手付金等保全措置を講じる義務があるのは、売主である業者Aだ。媒介業者Cは保全措置を講じる義務はない。また、保全措置の対象となる手付金等に媒介報酬は含まれない。本肢は、全くのデタラメだ。
　　　　　　　　　　　　　　　364頁 よく出るポイント③、365頁⑴

ウ　正。手付金等保全措置は、限度額を超える部分だけに講じるのではなく、全額に講じなければならない。だから、Aは、全額（手付金＋中間金＝500万円）について、保全措置を講じなければならない。
　　　　　　　　　　　　　　　　　　　364頁 よく出るポイント②

エ　誤。未完成物件か否かは、契約時において判断することになる。本肢のように、建築工事完了後に中間金の支払いをする場合でも、契約時に未完成物件であるなら、未完成物件のルールが適用される（つまり、代金の5％を超えるか、または、1,000万円を超えたら保全措置を講じる必要がある）。300万円（手付金150万円＋中間金150万円＝300万円）という金額は、代金の5％を超えているから、Aは、保全措置を講じる必要がある。
　　　　　　　　　　　　　　　　　363頁⑵①、注!

以上により、正しいものはアとウなので、正解は肢⑵となる。

正　解　⑵

Point!

　「**契約時は、未完成物件**」で、「**中間金の支払時は、完成物件**」の場合
➡ 未完成物件のルールが適用される（代金の5％を超えるか、または、1,000万円を超えたら保全措置を講じる必要がある）（肢エ）。

手付金等保全措置　　　　　　　　　[平20-41]

　宅地建物取引業者Aが自ら売主として、買主Bとの間で締結した売買契約に関して行う次に記述する行為のうち、宅地建物取引業法（以下この問において「法」という。）の規定に違反するものはどれか。

(1)　Aは、宅地建物取引業者でないBとの間で建築工事完了前の建物を5,000万円で販売する契約を締結し、法第41条に規定する手付金等の保全措置を講じずに、200万円を手付金として受領した。

(2)　Aは、宅地建物取引業者でないBとの間で建築工事が完了した建物を5,000万円で販売する契約を締結し、法第41条の2に規定する手付金等の保全措置を講じずに、当該建物の引渡し前に700万円を手付金として受領した。

(3)　Aは、宅地建物取引業者でないBとの間で建築工事完了前の建物を1億円で販売する契約を締結し、法第41条に規定する手付金等の保全措置を講じた上で、1,500万円を手付金として受領した。

(4)　Aは、宅地建物取引業者であるBとの間で建築工事が完了した建物を1億円で販売する契約を締結し、法第41条の2に規定する手付金等の保全措置を講じずに、当該建物の引渡し前に2,500万円を手付金として受領した。

売買契約

A　　　　　　　　　B
業者

Hint!　楽勝ゴロ合せを思い出せ！

講義

(1) 違反しない。未完成物件の場合、手付金等の額が代金の5%以下、かつ、1,000万円以下の場合には、業者は、保全措置をとらずに手付金等を受け取ることができる。Aが受け取った手付金は200万円なので、その額は、代金の5%以下、かつ、1,000万円以下だから、保全措置をとらなくてOKだ。

363頁(2)①

(2) 違反する。完成物件の場合、手付金等の額が代金の10%以下、かつ、1,000万円以下の場合には、業者は、保全措置をとらずに手付金等を受け取ることができる。Aが受け取った手付金は700万円なので、その額が代金の10%を超えることになるから、保全措置が必要だ。

363頁(2)②

(3) 違反しない。Aは、手付金を受け取る前に保全措置をとったのだから、何の問題もない。トーゼン宅建業法の規定に違反しない。 362頁(3)

(4) 違反しない。業者間取引だから、Aは、保全措置をとらないで手付金等を受け取ってOKだ。また、業者間取引だから、Aは、代金の20%を超える手付金を受け取ってOKだ。だから、宅建業法の規定に違反しない。

351頁②

正 解 (2)

Point!

金額が小さいので保全措置が不要な場合
①未完成物件 ➡ 代金の 5%以下、かつ、1,000万円以下（肢(1)）
②完成物件 ➡ 代金の10%以下、かつ、1,000万円以下（肢(2)）

楽勝 ゴロ合せ

ミカン	5	つで	カン	ジュース	1000
未完成物件	5%以下		完成物件	10%以下	1,000万円以下

手付金等保全措置その他 [平27-40]

　宅地建物取引業者Ａが、自ら売主として宅地建物取引業者でない買主Ｂとの間で締結した売買契約に関する次の記述のうち、宅地建物取引業法の規定によれば、正しいものはいくつあるか。

ア　Ａは、Ｂとの間で建築工事完了後の建物に係る売買契約（代金3,000万円）において、「Ａが契約の履行に着手するまでは、Ｂは、売買代金の１割を支払うことで契約の解除ができる」とする特約を定め、Ｂから手付金10万円を受領した。この場合、この特約は有効である。

イ　Ａは、Ｂとの間で建築工事完了前の建物に係る売買契約（代金3,000万円）を締結するに当たり、保険事業者との間において、手付金等について保証保険契約を締結して、手付金300万円を受領し、後日保険証券をＢに交付した。

ウ　Ａは、Ｂとの間で建築工事完了前のマンションに係る売買契約（代金3,000万円）を締結し、その際に手付金150万円を、建築工事完了後、引渡し及び所有権の登記までの間に、中間金150万円を受領したが、合計額が代金の10分の１以下であるので保全措置を講じなかった。

(1)　一つ

(2)　二つ

(3)　三つ

(4)　なし

 保険は、いつかけるのか？

ア　誤。業者が売主となり、シロートの買主から手付を受け取る場合、買主に不利な特約は**無効**になる。本肢の特約は、買主Bに不利なので**無効**になる（Bは、「10万円」放棄すれば解除できるハズなのに、特約だと、Bは、解除するのに「代金の1割（要するに300万円）」払う必要がある。だから、本肢の特約は、Bに不利だ）。　　　　　　　　　　　📖 366頁 第4節

イ　誤。手付金等保全措置は、手付金等を**受領する前**に講じなければならない。だから、Aは、300万円を**受領する前**に、保険証券をBに**交付し**なければならない。　　　　　　　　　　　　　　　　　　📖 362頁(3)

ウ　誤。「未完成物件なのか、それとも、完成物件なのか？」の判断は**契約時**を基準に判断する（契約時に未完成物件ならば、その後、完成しても未完成物件）。だから、本肢のマンションは、未完成物件として扱うことになる。**未完成物件**の場合は、手付金等が、代金の**5%を超える**か、または1,000万円を超えるなら、保全措置を講じる必要がある。本肢の場合、手付金150万円＋中間金150万円＝300万円となり、代金の5%である150万円を超えることになる。だから、保全措置を講じる必要がある。
　　　　　　　　　　　　　　　　　　📖 363頁(2) ①、注!

以上により、正しいものはないので（全部が誤りなので）、正解は肢(4)となる。

正　解　(4)

Point!

手付金等保全措置は、
➡ 手付金等を**受領する前**に講じなければならない。
➡ だから、手付金等を**受領する前**に、保険証券をシロートの買主に**交付**しなければならない（肢イ）。

コメント　保険証券を交付しなければ、保全措置を講じたことにならない、ということ。

第4編　「自ら売主」の「8つの制限」

手付金等保全措置 [平25-40]

　宅地建物取引業者Ａが、自ら売主として買主との間で締結する売買契約に関する次の記述のうち、宅地建物取引業法（以下この問において「法」という。）の規定によれば、正しいものはどれか。なお、この問において「保全措置」とは、法第41条に規定する手付金等の保全措置をいうものとする。

(1)　Ａは、宅地建物取引業者でない買主Ｂとの間で建築工事完了前の建物を4,000万円で売却する契約を締結し300万円の手付金を受領する場合、銀行等による連帯保証、保険事業者による保証保険又は指定保管機関による保管により保全措置を講じなければならない。

(2)　Ａは、宅地建物取引業者Ｃに販売代理の依頼をし、宅地建物取引業者でない買主Ｄと建築工事完了前のマンションを3,500万円で売却する契約を締結した。この場合、Ａ又はＣのいずれかが保全措置を講ずることにより、Ａは、代金の額の5％を超える手付金を受領することができる。

(3)　Ａは、宅地建物取引業者である買主Ｅとの間で建築工事完了前の建物を5,000万円で売却する契約を締結した場合、保全措置を講じずに、当該建物の引渡前に500万円を手付金として受領することができる。

(4)　Ａは、宅地建物取引業者でない買主Ｆと建築工事完了前のマンションを4,000万円で売却する契約を締結する際、100万円の手付金を受領し、さらに200万円の中間金を受領する場合であっても、手付金が代金の5％以内であれば保全措置を講ずる必要はない。

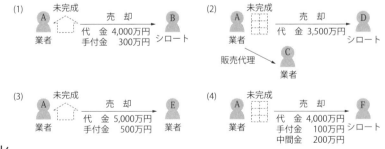

 プロを保護する必要なし。

(1) 誤。未完成物件の売買の場合には、**指定保管機関**には手付金等保全措置を依頼できない（指定保管機関が面倒を見てくれるのは、完成物件だけだ）。 362頁 [注!]

(2) 誤。手付金等保全措置を講じなければならないのは、**売主**の業者Aだ。Cが講じてもダメ。 362頁(1)

(3) 正。買主が**業者**の場合（業者間取引の場合）は、手付金等保全措置を講じる必要はない。だから、Aは、保全措置を講じずに、500万円の手付金を受け取ってOK。 351頁 [1]、[2]

(4) 誤。手付金等の「等」には**中間金**が含まれる。だから、中間金も手付金等保全措置の対象となる。そして、本肢の場合、その額は手付金100万円＋中間金200万円＝300万円となり、4,000万円（未完成のマンションの代金）の5%である200万円を超えることになる。だから、Aは、保全措置を講じる必要がある。

363頁 (2) [1]、364頁 よく出るポイント③

（正　解） (3)

 Point!

　8つの制限が適用されるのは（手付金等保全措置は8つの制限のうちの1つだ）、
[1]　業者が「**自ら売主**」で、かつ
[2]　**買主がシロート**の場合に限られる（**業者間**の取引に適用なし）（肢(3)）。

手付金等保全措置その他 [平19-34]

　宅地建物取引業者Ａが、自ら売主となって宅地建物取引業者でない買主Ｂに建築工事完了前のマンションを1億円で販売する場合において、ＡがＢから受領する手付金等に関する次の記述のうち、宅地建物取引業法の規定によれば、誤っているものはどれか。なお、この問において「保全措置」とは、同法第41条第1項の規定による手付金等の保全措置をいう。

(1)　Ａが当該マンションの売買契約締結時に、手付金として500万円をＢから受領している場合において、Ｂが契約の履行に着手していないときは、Ａは、Ｂに500万円を現実に提供すれば、当該売買契約を解除することができる。

(2)　ＡがＢから手付金として1,500万円を受領するに当たって保全措置を講ずる場合、Ａは、当該マンションの売買契約を締結するまでの間に、Ｂに対して、当該保全措置の概要を説明しなければならない。

(3)　ＡがＢから手付金として1,500万円を受領しようとする場合において、当該マンションについてＢへの所有権移転の登記がされたときは、Ａは、保全措置を講じなくてもよい。

(4)　Ａが1,000万円の手付金について銀行との間に保全措置を講じている場合において、Ａが資金調達に困り工事請負代金を支払うことができず、当該マンションの引渡しが不可能となったときは、Ｂは、手付金の全額の返還を当該銀行に請求することができる。

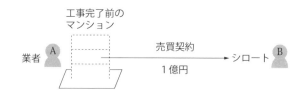

　羊（お客さん）を守れ！

講義

(1)　誤。業者が自ら売主となり、シロートの買主から手付を受け取る場合には、その手付は**解約手付**とみなされる。そして、買主が解約手付を交付した場合、売主は、手付の**倍額を返還**すれば契約を解除することができる。だから、Aが契約を解除するには、手付の倍額である1,000万円をBに返還する必要がある。　　　　　　　📖 174頁 条文①、366頁 第4節

(2)　正。手付金等保全措置の概要は、重要事項の説明事項だ。だから、Aは、当該マンションの売買契約を締結するまでの間（＝売買契約成立前）に、Bに対して、重要事項の説明として、手付金等保全措置の概要を説明しなければならない。　　　　　　　　　　　📖 373頁 (5)、376頁 ⑧

(3)　正。買主が登記さえ得れば、その後売主がたとえ二重譲渡したとしても、買主は安泰だ。だから、**買主が登記を得た場合**には、手付金等保全措置は不要となる。　　　　　　　　　　　　　　　　　　📖 363頁 (1)

(4)　正。手付金等保全措置とは、業者が手付金等を返せない場合に、「別の人（銀行等の金融機関等）」が業者の代わりに、**手付金を買主に返す**、という制度だ。本肢の場合は、Aと銀行との間で保全措置が講じられているので、Bは、手付金の全額の返還を当該銀行に請求することができる。

📖 361頁 (1) ①

（**正　解**）　(1)

Point!

手付の制限
　業者が自ら売主となり、シロートの買主から手付を受け取る場合には、その手付は**解約手付**とみなされる。
　そして、買主が解約手付を交付した場合、
①　買主は ➡ 手付を**放棄**（これは**意思表示**だけで OK）すれば契約を解除できる。
②　売主は ➡ 手付の**倍額を返還**（これは**現実の提供**が必要）すれば契約を解除できる（肢(1)）。

手付金等保全措置 [令5-39]

　宅地建物取引業者Aが、自ら売主として、宅地建物取引業者ではない個人Bとの間で宅地の売買契約を締結する場合における手付金の保全措置に関する次の記述のうち、宅地建物取引業法の規定によれば、正しいものはどれか。なお、当該契約に係る手付金は保全措置が必要なものとする。

(1)　Aは、Bから手付金を受領した後に、速やかに手付金の保全措置を講じなければならない。

(2)　Aは、手付金の保全措置を保証保険契約を締結することにより講ずる場合、保険期間は保証保険契約が成立した時から宅地建物取引業者が受領した手付金に係る宅地の引渡しまでの期間とすればよい。

(3)　Aは、手付金の保全措置を保証保険契約を締結することにより講ずる場合、保険事業者との間において保証保険契約を締結すればよく、保険証券をBに交付する必要はない。

(4)　Aは、手付金の保全措置を保証委託契約を締結することにより講ずるときは、保証委託契約に基づいて銀行等が手付金の返還債務を連帯して保証することを約する書面のBへの交付に代えて、Bの承諾を得ることなく電磁的方法により講ずることができる。

Hint!　「保証保険契約が成立した時」から「宅地建物の引渡し」まで。

⑴　誤。保全措置は、手付金等を**受領する前**に講じなければならない。受
　領した後に、講じてもダメだ。　　　　　　　　　　　　362頁⑶

⑵　正。保全措置を保証保険契約を締結することにより講ずる場合、保険
　期間は、少なくとも「保証保険契約が成立した時」から「物件の**引渡し**」
　までの期間であることが必要だ。だから、保険期間を「保証保険契約が
　成立した時」から「宅地の**引渡し**」までの期間とすることは OK だ。なお、
　保全措置の方法は、①保証委託契約（**銀行等の金融機関**に面倒を見ても
　らう）、②保証保険契約（**保険事業者**に面倒を見てもらう）、③手付金等
　寄託契約（指定保管機関に面倒見てもらう）の 3 つの方法がある。本肢
　と肢⑶は②の方法であり、肢⑷は①の方法だ。

⑶　誤。業者は、保全措置を保証保険契約を締結することにより講ずる場合、
　保険証券またはこれに代わるべき書面を買主に交付する必要がある。

⑷　誤。業者は、手付金の保全措置を保証委託契約を締結することにより
　講ずる場合、返還債務を連帯して保証することを約する書面を買主に交
　付する必要がある。そして、業者は、書面の交付に代えて、買主の**承諾**
　を得て、電磁的方法で講じることができる。買主の承諾が必要なので、「B
　の承諾を得ることなく」とある本肢は×だ。

（**正　解**）　⑵

Point!

保全措置を保証保険契約を締結することにより講ずる場合の保険期間

➡　少なくとも「保証保険契約が成立した時」から「宅地建物の**引渡し**」
　までの期間であることが必要だ（肢⑵）。

　宅地建物取引業者Ａが自ら売主として、宅地建物取引業者でないＢとの間で土地付建物の売買契約を締結した場合、次の記述のうち、宅地建物取引業法（以下この問において「法」という。）の規定によれば、誤っているものはどれか。

(1)　Ｂは、Ａが設置したテント張りの案内所で買受けの申込みをし、翌日Ａの事務所で契約を締結した場合には、それ以降は一切法第37条の2による当該契約の解除を行うことはできない。

(2)　当該契約において、当事者の債務の不履行を理由とする契約の解除に伴う損害賠償の額を予定し、又は違約金を定めるときは、これらを合算した額が代金の額の10分の2を超える定めをしてはならない。

(3)　当該契約に「当事者の一方が契約の履行に着手するまでは、Ａは受領した手付を返還して、契約を解除することができる」旨の特約を定めた場合、その特約は無効である。

(4)　Ａは、当該建物が未完成であった場合でも、Ｂへの所有権移転の登記をすれば、Ｂから受け取った手付金等について、その金額を問わず法第41条に定める手付金等の保全措置を講じる必要はない。

買主側の意思表示が大事だ！

(1)　誤。申込みの場所と契約を締結した場所が異なる場合、買主側の意思表示である**申込み**が、事務所等の冷静な場所で行われたかどうかで決まる。そして、Bは**テント張りの案内所**（＝土地に定着していないからクーリング・オフができる場所）で買受けの申込みをしているので、クーリング・オフをすることができる。　　　　　　　　図 352頁 ③ 注!、353頁 2.

(2)　正。業者が自ら売主となり、シロートの買主との間で、債務不履行による契約解除について ① 損害賠償の予定、② 違約金の約定をする場合、① ②の合計額は、代金の **20%** が限度だ。　　　　　　　　図 367頁 第5節

(3)　正。業者が自ら売主となり、シロートの買主から手付を受け取る場合には、その手付は解約手付とみなされ、買主に不利な特約は**無効**となる。「売主は、買主から受け取った**手付の倍額を返還**すれば解除できる」というのが基本のルールであるが、本肢の「売主Aは、買主Bから受け取った**手付を返還**すれば解除できる」との特約は基本のルールと比べると、買主Bに不利な特約なので無効となる。　　　　　図 174頁 ① ②、366頁 第4節

(4)　正。買主が登記さえ得れば、その後売主が二重譲渡したとしても、買主は安泰だ。だから、契約を解除して手付金等を取り返す、という話は出てこない。したがって、買主が**登記**を得た場合には、完成物件でも**未完成物件**でも、手付金等保全措置は不要となる。　　　　図 363頁 (1)

（**正　解**）(1)

Point!

申込みの場所と契約の場所が異なる場合

「申込み」の場所	「契約」の場所 （承諾の場所のこと）	クーリング・オフは できるか？
① 事務所	事務所	×
② 事務所	テント張りの案内所	×
③ テント張りの案内所	事務所	〇（肢 (1)）
④ テント張りの案内所	テント張りの案内所	〇

8つの制限 [平26-31]

　宅地建物取引業者Aが、自ら売主として宅地建物取引業者ではない買主Bとの間で宅地の売買契約を締結する場合における次の記述のうち、宅地建物取引業法の規定によれば、誤っているものはいくつあるか。

ア　Aが種類又は品質に関して契約の内容に適合しない宅地をBに引き渡した場合において、Bが契約不適合担保責任を追及するためにAに通知すべき期間を、売買契約に係る宅地の引渡しの日から3年間とする特約は、無効である。

イ　Aは、Bに売却予定の宅地の一部に甲市所有の旧道路敷が含まれていることが判明したため、甲市に払下げを申請中である。この場合、Aは、重要事項説明書に払下申請書の写しを添付し、その旨をBに説明すれば、売買契約を締結することができる。

ウ　「手付放棄による契約の解除は、契約締結後30日以内に限る」旨の特約を定めた場合、契約締結後30日を経過したときは、Aが契約の履行に着手していなかったとしても、Bは、手付を放棄して契約の解除をすることができない。

(1)　一つ
(2)　二つ
(3)　三つ
(4)　なし

イ

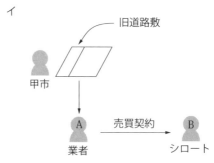

他人の物件を探せ。

ア　誤。業者が自ら売主となって、シロートの買主と契約する場合には、原則として、民法の規定より買主に不利な特約をしても無効となる。しかし、例外として、契約不適合の通知期間を「**引渡しの日から2年以上の期間内**」とする特約だけは、民法の規定より買主に不利だが、有効となる。

369頁 **例　外**

イ　誤。業者Aが甲市所有の旧道路敷（要するに、**他人の物件**だ）を取得する ① 「**契約**」を締結しているか ② 「**予約**」を締結していれば、Aは、シロートの買主Bに甲市所有の旧道路敷を売ってもよい。しかし、Aは、甲市所有の旧道路敷を取得する ① 「契約」も ② 「予約」も締結していない。だから、Aは、Bに甲市所有の旧道路敷を売ってはダメだ。 357頁 ①、②

ウ　誤。業者が自ら売主となり、シロートの買主から手付を受け取る場合、買主に**不利な特約**は**無効**となる。本肢の「手付放棄による契約の解除は、契約締結後30日以内に限る」という特約は、買主に不利な特約なので無効となる。だから、Bは、この特約をムシして、契約を解除することができる。 366頁 第4節

以上により、誤っているものはアとイとウなので（全部が誤っているので）、正解は肢(3)となる。

（ **正　解** ）　(3)

Point!

　業者が自ら売主となり、シロートの買主から手付を受け取る場合には、
➡　その手付は解約手付とみなされ、買主に**不利**な特約は**無効**となる。

例1 「手付放棄による契約の解除は、できない」という特約は、買主に不利なので無効。

例2 「手付放棄による契約の解除は、○○日以内に限る」という特約は、買主に不利なので無効（肢ウ）。

8つの制限 [^平23-37]

　宅地建物取引業者A社が、自ら売主として宅地建物取引業者でない買主Bとの間で締結する建築工事完了後の建物の売買契約に関する次の記述のうち、民法及び宅地建物取引業法の規定並びに判例によれば、誤っているものはどれか。

(1)　当該契約の締結に際し、BがA社に手付金を支払い、さらに中間金を支払った場合、Bは、A社が契約の履行に着手しないときであっても、支払った手付金を放棄して契約の解除をすることができない。

(2)　当該契約の締結に際し、A社がBから代金の額の10分の2の手付金を受領する場合には、当該手付金を受領するまでに、宅地建物取引業法第41条の2の規定に基づく保全措置を講じなければならない。

(3)　当該契約において、当事者の債務の不履行を理由とする契約の解除に伴う損害賠償の額を予定し、違約金を定める場合、これらを合算した額について代金の額の10分の1とする旨の特約を定めることができる。

(4)　当該契約において、Bが契約不適合担保責任を追求するために通知すべき期間を、Bがその契約不適合を知った時から2年間とする旨の特約を定めることができる。

　自分が履行に着手していてもOK。

講義

(1) 誤。売主も買主も、**相手方**が履行に着手する前ならば、手付による解除をすることができる。相手方のA社が履行に着手する前なので、Bは支払った手付金を放棄して契約の解除をすることができる。

📖 174頁②

(2) 正。完成物件の場合は、代金の**10%**または**1,000万円**を超える手付金等を受領するときは、保全措置を講じなければならない。A社は、代金の$\frac{2}{10}$（20%）の手付金を受領するのだから、保全措置を講じなければならない。

📖 363頁(2) ②

(3) 正。業者が自ら売主となり、シロートの買主との間で、債務不履行による契約解除について、①損害賠償額の予定②違約金の約定をする場合、①②の合計額は、代金の**20%**が限度だ。20%までOKなのだから、本肢の場合のように$\frac{1}{10}$（10%）とする旨の特約は、モチロンOKだ。

📖 367頁 第5節

(4) 正。業者が自ら売主となり、シロートの買主と契約する場合には、民法の契約不適合担保責任の規定より買主に**不利な特約**をしても**無効**だ。本肢の特約は、「通知期間は買主が契約不適合を知った時から1年間」という民法の規定より買主に有利な特約なので有効だ。

📖 368頁②、369頁 **原 則**

正 解 (1)

Point!

　売主も買主も　➡　**相手方**が履行に着手した後は、手付による解除をすることができなくなる（自分の側だけが履行に着手しているなら解除できる）（肢(1)）。

8つの制限　　　　　　　　　　　[平29-31]

　宅地建物取引業者Ａが、自ら売主として、宅地建物取引業者でないＢとの間でマンション（代金3,000万円）の売買契約を締結しようとする場合における次の記述のうち、宅地建物取引業法（以下この問において「法」という。）の規定によれば、正しいものはいくつあるか。

ア　Ｂは自ら指定した自宅においてマンションの買受けの申込みをした場合においても、法第37条の２の規定に基づき、書面により買受けの申込みの撤回を行うことができる。

イ　ＢがＡに対し、法第37条の２の規定に基づき、書面により買受けの申込みの撤回を行った場合、その効力は、当該書面をＡが受け取った時に生じることとなる。

ウ　Ａは、Ｂとの間で、当事者の債務不履行を理由とする契約解除に伴う違約金について300万円とする特約を定めた場合、加えて、損害賠償の予定額を600万円とする特約を定めることができる。

(1)　一つ
(2)　二つ
(3)　三つ
(4)　なし

　冷静に判断できる場所だ。

ア　誤。買主が**自ら申し出た**場合の**自宅・勤務先**で、買受けの申込みをしたときは、クーリング・オフできない（買主が自ら申し出た場合の自宅・勤務先はクーリング・オフできなくなる場所だ）。　　　　　　　　　　352頁 [5]

イ　誤。クーリング・オフの効力は、買主が書面を「**発した時**」に生じる。業者が書面を受け取った時ではない。　　　　　　　　　　　355頁4.

ウ　誤。業者が自ら売主となり、シロートの買主との間で、債務不履行による契約解除について、[1] 損害賠償の予定、[2] 違約金の約定をする場合、[1] [2] の合計額は、代金の**20%**が限度だ。本肢の場合、[1] [2] の合計額は 900万円で、代金 3000万円の 30% となる（代金の 20% を超える）のでダメだ。　　　　　　　　　　　　　　　367頁 第5節

以上により、正しいものはないので（全部が誤りなので）、正解は肢 (4) となる。

（**正　解**）(4)

Point!

[1]　買主が**自ら申し出た**場合の自宅・勤務先　➡　クーリング・オフできない（肢ア）。

[2]　買主が自ら申し出た場合の「自宅・勤務先」以外の場所　➡　クーリング・オフできる。

[3]　業者が申し出た場合の買主の自宅・勤務先　➡　クーリング・オフできる。

第4編　「自ら売主」の「8つの制限」

8つの制限　　　　　　　　　　　　[令4-43]

　宅地建物取引業者Aが、自ら売主として行う売買契約に関する次の記述のうち、宅地建物取引業法の規定によれば、誤っているものはどれか。なお、買主は宅地建物取引業者ではないものとする。

(1)　Aが、宅地又は建物の売買契約に際して手付を受領した場合、その手付がいかなる性質のものであっても、Aが契約の履行に着手するまでの間、買主はその手付を放棄して契約の解除をすることができる。

(2)　Aが、土地付建物の売買契約を締結する場合において、買主との間で、「売主は、売買物件の引渡しの日から1年間に限り当該物件の種類又は品質に関して契約の内容に適合しない場合におけるその不適合を担保する責任を負う」とする旨の特約を設けることができる。

(3)　販売代金2,500万円の宅地について、Aが売買契約の締結を行い、損害賠償の額の予定及び違約金の定めをする場合、その合計額を500万円と設定することができる。

(4)　Aが建物の割賦販売を行った場合、当該建物を買主に引き渡し、かつ、代金の額の10分の3を超える額の支払を受けた後は、担保の目的で当該建物を譲り受けてはならない。

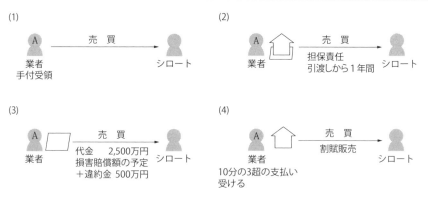

　通知期間についての特約ではない。

(1)　正。業者が自ら売主となり、シロートの買主から手付を受け取る場合には、その手付は**解約手付**とみなされる。だから、Aが契約の履行に着手するまでの間、買主は手付を放棄して契約の解除をすることができる。

📖366頁 第4節

(2)　誤。業者が自ら売主となり、シロートの買主と契約する場合には、原則として、種類・品質に関しての担保責任について、民法の規定より買主に不利な特約をしても無効だ（ただし、例外として、担保責任の**通知期間**を「引渡しの日から2年以上の期間内」とする特約は、民法の規定より買主に不利だが有効だ）。本肢の特約は、民法の規定より買主に不利な特約だから無効だ。ちなみに、本肢の特約は、通知期間についての特約ではない。だから、例外（買主に不利だが有効という話）の出番は、そもそもないのだ。

📖369頁 原 則

(3)　正。業者が自ら売主となり、シロートの買主との間で、債務不履行による契約解除について、① 損害賠償額予定 ② 違約金の約定をする場合、① ②の合計額は代金の**20%**（本肢では500万円）が限度だ。だから、合計額を500万円と設定することができる。

📖367頁 第5節

(4)　正。業者が自ら売主となり、シロートの買主に割賦販売を行う場合には、宅地建物を買主に引き渡し、かつ、代金の額の**30%**を超える額の支払を受けた後は、担保の目的で宅地建物を譲り受けてはならない。

正　解 ⑵

第4編 「自ら売主」の「8つの制限」

Point!

業者が自ら売主となり、シロートの買主から手付を受け取る場合には、
➡　その手付は**解約手付**とみなされ、買主に不利な特約は無効となる（肢⑴）。

8つの制限 [平20-40]

　宅地建物取引業者Aが、自ら売主として、宅地建物取引業者でないBと建物の売買契約を締結する場合に関する次の記述のうち、宅地建物取引業法（以下この問において「法」という。）及び民法の規定によれば、正しいものはどれか。

(1)　Bが契約の履行に着手するまでにAが売買契約の解除をするには、手付の3倍に当たる額をBに現実に提供しなければならないとの特約を定めることができる。

(2)　Aの違約によりBが受け取る違約金を売買代金の額の10分の3とするとの特約を定めることができる。

(3)　Bから法第37条の2の規定に基づくいわゆるクーリング・オフによる売買契約の解除があった場合でも、Aが契約の履行に着手していれば、AはBに対して、それに伴う損害賠償を請求することができる。

(4)　Aは、建物が種類又は品質に関して契約の内容に適合しない場合におけるその不適合を担保すべき責任に関し、Bが契約不適合を通知すべき期間として、引渡しの日から2年で、かつ、Bが契約不適合を知った時から30日以内とする特約を定めることができる。

売買契約

A　　　　　　　　　　B
業者　建物　　　　　　シロート

Hint!　シロートの買主を守るための制度だから……。

講 義

(1) 正。買主は手付を放棄すれば契約を解除することができ、売主は手付の倍額を返せば契約を解除できるのが解約手付の原則だ。そして、売主が業者で買主がシロートの場合、この原則より、買主にとって、**有利な特約は有効になる**（買主に不利な特約は無効になる）。Aが契約を解除するには、手付の3倍をBに返さなければならないという特約は、シロートの買主Bにとって、有利な特約だから、有効になる。　　🔖 366頁 第4節

(2) 誤。売主が業者で買主がシロートの場合、違約金の約定をするときは、代金の20%が限度だ。違約金を30%（$\frac{3}{10}$）とする特約を定めることはできない。　　🔖 367頁 第5節

(3) 誤。クーリング・オフの結果、たとえ業者が損害を受けていたとしても、業者は、**損害賠償や違約金の支払を請求できない**。　　🔖 356頁 5.

(4) 誤。売主が業者で買主がシロートの場合、契約不適合担保責任について、民法の規定より**買主に不利な特約**をしたときは、原則として、その特約は**無効**になる。契約不適合の通知期間が、「B（買主）がその不適合を知った時から30日以内」という部分は、「買主がその不適合を知った時から1年以内」という民法の規定より、シロートの買主Bに不利な特約だから、無効になる。　　🔖 369頁 **原 則**

（**正　解**） (1)

👤　**契約不適合担保責任の特約**

業者が自ら売主となって、シロートの買主と契約する場合には、
原 則　民法の規定より買主に不利な特約をしても**無効**だ（肢(4)）。
例 外　契約不適合の通知期間を「**引渡しの日から2年以上の期間内**」とする特約だけは、民法の規定より買主に不利だが、有効だ。

8つの制限　　　　　　　　　　　　　［平25-38］

　宅地建物取引業者A社が、自ら売主として宅地建物取引業者でない買主Bとの間で締結した売買契約に関する次の記述のうち、宅地建物取引業法の規定によれば、誤っているものはいくつあるか。

ア　A社は、Bとの間で締結した中古住宅の売買契約において、引渡後2年以内に発見された雨漏り、シロアリの害、建物の構造耐力上主要な部分の契約不適合についてのみ責任を負うとする特約を定めることができる。

イ　A社は、Bとの間における新築分譲マンションの売買契約（代金3,500万円）の締結に際して、当事者の債務の不履行を理由とする契約の解除に伴う損害賠償の予定額と違約金の合計額を700万円とする特約を定めることができる。

ウ　A社は、Bとの間における土地付建物の売買契約の締結に当たり、手付金100万円及び中間金200万円を受領する旨の約定を設けた際、当事者の一方が契約の履行に着手するまでは、売主は買主に受領済みの手付金及び中間金の倍額を支払い、また、買主は売主に支払済みの手付金及び中間金を放棄して、契約を解除できる旨の特約を定めた。この特約は有効である。

(1)　一つ

(2)　二つ

(3)　三つ

(4)　なし

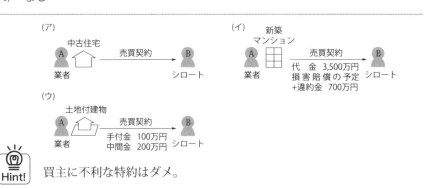

Hint!　買主に不利な特約はダメ。

講義

ア　誤。業者が自ら売主となって、シロートの買主と契約する場合、契約不適合担保責任については、原則として、民法の規定より**買主に不利な**特約をしても**無効**だ。本肢の「①雨漏り、②シロアリの害、③建物の構造耐力上主要な部分の契約不適合について**のみ責任を負う**」という特約は、買主に不利なので無効だ。　　　　　　　　　　　　　❷ 369頁 **原則**

イ　正。業者が自ら売主となり、シロートの買主との間で、債務不履行による契約解除について、① 損害賠償の予定、② 違約金の約定をする場合、① ②の合計額は、代金の 20%が限度だ。本肢の特約は① ②の合計で 700万円（代金3,500万円の 20%）なので有効だ。　　　　❷ 367頁 第5節

ウ　誤。業者が自ら売主となり、シロートの買主から手付を受け取る場合には、買主に不利な特約は**無効**になる。「買主は手付金及び中間金を放棄して契約を解除できる」旨の特約は、買主にとって不利なので無効だ。
　　　　　　　　　　　　　　　　　　　　　　　　　　　❷ 366頁 第4節

以上により、誤っているものはアとウなので、正解は肢(2)となる。

（正　解） (2)

Point!

　どうして、買主に不利なのか？
　肢アのＡ社は、「引渡後 2 年以内に発見された雨漏り、シロアリの害、建物の構造耐力上主要な部分の契約不適合について**のみ責任を負う**」という特約
➡　本来なら、Ａ社は、①雨漏り、②シロアリの害、③建物の構造耐力上主要な部分**以外の契約不適合についても**、責任を負わなければならないのに、肢アは、Ａ社は、①②③の場合**だけ**責任を負えば OK、という特約なので買主に不利なのだ。
　肢ウの買主は「支払済みの手付金及び中間金を放棄して、契約を解除できる」旨の特約
➡　本来なら、買主は**手付金だけ**放棄すれば契約を解除できるのに、肢ウの特約は、買主が契約を解除するには、手付金＋**中間金**を放棄する必要がある、という特約なので買主に不利なのだ。

8つの制限 [㍻21-39]

　宅地建物取引業者Aは、自ら売主として、宅地建物取引業者でないBとの間で、建築工事完了前の建物に係る売買契約（代金5,000万円）を締結した。当該建物についてBが所有権の登記をしていない場合における次の記述のうち、宅地建物取引業法（以下この問において「法」という。）の規定に違反しないものはどれか。

(1)　Aは、法第41条に定める手付金等の保全措置を講じた上で、Bから500万円を手付金として受領した。後日、両者が契約の履行に着手していない段階で、Bから手付放棄による契約解除の申出を受けたが、Aは理由なくこれを拒んだ。

(2)　Aは、法第41条に定める手付金等の保全措置を講じずに、Bから500万円を手付金として受領したが、当該措置を講じないことについては、あらかじめBからの書面による承諾を得ていた。

(3)　Aは、法第41条に定める手付金等の保全措置を講じた上で、Bから500万円を手付金として受領し、その後中間金として250万円を受領した。

(4)　Aは、法第41条に定める手付金等の保全措置を講じた上で、Bから2,000万円を手付金として受領した。

業者 A　──　売買契約　→　シロート B
　　　未完成の　5,000万円　　　　未登記
　　　建物

20%が限度！

332

講 義

⑴ **違 反 す る**。業者が自ら売主となり、シロートの買主から手付を受け取る場合は、その手付は**解約手付**とみなされる。だから、Ｂは、Ａが履行に着手するまでは、手付を放棄して契約を解除することができる。

📖 366 頁 第４節

⑵ **違 反 す る**。未完成物件の場合は、代金の５％または 1,000 万円を超える手付金等を受け取る場合には、手付金等保全措置を講じなければならない（本肢の場合は 250 万円）。たとえ、Ｂから「手付金等保全措置を講じなくて OK ですよ」と書面で承諾を得ていたとしても、Ａは、手付金等保全措置を講じなければならない。

📖 363 頁 ⑵

⑶ **違 反 し な い**。業者Ａがシロートの買主Ｂから受け取れる手付の額は、代金の **20%**（本肢の場合は 1,000 万円）が限度だ。Ａは、手付金として 500万円しか受け取っていないので、宅建業法に違反しない。また、Ａは、保全措置を講じた上で、手付金と中間金を受け取っているので、この点についても宅建業法に違反しない。

📖 362 頁 ⑶、366 頁 第４節

⑷ **違 反 す る**。業者Ａがシロートの買主Ｂから受け取れる手付の額は、代金の **20%**（本肢の場合は 1,000 万円）が限度だ。Ａは、手付として 2,000万円を受け取っているので、宅建業法に違反する。

📖 366 頁 第４節

（ **正 解** ） ⑶

Point!

業者Ａがシロートの買主Ｂから受け取れる手付の額は、

➡ 代金の **20%** が限度だ（肢⑶）。

注意！ たとえ、保全措置を講じたとしても、代金の 20% を超える手付を受け取ったら、宅建業法違反となる（肢⑷）。

8つの制限 [平27-36]

　宅地建物取引業者Aが、自ら売主として、宅地建物取引業者でないBとの間で建物（代金2,400万円）の売買契約を締結する場合における次の記述のうち、宅地建物取引業法の規定によれば、正しいものはいくつあるか。

ア　Aは、Bとの間における建物の売買契約において、当事者の債務の不履行を理由とする契約の解除に伴う損害賠償の予定額を480万円とし、かつ、違約金の額を240万円とする特約を定めた。この場合、当該特約は全体として無効となる。

イ　Aは、Bとの間における建物の売買契約の締結の際、原則として480万円を超える手付金を受領することができない。ただし、あらかじめBの承諾を得た場合に限り、720万円を限度として、480万円を超える手付金を受領することができる。

ウ　AがBとの間で締結する売買契約の目的物たる建物が未完成であり、AからBに所有権の移転登記がなされていない場合において、手付金の額が120万円以下であるときは、Aは手付金の保全措置を講じることなく手付金を受領することができる。

(1)　一つ

(2)　二つ

(3)　三つ

(4)　なし

  ミカン　5　つで　カン　ジュース　1000

講義

ア　誤。業者が自ら売主となり、シロートの買主との間で、債務不履行による契約解除について、①損害賠償の予定②違約金の約定をする場合、①②の合計額は、代金の **20%** が限度だ。しかし、20%を超えても、特約そのものが無効になるのではなく、**20%を超える部分について無効に**なる。だから、本肢は×だ。　　　　　　　　　　　　📖 367頁 第5節

イ　誤。業者がシロートの買主から受け取れる手付の額は、代金の**20%**（本肢の場合は、480万円だ）**が限度**だ。たとえ、買主の承諾があっても、代金の20%を超える手付を受け取ることはできない。　　　📖 366頁 第4節

ウ　正。**未完成物件**の場合、代金の **5%以下**、かつ、**1,000万円**以下の手付金については保全措置が不要だ。本肢の手付金は、120万円なので、保全措置をとらなくて OK だ。　　　　　　　　　　　📖 363頁 (2)

以上により、正しいものはウだけなので、正解は肢(1)となる。

（正　解）　(1)

Point!

　業者が自ら売主となり、シロートの買主との間で、債務不履行による契約解除について、
①　損害賠償の予定
②　違約金の約定
をする場合、①②の合計額は、
➡　代金の **20%** が限度だ。

注意！　上記に違反する特約をしても、特約そのものが無効になるのではなく、**20%を超える部分について無効**になる（肢ア）。

8つの制限 [平28-28]

　宅地建物取引業者Aが、自ら売主として、宅地建物取引業者でないBとの間でマンション（代金4,000万円）の売買契約を締結した場合に関する次の記述のうち、宅地建物取引業法（以下この問において「法」という。）の規定に違反するものの組合せはどれか。

ア　Aは、建築工事完了前のマンションの売買契約を締結する際に、Bから手付金200万円を受領し、さらに建築工事中に200万円を中間金として受領した後、当該手付金と中間金について法第41条に定める保全措置を講じた。

イ　Aは、建築工事完了後のマンションの売買契約を締結する際に、法第41条の2に定める保全措置を講じることなくBから手付金400万円を受領した。

ウ　Aは、建築工事完了前のマンションの売買契約を締結する際に、Bから手付金500万円を受領したが、Bに当該手付金500万円を現実に提供して、契約を一方的に解除した。

エ　Aは、建築工事完了後のマンションの売買契約を締結する際に、当事者の債務の不履行を理由とする契約の解除に伴う損害賠償の予定額を1,000万円とする特約を定めた。

(1)　ア、ウ

(2)　イ、ウ

(3)　ア、イ、エ

(4)　ア、ウ、エ

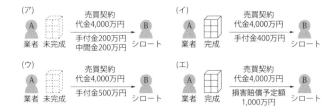

　後では遅い。

ア　違反する。Aは、中間金（＝手付金等）を受領する前に保全措置を講じなければならない。Aは、中間金を「受領した後」に保全措置を講じているので、違反だ。　　　　　　　　　　　　　　📖362頁⑶

イ　違反しない。建築完了後のマンションだから、完成物件だ。完成物件の場合は、代金の10％以下で、かつ、1,000万円以下のときは、保全措置は不要だ。400万円という金額は、代金（4,000万円）の10％以下で、かつ、1,000万円以下だから、保全措置は不要だ。　　📖363頁⑵②

ウ　違反する。Aは、手付の倍額である1,000万円をBに現実に提供すれば契約を一方的に解除できる（Aが契約を解除するためには、1,000万円を現実に提供する必要がある）。しかし、Aは、500万円しか現実に提供していないので、違反だ。　　　　　　　　　　　　📖174頁①②

エ　違反する。業者が自ら売主となり、シロートの買主との間で、債務不履行による契約解除について、①損害賠償額の予定②違約金の約定をする場合、①②の合計額は、代金の20％が限度だ。マンションの代金は4,000万円だから、その20％の800万円が限度だ。だから、損害賠償額の予定を1,000万円（代金の25％）とする特約を定めた本肢は違反だ。
　　　　　　　　　　　　　　　　　　　　📖367頁 第5節

以上により、違反するものはアとウとエなので、正解は肢⑷となる。

正　解　⑷

Point!

いつまでに手付金等保全措置を講じなければならないか？
　業者は、手付金等を**受領する前**に保全措置を講じなければならない（肢ア）。
　注意！　ちなみに、買主は、業者が手付金等保全措置を講じない限り、手付金等を支払わなくていい。

8つの制限　　　　　　　　　　　　　[㍻27-34]

　宅地建物取引業者Aが、自ら売主として、宅地建物取引業者でないB
との間で建物の売買契約を締結する場合における次の記述のうち、民法
及び宅地建物取引業法の規定によれば、正しいものはどれか。

⑴　Cが建物の所有権を有している場合、AはBとの間で当該建物の売
　買契約を締結してはならない。ただし、AがCとの間で、すでに当該
　建物を取得する契約（当該建物を取得する契約の効力の発生に一定の
　条件が付されている。）を締結している場合は、この限りではない。

⑵　Aは、建物が種類又は品質に関して契約の内容に適合しない場合に
　おけるその不適合を担保すべき責任に関し、Bが契約不適合を通知す
　べき期間として、引渡しの日から2年で、かつ、Bが契約不適合を知っ
　た時から30日以内とする特約を定めることができる。

⑶　Aは、Bから喫茶店で建物の買受けの申込みを受け、翌日、同じ喫
　茶店で当該建物の売買契約を締結した際に、その場で契約代金の2割
　を受領するとともに、残代金は5日後に決済することとした。契約を
　締結した日の翌日、AはBに当該建物を引き渡したが、引渡日から3
　日後にBから宅地建物取引業法第37条の2の規定に基づくクーリン
　グ・オフによる契約の解除が書面によって通知された。この場合、Aは、
　契約の解除を拒むことができない。

⑷　AB間の建物の売買契約における「宅地建物取引業法第37条の2の
　規定に基づくクーリング・オフによる契約の解除の際に、AからBに対
　して損害賠償を請求することができる」旨の特約は有効である。

 羊（B）を守れ！

(1) 誤。ＡＣ間で**契約・予約**が締結されているのであれば、Ａがこの建物を取得できることは**確実**と言える。しかし、ＡＣ間の売買契約が**条件付**である場合には、Ａがこの建物をＣから確実に取得できるとは**言えない**。だから、Ａは、シロートの買主に売ることはできない。 🅿 357頁 ③

(2) 誤。売主が業者で買主がシロートの場合、契約不適合担保責任について、民法の規定より**買主に不利な特約**をしたときは、原則として、その特約は**無効**になる。契約不適合の通知期間が、「Ｂ（買主）がその不適合を知った時から 30 日以内」という部分は、「買主がその不適合を知った時から 1 年以内」という民法の規定より、シロートの買主Ｂに不利な特約だから、無効になる。 🅿 369頁 **原則**

(3) 正。次の①と②の場合はクーリング・オフができなくなる。

　　① クーリング・オフができることを、業者から「**書面**」で告げられてから「**8 日間**」経過した場合。

　　② 買主が①宅地建物の**引渡し**を受け、かつ、②代金の**全額**を支払った場合。

　　Ｂは、そもそも、クーリング・オフができることを、Ａから**告げられていない**。また、Ｂは建物の引渡しは受けているが、代金は **2 割**しか支払っていない（代金の**全額**を支払ってはいない）。だから、上記の①にも②にも該当しないので、Ｂはクーリング・オフできる。 🅿 354頁 3.

(4) 誤。クーリング・オフの結果、たとえ業者が損害を受けたとしても、業者は、**損害賠償や違約金**の支払いを請求できない（この規定より買主に不利な特約をしても無効だ）。だから、「損害賠償を請求できる」という特約をしても無効だ。 🅿 356頁 5. 注!

（**正　解**）(3)

👩 **肢(3)の時系列**

1日目　喫茶店で申込み。
2日目　喫茶店において、契約成立。代金の 2 割支払い。
3日目　建物の引渡し。
6日目　**クーリング・オフ**。
7日目　残代金の決済日（残代金の支払い予定日）
なお、Ａは、Ｂに対して、クーリング・オフができることを告げてはいない。

8つの制限 [平22-40]

　宅地建物取引業者Aが、自ら売主として宅地建物取引業者でないBとの間で宅地（代金2,000万円）の売買契約を締結する場合における次の記述のうち、宅地建物取引業法の規定によれば、正しいものはどれか。

(1)　Aは、当該宅地が、種類又は品質に関して契約の内容に適合しない場合、Bが契約不適合をAに通知すべき期間を当該宅地の引渡しの日から3年とする特約をすることができる。

(2)　Aは、当事者の債務不履行を理由とする契約の解除に伴う損害賠償の予定額を300万円とし、かつ、違約金を300万円とする特約をすることができる。

(3)　Aは、Bの承諾がある場合においても、「Aが契約の履行に着手した後であっても、Bは手付を放棄して、当該売買契約を解除することができる」旨の特約をすることができない。

(4)　当該宅地が、Aの所有に属しない場合、Aは、当該宅地を取得する契約を締結し、その効力が発生している場合においても、当該宅地の引渡しを受けるまでは、Bとの間で売買契約を締結することができない。

　買主に不利な特約でも有効となるものがある。

(1) 正。宅地の契約不適合の通知期間を「**引渡しの日から 2 年以上の期間内**」とする特約は、民法の規定より買主に不利だが、有効だ。だから、B が通知すべき期間を引渡しの日から 3 年とする特約をすることができる。

🔖 369 頁 **例 外**

(2) 誤。① 損害賠償額の予定と② 違約金の約定をする場合、① ② の**合計額**は、代金の **20％**が限度だ。売買代金は 2,000 万円なので、① ② の合計で 400 万円が限度だ。 🔖 367 頁 ①、②

(3) 誤。業者が自ら売主となり、シロートの買主から手付を受け取る場合には、買主に**不利な特約は無効**となる。「売主 A が契約の履行に着手した後であっても、買主 B は手付を放棄して、当該売買契約を解除することができる」との特約は、シロートの買主 B にとって**有利な特約**だ。だから、この特約をしても OK だ。 🔖 366 頁 第 4 節

(4) 誤。業者が他人の物件を取得する、①「**契約**」を締結している場合と②「**予約**」を締結している場合は、シロートの買主に売って OK だ。

🔖 357 頁 ①、②

（正 解）(1)

Point!

契約不適合担保責任の特約
業者が自ら売主となって、シロートの買主と契約する場合には、
原 則 民法の規定より買主に不利な特約をしても無効だ。
例 外 ただし、契約不適合の通知期間を「**引渡しの日から 2 年以上の期間内**」とする特約だけは、民法の規定より買主に不利だが、有効だ（肢(1)）。

8つの制限 [平27-39]

　宅地建物取引業者Aが自ら売主となる売買契約に関する次の記述のうち、宅地建物取引業法（以下この問において「法」という。）の規定によれば、正しいものはどれか。

(1)　宅地建物取引業者でない買主Bが、法第37条の2の規定に基づくクーリング・オフについてAより書面で告げられた日から7日目にクーリング・オフによる契約の解除の書面を発送し、9日目にAに到達した場合は、クーリング・オフによる契約の解除をすることができない。

(2)　宅地建物取引業者でない買主Cとの間で土地付建物の売買契約を締結するに当たって、Cが建物を短期間使用後取り壊す予定である場合には、建物についての契約不適合担保責任を負わない旨の特約を定めることができる。

(3)　宅地建物取引業者Dとの間で締結した建築工事完了前の建物の売買契約において、当事者の債務の不履行を理由とする契約の解除に伴う損害賠償の予定額を代金の額の30％と定めることができる。

(4)　宅地建物取引業者でない買主Eとの間で締結した宅地の売買契約において、当該宅地の引渡しを当該売買契約締結の日の1月後とし、当該宅地の契約が不適合の場合、Eがその不適合をAに通知すべき期間について、当該売買契約を締結した日から2年間とする特約を定めることができる。

 Hint!　プロ同士だから……。

(1)　誤。Bは、Aから「**書面**」で告げられた日から「**8日間**」経過するとクーリング・オフができなくなる。また、クーリング・オフの効力は、Bがクーリング・オフの書面を「**発した時**」に生ずる。Bは、Aから「**書面**」で告げられた日から「**7日目**」にクーリング・オフの書面を**発している**からクーリング・オフができる。

354頁 3.、355頁 4.

(2)　誤。売主が業者で、買主がシロートの場合、契約不適合担保責任を**免除する特約**は、**無効**だ。

369頁 **原則**

(3)　正。業者が自ら売主となり、**シロートの買主**との間で、債務不履行による契約解除について、①損害賠償の予定、②違約金の約定をする場合、① ②の合計額は、代金の**20%**が限度だ。しかし、Dは業者なので（**業者間取引**なので）、20%を超えても**OK**だ。

351頁 ①、②、367頁 第5節

(4)　誤。売主が業者で、買主がシロートの場合でも、契約不適合の通知期間を「**引渡しの日から2年以上の期間内**」とする特約は有効だ。しかし、本肢の特約は「**契約を締結した日から2年間**」だ。引渡しが、契約の1カ月後なので、**引渡しの日からは1年と11カ月**となり、2年以上にならないので、無効だ。

369頁 **例 外**

（正　解）(3)

Point!

売主が業者で、買主がシロートの場合の契約不適合の通知期間の特約が、有効となるのは、

➡「**引渡しの日から2年以上の期間内**」とする特約だ。

例1　引渡しの日から1年11カ月　➡ 無効（肢(4)）

例2　契約を締結した日から2年　➡ 無効（肢(4)）

8つの制限　　　　　[㋐30-29]

　Aは、Bとの間で、Aが所有する建物を代金2,000万円で売却する売買契約（以下この問において「本件契約」という。）を締結した。この場合における次の記述のうち、宅地建物取引業法（以下この問において「法」という。）の規定に違反しないものはどれか。

(1)　A及びBがともに宅地建物取引業者である場合において、Aは、本件契約の成立後、法第37条の規定により交付すべき書面を作成し、記名は宅地建物取引士ではない者が行い、これをBに交付した。

(2)　A及びBがともに宅地建物取引業者である場合において、当事者の債務の不履行を理由とする契約の解除があったときの損害賠償の額を600万円とする特約を定めた。

(3)　Aは宅地建物取引業者であるが、Bは宅地建物取引業者ではない場合において、Aは、本件契約の締結に際して、500万円の手付を受領した。

(4)　Aは宅地建物取引業者であるが、Bは宅地建物取引業者ではない場合において、本件契約の目的物である建物が種類又は品質に関して契約の内容に適合しないときに、Bが契約の解除又は損害賠償の請求をするためには、Bは建物の引渡しの日から1年以内に契約不適合についてAに通知しなければならないものとする旨の特約を定めた。

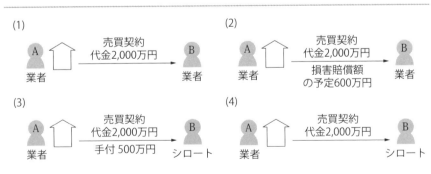

Hint!　業者間取引なら、8つの制限は適用されない。

(1) 違反する。①重要事項の説明と、②重要事項説明書への記名と、③37条書面への記名は、宅建士でなければできない。

📖 304頁③、382頁③

(2) 違反しない。業者が自ら売主となり、**シロートの買主**との間で、債務不履行による契約解除について、①損害賠償額の予定、②違約金の約定をする場合、①②の合計額は、代金の20%（本肢の場合は、2,000万円×20％＝400万円）が限度だ。しかし、本肢の買主のBは**業者**なので、20％を超えても OK だ。

📖 351頁①、②、367頁 第5節

(3) 違反する。業者がシロートの買主から受けとれる手付の額は、代金の**20%**（本肢の場合は、400万円）が限度だ。　　　　📖 366頁 第4節

(4) 違反する。業者が自ら売主となって、シロートの買主と契約する場合、原則として、民法の規定より買主に不利な特約を定めることはできない（無効になる）。ただし、例外として、契約不適合の通知期間を「引渡しの日から**2年以上の期間内**」とする特約だけは、民法の規定より買主に不利だが、定めることができる。本旨の特約は、「引渡しの日から 1 年以内」という特約だから、定めることはできない。

📖 369頁 **例 外**

（ 正 解 ） (2)

Point!

手付の制限
業者が自ら売主となり、**シロートの買主**から手付を受け取る場合、
① その手付は**解約手付**とみなされ、買主に不利な特約は**無効**となる。
② 受け取れる手付の額は代金の**20%**が限度（肢(2)）。

契約不適合担保責任の特約の制限　　　[平24-39]

　宅地建物取引業者Ａ社が、自ら売主として建物の売買契約を締結する際の特約に関する次の記述のうち、宅地建物取引業法の規定に違反するものはどれか。

(1)　当該建物が新築戸建住宅である場合、宅地建物取引業者でない買主Ｂの売買を代理する宅地建物取引業者Ｃ社との間で当該契約締結を行うに際して、Ａ社が当該住宅の契約不適合担保責任を負う期間についての特約を定めないこと。

(2)　当該建物が中古建物である場合、宅地建物取引業者である買主Ｄとの間で、「中古建物であるため、Ａ社は、契約不適合担保責任を負わない」旨の特約を定めること。

(3)　当該建物が中古建物である場合、宅地建物取引業者でない買主Ｅとの間で、「ＥがＡ社の契約不適合担保責任を追及するために、Ａ社に契約不適合について通知すべき期間は、売買契約締結の日にかかわらず引渡しの日から２年間とする」旨の特約を定めること。

(4)　当該建物が新築戸建住宅である場合、宅地建物取引業者でない買主Ｆとの間で、「Ｆは、Ａ社が契約不適合担保責任を負う期間内であれば、損害賠償の請求をすることはできるが、契約の解除をすることはできない」旨の特約を定めること。

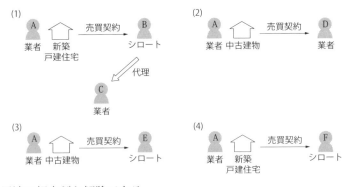

Hint!　民法の規定だと解除できる。

(1)　違反しない。契約不適合担保責任を負う期間について、特約を定めなくても何の問題もない（違反とならない）。ちなみに、特約を定めなかった場合は、**民法の規定**が適用される。　　　　　　　　　　368頁 ②

(2)　違反しない。**業者間取引**だから、8つの制限は適用されない。だから、A社とD間で「A社は、契約不適合担保責任を負わない」という特約を定めてもOKだ。　　　　　　　　　　　　351頁 ①、②

(3)　違反しない。業者が自ら売主となって、シロートの買主と契約する場合には、原則として、民法の規定より買主に不利な特約をしても無効だ。しかし、例外として、契約不適合の通知期間を「**引渡しの日から2年以上の期間内**」とする特約だけは、民法の規定より買主に不利だが、有効だ。　　　　　　　　　　　　369頁 **例 外**

(4)　違反する。「契約を解除することができない」という特約は、民法の規定よりシロートの**買主に不利な特約**だから無効だ（「契約を解除することができない」という特約を定めることは違反となる）。　　　　　　　　　369頁 **原 則**

（**正　解**）（4）

Point!

民法の規定 ➡ 買主は、
① 追完請求
② 代金減額請求
③ 損害賠償請求
④ 契約解除
ができる。

肢(4)について
「シロートの買主Fは、③損害賠償請求はできるが、④解除はできない」という肢(4)の特約は、「買主Fは、③も④もできる」という民法の規定より**買主Fに不利な特約**なので無効だ。

契約不適合担保責任の特約の制限　　　　[平29-27]

　宅地建物取引業者Aが、自ら売主として宅地建物取引業者でない買主Bとの間で締結した宅地の売買契約に関する次の記述のうち、宅地建物取引業法及び民法の規定によれば、正しいものはいくつあるか。

ア　売買契約において、宅地の契約不適合を担保すべき責任に関し、Bがその不適合をAに通知すべき期間を引渡しの日から2年間とする特約を定めた場合、その特約は無効となる。

イ　売買契約において、売主の責めに帰すべき事由による不適合についてのみ引渡しの日から1年間担保責任を負うという特約を定めた場合、その特約は無効となる。

ウ　Aが契約不適合担保責任を負う期間内においては、損害賠償の請求をすることはできるが、契約を解除することはできないとする特約を定めた場合、その特約は有効である。

(1)　一つ
(2)　二つ
(3)　三つ
(4)　なし

Hint!　落度がなくても責任を負う。

講義

ア　誤。業者が自ら売主となって、シロートの買主と契約する場合には、原則として、民法の規定より買主に不利な特約をしても無効だ。しかし、例外として、契約不適合の通知期間を「**引渡しの日から２年以上の期間内**」とする特約だけは、民法の規定より買主に不利だが、有効だ。
369頁　**例　外**

イ　正。「売主に落ち度が**なくても**（売主の責めに帰すべき事由によらない不適合であっても）、担保責任を負う」というのが民法の規定だ。だから、「売主に落ち度がある場合だけ（売主の責めに帰すべき事由による不適合についてのみ）、担保責任を負う」という本肢の特約は、民法の規定より**買主に不利**だ。したがって、無効だ。
369頁　**原　則**

ウ　誤。「損害賠償請求と**解除ができる**」というのが民法の規定だ。だから、「損害賠償請求はできるが解除はできない」という本肢の特約は、民法の規定より**買主に不利**だ。したがって、無効だ。
368頁　①、369頁　**原　則**

以上により、正しいものはイだけなので、正解は肢(1)となる。

正　解　(1)

Point!

業者が自ら売主となって、シロートの買主と契約する場合には、
原　則　民法の規定より買主に不利な特約をしても無効だ（肢イウ）。
例　外　契約不適合の通知期間を「**引渡しの日から２年以上の期間内**」とする特約だけは、民法の規定より買主に不利だが、有効だ（肢ア）。

8つの制限その他 [平21-38]

　宅地建物取引業者Aが、自ら売主として、宅地建物取引業者でない買主Bとの間で締結した売買契約に関する次の記述のうち、宅地建物取引業法（以下この間において「法」という。）及び民法の規定によれば、誤っているものの組合せはどれか。

ア　AがBとの間で締結した中古住宅の売買契約において、当該住宅を現状有姿で引き渡すとする特約と、Aが契約不適合担保責任を負わないこととする特約とを定めた場合、その特約はいずれも有効である。

イ　Aは、Bとの間で建物の売買契約を締結する前に、法第35条の規定に基づく重要事項として、当該建物が種類又は品質に関して契約の内容に適合しない場合におけるその不適合を担保すべき責任の履行に関し保証保険契約等の措置を講ずるかどうか、また、講ずる場合はその措置の概要を説明しなければならない。

ウ　AがBとの間で締結した建物の売買契約において、Aは契約不適合担保責任を一切負わないとする特約を定めた場合、この特約は無効となり、Bが契約不適合担保責任を追求するために契約不適合を通知すべき期間は当該建物の引渡しの日から2年間となる。

(1)　ア、イ
(2)　ア、ウ
(3)　イ、ウ
(4)　ア、イ、ウ

　「お金がないから担保責任は履行できません」だと困る。

ア　誤。民法の世界では、契約不適合担保責任を免除する特約も有効だった。しかし、業者が自ら売主となり、シロートの買主と契約をする場合には、契約不適合担保責任を免除する特約は**無効**になる。ちなみに、当該住宅を現状有姿（原状のまま）で引き渡すとする特約は有効だ。

369頁 **原則**

イ　正。契約**不適合**担保責任の履行に関し保証保険契約等の措置を講ずるかどうかと、講ずる場合は措置の概要を説明しなければならない。ちなみに、貸借の場合は説明不要だ。

377頁 ⑬

ウ　誤。業者が自ら売主となり、シロートの買主と契約をする場合には、契約不適合担保責任を免除する特約は**無効**になる。そして、無効となった場合は、**民法の規定通り**となるので、Bが契約不適合を通知すべき期間は「**Bが不適合を知った時から1年**」となる。

369頁

以上により、誤っているものはアとウなので、正解は肢(2)となる。

正　解　(2)

重要事項の説明
契約**不適合**担保責任の履行措置
➡①この措置を講ずるかどうかと
　②この措置を講ずる場合は、措置の概要を説明しなければならない
　（肢イ）

8つの制限　　　　　　　　　　　[令3-42]

　宅地建物取引業者Aが、自ら売主として宅地建物取引業者ではないB
を買主とする土地付建物の売買契約（代金3,200万円）を締結する場合
に関する次の記述のうち、民法及び宅地建物取引業法の規定によれば、
正しいものはどれか。

(1)　割賦販売の契約を締結し、当該土地付建物を引き渡した場合、Aは、
　　Bから800万円の賦払金の支払を受けるまでに、当該土地付建物に係
　　る所有権の移転登記をしなければならない。

(2)　当該土地付建物の工事の完了前に契約を締結した場合、Aは、宅地
　　建物取引業法第41条に定める手付金等の保全措置を講じなくても手
　　付金100万円、中間金60万円を受領することができる。

(3)　当事者の債務の不履行を理由とする契約の解除に伴う損害賠償の予
　　定額を400万円とし、かつ、違約金の額を240万円とする特約を定め
　　た場合、当該特約は無効となる。

(4)　当事者の債務の不履行を理由とする契約の解除に伴う損害賠償の予
　　定額を定めていない場合、債務の不履行による損害賠償の請求額は売
　　買代金の額の10分の2を超えてはならない。

売主　A　　土地付建物　　売買契約　　　B　買主
　　　業者　　　　　　　代金3,200万円　シロート

　肢(1)→30%、肢(2)→5%、肢(3)→20%、肢(4)→全額。

講義

(1)　誤。業者が自ら売主となって、シロートに割賦販売を行なった場合は、受け取る金額が代金の**30%**（本問の場合は960万円）以下なら所有権を留保してもよい（所有権の移転登記をする必要はない）。800万円は代金の25%だから、Aは、所有権を留保してもよい（所有権の移転登記をする必要はない）。　　　　　　　　　　　　　　　　　　371頁 第8節

(2)　正。未完成物件の場合は、受け取ろうとする手付金等の額が代金の**5%**（本問の場合は160万円）または1,000万円を超えるときは、保全措置を講じる必要がある。Aが受け取ろうとする額は160万円だから（160万円を超えていないから）、保全措置を講じる必要はない。　　363頁(2)①

(3)　誤。業者が自ら売主となり、シロートの買主との間で、債務不履行による契約解除について、① 損害賠償額の予定、② 違約金の約定をする場合は、①②の合計額は、代金の**20%**（本問の場合は640万円）が限度だ。本肢の特約は①②の合計で640万円だから有効だ。　　367頁 第5節

(4)　誤。損害賠償額の予定を定めなかった場合は、債務不履行があったら、実害額**全額**の損害賠償請求ができる（つまり、代金の20%を超えてもOKだ）。　　　　　　　　　　　　　　　　　　　　　　　367頁 第5節

（**正　解**）(2)

Point!

所有権留保の制限
業者が自ら売主となって、シロートに割賦販売を行う場合には、

➡　受け取る金額が代金の**30%**以下なら、所有権を留保してもよいが、その後はダメだ（肢(1)）。

注意！　ただし、業者が代金の30%を超える支払いを受けても、買主が残代金を担保するための抵当権・先取特権の登記を申請する見込み、または保証人を立てる見込みがないときは、業者は、所有権を留保してもよい。

8つの制限その他 [平22-39]

　宅地建物取引業者Ａが、自ら売主として宅地建物取引業者でない買主Ｂとの間で宅地の売買契約を締結した場合における次の記述のうち、民法及び宅地建物取引業法の規定並びに判例によれば、正しいものはどれか。

(1)　当事者の債務不履行を理由とする契約の解除に伴う損害賠償の予定額を定めていない場合、損害賠償の請求額は売買代金の額を超えてはならない。

(2)　当事者の債務不履行を理由とする契約の解除に伴う損害賠償の予定額を売買代金の２割とし、違約金の額を売買代金の１割とする定めは、これらを合算した額が売買代金の３割を超えていないことから有効である。

(3)　Ａが、当該売買契約の解除を行う場合は、Ｂに対して「手付の倍額を現実に提供して、契約を解除する。」という意思表示を書面で行うことのみをもって、契約を解除することができる。

(4)　Ａは、当該売買契約の締結日にＢから手付金を受領し、翌日、Ｂから内金を受領した。その２日後、ＡがＢに対して、手付の倍額を現実に提供することにより契約解除の申出を行った場合、Ｂは、契約の履行に着手しているとしてこれを拒むことができる。

 売買契約

Ａ　　　宅　地　　　　　　　Ｂ
業者　　　　　　　　　　　シロート

Hint!　相手方が履行に着手したらダメ。

(1) 誤。損害賠償予定額を定めなかった場合は、債務不履行があったら、**実害額全額**の損害賠償請求ができる。だから、実害額が売買代金を超えていた場合は、売買代金を超える損害賠償を請求することができる。

図 367 頁 第 5 節

(2) 誤。①損害賠償額の予定と②違約金の約定をする場合、① ②の**合計額**は、代金の **20％**が限度だ。30％が限度なのではない。 図 367 頁 ①、②

(3) 誤。売主が手付の倍額を返還して契約を解除する場合は、**現実の提供**(ゲンナマを目の前に差し出すこと)をしなければ解除の効果は生じない。「倍返しします」との意思表示を行うだけではダメだ。 図 175 頁 キーポイント

(4) 正。**相手方**が契約の履行に着手した後は、手付による解除はできなくなる。Bは履行に着手（内金の支払い）しているので、Aは手付の倍返しによる解除をすることはできない。だから、Bは、Aの申出を拒むことができる。

図 175 頁⑵

（ 正 解 ） (4)

Point!

手付とはどういうものか？
① 売買契約で、買主が手付を交付した場合、
　　① 買主は ➡ 手付を**放棄**（これは**意思表示**だけで**OK**）すれば契約を解除できる。
　　② 売主は ➡ 手付の**倍額を返還**（これは**現実の提供**が必要）すれば契約を解除できる（肢(3)）。
② 買主も売主も ➡ **相手方**が契約の履行に着手した後は、手付による解除はできなくなる（自分の側だけが履行に着手しているなら解除できる）（肢(4)）。

8つの制限　　　　　　　　　　　　　　　[令2-32]

　宅地建物取引業者Aが、自ら売主として、宅地建物取引業者ではないBとの間で建物の売買契約を締結する場合における次の記述のうち、宅地建物取引業法（以下この問において「法」という。）の規定によれば、正しいものはどれか。

(1)　AB間の建物の売買契約において、Bが当該契約の履行に着手した後においては、Aは、契約の締結に際してBから受領した手付金の倍額をBに現実に提供したとしても、契約を解除することはできない。

(2)　AB間の建物の売買契約における「法第37条の2の規定に基づくクーリング・オフによる契約の解除の際に、当該契約の締結に際しAがBから受領した手付金は返還しない」旨の特約は有効である。

(3)　AB間の建物の割賦販売の契約において、Bからの賦払金が当初設定していた支払期日までに支払われなかった場合、Aは直ちに賦払金の支払の遅滞を理由として当該契約を解除することができる。

(4)　AB間で工事の完了前に当該工事に係る建物（代金5,000万円）の売買契約を締結する場合、Aは、法第41条に定める手付金等の保全措置を講じた後でなければ、Bから200万円の手付金を受領してはならない。

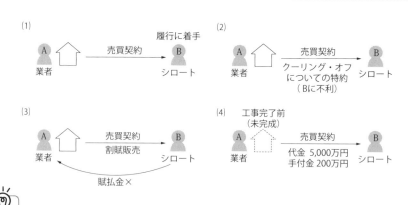

Hint!　自分の側だけならOK。

講義

(1)　正。**相手方**が契約の履行に着手した後は、手付による解除はできなくなる。だから、Ｂが履行に着手した後は、Ａは、手付金の倍額をＢに現実に提供したとしても、解除できない。ちなみに、自分の側だけが履行に着手しているなら解除できる。　175頁(2)

(2)　誤。クーリング・オフが行われた場合、業者は、速やかに受け取っていた手付金等を**返還**しなければならない。この規定に反する特約で買主に不利なものは**無効**となる。本肢の「ＡがＢから受領した手付金は返還しない」という特約は、買主Ｂにとって不利だから無効だ。

356頁 5. 注！

(3)　誤。業者Ａは、自ら売主となる割賦販売契約において、シロートの買主Ｂからの賦払金が支払期日までに支払われなかった場合、Ｂに対して①30日以上の相当の期間を定めて、②書面で催告し、それでも支払いがないときに限って、契約の解除や残金の一括請求ができる。直ちに解除はできないので、本肢は×だ。　370頁 第7節

(4)　誤。未完成物件の場合、受け取ろうとする手付金等の額が代金の5％（本肢の場合は250万円）または1,000万円を超えるときに保全措置が必要になる。Ａが受け取ろうとしている手付金は200万円だ。だから、Ａは、保全措置を講じないで手付金を受け取れる。　363頁(2)

（正　解）　(1)

Point!

クーリング・オフについての特約
① 買主に有利な特約 ➡ 有効
② 買主に不利な特約 ➡ **無効**（肢(2)）

8つの制限その他 [平23-39]

　宅地建物取引業者A社が、自ら売主として行う宅地（代金3,000万円）の売買に関する次の記述のうち、宅地建物取引業法の規定に違反するものはどれか。

(1)　A社は、宅地建物取引業者である買主B社との間で売買契約を締結したが、B社は支払期日までに代金を支払うことができなかった。A社は、B社の債務不履行を理由とする契約解除を行い、契約書の違約金の定めに基づき、B社から1,000万円の違約金を受け取った。

(2)　A社は、宅地建物取引業者でない買主Cとの間で、割賦販売の契約を締結したが、Cが賦払金の支払を遅延した。A社は20日の期間を定めて書面にて支払を催告したが、Cがその期間内に賦払金を支払わなかったため、契約を解除した。

(3)　A社は、宅地建物取引業者でない買主Dとの間で、割賦販売の契約を締結し、引渡しを終えたが、Dは300万円しか支払わなかったため、宅地の所有権の登記をA社名義のままにしておいた。

(4)　A社は、宅地建物取引業者である買主E社との間で、売買契約を締結したが、契約不適合担保責任について、「契約不適合による契約の解除又は損害賠償の請求は、契約対象物件である宅地の引渡しの日から1年を経過したときはできない」とする旨の特約を定めていた。

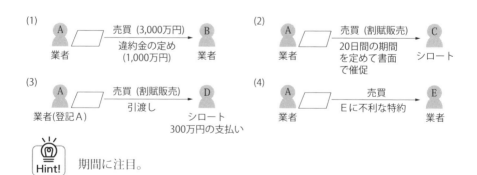

(1)　違反しない。**買主**の B 社は**業者**だ。だから、A B 間で代金の 20％を超える違約金の約定をしても OK だ（①損害賠償額の予定、②違約金の約定をする場合、①②の合計額は代金の 20％が限度であるのは、売主が業者で、買主がシロートの場合だ）。　　　　　　　　🗺 351 頁 ①、②、367 頁 第 5 節

(2)　**違 反 す る**。売主である業者は、買主であるシロートに対して、① 30日以上の相当の期間を定めて、②書面で催告し、それでも支払いがない場合に限って、契約の解除ができる。本肢の A 社が行ったのは、「20 日」の期間の催告だから、業法に違反する。　　　　　　　　🗺 370 頁 ①、②

(3)　違反しない。業者が自ら売主となって、シロートに割賦販売を行う場合には、受け取る金額が代金の 30％以下なら所有権を留保して OK だ。
　　　　　　　　🗺 371 頁 第 8 節

(4)　違反しない。**買主**の E 社は**業者**だ。だから、民法の契約不適合担保責任の規定より買主に不利な特約をしても有効だ（買主に不利な特約をしたら無効になるのは売主が業者で、買主がシロートの場合だ）。
　　　　　　　　🗺 351 頁 ①、②

（**正　解**）(2)

Point!

割賦販売契約の解除の制限
　　割賦販売契約とは、代金を分割払い（ローン）にする契約のことだ。シロート相手のローンの場合、業者は、
　　①　**30 日**以上の相当の期間を定めて、
　　②　**書面**で催告し、
　　それでも支払いがない場合に限って、契約の解除や残金の一括返済請求ができることになっている（肢(2)）。

第4編　弱点表

項　目	番　号	難　度	正　解	自己採点
クーリング・オフ	平 22-38	普通	(1)	
クーリング・オフ	平 25-34	普通	(3)	
クーリング・オフ	令 4-38	カンターン	(4)	
クーリング・オフ	平 15-39	普通	(1)	
クーリング・オフ	令 1-38	普通	(2)	
クーリング・オフ	令 5-35	普通	(4)	
クーリング・オフ	令 3-39	普通	(1)	
クーリング・オフ	平 28-44	カンターン	(2)	
クーリング・オフ	令 2-40	難しい	(2)	
クーリング・オフ	平 30-37	難しい	(2)	
他人の物件の売買	平 17-35	普通	(4)	
手付金等保全措置	令 1-37	普通	(3)	
手付金等保全措置	平 22-41	普通	(4)	
手付金等保全措置その他	平 24-34	普通	(2)	
手付金等保全措置	平 26-33	普通	(3)	
手付金等保全措置	平 30-38	カンターン	(1)	
手付金等保全措置	平 28-43	普通	(2)	
手付金等保全措置	平 20-41	カンターン	(2)	
手付金等保全措置その他	平 27-40	難しい	(4)	
手付金等保全措置	平 25-40	普通	(3)	
手付金等保全措置その他	平 19-34	カンターン	(1)	
手付金等保全措置	令 5-39	普通	(2)	

８つの制限	平 18-39	カンターン	(1)	
８つの制限	平 26-31	普通	(3)	
８つの制限	平 23-37	カンターン	(1)	
８つの制限	平 29-31	普通	(4)	
８つの制限	令 4-43	カンターン	(2)	
８つの制限	平 20-40	カンターン	(1)	
８つの制限	平 25-38	難しい	(2)	
８つの制限	平 21-39	普通	(3)	
８つの制限	平 27-36	カンターン	(1)	
８つの制限	平 28-28	カンターン	(4)	
８つの制限	平 27-34	普通	(3)	
８つの制限	平 22-40	普通	(1)	
８つの制限	平 27-39	カンターン	(3)	
８つの制限	平 30-29	カンターン	(2)	
契約不適合担保責任の特約の制限	平 24-39	普通	(4)	
契約不適合担保責任の特約の制限	平 29-27	カンターン	(1)	
８つの制限その他	平 21-38	難しい	(2)	
８つの制限	令 3-42	カンターン	(2)	
８つの制限その他	平 22-39	普通	(4)	
８つの制限	令 2-32	カンターン	(1)	
８つの制限その他	平 23-39	普通	(2)	

5

第 5 編

重要事項の説明　　　　　　　　　　　　[㍻26-36]

　建物の貸借の媒介を行う宅地建物取引業者が、その取引の相手方（宅地建物取引業者ではないものとする。）に対して行った次の発言内容のうち、宅地建物取引業法の規定に違反しないものはどれか。なお、この問において「重要事項説明」とは同法第35条の規定に基づく重要事項の説明をいい、「重要事項説明書」とは同条の規定により交付すべき書面をいうものとする。

(1)　重要事項説明のため、明日お宅にお伺いする当社の者は、宅地建物取引士ではありませんが、当社の最高責任者である代表取締役ですので、重要事項説明をする者として問題ございません。

(2)　この物件の契約条件につきましては、お手元のチラシに詳しく書いてありますので、重要事項説明は、内容が重複するため省略させていただきます。ただ、重要事項説明書の交付は、法律上の義務ですので、入居後、郵便受けに入れておきます。

(3)　この物件の担当である宅地建物取引士が急用のため対応できなくなりましたが、せっかくお越しいただきましたので、重要事項説明書にある宅地建物取引士欄を訂正の上、宅地建物取引士である私が記名をし、代わりに重要事項説明をさせていただきます。私の宅地建物取引士証をお見せします。

(4)　この物件は人気物件ですので、申込みをいただいた時点で契約成立とさせていただきます。後日、重要事項説明書を兼ねた契約書を送付いたしますので、署名押印の上、返送していただければ、手続は全て完了いたします。

 資格があれば OK。

(1) 違反する。重要事項の説明は、**宅地建物取引士**でなければできない。たとえ、代表取締役であっても、その代表取締役が宅建士でないならば説明できない。 372頁(1)

(2) 違反する。重要事項の説明は、省略することは**できない**。たとえ、契約条件がチラシに詳しく書いてあり、その内容が重要事項と重複していても、重要事項の説明を省略してはダメだ（ただし、買主が業者なら重要事項の説明は不要）。 372頁1．373頁(5)、374頁(9)

(3) 違反しない。**宅地建物取引士**であれば、重要事項の説明はできる。たとえ、物件の担当者でなくても宅建士であればOK。だから、本肢は宅建業法に違反しない。 372頁(1)

(4) 違反する。まず、**重要事項の説明をしていない点**がダメ。また、「①重要事項の説明 ➡ ②契約」という順番が正しいので、契約成立の後に重要事項説明書を送付している点もダメ。そして、重要事項説明書と契約書を兼ねている点もダメだ。 372頁(2)、373頁(5)

（正　解） (3)

> なお、重要事項説明書の交付に代えて、相手方の承諾を得て、重要事項説明書に記載すべき事項を電磁的方法(電子メール等)であって宅地建物取引士の記名に代わる措置を講じたものにより提供できる。

Point!

重要事項の説明は、**宅地建物取引士**でなければできない。
➡ 代表取締役であっても、その代表取締役が宅地建物取引士でないなら説明できない（肢(1)）。
➡ 物件の担当者でなくても、**宅地建物取引士**であるなら説明できる（肢(3)）。

重要事項の説明　　　　　　　　　　　[令4-28]

　宅地建物取引業者が行う宅地建物取引業法第35条に規定する重要事項の説明に関する次の記述のうち、正しいものはどれか。

(1)　宅地建物取引業者が、宅地建物取引業者ではない個人から媒介業者の仲介なしに土地付建物を購入する場合、買主である宅地建物取引業者は重要事項説明書を作成しなくても宅地建物取引業法違反とはならない。

(2)　宅地建物取引業者が、重要事項説明書を作成する際、調査不足のため、重要事項説明書に記載された内容が事実と異なるものとなったが、意図的に事実と異なる内容を記載したものではないため、宅地建物取引業法違反とはならない。

(3)　宅地建物取引業者は、土地売買の媒介を行う場合、宅地建物取引業者ではない売主に対して契約が成立する前までの間に、宅地建物取引士をして重要事項説明書を交付して説明をさせなければならない。

(4)　宅地又は建物の取引は権利関係や法令上の制限など取引条件に関する事項が複雑で多岐にわたるため、重要事項説明書は、宅地又は建物の取引の専門的知識を有する宅地建物取引士が作成しなければならない。

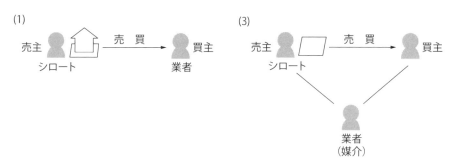

 重要事項の説明は、物件を入手する者に対して行う。

(1) 正。重要事項の説明は、物件を**入手する者**（売買の場合は**買主**）に対して行うものだ。だから、買主である業者は、重要事項説明書を作成しなくても違反とはならない（売主に対して重要事項の説明を行う必要がないから）。　　　　　　　　　　　　　　　　　　　　図374頁(7)

(2) 誤。重要事項説明書に記載された内容が事実と異なる場合には、**故意**（意図的）でなくても、業法違反となる。　　　　　　　　　　図375頁 3.

(3) 誤。重要事項の説明は、物件を**入手する者**（売買の場合は**買主**）に対して行うものだ。だから、業者は、売主に対して重要事項の説明をする必要はない。　　　　　　　　　　　　　　　　　　　　　　図374頁(7)

(4) 誤。重要事項説明書への**記名**は、宅地建物取引士でなければできない仕事だ。しかし、重要事項説明書の作成は、宅地建物取引士以外の者でもできる。だから、宅地建物取引士以外の者が重要事項説明書を作成しても OK だ。　　　　　　　　　　　　　　　　　　　図373頁(3)

（**正　解**）(1)

> なお、重要事項説明書の交付に代えて、相手方の承諾を得て、重要事項説明書に記載すべき事項を電磁的方法（電子メール等）であって宅地建物取引士の記名に代わる措置を講じたものにより提供できる。

Point!

重要事項の説明は、

➡　物件を**入手する者**（売買なら**買主**、貸借なら**借主**、交換なら両当事者）に対して行う（肢(1)(3)）。

重要事項の説明 [⑰5-33]

宅地建物取引業法第35条に規定する重要事項の説明に関する次の記述のうち、正しいものはどれか。

(1) 甲宅地を所有する宅地建物取引業者Aが、乙宅地を所有する宅地建物取引業者ではない個人Bと、甲宅地と乙宅地の交換契約を締結するに当たって、Bに対して、甲宅地に関する重要事項の説明を行う義務はあるが、乙宅地に関する重要事項の説明を行う義務はない。

(2) 宅地の売買における当該宅地の引渡しの時期について、重要事項説明において説明しなければならない。

(3) 宅地建物取引業者が売主となる宅地の売買に関し、売主が買主から受領しようとする金銭のうち、買主への所有権移転の登記以後に受領するものに対して、宅地建物取引業法施行規則第16条の4に定める保全措置を講ずるかどうかについて、重要事項説明書に記載する必要がある。

(4) 重要事項説明書の電磁的方法による提供については、重要事項説明を受ける者から電磁的方法でよいと口頭で依頼があった場合、改めて電磁的方法で提供することについて承諾を得る必要はない。

 自分が所有する物件については？

講義

(1) 正。乙宅地はBが所有する物件だ。だから、Bに対して乙宅地に関する重要事項の説明を行う義務はない。Bに対して「あなたが交換によって手放そうとしている乙宅地は、こういう物件ですよ」という説明をすることは無意味だからだ（必要なのは「あなたが交換によって手に入れようとしている甲宅地は、こういう物件ですよ」という説明だ）。

374頁 具体例 ④

(2) 誤。引渡しの時期は、重要事項として説明する必要はない。ちなみに、引渡しの時期は、**37条書面**の記載事項だ（売買・交換をする場合の37条書面の必要的記載事項だ）。

378頁 上から7行目

(3) 誤。本肢の施行規則第16条の4に定める保全措置とは、支払金・預り金の保全措置のことだ。所有権の**登記**以後に受領する支払金・預り金については、保全措置を講ずるかどうかについて、重要事項説明書に記載する必要はない。

376頁 ⑨

(4) 誤。相手方からの承諾は、**書面**または電子情報処理組織を使用する方法（電子メール等）によって得なければならない。口頭での依頼ではダメなので、改めて書面または電子情報処理組織を使用する方法で承諾を得る必要がある。

正解　(1)

Point!

重要事項説明書を電磁的方法により提供することについての相手方の承諾
➡　業者は、重要事項説明書の交付に代えて、相手方の**承諾**を得て 注意!、重要事項説明書に記載すべき事項を電磁的方法であって宅地建物取引士の記名に代わる措置を講じたものにより提供できる。

注意!　この承諾は、**書面**または電子情報処理組織を使用する方法で得る必要がある（肢(4)）。相手方から書面または電子情報処理組織を使用する方法で承諾を得れば（口頭での承諾を得てもダメ）、重要事項説明書を電磁的方法により提供できるということ。

重要事項の説明 [令3-26]

　宅地建物取引業者Aが、自ら売主として宅地建物取引業者ではない買主Bに対し建物の売却を行う場合における宅地建物取引業法第35条に規定する重要事項の説明に関する次の記述のうち、正しいものはどれか。

(1)　Aは、Bに対し、専任の宅地建物取引士をして説明をさせなければならない。

(2)　Aは、Bに対し、代金以外に授受される金銭の額だけでなく、当該金銭の授受の目的についても説明しなければならない。

(3)　Aは、Bに対し、建物の上に存する登記された権利の種類及び内容だけでなく、移転登記の申請の時期についても説明しなければならない。

(4)　Aは、Bに対し、売買の対象となる建物の引渡しの時期について説明しなければならない。

売主　業者　　←　売却　→　買主　シロート

Hint!　額の説明だけではダメ。

⑴　誤。重要事項の説明は、宅地建物取引士でありさえすれば、パートで
　もアルバイトでもできる（専任でなくてもできる）。本肢は「専任の」と
　いう部分が×だ。　　　　　　　　　　　　　　　　　　　　📖372頁⑴

⑵　正。代金以外に授受される「金銭の額」だけでなく、「金銭の授受の目的」
　も説明しなければならない。ちなみに、「金銭の授受の時期」は説明不要だ。
　ついでに覚えておこう。　　　　　　　　　　　　　　　　　📖376頁 ⑩

⑶　誤。登記された権利の種類・内容は説明しなければならない。しかし、
　移転登記の申請時期は説明不要だ。ちなみに、移転登記の申請時期は 37
　条書面の記載事項だ。　　　　　　　　　　　　　📖375頁 ③、378頁 ⑦

⑷　誤。物件（宅地建物）の引渡し時期は説明不要だ。ちなみに、物件（宅
　地建物）の引渡し時期は 37 条書面の記載事項だ。　　　　　📖378頁 ⑦

（　正　解　）　⑵

Point!

「代金・交換差金・借賃」以外に授受される金銭の「額・授受の時期・授受の目的」

	額	授受の時期	授受の目的
重要事項の説明（書）	○（肢２）	×	○（肢２）
37 条書面	○	○	○

注意!　授受の時期は、重要事項説明書の記載事項ではないが、37 条書面
　の任意的記載事項（定めがある場合は記載しなければならない）だ。

重要事項の説明 [令2-41]

　宅地建物取引業者が行う宅地建物取引業法第35条に規定する重要事項の説明に関する次の記述のうち、正しいものはどれか。

(1)　重要事項説明書には、代表者の記名があれば宅地建物取引士の記名は必要がない。

(2)　重要事項説明書に記名する宅地建物取引士は専任の宅地建物取引士でなければならないが、実際に重要事項の説明を行う者は専任の宅地建物取引士でなくてもよい。

(3)　宅地建物取引士証を亡失した宅地建物取引士は、その再交付を申請していても、宅地建物取引士証の再交付を受けるまでは重要事項の説明を行うことができない。

(4)　重要事項の説明は、宅地建物取引業者の事務所において行わなければならない。

 重要事項の説明をするときは、宅建士証を提示しなければならない。

(1) 誤。重要事項説明書には、**宅地建物取引士**の記名が必要だ。たとえ代表者の記名であっても、宅地建物取引士の記名の代わりにはならない。

373頁(3)

(2) 誤。重要事項説明書の記名も重要事項の説明も、宅地建物取引士でありさえすれば、パートでも、アルバイトでもできる（専任でなくてもできる）。

372頁(1)

(3) 正。重要事項の説明をするときは、**請求がなくても**宅地建物取引士証を提示しなければならない。宅地建物取引士証を亡失した者は、宅地建物取引士証が手元にないのだから、この提示ができない。だから、再交付を受けるまでは重要事項の説明ができない。

304頁(1)②

(4) 誤。重要事項の説明は、**どこで行っても OK** だ（場所の規制はない）。ちなみに、重要事項説明書の交付も 37 条書面の交付も、どこで行っても OK だ。ついでに覚えておこう。

382頁 注2

（**正　解**）(3)

第5編

重要事項説明書と37条書面／監督処分と罰則／住宅瑕疵担保履行法

Point!

次の①〜③は**どこで行っても OK**（場所の規制はない）。
① 重要事項の説明（肢(4)）
② 重要事項説明書の交付
③ 37 条書面の交付

重要事項の説明 [令5-42]

　宅地建物取引業法第35条に規定する重要事項の説明に関する次の記述のうち、誤っているものはいくつあるか。

ア　宅地建物取引士は、重要事項説明をする場合、取引の相手方から請求されなければ、宅地建物取引士証を相手方に提示する必要はない。

イ　売主及び買主が宅地建物取引業者ではない場合、当該取引の媒介業者は、売主及び買主に重要事項説明書を交付し、説明を行わなければならない。

ウ　宅地の売買について売主となる宅地建物取引業者は、買主が宅地建物取引業者である場合、重要事項説明書を交付しなければならないが、説明を省略することはできる。

エ　宅地建物取引業者である売主は、宅地建物取引業者ではない買主に対して、重要事項として代金並びにその支払時期及び方法を説明しなければならない。

(1)　一つ
(2)　二つ
(3)　三つ
(4)　四つ

　相手方が業者の場合、重要事項の説明を省略できる。

ア　誤。宅地建物取引士は、重要事項の説明をするときは、相手方から**請求がなくても**、宅地建物取引士証を提示しなければならない。

📖 304頁(1) ②

イ　誤。重要事項の説明・重要事項説明書の交付は、物件を入手する者（売買なら**買主**）に対して行う必要がある。売主に対して行う必要はない。

📖 374頁(7)

ウ　正。相手方が業者の場合、重要事項の説明を省略できる。ちなみに、重要事項説明書の交付は省略できない（相手方が業者の場合、重要事項説明書の交付だけでいいということだ）。　　　📖 374頁(8)

エ　誤。「**代金以外**」に授受される金銭の額・金銭の授受の目的については、重要事項として、説明しなければならない。しかし、「代金」そのものに関することは、説明不要だ。　　　　　　　　　📖 376頁 ⑩

以上により、誤っているものはアとイとエなので、正解は肢(3)となる。

（正　解）(3)

Point!

宅地建物取引士証の提示
① 　重要事項の説明をするときは、**請求がなくても**、提示しなければならない（肢ア）。
② 　「重要事項の説明をするとき」以外は、取引の関係者から請求があったら、提示しなければならない。

☐☐☐☐☐☐

重要事項の説明　　　　　　　　　　[⇧4-36]

　宅地建物取引業者が行う宅地建物取引業法第35条に規定する重要事項の説明に関する次の記述のうち、正しいものはどれか。なお、説明の相手方は宅地建物取引業者ではないものとする。

(1)　建物の売買の媒介を行う場合、当該建物が既存の住宅であるときは当該建物の検査済証（宅地建物取引業法施行規則第16条の2の3第2号に定めるもの）の保存の状況について説明しなければならず、当該検査済証が存在しない場合はその旨を説明しなければならない。

(2)　宅地の売買の媒介を行う場合、売買代金の額並びにその支払の時期及び方法について説明しなければならない。

(3)　建物の貸借の媒介を行う場合、当該建物が、水防法施行規則第11条第1号の規定により市町村（特別区を含む。）の長が提供する図面にその位置が表示されている場合には、当該図面が存在していることを説明すれば足りる。

(4)　自ら売主となって建物の売買契約を締結する場合、当該建物の引渡しの時期について説明しなければならない。

　存在しない場合は、その旨を説明しなければならない。

⑴　正。中古（既存）の建物の売買と交換の場合は、建物の建築・維持保全の状況に関する書類で国土交通省令で定めるもの（検査済証等）の**保存の状況**を説明しなければならない。だから、検査済証が存在しない場合は、その旨を説明しなければならない。　　　🕮377頁⑭③ b)

⑵　誤。代金**以外**に授受される金銭の額・授受の目的を説明しなければならないが、代金そのものについては説明する必要はない。　　🕮376頁⑩

⑶　誤。水害ハザードマップ（宅地建物が所在する市町村の長が提供する図面）に宅地建物の位置が表示されているときは、水害ハザードマップにおける宅地建物の**所在地**を説明しなければならない。水害ハザードマップが存在することを説明するだけではダメだ。　　🕮375頁④**例4**

⑷　誤。物件の引渡し時期については説明する必要はない。ちなみに、物件の引渡し時期は**37条書面**の絶対的記載事項（必ず記載しなければならない事項）だ。　　　🕮378頁㋐

（正　解）　⑴

Point!

中古（既存）の建物の売買と交換

➡　建物の建築・維持保全の状況に関する書類で国土交通省令で定めるものの**保存の状況**を説明しなければならない。

注意1　検査済証は、国土交通省令で定めるものに**含まれる**（肢⑴）。

注意2　存在しない場合は、その旨を説明しなければならない（肢⑴）。

重要事項の説明 [平22-36]

　宅地建物取引業法第35条に規定する重要事項の説明を宅地建物取引士が行う場合における次の記述のうち、同条の規定に違反しないものはどれか。なお、説明の相手方は宅地建物取引業者ではないものとする。

(1)　中古マンションの売買の媒介において、当該マンションに係る維持修繕積立金については説明したが、管理組合が保管している維持修繕の実施状況についての記録の内容については説明しなかった。

(2)　自ら売主となる新築住宅の売買において、重要事項の説明の時点で契約の内容に適合しない場合におけるその不適合担保責任に関する責任保険の契約を締結する予定であることは説明したが、当該責任保険の概要については説明しなかった。

(3)　宅地の売買の媒介において、当該宅地が急傾斜地の崩壊による災害の防止に関する法律第3条の規定に基づく急傾斜地崩壊危険区域内にあることは説明したが、立木竹の伐採には都道府県知事の許可を受けなければならないことについては説明しなかった。

(4)　建物の売買の媒介において、登記された権利の種類及び内容については説明したが、移転登記の申請の時期については説明しなかった。

 移転登記の申請時期は、重要事項説明の段階では未定だ。

(1) 違反する。マンションの売買では、維持修繕のための**積立金**について規約の内容・すでに積み立てられている額・滞納の額を説明しなければならない。また、維持修繕の実施状況が記録されている場合は、その内容を説明しなければならない。 378頁 ⑥、379頁 ⑨

(2) 違反する。「お金がないから担保責任は履行できません」ということになると困るから、そういう事態に備えて保険会社に保険をかけておく（保証保険契約）等の手を打つのが、契約不適合担保責任の履行措置だ。①この措置を講じるかどうかと、②講じる場合は、**措置の概要**を説明しなければならない。本肢は②について説明していないのだからアウトだ。ちなみに、貸借ならこの説明は不要だ。 377頁 ⑬

(3) 違反する。宅地の売買においては、急傾斜地崩壊危険区域内にあることと、その**制限の内容**（急傾斜地崩壊危険区域内で立木竹を伐採する場合等は、知事の許可が必要ですよ）を説明しなければならない。

375頁 ④

(4) 違反しない。建物の売買においては、**登記された権利**の種類・内容を説明しなければならないが、移転登記の申請時期は説明する必要はない（ちなみに、移転登記の申請時期は37条書面記載事項だ）。 375頁 ③

（正解）(4)

肢(4)のポイント

① **登記された権利**の種類・内容
➡ 重要事項説明書記載事項

② **移転登記の申請時期**
➡ 37条書面記載事項

重要事項の説明 [平24-30]

　宅地建物取引業者が行う宅地建物取引業法第35条に規定する重要事項の説明に関する次の記述のうち、正しいものはどれか。なお、説明の相手方は宅地建物取引業者ではないものとする。

(1)　建物の貸借の媒介を行う場合、当該建物が住宅の品質確保の促進等に関する法律に規定する住宅性能評価を受けた新築住宅であるときは、その旨について説明しなければならないが、当該評価の内容までを説明する必要はない。

(2)　建物の売買の媒介を行う場合、飲用水、電気及びガスの供給並びに排水のための施設が整備されていないときは、その整備の見通し及びその整備についての特別の負担に関する事項を説明しなければならない。

(3)　建物の貸借の媒介を行う場合、当該建物について、石綿の使用の有無の調査の結果が記録されているときは、その旨について説明しなければならないが、当該記録の内容までを説明する必要はない。

(4)　昭和55年に竣工した建物の売買の媒介を行う場合、当該建物について耐震診断を実施した上で、その内容を説明しなければならない。

　未整備の場合も説明必要。

(1)　誤。住宅性能評価を受けた新築住宅ならその旨を説明しなければならないのは、建物の売買と交換の場合だけだ。建物の**貸借**の場合は、説明**不要**だ。　　　　　　　　　　　　　　　　　　376頁 ⑦ 注! ①

(2)　正。上下水道・電気・ガスの整備状況について説明しなければならない。そして、これらの施設が未整備のときは、**整備の見通し**と**整備についての特別の負担**について説明しなければならない。　　　376頁 ⑥

(3)　誤。建物の場合、**石綿使用の有無**の調査の結果が記録されているなら、その**内容**を説明しなければならない。　　　　　　377頁 ⑭ ①

(4)　誤。古い建物の場合、**耐震診断**を受けているならその内容を説明しなければならない。しかし、業者が耐震診断を実施する**義務はない**ので、本肢は×だ（耐震診断をする義務はないが、もし耐震診断をしたのであれば、説明しなければならない、ということ）。　　　　　　377頁 ⑭ ② 注2

（　**正　解**　）　(2)

建物特有の３つの事項
① **石綿使用の有無**の調査の結果が記録されているなら、その内容（肢(3)）。
② 古い建物の場合、**耐震診断**を受けているならその内容（肢(4)）。
注意!　新しい建物（昭和56年6月1日以降に新築工事に着手した建物）の場合は、説明不要だ。
③ 中古の建物の場合は、①**建物状況調査**（調査実施後1年を経過していないものに限る）をⓐ実施しているかどうかとⓑ実施している場合は、結果の概要、②建物の建築・維持保全の状況に関する書類の保存の状況。
注意!　②は貸借なら説明不要だ。

重要事項の説明 [令4-34]

宅地建物取引業者が建物の売買の媒介の際に行う宅地建物取引業法第35条に規定する重要事項の説明に関する次の記述のうち、誤っているものはどれか。なお、説明の相手方は宅地建物取引業者ではないものとする。

(1) 当該建物が既存の建物であるときは、宅地建物取引業法第34条の2第1項第4号に規定する建物状況調査を過去1年以内に実施しているかどうか、及びこれを実施している場合におけるその結果の概要を説明しなければならない。

(2) 当該建物が宅地造成及び特定盛土等規制法の規定により指定された造成宅地防災区域内にあるときは、その旨を説明しなければならない。

(3) 当該建物について、石綿の使用の有無の調査の結果が記録されているときは、その内容を説明しなければならない。

(4) 当該建物（昭和56年5月31日以前に新築の工事に着手したもの）が指定確認検査機関、建築士、登録住宅性能評価機関又は地方公共団体による耐震診断を受けたものであるときは、その旨を説明しなければならない。

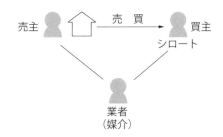

Hint! その「内容」を説明しなければならない。

(1)　正。既存（中古）の建物の場合は、**建物状況調査**（調査実施後 1 年を経過していないものに限る）を ①実施しているかどうかと ②実施している場合は、結果の概要を説明しなければならない。　🗺377 頁 ⑭③ a)

(2)　正。**造成宅地防災区域**内にあるときは、その旨は、**すべての取引**において説明しなければならない。　🗺375 頁 ④ **例 1**

(3)　正。建物の場合は、**石綿**の使用の有無の調査の結果が記録されているときは、その内容を説明しなければならない。　🗺377 頁 ⑭①

(4)　誤。建物（昭和 5 6 年 6 月 1 日以降に新築の工事に着手したものを除く）の場合は、耐震診断を受けたものであるときは、その「**内容**」を説明しなければならない。本肢は「その旨（耐震診断を受けた旨）」を説明しなければならない、となっているので×だ。　🗺377 頁 ⑭②

（**正　解**）　(4)

第5編　重要事項説明書と37条書面／監督処分と罰則／住宅瑕疵担保履行法

Point!

建物の場合は、

➡　耐震診断を受けたものであるときは、その「**内容**」を説明しなければならない（肢(4)）。

注意!　ただし、昭和 56 年 6 月 1 日以降に新築の工事に着手した建物なら、この説明は不要だ。

重要事項の説明　　　　　　　　　　　　　　[平30-39]

　宅地建物取引業者が建物の貸借の媒介を行う場合における宅地建物取引業法（以下この問において「法」という。）第35条に規定する重要事項の説明に関する次の記述のうち、誤っているものはどれか。なお、特に断りのない限り、当該建物を借りようとする者は宅地建物取引業者ではないものとする。

(1)　当該建物を借りようとする者が宅地建物取引業者であるときは、貸借の契約が成立するまでの間に重要事項を記載した書面を交付しなければならないが、その内容を宅地建物取引士に説明させる必要はない。

(2)　当該建物が既存の住宅であるときは、法第34条の2第1項第4号に規定する建物状況調査を実施しているかどうか、及びこれを実施している場合におけるその結果の概要を説明しなければならない。

(3)　台所、浴室、便所その他の当該建物の設備の整備の状況について説明しなければならない。

(4)　宅地建物取引士は、テレビ会議等のITを活用して重要事項の説明を行うときは、相手方の承諾があれば宅地建物取引士証の提示を省略することができる。

Hint!　重要事項の説明の際は、宅建士証の提示が必要。

(1)　正。相手方が**業者**の場合は、重要事項の**説明**を省略できる。つまり、相手方が業者の場合は、重要事項説明書の交付だけでいいということだ。

374頁(8)

(2)　正。既存（中古）の建物の場合は、**建物状況調査**（調査実施後1年を経過していないものに限る）を実施しているかどうか、及び実施しているならその結果の概要を説明しなければならない。

377頁⑭③

(3)　正。建物の貸借の場合は、建物の**設備**（台所、浴室、便所等）の状況を説明しなければならない。

380頁①

(4)　誤。テレビ会議等のITを利用して重要事項の説明ができる。この場合も**宅建士証**の提示は必要だ（宅建士がカメラに宅建士証をかざして、相手方は画面上で確認する）。

373頁(4) 注!

（　正　解　）　(4)

> なお、重要事項説明書の交付に代えて、相手方の承諾を得て、重要事項説明書に記載すべき事項を電磁的方法（電子メール等）であって宅地建物取引士の記名に代わる措置を講じたものにより提供できる。

Point!

テレビ会議等のITを利用して重要事項の説明をすることができるか？
① 売買・交換　➡　できる。
② **貸借**　➡　できる（肢(4)）。

重要事項の説明 [平26-34]

　宅地建物取引業者が行う宅地建物取引業法第35条に規定する重要事項の説明に関する次の記述のうち、正しいものはどれか。なお、説明の相手方は宅地建物取引業者ではないものとする。

(1)　建物の売買の媒介を行う場合、当該建物の売主に耐震診断の記録の有無を照会したにもかかわらず、当該有無が判別しないときは、自ら耐震診断を実施し、その結果を説明する必要がある。

(2)　建物の貸借の媒介を行う場合、当該建物が津波防災地域づくりに関する法律第23条第1項の規定に基づく津波防護施設区域に位置しているときはその旨を説明する必要があるが、同法第53条第1項の規定に基づく津波災害警戒区域に位置しているときであってもその旨は説明する必要はない。

(3)　建物の売買の媒介を行う場合、売主が特定住宅瑕疵担保責任の履行の確保等に関する法律に基づく住宅販売瑕疵担保保証金の供託を行うときは、その措置の概要を説明する必要があるが、当該建物が契約の内容に適合しない場合におけるその不適合を担保すべき責任の履行に関し保証保険契約の締結を行うときは、その措置の概要を説明する必要はない。

(4)　区分所有権の目的である建物の貸借の媒介を行う場合、その専有部分の用途その他の利用制限に関する規約の定めがあるときはその内容を説明する必要があるが、1棟の建物又はその敷地の専用使用権に関する規約の定めについては説明する必要がない。

Hint!　貸借戦艦（専管）だけでいい。

⑴　誤。古い建物の場合、**耐震診断**を受けているならその内容を説明しなければならない。しかし、業者が耐震診断を実施する**義務はない**ので、本肢は×だ。　　　　377頁 [14] [注2]

⑵　誤。全ての取引（宅地の売買・交換・貸借と建物の売買・交換・貸借）において、**津波災害警戒区域内**にあるときは、その旨を説明しなければならない。　　　　375頁 例3

⑶　誤。「お金がないから担保責任は履行できません」ということになると困るから、そういう事態に備えて保険会社に保険をかけておく（保証保険契約）等の手を打つのが、契約不適合担保責任の履行措置だ。この措置を講じる場合は、**措置の概要**を説明しなければならない（ちなみに、貸借なら説明は不要）。なお、前半部分の記述は○だ。　　　　377頁 [13]

⑷　正。区分所有建物の売買・交換の場合は、専用規約（建物または敷地の一部を特定の者だけに使用させる規約のこと。例 1 階の前庭）について説明しなければならない。しかし、区分所有建物の貸借の場合は、専用規約について説明する必要はない。ちなみに、専有部分の利用制限規約については、区分所有建物の貸借の場合にも説明する必要があるので、前半部分の記述についても正しい。楽勝ゴロ合せは、「**貸借戦艦（専管）だけでいい**」。　　　　378頁①、②

（正　解）⑷

Point!

区分所有建物（マンション）の場合（肢⑷）

	売買・交換	貸借
専用規約（専用使用権に関する規約）	○	×
専有部分の利用制限規約	○	○

○➡説明必要、　×➡説明不要

重要事項の説明 [令1-39]

宅地建物取引業者が行う宅地建物取引業法第35条に規定する重要事項の説明に関する次の記述のうち、正しいものはどれか。なお、説明の相手方は宅地建物取引業者ではないものとする。

(1) 既存住宅の貸借の媒介を行う場合、建物の建築及び維持保全の状況に関する書類の保存状況について説明しなければならない。

(2) 宅地の売買の媒介を行う場合、登記された抵当権について、引渡しまでに抹消される場合は説明しなくてよい。

(3) 宅地の貸借の媒介を行う場合、借地権の存続期間を50年とする賃貸借契約において、契約終了時における当該宅地の上の建物の取壊しに関する事項を定めようとするときは、その内容を説明しなければならない。

(4) 建物の売買又は貸借の媒介を行う場合、当該建物が津波防災地域づくりに関する法律第53条第1項により指定された津波災害警戒区域内にあるときは、その旨を、売買の場合は説明しなければならないが、貸借の場合は説明しなくてよい。

 宅地上の建物の取壊しに関する事項は、宅地の貸借特有の説明事項だ。

(1) 誤。中古（既存）の建物の売買と交換の場合は、建物の建築・維持保全の状況に関する書類の保存の状況を説明しなければならない。しかし、**貸借**の場合は、説明**不要**だ。　　　　　　　　　　📚 377 頁 14 注1

(2) 誤。**登記された権利**の種類・内容は、説明しなければならない。たとえ、引渡しまでに抹消される場合でも、説明の時点においては、登記されているのだから、当然、説明が必要だ。　　　　　📚 375 頁 3

(3) 正。宅地の貸借の場合、契約終了時の宅地の上の建物の**取壊し**に関する事項を定めようとするときは、その内容を説明しなければならない。

　　　　　　　　　　　　　　　　　　　　　　　　　📚 380 頁 6

(4) 誤。津波災害警戒区域内にあるときは、その旨は、**すべての取引において**、説明しなければならない。だから、「建物の貸借の場合は説明しなくてよい」とある本肢は×だ。　　　　　　　　　　📚 375 頁 4 例3

　　　　　　　　　　　　　　　　　　　　　　　　（ 正 解 ） (3)

Point!

次の3つは、**すべての**取引において説明が必要。
① 造成宅地防災区域内にあるときは、その旨。
② 土砂災害警戒区域内にあるときは、その旨。
③ 津波災害警戒区域内にあるときは、その旨（肢(4)）。

コメント　いずれも「災」が付いている。「ここはキケンな場所ですよ」という説明は、すべての取引において必要ということ。

重要事項の説明 [㍻29-41]

　宅地建物取引業者が行う宅地建物取引業法第35条に規定する重要事項の説明に関する次の記述のうち、誤っているものはどれか。なお、説明の相手方は宅地建物取引業者ではないものとする。

(1)　区分所有建物の売買の媒介を行う場合、当該1棟の建物及びその敷地の管理が委託されているときは、その委託を受けている者の氏名（法人にあっては、その商号又は名称）及び住所（法人にあっては、その主たる事務所の所在地）を説明しなければならない。

(2)　土地の売買の媒介を行う場合、移転登記の申請の時期の定めがあるときは、その内容を説明しなければならない。

(3)　住宅の売買の媒介を行う場合、宅地内のガス配管設備等に関して、当該住宅の売買後においても当該ガス配管設備等の所有権が家庭用プロパンガス販売業者にあるものとするときは、その旨を説明する必要がある。

(4)　中古マンションの売買の媒介を行う場合、当該マンションの計画的な維持修繕のための費用の積立てを行う旨の規約の定めがあるときは、その内容及び既に積み立てられている額について説明しなければならない。

 37条書面の記載事項がまぎれ込んでいる。

(1)　正。区分所有建物の場合、**管理人の氏名**（法人の場合は商号・名称）と**住所**（法人の場合は主たる事務所の所在地）を説明しなければならない。

📖379頁⑧

(2)　誤。移転登記の申請時期については、説明する必要はない。ちなみに、移転登記の申請時期は **37条書面**の記載事項である。　　　📖378頁④

(3)　正。上下水道、電気、ガスの整備状況について、説明しなければならない。そして、住宅の売買後においてもガスの配管設備等の所有権がプロパンガス販売業者にある場合は、その旨を説明しなければならない。

📖376頁⑥

(4)　正。区分所有建物の売買の場合、修繕積立金についての規約の内容と**すでに積み立てられている額**を説明しなければならない。ちなみに、滞納があるときは滞納額についても説明しなければならない。ついでに覚えておこう。

📖379頁⑨

（**正　解**）(2)

Point!

　業者は、上下水道、電気、**ガス**の整備状況について、重要事項として説明しなければならない。

注意1　未整備のときは、整備の見通しと整備についての特別の負担を説明しなければならない。

注意2　住宅の売買後においてもガスの配管設備等の所有権がプロパンガス販売業者にある場合は、その旨を説明しなければならない（肢(3)）。

重要事項の説明　　　　　　　　　　　　[令2-44]

　宅地建物取引業者が行う宅地建物取引業法第35条に規定する重要事項の説明に関する次の記述のうち、誤っているものはどれか。なお、特に断りのない限り、説明の相手方は宅地建物取引業者ではないものとする。

(1)　昭和55年に新築の工事に着手し完成した建物の売買の媒介を行う場合、当該建物が地方公共団体による耐震診断を受けたものであるときは、その内容を説明しなければならない。

(2)　貸借の媒介を行う場合、敷金その他いかなる名義をもって授受されるかを問わず、契約終了時において精算することとされている金銭の精算に関する事項を説明しなければならない。

(3)　自らを委託者とする宅地又は建物に係る信託の受益権の売主となる場合、取引の相手方が宅地建物取引業者であっても、重要事項説明書を交付して説明をしなければならない。

(4)　区分所有建物の売買の媒介を行う場合、一棟の建物の計画的な維持修繕のための費用の積立てを行う旨の規約の定めがあるときは、その内容を説明しなければならないが、既に積み立てられている額について説明する必要はない。

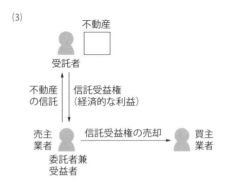

(3)

Hint!　説明事項は、内容・すでに積み立てられている額・滞納の額。

(1)　正。建物の場合は、耐震診断を受けたものであるときは、その内容を説明しなければならない。ただし、昭和 56 年 6 月 1 日以降に新築工事に着手した建物を除く（昭和 56 年 6 月 1 日以降に新築工事に着手した建物なら、説明不要ということ）。本肢の建物は昭和 55 年に新築工事に着手し完成した建物なので、耐震診断を受けたものであるときは、その内容を説明しなければならない。　　　📙 377 頁 ⑭ ②

(2)　正。貸借の場合は、敷金等、契約終了時において精算することとされている**金銭の精算方法**（⑳ 敷金は延滞賃料と相殺）を説明しなければならない。　　　📙 380 頁 ④

(3)　正。業者が自分の宅地建物を信託銀行に預けて信託銀行から信託受益権（⑳ 毎月 10 万円振り込んでもらえる権利）を得ている場合は、その信託受益権を販売（⑳ 毎月 10 万円振り込んでもらえる権利を 3,000 万円で販売）できる。**信託受益権を販売する場合は、買主が業者であっても、説明しなければならない。**　　　📙 375 頁 ⑩

(4)　誤。区分所有建物の売買の場合は、建物の維持修繕のための積立金の規約の定めがあるときは、その内容・すでに積み立てられている**額**・滞納の額を説明しなければならない。　　　📙 379 頁 ⑨

（**正　解**）（4）

> なお、重要事項説明書の交付に代えて、相手方の承諾を得て、重要事項説明書に記載すべき事項を電磁的方法（電子メール等）であって宅地建物取引士の記名に代わる措置を講じたものにより提供できる。

Point!

　信託受益権の販売の場合（業者自らを委託者とする信託受益権の売主となる場合）

	買主が業者	買主がシロート
重要事項の説明	**必要**（肢(3)）	必要
重要事項説明書の交付	必要	必要

重要事項の説明 [平21-33]

　宅地建物取引業者Aが行う宅地建物取引業法第35条に規定する重要事項の説明に関する次の記述のうち、誤っているものはどれか。なお、説明の相手方は宅地建物取引業者ではないものとする。

(1)　建物の売買の媒介を行う場合、当該建物が地域における歴史的風致の維持及び向上に関する法律第12条第1項の規定に基づく歴史的風致形成建造物であるときは、Aは、その増築に際し市町村長への届出が必要である旨を説明しなければならない。

(2)　建物の売買の媒介を行う場合、当該建物について石綿の使用の有無の調査の結果が記録されていないときは、Aは、自ら石綿の使用の有無の調査を行った上で、その結果の内容を説明しなければならない。

(3)　建物の貸借の媒介を行う場合、当該貸借の契約が借地借家法第38条第1項の規定に基づく定期建物賃貸借契約であるときは、Aは、その旨を説明しなければならない。

(4)　建物の貸借の媒介を行う場合、Aは、当該貸借に係る契約の終了時において精算することとされている敷金の精算に関する事項について、説明しなければならない。

業者に調査義務はない。

(1)　正。歴史的風致形成建造物の増改築等の届出（歴史的風致形成建造物の増築・改築・移転・除却をしようとする者は、市町村長への届出が必要である旨）については、建物の貸借以外の場合、説明しなければならない。本肢は建物の売買の媒介だから、説明しなければならない。

375頁 ④

(2)　誤。石綿（アスベストのこと）使用の有無の調査結果が記録されているならその内容を説明しなければならない。なお、記録がない場合に業者が自ら石綿使用の有無の調査を行う必要はない。　377頁 ⑭ 注2

(3)　正。貸借契約においては、契約期間と更新は、説明しなければならない事項だ。そして、その貸借契約が定期借地借家契約の場合はその旨も説明しなければならない。

380頁 ②

(4)　正。貸借契約においては、契約終了時の金銭の精算方法（例 敷金は延滞賃料と相殺）を説明しなければならない。

380頁 ④

正　解　(2)

建物特有の３つの事項（重要事項説明書の記載事項）
① 石綿使用の有無の調査結果が記録されているならその内容。
② 古い建物で耐震診断を受けているならその内容。
③ 中古の建物の場合は、①建物状況調査（調査実施後１年を経過していないものに限る）を実施しているかどうか、及び実施している場合はその結果の概要②建物の建築・維持保全の状況に関する書類の保存の状況。
注意1 業者は石綿の使用の有無の調査・耐震診断・建物状況調査を実施する義務はない（肢(2)）。
注意2 ③の②は貸借なら説明不要。

重要事項の説明 [平30-35]

宅地建物取引業者間の取引における宅地建物取引業法第35条に規定する重要事項の説明及び重要事項を記載した書面（以下この問において「重要事項説明書」という。）の交付に関する次の記述のうち、正しいものはどれか。

(1) 建物の売買においては、売主は取引の対象となる建物（昭和56年6月1日以降に新築の工事に着手したものを除く。）について耐震診断を受けなければならず、また、その診断の結果を重要事項説明書に記載しなければならない。

(2) 建物の売買においては、その対象となる建物が未完成である場合は、重要事項説明書を交付した上で、宅地建物取引士をして説明させなければならない。

(3) 建物の売買においては、その建物が種類又は品質に関して契約の内容に適合しない場合におけるその不適合を担保すべき責任の履行に関し保証保険契約の締結などの措置を講ずるかどうか、また、講ずる場合はその概要を重要事項説明書に記載しなければならない。

(4) 宅地の交換において交換契約に先立って交換差金の一部として30万円の預り金の授受がある場合、その預り金を受領しようとする者は、保全措置を講ずるかどうか、及びその措置を講ずる場合はその概要を重要事項説明書に記載しなければならない。

Hint! 業者間取引。

(1)　誤。建物（昭和 56 年 6 月 1 日以降に新築の工事に着手したものを除く）が、耐震診断を受けているならその内容を重要事項説明書に記載しなければならない。ただし、耐震診断を受けていない場合に、耐震診断を受ける**義務はない**ので、本肢は×だ。　　　　　　　　　377 頁 ⑭ 注2

(2)　誤。相手方が**業者**の場合は、重要事項の説明を省略できる。つまり、相手方が業者の場合は、重要事項説明書の交付だけでいいということだ（本問は、業者間の取引だから、相手方は業者だ）。なお、建物が完成していようがいまいが関係ない。　　　　　　　　　374 頁 ⑻

(3)　正。契約の内容に適合しない場合にその**不適合**を担保すべき責任の履行に関し保証保険契約の締結などの措置を講ずるかどうか、また、講ずる場合はその概要を重要事項説明書に記載しなければならない（ちなみに、貸借の場合は、記載不要だ）。　　　　　　　　　377 頁 ⑬

(4)　誤。**50万円以上**の預り金・支払金を受領しようとする場合は、保全措置を講ずるかどうか、及び措置を講ずる場合における措置の概要を重要事項説明書に記載しなければならない。本肢の預り金は 30万円なので、記載する必要はない。　　　　　　　　　376 頁 ⑼

正　解　(3)

> なお、重要事項説明書の交付に代えて、相手方の承諾を得て、重要事項説明書に記載すべき事項を電磁的方法 (電子メール等) であって宅地建物取引士の記名に代わる措置を講じたものにより提供できる。

Point!

預り金・支払金
➡　**50万円**以上の場合だけ、保全措置を講ずるかどうか、及び措置を講ずる場合における措置の概要を重要事項説明書に記載する必要がある（肢(4)）。

重要事項の説明 [令3-36]

　宅地建物取引業者が行う宅地建物取引業法第35条に規定する重要事項の説明に関する次の記述のうち、同法の規定に少なくとも説明しなければならない事項として掲げられていないものはどれか。

(1)　建物の貸借の媒介を行う場合における、「都市計画法第29条第1項の規定に基づく制限」

(2)　建物の貸借の媒介を行う場合における、「当該建物について、石綿の使用の有無の調査の結果が記録されているときは、その内容」

(3)　建物の貸借の媒介を行う場合における、「台所、浴室、便所その他の当該建物の設備の整備の状況」

(4)　宅地の貸借の媒介を行う場合における、「敷金その他いかなる名義をもって授受されるかを問わず、契約終了時において精算することとされている金銭の精算に関する事項」

　　「都市計画法第29条第1項の規定」とは開発許可のこと。

(1) 掲げられていない。「都市計画法第 29 条第 1 項の規定」とは開発許可のことだ。「都市計画法第 29 条第 1 項の規定の制限（開発行為をする場合は開発許可が必要ですよ）」は、建物の貸借**以外**（宅地の売買・交換・貸借と建物の売買・交換）の場合に説明が必要だ。だから、建物の貸借の媒介の場合は説明不要だ。　　　　　　　　　　　　　📖 375 頁 ④

(2) 掲げられている。「**石綿の使用の有無の調査の結果が記録されているときは、その内容**」は、建物の売買・交換・貸借の場合に説明が必要だ。だから、建物の貸借の媒介の場合も説明が必要だ。　　　📖 377 頁 ⑭ ①

(3) 掲げられている。建物の貸借の場合は「台所、浴室、便所その他の当該建物の**設備の整備の状況**」の説明が必要だ。　　　　📖 380 頁 ①

(4) 掲げられている。**宅地の貸借・建物の貸借**の場合は「敷金その他いかなる名義をもって授受されるかを問わず、契約終了時において精算することとされている**金銭の精算**に関する事項」の説明が必要だ。

📖 380 頁 ④

（ 正 解 ） (1)

Point!

都市計画法の制限・建築基準法の制限で、建物の貸借の場合に説明が必要なものは ➡ **ない**（一個もない）（肢(1)）。

テクニック 都市計画法の制限・建築基準法の制限で、建物の貸借の場合に説明が必要なものはない。だから、「建物の貸借の場合」において「都市計画法の制限（開発許可等）」「建築基準法の制限（建蔽率・容積率の制限等）」の説明が必要である、という問題がでたら 100％×。

重要事項の説明 [平28-36]

宅地建物取引業者が行う宅地建物取引業法第35条に規定する重要事項の説明に関する次の記述のうち、正しいものはいくつあるか。なお、説明の相手方は宅地建物取引業者ではないものとする。

ア 区分所有権の目的である建物の売買の媒介を行う場合、当該建物が借地借家法第22条に規定する定期借地権の設定された土地の上に存するときは、当該定期借地権が登記されたものであるか否かにかかわらず、当該定期借地権の内容について説明しなければならない。

イ 宅地の貸借の媒介を行う場合、当該宅地が流通業務市街地の整備に関する法律第4条に規定する流通業務地区にあるときは、同法第5条第1項の規定による制限の概要について説明しなければならない。

ウ 建物の売買の媒介を行う場合、当該建物の売買代金の額並びにその支払の時期及び方法について説明する義務はないが、売買代金以外に授受される金銭があるときは、当該金銭の額及び授受の目的について説明しなければならない。

エ 建物の貸借の媒介を行う場合、当該建物が建築工事の完了前であるときは、必要に応じ当該建物に係る図面を交付した上で、当該建築工事の完了時における当該建物の主要構造部、内装及び外装の構造又は仕上げ並びに設備の設置及び構造について説明しなければならない。

(1) 一つ
(2) 二つ
(3) 三つ
(4) 四つ

Hint! 代金は重要事項の説明の後で決めること。

ア　正。区分所有建物の売買の場合、**敷地に関する権利の種類・内容**（敷地利用権）について説明しなければならない。定期借地権は敷地に関する権利だから、その内容を説明しなければならない。　　　378頁 ⑤

イ　正。流通業務地区内における制限の概要（流通業務地区内では、原則として、トラックターミナル等以外を建設してはダメ）は、**建物の貸借**の場合だけ説明**不要**だ。だから、宅地の貸借の媒介の場合は説明しなければならない。　　　375頁 ④

ウ　正。代金は重要事項の説明の後で決めることだ。だから、代金については説明する必要はない（前半部分は○）。そして、代金**以外**に授受される金銭があるときは、その金銭の**額・**授受の**目的**について説明しなければならない（後半部分も○）。　　　376頁 ⑩

エ　正。未完成物件の場合、図面が必要なときは図面を交付して、工事完了時の形状・構造を説明しなければならない。　　　375頁 ①

　　以上により、正しいものはアとイとウとエなので（全部が正しいので）、正解は肢⑷となる。

（　正　解　）　⑷

第5編　重要事項説明書と37条書面／監督処分と罰則／住宅瑕疵担保履行法

Point!

流通業務地区内における制限の概要は、
➡ **建物の貸借**の場合だけは説明**不要**（肢イ）。

重要事項の説明・37条書面 ［令3-37］

　宅地建物取引業法第35条の規定に基づく重要事項の説明及び同法第37条の規定により交付すべき書面（以下この問において「37条書面」という。）に関する次の記述のうち、正しいものはどれか。

(1)　宅地建物取引業者は、媒介により区分所有建物の賃貸借契約を成立させた場合、専有部分の用途その他の利用の制限に関する規約においてペットの飼育が禁止されているときは、その旨を重要事項説明書に記載して説明し、37条書面にも記載しなければならない。

(2)　宅地建物取引業者は、自ら売主となる土地付建物の売買契約において、宅地建物取引業者ではない買主から保全措置を講ずる必要のない金額の手付金を受領する場合、手付金の保全措置を講じないことを、重要事項説明書に記載して説明し、37条書面にも記載しなければならない。

(3)　宅地建物取引業者は、媒介により建物の敷地に供せられる土地の売買契約を成立させた場合において、当該売買代金以外の金銭の授受に関する定めがあるときは、その額並びに当該金銭の授受の時期及び目的を37条書面に記載しなければならない。

(4)　宅地建物取引業者は、自ら売主となる土地付建物の売買契約及び自ら貸主となる土地付建物の賃貸借契約のいずれにおいても、37条書面を作成し、その取引の相手方に交付しなければならない。

□1 額、□2 授受の時期、□3 授受の目的。

(1) 誤。区分所有建物の賃貸借の場合、**専有部分の利用制限規約**（**例**ペット不可）は重要事項説明書に記載して説明しなければならない。しかし、37条書面の記載事項ではない。　　378頁②、379頁 楽勝ゴロ合せ

(2) 誤。売買の場合、手付金等の保全措置の概要は、重要事項説明書に記載して説明しなければならない。しかし、37条書面の記載事項ではない。
　　376頁⑧

(3) 正。「代金、交換差金、借賃」以外に授受される金銭の「① 額、② 授受の時期、③ 授受の目的」は37条書面の任意的記載事項だ。だから、売買代金以外の金銭の授受に関する定めがあるときは、その金銭の「① 額、② 授受の時期、③ 授受の目的」を37条書面に記載しなければならない。
　　383頁⑧

(4) 誤。「**自ら貸借**」は「取引」に当たらない。だから、自ら貸主となる賃貸借契約においては、37条書面の交付は不要だ。ちなみに、自ら売主となる売買契約においては、37条書面の交付はモチロン必要だ。

　　273頁 3.

正 解　(3)

> なお、重要事項説明書の交付に代えて、相手方の承諾を得て、重要事項説明書に記載すべき事項を電磁的方法（電子メール等）であって宅地建物取引士の記名に代わる措置を講じたものにより提供できる。また、37条書面の交付に代えて、相手方の承諾を得て、37条書面に記載すべき事項を電磁的方法（電子メール等）であって宅地建物取引士の記名に代わる措置を講じたものにより提供できる。

Point!

　「**自ら貸借**」は「取引」に当たらない。
➡　だから、業法が適用されない（業法に従う必要はない）。
➡　業法が適用されない（業法に従う必要はない）のだから、37条書面の交付は不要だ。

重要事項の説明　　　　　　　　　　　　　　　　　　[令4-40]

　建物の貸借の媒介を行う宅地建物取引業者が、その取引の相手方（宅地建物取引業者を除く。）に対して、次のアからエの発言に続けて宅地建物取引業法第35条の規定に基づく重要事項の説明を行った場合のうち、宅地建物取引業法の規定に違反しないものはいくつあるか。

ア　本日は重要事項の説明を行うためにお電話しました。お客様はＩＴ環境をお持ちでなく映像を見ることができないとのことですので、宅地建物取引士である私が記名した重要事項説明書は現在お住まいの住所に郵送いたしました。このお電話にて重要事項の説明をさせていただきますので、お手元でご覧いただきながらお聞き願います。

イ　建物の貸主が宅地建物取引業者で、代表者が宅地建物取引士であり建物の事情に詳しいことから、その代表者が作成し、記名した重要事項説明書がこちらになります。当社の宅地建物取引士は同席しますが、説明は貸主の代表者が担当します。

ウ　この物件の担当である弊社の宅地建物取引士が本日急用のため対応できなくなりましたが、せっかくお越しいただきましたので、重要事項説明書にある宅地建物取引士欄を訂正の上、宅地建物取引士である私が記名をし、代わりに説明をいたします。私の宅地建物取引士証をお見せします。

エ　本日はお客様のご希望ですので、テレビ会議を用いて重要事項の説明を行います。当社の側の音声は聞こえていますでしょうか。十分に聞き取れたとのお返事、こちらにも聞こえました。では、説明を担当する私の宅地建物取引士証をお示ししますので、画面上でご確認をいただき、私の名前を読み上げていただけますでしょうか。そうです、読み方も間違いありません。それでは、双方音声・映像ともやりとりできる状況ですので、説明を始めます。事前にお送りした私が記名した重要事項説明書をお手元にご用意ください。

(1)　一つ
(2)　二つ
(3)　三つ
(4)　四つ

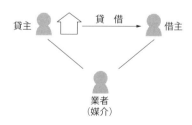

Hint!　単なる電話だと、映像がない。

ア　違反する。　重要事項の説明は、テレビ会議等のＩＴを活用して行う
　　ことができる。しかし、単なる電話で行うことはできない。

📖 373頁 (4) 注！

イ　違反する。　**自ら貸借**は、取引に当たらない。だから、貸主である業
　　者には重要事項を説明する義務はない。本肢において、重要事項を説明
　　する義務を負うのは、媒介業者だ。だから、重要事項説明書を作成する
　　義務を負うのも媒介業者だ。しかし、本肢の場合、貸主の代表者が作成
　　している（つまり、媒介業者は作成をしていない）から、違反となる。

📖 273頁 注！

ウ　違反しない。**宅地建物取引士**であれば、重要事項の説明ができる。だ
　　から、物件を担当していない者であっても、宅地建物取引士であれば、
　　重要事項の説明ができる。

📖 372頁 (1)

エ　違反しない。①映像を視認でき、かつ、双方が発する音声を十分に聞
　　き取ることができるとともに、**双方向でやりとりできる環境**において実
　　施している。②宅地建物取引士が、**宅地建物取引士証を提示**している。
　　③宅地建物取引士の記名がある**重要事項説明書**を、事前に交付している。
　　④映像・音声の状況について、宅地建物取引士が重要事項の説明を開始
　　する前に**確認**している。したがって、本肢は違反しない。

📖 373頁 (4) 注！

以上により、違反しないものはウとエなので、正解は肢(2)となる。

（**正　解**）　(2)

> なお、重要事項説明書の交付に代えて、相手方の承諾を
> 得て、重要事項説明書に記載すべき事項を電磁的方法（電
> 子メール等）であって宅地建物取引士の記名に代わる措置
> を講じたものにより提供できる。

Point!

以下の方法で重要事項の説明はできるか？
① 対面　　　　　➡　〇
② ＩＴを活用　➡　〇（肢エ）
③ 単なる電話　➡　×（肢ア）

第5編　重要事項説明書と37条書面／監督処分と罰則／住宅瑕疵担保履行法

重要事項の説明　　　　　　　　　　　　[ᵖ27-31]

　宅地建物取引業者が、宅地建物取引業法第35条に規定する重要事項の説明を行う場合における次の記述のうち、宅地建物取引業法の規定に違反するものはいくつあるか。なお、説明の相手方は宅地建物取引業者ではないものとする。

ア　宅地の貸借の媒介の場合、当該宅地が都市計画法の第一種低層住居専用地域内にあり、建築基準法第56条第1項第1号に基づく道路斜線制限があるときに、その概要を説明しなかった。

イ　建物の貸借の媒介の場合、当該建物が新住宅市街地開発事業により造成された宅地上にあり、新住宅市街地開発法第32条第1項に基づく建物の使用及び収益を目的とする権利の設定又は移転について都道府県知事の承認を要する旨の制限があるときに、その概要を説明しなかった。

ウ　建物の貸借の媒介の場合、当該建物が都市計画法の準防火地域内にあり、建築基準法第61条に基づく建物の構造に係る制限があるときに、その概要を説明しなかった。

(1)　一つ

(2)　二つ

(3)　三つ

(4)　なし

 建物の貸借の場合だけ説明不要なものを探せ！

ア　違反する。斜線制限は、「**建物の貸借**」の場合だけ、説明不要だ。それ以外の場合（宅地の売買・交換・貸借と建物の売買・交換）は、説明が必要。本肢は、宅地の貸借の媒介だから、説明が必要。

イ　違反する。新住宅市街地開発法の権利の制限は、「**全て**」の場合（宅地の売買・交換・貸借と建物の売買・交換・貸借）に説明が必要。

ウ　違反しない。防火地域・準防火地域の制限は、「**建物の貸借**」の場合だけ、説明不要。それ以外の場合（宅地の売買・交換・貸借と建物の売買・交換）は、説明が必要。本肢は、建物の貸借の媒介だから、説明不要。

以上により、違反するものはアとイなので、正解は肢(2)となる。

以上全体につき、📖375頁 ④

（**正　解**）　(2)

Point!

建物の貸借の場合だけ説明不要なもの
① 建蔽率・容積率の制限
② 斜線制限（肢ア）
③ 用途規制
④ 防火地域・準防火地域の制限（肢ウ）
⑤ 私道負担の有無

重要事項の説明（区分所有建物） [平20-37]

　宅地建物取引業者Ａが、マンションの分譲に際して行う宅地建物取引業法第35条の規定に基づく重要事項の説明に関する次の記述のうち、正しいものはどれか。なお、説明の相手方は宅地建物取引業者ではないものとする。

(1)　当該マンションの建物又はその敷地の一部を特定の者にのみ使用を許す旨の規約の定めがある場合、Ａは、その内容だけでなく、その使用者の氏名及び住所について説明しなければならない。

(2)　建物の区分所有等に関する法律第２条第４項に規定する共用部分に関する規約がまだ案の段階である場合、Ａは、規約の設定を待ってから、その内容を説明しなければならない。

(3)　当該マンションの建物の計画的な維持修繕のための費用の積立を行う旨の規約の定めがある場合、Ａは、その内容を説明すれば足り、既に積み立てられている額については説明する必要はない。

(4)　当該マンションの建物の計画的な維持修繕のための費用を特定の者にのみ減免する旨の規約の定めがある場合、Ａは、買主が当該減免対象者であるか否かにかかわらず、その内容を説明しなければならない。

買主全員に説明する必要がある。

(1)　誤。専用規約（建物または敷地の一部を特定の者だけに使用させる規約のこと。⑩１階の前庭）は、その**内容**を説明すれば OK だ。使用者の氏名と住所は説明する必要はない。　　　　　　　　　　🈺 378頁①

(2)　誤。共用規約（集会室や管理人室のような、規約共用部分について定めている規約のこと）がまだ案の段階であるときは、その**案を説明しなければならない**。　　　　　　　　　　　　　　　　　　　　🈺 378頁③

(3)　誤。建物の維持修繕のための積立金については、積立金についての規約内容と、すでに**積み立てられている**額・**滞納の**額を説明しなければならない。　　　　　　　　　　　　　　　　　　　　　　　　🈺 379頁⑨

(4)　正。減免規約（管理費用や積立金を特定の者だけに減免・免除する規約のこと）は、買主が**減免対象者**であるか否かにかかわらず、その内容を説明しなければならない。　　　　　　　　　　　　　　🈺 378頁④

　　　　　　　　　　　　　　　　　　　　　（ 正　解 ）　(4)

👓 **まとめ**

案しかない段階においてその案を説明する必要があるか？

① 専用規約　　　　　　　　　○　　（肢(1)）
② 専有部分の利用制限規約　　○
③ 共用規約　　　　　　　　　○　　（肢(2)）
④ 減免規約　　　　　　　　　○　　（肢(4)）
⑤ 積立金についての規約　　　○　　（肢(3)）

注意！　①～⑤（○○規約）は**すべて**、まだ案だけしかない段階でも、その**案**を説明しなければならない。

重要事項の説明と 37 条書面　　　[〒24-32]

　宅地建物取引業者A社が、自ら売主として宅地建物取引業者でない買主Bと宅地の売買について交渉を行う場合における次の記述のうち、宅地建物取引業法（以下この問において「法」という。）の規定に違反しないものはどれか。なお、この問において、「重要事項説明」とは、法第35条の規定に基づく重要事項の説明を、「37条書面」とは、法第37条の規定により交付すべき書面をいうものとする。

(1)　Bは、買受けの申込みを行い、既に申込証拠金を払い込んでいたが、申込みを撤回することとした。A社は、既にBに重要事項説明を行っていたため、受領済みの申込証拠金については、解約手数料に充当するとして返還しないこととしたが、申込みの撤回には応じた。

(2)　Bは、事業用地として当該宅地を購入する資金を金融機関から早急に調達する必要があったため、重要事項説明に先立って37条書面の交付を行うようA社に依頼した。これを受け、A社は、重要事項説明に先立って契約を締結し、37条書面を交付した。

(3)　Bは、当該宅地を購入するに当たり、A社のあっせんを受けて金融機関から融資を受けることとした。この際、A社は、重要事項説明において当該あっせんが不調に終わるなどして融資が受けられなくなった場合の措置について説明をし、37条書面へも当該措置について記載することとしたが、融資額や返済方法等のあっせんの内容については、37条書面に記載するので、重要事項説明に係る書面への記載は省略することとした。

(4)　Bは、契約するかどうかの重要な判断要素の1つとして、当該宅地周辺の将来における交通整備の見通し等についてA社に確認した。A社は、将来の交通整備について新聞記事を示しながら、「確定はしていないが、当該宅地から徒歩2分のところにバスが運行するという報道がある」旨を説明した。

 断定したらアウトだが……。

(1) 違 反 す る 。 申込みが撤回されたのだから、業者は、トーゼン申込証拠金を買主に**返還**しなければならない（お客さんが契約の申込みの撤回を行うに際し、業者は、申込証拠金等の預り金を返還することを拒んではダメだ）。

(2) 違 反 す る 。 重要事項の説明は、契約をするかしないかの判断材料を提供するためのものだから、必ず**契約成立前**に説明しなければダメだ。A社は、重要事項の説明に「先立って契約を締結している（＝契約成立前に説明していない）」ので業法違反となる。　　　　　　　　　　　　　図 373頁(5)

(3) 違 反 す る 。 代金、交換差金に関する**金銭貸借のあっせんの内容**と貸借不成立の場合の措置は、重要事項説明書の記載事項だ。だから、あっせんの内容について重要事項説明書への記載を省略すると業法違反となる。　　　　　　　　　　　　　　　　　　　　　図 376頁 ⑪

(4) 違反しない。A社は、「必ず……運行する」と断定しているわけではないので、業法違反とならない（「必ず……運行する」と**断定すると業法違反**となるが、A社は、「確定はしていないが……」と説明しており、断定的判断を提供しているわけではない。だから、セーフだ）。　　図 325頁 3.

正 解　(4)

> なお、重要事項説明書の交付に代えて、相手方の承諾を得て、重要事項説明書に記載すべき事項を電磁的方法（電子メール等）であって宅地建物取引士の記名に代わる措置を講じたものにより提供できる。また、37条書面の交付に代えて、相手方の承諾を得て、37条書面に記載すべき事項を電磁的方法（電子メール等）であって宅地建物取引士の記名に代わる措置を講じたものにより提供できる。

Point!

業者は、

➡ 「**必ず**値上がりしますよ」「**必ず**当該宅地から徒歩2分のところにバスが運行しますよ」というように**断定的判断**を提供してはいけない（肢(4)）。

重要事項の説明・37条書面等 [令4-35]

次の記述のうち、宅地建物取引業法（以下この問において「法」という。）の規定によれば、正しいものはどれか。

(1) 宅地建物取引業者の従業者である宅地建物取引士は、取引の関係者から事務所で従業者証明書の提示を求められたときは、この証明書に代えて従業者名簿又は宅地建物取引士証を提示することで足りる。

(2) 宅地建物取引業者Aが所有する甲建物を法人Bに売却するに当たり、Bが宅地建物取引業者であるか否かにかかわらず、AはBに対し、宅地建物取引士をして、法第35条の規定に基づく書面を交付し説明をさせなければならない。

(3) 法人Cが所有する乙建物の個人Dへの賃貸を宅地建物取引業者Eが媒介し、当該賃貸借契約が成立したときは、EはDに対し、宅地建物取引士をして、法第35条の規定に基づく書面を交付し説明をさせなければならない。

(4) 宅地建物取引業者Fが所有する丙宅地を法人Gに売却する契約を締結したとき、Gが宅地建物取引業者であるか否かにかかわらず、FはGに対し、法第37条の規定に基づく書面を交付しなければならない。

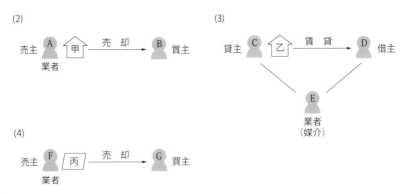

当事者が業者であっても、37条書面の交付は必要だ。

(1)　誤。従業者は、取引の関係者の**請求があったとき**は、従業者証明書を提示しなければならない。従業者名簿や宅地建物取引士証は、従業者証明書の代わりには**ならない**。だから、従業者名簿や宅地建物取引士証を提示してもダメだ。　　　　　　　　　　　305頁(2)、306頁1〜3行目

(2)　誤。買主が業者の場合は、重要事項の説明は**不要**だ（重要事項説明書の交付だけでいい）。だから、「B（買主）が業者であるか否かにかかわらず〜説明をさせなければならない」とある本肢は×だ。　　　374頁(8)

(3)　誤。重要事項の説明は、契約するかしないかの判断材料を提供するためのものだから、**契約成立前**にしなければダメ。だから「契約が成立したときは（つまり、契約成立後に）〜説明をさせなければならない」とある本肢は×だ。　　　　　　　　　　　　　373頁(5)

(4)　正。買主が**業者**であっても、37条書面の交付は必要だ。だから、Gが業者であるか否かにかかわらず、FはGに対し、37書面を交付しなければならない。　　　　　　　　　　　　　　　382頁 注1

（正　解） (4)

> なお、重要事項説明書（法第35条の規定に基づく書面）の交付に代えて、相手方の承諾を得て、重要事項説明書に記載すべき事項を電磁的方法（電子メール等）であって宅地建物取引士の記名に代わる措置を講じたものにより提供できる。また、37条書面の交付に代えて、相手方の承諾を得て、37条書面に記載すべき事項を電磁的方法（電子メール等）であって宅地建物取引士の記名に代わる措置を講じたものにより提供できる。

Point!

従業者証明書の提示

➡　従業者は、取引の関係者の**請求があったとき**は、従業者証明書を提示しなければならない。

注意!　従業者名簿や宅地建物取引士証の提示は、従業者証明書の提示の代わりにはならない（肢(1)）。

37 条書面　　　　　　　　　　　　　　　[平25-31]

　宅地建物取引業者Ａ社が宅地建物取引業法第37条の規定により交付すべき書面（以下この問において「37条書面」という。）に関する次の記述のうち、宅地建物取引業法の規定によれば、正しいものの組合せはどれか。

ア　Ａ社は、建物の貸借に関し、自ら貸主として契約を締結した場合に、その相手方に37条書面を交付しなければならない。

イ　Ａ社は、建物の売買に関し、その媒介により契約が成立した場合に、当該売買契約の各当事者のいずれに対しても、37条書面を交付しなければならない。

ウ　Ａ社は、建物の売買に関し、その媒介により契約が成立した場合に、天災その他不可抗力による損害の負担に関する定めがあるときは、その内容を記載した37条書面を交付しなければならない。

エ　Ａ社は、建物の売買に関し、自ら売主として契約を締結した場合に、その相手方が宅地建物取引業者であれば、37条書面を交付する必要はない。

(1)　ア、イ　　　　(2)　イ、ウ　　　　(3)　ウ、エ　　　　(4)　ア、エ

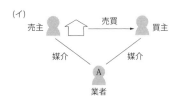

自ら貸借は取引ではない。

講義

ア　誤。「**自ら貸借**」は「取引」には当たらない。だから、A社は、37条書面を交付する必要はない。　　　　　　　　　　　📖 273頁 3.

イ　正。37条書面は**両当事者に交付**しなければならない。だから、A社は、売主と買主のいずれに対しても、37条書面を交付しなければならない。
　　　　　　　　　　　　　　　　　　　　　　　📖 382頁 表 ②

ウ　正。「天災その他不可抗力による損害の負担」とは、危険負担のこと。**危険負担**に関する定めがある場合は、その内容を37条書面に**記載**しなければならない。　　　　　　　　　　　　　　📖 383頁 ⑬

エ　誤。買主が**業者**であっても、37条書面の交付を省略することはできない。
　　　　　　　　　　　　　　　　　　　　　　　📖 382頁 注1

以上により、正しいものはイとウなので、正解は肢(2)となる。

（**正　解**）　(2)

> なお、37条書面の交付に代えて、相手方の承諾を得て、37条書面に記載すべき事項を電磁的方法（電子メール等）であって宅地建物取引士の記名に代わる措置を講じたものにより提供できる。

Point!

　「**自ら貸借**」は「取引」には当たらない（宅建業法の適用なし）。だから、
➡ 37条書面を交付する必要なし（肢ア）。

注意！　業者が貸借の媒介・代理をする場合は、モチロン、37条書面を交付する必要あり。

37条書面　　　　　　　　　　　　　　　　　[令3-41]

　宅地建物取引業者Aが行う業務に関する次の記述のうち、宅地建物取引業法の規定によれば、正しいものはいくつあるか。なお、この問において「37条書面」とは、同法第37条の規定により交付すべき書面をいうものとする。

ア　Aが自ら売主として建物を売却する場合、宅地建物取引業者Bに当該売却の媒介を依頼したときは、Bは宅地建物取引士をして37条書面に記名させなければならず、Aも宅地建物取引士をして37条書面に記名させなければならない。

イ　Aが自ら売主として建物を売却する場合、当該売買契約に際し、買主から支払われる手付金の額が売買代金の5％未満であるときは、当該手付金の額の記載があれば、授受の時期については37条書面に記載しなくてもよい。

ウ　Aが売主を代理して建物を売却する場合、買主が宅地建物取引業者であるときは、37条書面を交付しなくてもよい。

エ　Aが売主を代理して抵当権が設定されている建物を売却する場合、当該抵当権の内容について37条書面に記載しなければならない。

(1)　一つ

(2)　二つ

(3)　三つ

(4)　四つ

 　手付金は「代金・交換差金・借賃」以外の金銭だ。

ア　正。自ら売主となる業者Ａも、**媒介**業者Ｂも、宅地建物取引士をして、37 条書面に記名させなければならない。　　　　　　　🐢382 頁上の ③

イ　誤。「代金・交換差金・借賃」以外の金銭（たとえば、手付金・敷金・権利金等）の授受に関する定めがあるときは、その金銭の「① 額、② **授受の時期**、③ 授受の目的」を 37 条書面に記載しなければならない。たとえ、金銭の額が代金の５％未満であっても① ② ③ の記載は必要なので、本肢は×だ。　　　　　　　　　　　　　　　　　　　　　　🐢383 頁 ⑧

ウ　誤。買主が**業者**であっても、37 条書面の交付は必要だ（買主が業者であっても、37 条書面の交付は省略できない）。　　　　　　🐢382 頁 注1

エ　誤。**登記された権利**の種類・内容は 37 条書面の記載事項ではない。重要事項説明書の記載事項だ。　　　　　　　　　　　　　　🐢375 頁 ③

以上により、正しいものはアだけなので、正解は肢(1)となる。

（**正 解**）(1)

> なお、37 条書面の交付に代えて、相手方の承諾を得て、37 条書面に記載すべき事項を電磁的方法 (電子メール等) であって宅地建物取引士の記名に代わる措置を講じたものにより提供できる。

Point!

① **登記された権利**の種類・内容　➡　重要事項説明書の記載事項（肢エ）
② **移転登記**の申請時期　　　　　➡　37 条書面の記載事項

37 条書面 [令4-32]

　宅地建物取引業法第 37 条の規定により交付すべき書面（以下この問において「37 条書面」という。）に関する次の記述のうち、誤っているものはどれか。

(1)　宅地建物取引業者である売主 A は、宅地建物取引業者である B の媒介により、宅地建物取引業者ではない C と宅地の売買契約を令和 6 年 4 月 1 日に締結した。A と B が共同で作成した 37 条書面に B の宅地建物取引士の記名がなされていれば、A は 37 条書面に A の宅地建物取引士をして記名をさせる必要はない。

(2)　宅地建物取引士は、37 条書面を交付する際、買主から請求があったときは、宅地建物取引士証を提示しなければならない。

(3)　宅地建物取引業者である売主 D と宅地建物取引業者ではない E との建物の売買契約において、手付金の保全措置を講ずる場合、D はその保全措置の概要を、重要事項説明書に記載し説明する必要があるが、37 条書面には記載する必要はない。

(4)　宅地建物取引業者である売主と宅地建物取引業者ではない個人との建物の売買において、建物の品質に関して契約の内容に適合しない場合におけるその不適合を担保すべき責任について特約を定めたときは、37 条書面にその内容を記載しなければならない。

 連名で記名する。

(1) 誤。一つの取引に複数の業者が関与した場合、すべての業者が、宅地建物取引士をして記名させる必要がある。だから、ＡとＢが共同で作成した 37 条書面には、Ａの宅地建物取引士とＢの宅地建物取引士の両方の記名が**必要**だ（Ａの宅地建物取引士とＢの宅地建物取引士が連名で記名する）。　🔖 382 頁 ③

(2) 正。宅地建物取引士は、取引の関係者から**請求があったとき**は、宅地建物取引士証を提示しなければならない。ちなみに、重要事項の説明をするときは、請求がなくても、提示しなければならない。　🔖 304 頁 ⑴ ②

(3) 正。手付金等保全措置の概要は、重要事項説明書の記載事項であるが、37 条書面の記載事項では**ない**。だから、Ｄは保全措置の概要を、重要事項説明書に記載し説明する必要があるが、37 条書面には記載する必要はない。　🔖 376 頁 ⑧、383 頁 2.

(4) 正。契約不適合担保責任の内容（特約）は、37 条書面の**任意的記載事項**（定めがある場合は記載しなければならない事項）だ。だから、特約を定めたときは、37 条書面にその内容を記載しなければならない。

🔖 383 頁 ⑫

（ 正 解 ） (1)

> なお、重要事項説明書の交付に代えて、相手方の承諾を得て、重要事項説明書に記載すべき事項を電磁的方法（電子メール等）であって宅地建物取引士の記名に代わる措置を講じたものにより提供できる。また、37 条書面の交付に代えて、相手方の承諾を得て、37 条書面に記載すべき事項を電磁的方法（電子メール等）であって宅地建物取引士の記名に代わる措置を講じたものにより提供できる。

Point!

宅地建物取引士証の提示

① 取引の関係者から**請求があった**ときは、提示しなければならない（肢(2)）。

② 重要事項の説明をするときは、**請求がなくても**、提示しなければならない。

37 条書面 [平30-34]

　宅地建物取引業者が媒介により既存建物の貸借の契約を成立させた場合、宅地建物取引業法第 37 条の規定により、当該貸借の契約当事者に対して交付すべき書面に必ず記載しなければならない事項の組合せはどれか。

ア　建物が種類又は品質に関して契約の内容に適合しない場合におけるその不適合を担保すべき責任の内容

イ　当事者の氏名（法人にあっては、その名称）及び住所

ウ　建物の引渡しの時期

エ　建物の構造耐力上主要な部分等の状況について当事者双方が確認した事項

(1)　ア、イ

(2)　イ、ウ

(3)　イ、エ

(4)　ウ、エ

Hint!　必要的記載事項は 6 つあるが、そのうちの 2 つは貸借なら記載不要だ。

講義

ア　必ず記載しなければならない事項ではない。契約不適合担保責任の内容（例引渡しから2年とする特約）は、**売買・交換**の場合の任意的記載事項だ。だから、貸借の場合は記載不要だ。 383頁 ⑫

イ　必ず記載しなければならない事項である。当事者の氏名（法人にあっては、その名称）と住所は、**すべての取引（売買・交換・貸借）**の場合の必要的記載事項だ。だから、貸借の場合も記載する必要がある。

383頁 ①

ウ　必ず記載しなければならない事項である。物件の引渡時期は、**すべての取引（売買・交換・貸借）**の場合の必要的記載事項だ。だから、貸借の場合も記載する必要がある。 383頁 ④

エ　必ず記載しなければならない事項ではない。建物の構造耐力上主要な部分等の状況について当事者双方が確認した事項は、既存（中古）建物の**売買・交換**の場合の必要的記載事項だ。だから、貸借の場合は記載不要だ。

383頁 ⑥

以上により、必ず記載しなければならない事項はイとウなので、正解は肢(2) となる。

（正　解）　(2)

なお、37条書面の交付に代えて、相手方の承諾を得て、37条書面に記載すべき事項を電磁的方法（電子メール等）であって宅地建物取引士の記名に代わる措置を講じたものにより提供できる。

Point!

建物の構造耐力上主要な部分等の状況について当事者双方が確認した事項は、
① 必要的記載事項だ（確認していないなら「なし」と記載）。
② 既存（中古）の建物に限る。
③ **売買・交換**の場合に限る（貸借なら記載不要）（肢エ）。

37条書面 [平29-40]

宅地建物取引業法（以下この問において「法」という。）第37条の規定により交付すべき書面（以下この問において「37条書面」という。）に関する次の記述のうち、法の規定に違反しないものはどれか。

(1) 宅地建物取引業者Aは、中古マンションの売買の媒介において、当該マンションの代金の支払の時期及び引渡しの時期について、重要事項説明書に記載して説明を行ったので、37条書面には記載しなかった。

(2) 宅地建物取引業者である売主Bは、宅地建物取引業者Cの媒介により、宅地建物取引業者ではない買主Dと宅地の売買契約を締結した。Bは、Cと共同で作成した37条書面にCの宅地建物取引士の記名がなされていたため、その書面に、Bの宅地建物取引士をして記名をさせなかった。

(3) 売主である宅地建物取引業者Eの宅地建物取引士Fは、宅地建物取引業者ではない買主Gに37条書面を交付する際、Gから求められなかったので、宅地建物取引士証をGに提示せずに当該書面を交付した。

(4) 宅地建物取引業者Hは、宅地建物取引業者ではない売主Iから中古住宅を購入する契約を締結したが、Iが売主であるためIに37条書面を交付しなかった。

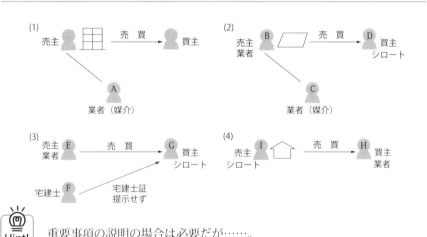

Hint! 重要事項の説明の場合は必要だが……。

講　義

(1)　違反する。**代金の支払い時期**と**物件の引渡時期**は、37 条書面に記載しなければならない。ちなみに、代金の支払い時期・**物件の引渡時期**は、重要事項説明書の記載事項ではない（モチロン、説明も不要）。

383 頁 ③、④

(2)　違反する。37 条書面を B と C で共同で作成しても OK だ。この B C 共同で作成した 37 条書面には、**B の宅建士**と**C の宅建士の記名**が必要となる。

382 頁 ③

(3)　違反しない。宅建士は、重要事項の説明をするとき以外は、取引関係者から**請求があったら**、宅建士証を提示しなければならない。本肢は、重要事項の説明をするとき以外（37 条書面の交付）であり、**請求もない**ので、宅建士証を提示する必要はない。

304 頁 ⑴ ①

(4)　違反する。37 条書面は、契約内容をめぐるトラブル（言った言わないの水かけ論）を防止するためのものだ。だから、買主である業者 H は**売主 I に 37 条書面を交付**しなければならない。

382 頁 1.

（正　解）　(3)

> なお、37 条書面の交付に代えて、相手方の承諾を得て、37 条書面に記載すべき事項を電磁的方法（電子メール等）であって宅地建物取引士の記名に代わる措置を講じたものにより提供できる。

Point!

業者が買主の場合、売主に対して
①　重要事項の説明・重要事項説明書の交付は　➡　不要だ。
②　37 条書面の交付は　➡　**必要**だ（肢(4)）。

第5編　重要事項説明書と37条書面／監督処分と罰則／住宅瑕疵担保履行法

37条書面 [令2-37]

　宅地建物取引業者Aが、自ら売主として宅地の売買契約を締結した場合に関する次の記述のうち、宅地建物取引業法の規定によれば、正しいものはいくつあるか。なお、この問において「37条書面」とは、同法第37条の規定に基づき交付すべき書面をいうものとする。

ア　Aは、専任の宅地建物取引士をして、37条書面の内容を当該契約の買主に説明させなければならない。

イ　Aは、供託所等に関する事項を37条書面に記載しなければならない。

ウ　Aは、買主が宅地建物取引業者であっても、37条書面を遅滞なく交付しなければならない。

エ　Aは、買主が宅地建物取引業者であるときは、当該宅地の引渡しの時期及び移転登記の申請の時期を37条書面に記載しなくてもよい。

(1)　一つ

(2)　二つ

(3)　三つ

(4)　なし

　37条書面の交付は、相手方が業者でも省略できない。

ア　誤。37 条書面は**交付**すれば、それで OK だ。宅建士に内容を説明させ
　　る必要はない。　　　　　　　　　　　　　　　　　　　🔖382頁 1.

イ　誤。供託所等に関する事項は 37 条書面の**記載事項ではない**。ちなみに、
　　重要事項説明書の記載事項でもない。ついでに覚えておこう。
　　　　　　　　　　　　　　　　　　　　　　　　　　　　🔖383頁 2.

ウ　正。買主が**業者**であっても、37 条書面の交付は**必要**だ。だから、Aは、
　　買主が業者であっても、37 条書面を遅滞なく交付しなければならない。
　　　　　　　　　　　　　　　　　　　　　　　　🔖382頁 表 注!

エ　誤。物件の引渡時期と移転登記の申請時期は、37 条書面の必要的記載
　　事項だ。買主が業者であっても、この記載は**省略できない**。
　　　　　　　　　　　　　　　　　　　　　　　　🔖383頁 ④ ⑤

　以上により、正しいものはウだけなので、正解は肢(1)となる。

（正　解） (1)

> なお、37 条書面の交付に代えて、相手方の承諾を得て、
> 37 条書面に記載すべき事項を電磁的方法（電子メール等）
> であって宅地建物取引士の記名に代わる措置を講じたも
> のにより提供できる。

Point!

	相手方がシロート	相手方が業者
重 要 事 項 の 説 明	○	✕
重要事項説明書の交付	○	○
37 条 書 面 の 説 明	×（肢ア）	×（肢ア）
37 条 書 面 の 交 付	○（肢ウ）	○（肢ウ）

○→必要、×→不要

37 条書面　　　　　　　　　　　　　　　　　　　[令4-44]

　宅地建物取引業法（以下この問において「法」という。）第37条の規定により交付すべき書面（以下この問において「37条書面」という。）に関する次の記述のうち、宅地建物取引業者Aが法の規定に違反するものはどれか。

(1)　Aは、自ら売主として宅地建物取引業者ではないBとの間で宅地の売買契約を締結した。この際、当該買主の代理として宅地建物取引業者Cが関与していたことから、37条書面をBに加え、Cにも交付した。

(2)　Aは、その媒介により建物の貸借の契約を成立させ、37条書面を借主に交付するに当たり、37条書面に記名した宅地建物取引士が不在であったことから、宅地建物取引士ではないAの従業員に書面を交付させた。

(3)　Aは、その媒介により借主Dと建物の貸借の契約を成立させた。この際、借賃以外の金銭の授受に関する定めがあるので、その額や当該金銭の授受の時期だけでなく、当該金銭の授受の目的についても37条書面に記載し、Dに交付した。

(4)　Aは、自ら売主として宅地建物取引業者Eの媒介により、宅地建物取引業者Fと宅地の売買契約を締結した。37条書面については、A、E、Fの三者で内容を確認した上で各自作成し、交付せずにそれぞれ自ら作成した書類を保管した。

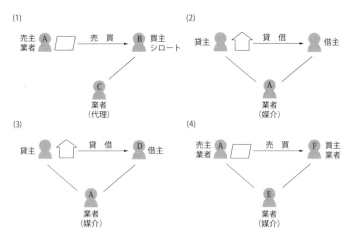

 契約締結後遅滞なく、37条書面を交付しなければならない。

(1)　違反しない。Cは買主では**ない**（契約の当事者では**ない**）。単なる代理業者だ。だから、AはCに37条書面を交付する必要はない。ただし、交付する必要がない人であるCに交付しても、違反ではない。（交付する必要がある人に交付しなかったら違反だが、交付する必要がない人に交付しても違反ではない）。　　　　　　　　　　　382頁 上の②

(2)　違反しない。37条書面への記名は、宅地建物取引士が行う必要がある。しかし、37条書面の**交付**は、宅地建物取引士**以外**の者が行っても OK だ。　　　　　　　　　　　　　　　　　　　　　　　　　　　382頁 上の③

(3)　違反しない。借賃以外の金銭の授受に関する定めがあるときは、①額②授受の時期③授受の**目的**を記載しなければならない。本肢は①②③を記載した37条書面を交付しているから、違反しない。　　　　383頁⑧

(4)　違反する。業者は、契約締結後遅滞なく、37条書面を**交付**しなければならない。本肢は交付していないので、違反する。　　　　382頁 1.

（　正　解　）（4）

> なお、37条書面の交付に代えて、相手方の承諾を得て、37条書面に記載すべき事項を電磁的方法(電子メール等)であって宅地建物取引士の記名に代わる措置を講じたものにより提供できる。

Point!

① 37条書面への記名　➡　宅地建物取引士が行う必要あり。

② 37条書面の交付　　➡　宅地建物取引士**以外**の者が行っても OK（肢(2)）。

37 条書面 [令5-26]

宅地建物取引業法第 37 条の規定により交付すべき書面に記載すべき事項を電磁的方法により提供すること（以下この問において「37 条書面の電磁的方法による提供」という。）に関する次の記述のうち、正しいものはいくつあるか。

ア 宅地建物取引業者が自ら売主として締結する売買契約において、当該契約の相手方から宅地建物取引業法施行令第 3 条の 4 第 1 項に規定する承諾を得なければ、37 条書面の電磁的方法による提供をすることができない。

イ 宅地建物取引業者が媒介業者として関与する売買契約について、宅地建物取引業法施行令第 3 条の 4 第 1 項に規定する承諾を取得するための通知の中に宅地建物取引士を明示しておけば、37 条書面の電磁的方法による提供において提供に係る宅地建物取引士を明示する必要はない。

ウ 宅地建物取引業者が自ら売主として締結する売買契約において、37 条書面の電磁的方法による提供を行う場合、当該提供されたファイルへの記録を取引の相手方が出力することにより書面を作成できるものでなければならない。

エ 宅地建物取引業者が媒介業者として関与する建物賃貸借契約について、37 条書面の電磁的方法による提供を行う場合、当該提供するファイルに記録された記載事項について、改変が行われていないかどうかを確認することができる措置を講じなければならない。

(1) 一つ
(2) 二つ
(3) 三つ
(4) 四つ

 難しい言い回しに惑わされないように。

ア　正。電磁的方法（電子メール等）で提供をするためには、相手方の承諾が必要だ。　　　　　　　　　　　　　　　　　　　　图382頁 1.

イ　誤。**宅地建物取引士を明示する必要がある**（電磁的方法による提供を行う宅地建物取引士を明示するため、作成した電子書面には、当該宅地建物取引士の記名が必要となる）。

ウ　正。電磁的方法による提供をする場合、説明の相手方が出力することにより**書面**（紙）を作成できるものであることが必要だ。要するに、印刷（プリントアウト）できるものであることが必要だということ。

エ　正。電磁的方法による提供をする場合、改変されていないかどうかを**確認**することができる措置を講じていることが必要だ。

以上により、正しいものはアとウとエなので、正解は肢(3)となる。

正　解　(3)

Point!

電磁的方法による提供ができるもの

① **重要事項説明書**

② **37条書面**（肢ア）

③ **媒介契約書**

④ 指定流通機構への登録を証する書面

⑤ 手付金等保全措置の書面（銀行が手付金等の返還債務を連帯して保証することを約する書面等）

⑥ 住宅瑕疵担保履行法における供託所の所在地等の説明書面

注意！　①〜⑥のいずれも相手方の**承諾**が必要。

37条書面 [平29-38]

宅地建物取引業者Aが、宅地建物取引業法（以下この問において「法」という。）第37条の規定により交付すべき書面（以下この問において「37条書面」という。）に関する次の記述のうち、法の規定に違反しないものはどれか。

(1) Aは、売主を代理して宅地の売買契約を締結した際、買主にのみ37条書面を交付した。

(2) Aは、自ら売主となる宅地の売買契約において、手付金等を受領するにもかかわらず、37条書面に手付金等の保全措置の内容を記載しなかった。

(3) Aは、媒介により宅地の売買契約を成立させた場合において、契約の解除に関する定めがあるにもかかわらず、37条書面にその内容を記載しなかった。

(4) Aは、自ら売主となる宅地の売買契約において、当該宅地が種類又は品質に関して契約の内容に適合しない場合におけるその不適合を担保すべき責任に関する特約を定めたが、買主が宅地建物取引業者であり、不適合を担保すべき責任に関する特約を自由に定めることができるため、37条書面にその内容を記載しなかった。

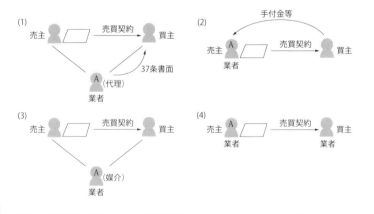

Hint! 任意的記載事項が2つ、記載事項でないものが1つある。

(1)　**違反する。**37条書面は、**両当事者**（売買の媒介・代理の場合は売主と買主）に交付しなければならない。　　📖382頁 表②

(2)　**違反しない。手付金等保全措置**の内容は、37条書面の記載事項ではない。ちなみに、手付金等保全措置の概要は、重要事項説明書の記載事項だ。　　📖376頁 ⑧

(3)　**違反する。解除**に関する事項は、37条書面の**任意的記載事項**（定めがある場合は記載しなければならない）だ。だから、定めがある場合は37条書面に記載しなければならない。　　📖383頁 ⑦

(4)　**違反する。契約不適合担保責任の特約**（⑲引渡しから2年）は、37条書面の**任意的記載事項**だ。だから、定めがある場合は37条書面に記載しなければならない。たとえ、買主が業者であっても記載を省略できない。　　📖383頁 ⑫

（　**正　解**　）　(2)

> なお、37条書面の交付に代えて、相手方の承諾を得て、37条書面に記載すべき事項を電磁的方法（電子メール等）であって宅地建物取引士の記名に代わる措置を講じたものにより提供できる。

	重要事項説明書	37条書面
解除に関する事項	記載事項である	**任意的記載事項**（肢(3))
契約不適合担保責任の特約	記載事項ではない	**任意的記載事項**（肢(4))

37条書面　　　　　　　　　　　　　　　　　　[令1-36]

　宅地建物取引業者Aが宅地建物取引業法（以下この問において「法」という。）第37条の規定により交付すべき書面（以下この問において「37条書面」という。）に関する次の記述のうち、法の規定によれば、正しいものはいくつあるか。

ア　Aは、その媒介により建築工事完了前の建物の売買契約を成立させ、当該建物を特定するために必要な表示について37条書面で交付する際、法第35条の規定に基づく重要事項の説明において使用した図書の交付により行った。

イ　Aが自ら貸主として宅地の定期賃貸借契約を締結した場合において、借賃の支払方法についての定めがあるときは、Aは、その内容を37条書面に記載しなければならず、借主が宅地建物取引業者であっても、当該書面を交付しなければならない。

ウ　土地付建物の売主Aは、買主が金融機関から住宅ローンの承認を得られなかったときは契約を無条件で解除できるという取決めをしたが、自ら住宅ローンのあっせんをする予定がなかったので、37条書面にその取決めの内容を記載しなかった。

エ　Aがその媒介により契約を成立させた場合において、契約の解除に関する定めがあるときは、当該契約が売買、貸借のいずれに係るものであるかを問わず、37条書面にその内容を記載しなければならない。

(1)　一つ
(2)　二つ
(3)　三つ
(4)　四つ

　「自ら貸借」は「取引」には当たらないから、業法が適用されない。

ア　正。物件の表示（物件を特定するために必要な表示）は37条書面の必要的記載事項だ。物件を特定するために必要な表示について書面で交付する際、工事完了前の建物については、**重要事項の説明**の時に使用した図書を交付することにより行うことになっている。　　🔖383頁 ②

イ　誤。Aが行っているのは、「**自ら貸借**」だ。「**自ら貸借**」は「取引」には当たらない。だから、Aは37条書面を交付する必要はない。

🔖273頁 3.

ウ　誤。**解除**に関する事項は、任意的記載事項だ。だから、定めがあるときは、その内容を37条書面に記載しなければならない。本肢の場合は、「買主が金融機関から住宅ローンの承認を得られなかったときは契約を無条件で**解除**できるという取決め」をしているのだから、定めが・あ・る・。だから、その内容を37条書面に記載しなければならない。　　🔖383頁 ⑦

エ　正。**解除**に関する事項は、任意的記載事項だ（すべての取引の場合の任意的記載事項だ）。だから、定めがあるときは、契約が売買の場合も貸借の場合も、37条書面にその内容を記載しなければならない。

🔖383頁 ⑦

以上により、正しいものはアとエなので、正解は肢(2)となる。

正　解　(2)

第5編 重要事項説明書と37条書面／監督処分と罰則／住宅瑕疵担保履行法

> なお、37条書面の交付に代えて、相手方の承諾を得て、37条書面に記載すべき事項を電磁的方法（電子メール等）であって宅地建物取引士の記名に代わる措置を講じたものにより提供できる。

Point!

「**自ら貸借**」は「取引」には当たらない。
➡　だから、業法が適用されない。
➡　業法が適用されないのだから、37条書面を交付する必要はない（肢イ）。

37 条書面等　　　　　　　　　　　　　　　［平22-34］

　次の記述のうち、宅地建物取引業法（以下この問において「法」という。）の規定によれば、正しいものはどれか。

(1)　宅地建物取引業者が建物の貸借の媒介を行う場合、借賃以外に金銭の授受があるときは、その額及び授受の目的について、法第35条に規定する重要事項を記載した書面に記載しているのであれば、法第37条の規定により交付すべき書面（以下この問において「37条書面」という。）に記載する必要はない。

(2)　宅地建物取引業者が区分所有建物の貸借の媒介を行う場合、損害賠償額の予定又は違約金に関する特約の内容について、37条書面に記載する必要はないが、売買の媒介を行う場合は、当該内容について37条書面に記載する必要がある。

(3)　土地付建物の売買契約において、買主が金融機関から住宅ローンの承認を得られなかったときは契約を無条件で解除できるという取り決めがある場合、当該売買の媒介を行う宅地建物取引業者は、自ら住宅ローンのあっせんをする予定がなくても、37条書面にその取り決めの内容を記載する必要がある。

(4)　宅地建物取引業者Ａが、宅地建物取引業者でないＢから建物の売却の依頼を受け、ＡとＢとの間で専属専任媒介契約を締結した場合、Ａが探索した相手方以外の者とＢとの間で売買契約を締結したときの措置について、ＡとＢとの間で取り決めがなければ、Ａは法第34条の2第1項の規定に基づき交付すべき書面に記載する必要はない。

Hint!　定め（取り決め）がある場合は記載しなければならない。

(1) 誤。借賃以外に授受される金銭の額・授受の時期・授受の目的は、**37 条書面の任意的記載事項**（定めがある場合は記載しなければならない事項）だ。だから、建物の貸借の媒介を行う場合において、借賃以外に授受される金銭があるときは、37 条書面にその額及び目的を記載しなければならない（35 条書面に記載されていても、37 条書面での記載を省略することはできない）。　　　　　　　　　　　　　　383頁 ⑧

(2) 誤。損害賠償の予定・違約金は、売買の場合も、**貸借**の場合も 37 条書面の任意的記載事項（定めがある場合は記載しなければならない事項）だ。だから、業者は、区分所有建物の貸借の媒介を行う場合も、売買の媒介を行う場合も、損害賠償の予定・違約金に関する特約の内容を 37 条書面に記載する必要がある。　　　　　　　　　　　　　　383頁 ⑩

(3) 正。解除に関する事項は、**37 条書面の任意的記載事項**（定めがある場合は記載しなければならない事項）だ。だから、「〜契約を無条件で解除できる」という取り決めがある場合、その取り決めを 37 条書面に記載する必要がある。　　　　　　　　　　　　　　383頁 ⑦

(4) 誤。**媒介契約違反の場合の措置**は、媒介契約書の記載事項だ。だから、A が探索した相手方以外の者と B との間で売買契約をしたときの措置について、A は、法 34 条の 2 第 1 項の規定に基づき交付すべき書面（媒介契約書のこと）に記載する必要がある。　　　　　　337頁 ❷ ④

（ 正 解 ）(3)

> なお、重要事項説明書の交付に代えて、相手方の承諾を得て、重要事項説明書に記載すべき事項を電磁的方法であって宅地建物取引士の記名に代わる措置を講じたものにより提供できる。また、37 条書面の交付に代えて、相手方の承諾を得て、37 条書面に記載すべき事項を電磁的方法（電子メール等）であって宅地建物取引士の記名に代わる措置を講じたものにより提供できる。そして、媒介契約書の交付に代えて、相手方の承諾を得て、媒介契約書に記載すべき事項を電磁的方法であって宅地建物取引業者の記名押印に代わる措置を講じたものにより提供できる。

Point!

解除に関する事項は記載事項か？
① 媒介契約書　　　➡　○
② 重要事項説明書　➡　○
③ 37 条書面　　　➡　○（任意的記載事項）（肢(3)）

37 条書面 [令2-33]

　宅地建物取引業者Aが宅地建物取引業法第37条の規定により交付すべき書面（以下この問において「37条書面」という。）に関する次の記述のうち、正しいものはどれか。

(1)　Aが媒介により建物の貸借の契約を成立させたときは、37条書面に借賃の額並びにその支払の時期及び方法を記載しなければならず、また、当該書面を契約の各当事者に交付しなければならない。

(2)　Aが媒介により宅地の貸借の契約を成立させた場合において、当該宅地の引渡しの時期について重要事項説明書に記載して説明を行ったときは、その内容を37条書面に記載する必要はない。

(3)　Aが自ら売主として宅地建物取引業者である買主と建物の売買契約を締結した場合、37条書面に宅地建物取引士をして記名させる必要はない。

(4)　Aが自ら売主として宅地の売買契約を締結した場合、代金についての金銭の貸借のあっせんに関する定めがある場合における当該あっせんに係る金銭の貸借が成立しないときの措置については、37条書面に記載する必要はない。

 借賃の額・支払の時期・支払の方法は、37条書面の必要的記載事項だ。

(1) 正。借賃の額・**支払の時期・支払の方法**は、37条書面の必要的記載事項だ。だから、媒介により建物の貸借の契約を成立させたときは、37条書面に借賃の額・支払の時期・支払の方法を記載しなければならない（前半は○）。また、37条書面は、両当事者（貸主と借主）に交付しなければならない（後半も○）。　　　　　　　　　　　　📖382頁 表 ②、383頁 ③

(2) 誤。物件の引渡時期は、37条書面の**必要的記載事項**だ。だから、37条書面に記載しなければならない。ちなみに、物件の引渡時期は、重要事項説明書の記載事項では**ない**。　　　　　　　　　　📖383頁 ④

(3) 誤。買主が**業者**であっても、37条書面の交付や宅地建物取引士の記名は省略できない。　　　　　　　　　　　　📖382頁 注1

(4) 誤。代金についての金銭の貸借の**あっせん**に関する定めがある場合には、貸借不成立のときの措置は、売買の場合の37条書面の任意的記載事項だ。だから、定めがある場合には、37条書面に記載しなければならない。　　　　　　　　　　　　　　　　📖383頁 ⑨

（正　解）(1)

なお、37条書面の交付に代えて、相手方の承諾を得て、37条書面に記載すべき事項を電磁的方法(電子メール等)であって宅地建物取引士の記名に代わる措置を講じたものにより提供できる。

Advice

「○○について重要事項説明書に記載して説明した場合は、37条書面に記載する必要はない」という規定は**ない**。だから、肢(2)のような問題が出たら100％×だ（○○の部分が何であっても×だ）（肢(2)）。

37条書面 [令5-43]

宅地建物取引業者Aが媒介により宅地の売買契約を成立させた場合における宅地建物取引業法第37条の規定により交付すべき書面（以下この問において「37条書面」という。）に関する次の記述のうち、正しいものはどれか。

(1) Aは、買主が宅地建物取引業者であるときは、37条書面に移転登記の申請時期を記載しなくてもよい。

(2) Aは、37条書面を売買契約成立前に、各当事者に交付しなければならない。

(3) Aは、37条書面を作成したときは、専任の宅地建物取引士をして37条書面に記名させる必要がある。

(4) Aは、天災その他不可抗力による損害の負担に関する定めがあるときは、その内容を37条書面に記載しなければならない。

 天災その他不可抗力による損害の負担とは危険負担のことだ。

(1)　誤。**移転登記の申請の時期**は、売買・交換の場合の必要的記載事項だ（必ず記載しなければならない事項だ）。だから、Ａは記載しなければならない。なお、相手方が業者であるという理由で省略できる事項はない。

383頁 ⑤

(2)　誤。37条書面は、契約**成立後**、遅滞なく、交付しなければならない。「契約成立前に交付」ではない。「契約成立前に交付」しなければならないのは、重要事項説明書だ。

382頁 ①

(3)　誤。業者は、37条書面を作成したときは、**宅地建物取引士**をして37条書面に記名させなければならない。この宅地建物取引士は専任である必要はない。本肢は「専任の」という部分が×だ。

382頁 ③

(4)　正。**危険負担**（天災その他不可抗力による損害の負担）は、売買・交換・貸借の場合の任意的記載事項だ（定めがある場合は記載しなければならない事項だ）。だから、Ａは記載しなければならない。

383頁 ⑬

正　解　(4)

第5編　重要事項説明書と37条書面／監督処分と罰則／住宅瑕疵担保履行法

Point!

　業者は、37条書面を作成したときは、**宅地建物取引士**をして記名させなければならない。

注意！ この宅地建物取引士は専任である必要はない（肢(3)）。

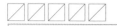

□□□□□ 普通

建物状況調査 [平30-27]

宅地建物取引業者Aは、Bが所有し、居住している甲住宅の売却の媒介を、また、宅地建物取引業者Cは、Dから既存住宅の購入の媒介を依頼され、それぞれ媒介契約を締結した。その後、B及びDは、それぞれA及びCの媒介により、甲住宅の売買契約（以下この問において「本件契約」という。）を締結した。この場合における次の記述のうち、宅地建物取引業法（以下この問において「法」という。）の規定によれば、正しいものはどれか。なお、この問において「建物状況調査」とは、法第34条の2第1項第4号に規定する調査をいうものとする。

(1) Aは、甲住宅の売却の依頼を受けた媒介業者として、本件契約が成立するまでの間に、Dに対し、建物状況調査を実施する者のあっせんの有無について確認しなければならない。

(2) A及びCは、本件契約が成立するまでの間に、Dに対し、甲住宅について、設計図書、点検記録その他の建物の建築及び維持保全の状況に関する書類で国土交通省令で定めるものの保存の状況及びそれぞれの書類に記載されている内容について説明しなければならない。

(3) CがDとの間で媒介契約を締結する2年前に、甲住宅は既に建物状況調査を受けていた。この場合において、A及びCは、本件契約が成立するまでの間に、Dに対し、建物状況調査を実施している旨及びその結果の概要について説明しなければならない。

(4) A及びCは、Dが宅地建物取引業者である場合であっても、法第37条に基づき交付すべき書面において、甲住宅の構造耐力上主要な部分等の状況について当事者の双方が確認した事項があるときにその記載を省略することはできない。

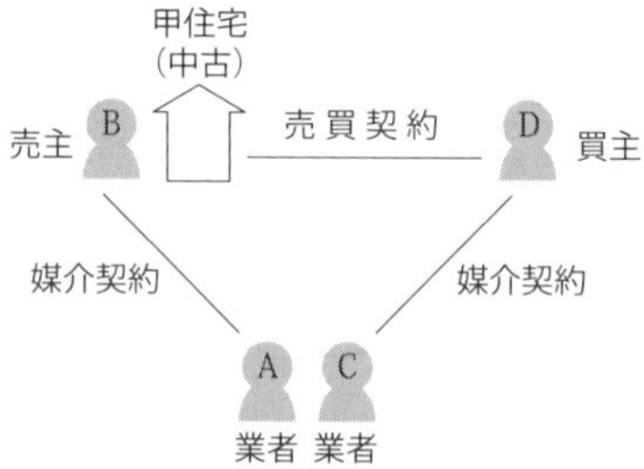

Hint! 37条書面は、相手方がシロートでも業者でも同じルール。

(1) 誤。Aは、媒介契約が成立するまでの間に、DではなくBに対し、建物状況調査を実施する者のあっせんの有無について確認しなければならない。また、建物状況調査を実施する者の**あっせん**の有無は、媒介契約書の記載事項だ。だから、媒介契約書を作成する前に確認する必要がある。「本件契約（売買契約）が成立する」までにでは、遅すぎる。　　　　　　　　　　　337頁 **1** 注!

(2) 誤。AとCは、Dに対し、設計図書、点検記録等の建物の建築・維持保全の状況に関する書類の**保存の状況**を説明しなければならない。しかし、書類の記載内容については説明する必要はない（説明が必要なのは保存の状況だ。記載内容ではない）。　　　　　　　　　　　　　　　377頁 14 ③ b

(3) 誤。建物状況調査（実施後**1年**を経過していないものに限る）を実施しているかどうか、及び実施しているならその結果の概要を説明しなければならない。しかし、本肢の甲住宅が、建物状況調査を受けたのは2年前だ（1年を経過している）。だから、説明する必要はない。　　　　　　　　　　377頁 14 ③ a

(4) 正。建物の構造耐力上主要な部分等の状況について当事者の双方が確認した事項は、**売買・交換の場合の37条書面の必要的記載事項**だ。たとえ、相手方が業者であっても省略することはできない。　　　　　　　383頁 6

（正　解）　(4)

> なお、37条書面の交付に代えて、相手方の承諾を得て、37条書面に記載すべき事項を電磁的方法（電子メール等）であって宅地建物取引士の記名に代わる措置を講じたものにより提供できる。

Point!

中古（既存）の建物の場合 重要事項説明書の記載事項か？	売買・交換	貸　借
(1) 建物状況調査（実施後 **1年** を経　過していないものに限る）を実施しているかどうか、及び実施しているならその結果の概要（肢(3)）	○	○
(2) 設計図書、点検記録等の建物の建築・維持保全の状況に関する書類の**保存の状況**（肢(2)）	○	×

建物状況調査 [令5-27]

宅地建物取引業法第34条の2第1項第4号に規定する建物状況調査（以下この問において「建物状況調査」という。）に関する次の記述のうち、誤っているものはどれか。

(1) 建物状況調査とは、建物の構造耐力上主要な部分又は雨水の浸入を防止する部分として国土交通省令で定めるものの状況の調査であって、経年変化その他の建物に生じる事象に関する知識及び能力を有する者として国土交通省令で定める者が実施するものをいう。

(2) 宅地建物取引業者が建物状況調査を実施する者のあっせんを行う場合、建物状況調査を実施する者は建築士法第2条第1項に規定する建築士であって国土交通大臣が定める講習を修了した者でなければならない。

(3) 既存住宅の売買の媒介を行う宅地建物取引業者が売主に対して建物状況調査を実施する者のあっせんを行った場合、宅地建物取引業者は売主から報酬とは別にあっせんに係る料金を受領することはできない。

(4) 既存住宅の貸借の媒介を行う宅地建物取引業者は、宅地建物取引業法第37条の規定により交付すべき書面に建物の構造耐力上主要な部分等の状況について当事者の双方が確認した事項を記載しなければならない。

 既存（中古）建物の売買・交換の場合の必要的記載事項だ。

講 義

(1) 正。建物状況調査とは、建物の**構造耐力上主要な部分**または雨水の浸入を防止する部分の状況の調査であって、経年変化その他の建物に生じる事象に関する知識及び能力を有する者が実施するものである。

(2) 正。建物状況調査を実施する者は建築士であって、**国土交通大臣**が定める講習を修了した者でなければならない。　※337頁 **1** 注!

(3) 正。報酬とは別に受領することができるのは、①依頼者から頼まれてやった**広告**の料金、②依頼者から特別に頼まれてやった支出を要する**特別の費用**で、事前に依頼者の承諾があるものだ。だから、建物状況調査を実施する者のあっせんを行った場合でも、あっせんに係る料金を報酬とは別に受領することはできない。　※349頁 (1)

(4) 誤。建物の構造耐力上主要な部分等の状況について当事者の双方が確認した事項」は、既存（中古）建物の**売買・交換**の場合の必要的記載事項だ。だから、貸借の媒介の場合は記載不要だ。　※383頁 ⑥

（正　解）（4）

（縦書き）第５編　重要事項説明書と37条書面／監督処分と罰則／住宅瑕疵担保履行法

Point!

37条書面
「建物の構造耐力上主要な部分等の状況について当事者の双方が確認した事項」　➡　既存（中古）建物の**売買**・交換の場合の必要的記載事項（肢(4)）。

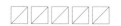

監督処分 [平23-44]

宅地建物取引業法の規定に基づく監督処分に関する次の記述のうち、誤っているものはどれか。

⑴ 国土交通大臣は、すべての宅地建物取引業者に対して、宅地建物取引業の適正な運営を確保するため必要な指導、助言及び勧告をすることができる。

⑵ 国土交通大臣又は都道府県知事は、宅地建物取引業者に対し、業務の停止を命じ、又は必要な指示をしようとするときは聴聞を行わなければならない。

⑶ 宅地建物取引業者は、宅地建物取引業法に違反した場合に限り、監督処分の対象となる。

⑷ 宅地建物取引業者は、宅地建物取引業法第 31 条の 3 に規定する専任の宅地建物取引士の設置要件を欠くこととなった場合、2 週間以内に当該要件を満たす措置を執らなければ監督処分の対象となる。

Hint! 宅建業法以外の法令もキチンと守る必要あり。

(1)　正。大臣は**すべての業者**に対して、必要な指導・助言・勧告をすることができる（│注意！│大臣は、大臣免許の業者に対してだけでなく、**知事免許の業者**に対しても指導・助言・勧告をすることができる）。

386頁 指導など

(2)　正。監督処分をするには、事前に公開の場で**聴聞**（言い分を聞いてやる手続き）をしなければならないことになっている。　　384頁 1.

(3)　誤。業務に関し**宅建業法以外の法令**に違反し、業者として不適当な場合も監督処分の対象となるので、本肢は×だ。　　385頁 (1)②

(4)　正。宅地建物取引士の数に欠員が生じたら、業者は**2週間以内**に補充しなければならない。補充しないと監督処分の対象となる（**業務停止処分を受けることがある**）。　　385頁 (2)③

正　解　(3)

肢(4)のまとめ

　宅地建物取引士の数に欠員が生じたのに、業者が、**2週間以内**に補充しなかった場合は、
① 監督処分として ➡ **業務停止処分**を受けることがある（肢(4)）。
② 罰則として　　 ➡ 100万円以下の**罰金刑**に処せられる。

監督処分　　　　　　　　　　　　　　[平20-45]

　宅地建物取引業者A（甲県知事免許）に対する監督処分に関する次の記述のうち、宅地建物取引業法の規定によれば、正しいものはどれか。

(1)　Aの専任の宅地建物取引士が事務禁止処分を受けた場合において、Aの責めに帰すべき理由があるときは、甲県知事は、Aに対して指示処分をすることができる。

(2)　甲県知事は、Aの事務所の所在地を確知できないときは、直ちにAの免許を取り消すことができる。

(3)　Aが宅地建物取引業法の規定に違反したとして甲県知事から指示処分を受け、その指示に従わなかった場合、甲県知事は、Aの免許を取り消さなければならない。

(4)　甲県知事は、Aに対して指示処分をした場合には、甲県の公報又はウェブサイトへの掲載その他の適切な方法により、その旨を公告しなければならない。

　業者にも責任アリ！

(1)　正。宅地建物取引士が監督処分を受けたが、その原因が業者にある場合（業者の責めに帰すべき場合）は、免許権者は、業者に対して指示処分をすることができる。　　　　　　　　　　　　　　📖385頁(1)③

(2)　誤。免許権者は、宅建業者の事務所の所在地を確知することができないときは、官報（大臣）または公報（知事）で、その事実を公告し、その公告の日から**30日**を経過しても、その宅建業者から申し出がないときは、免許を取り消すことができる。直ちに取り消すことはできないので、本肢は×だ。　　　　　　　　　　　　　　　　　　　　📖386頁⑦

(3)　誤。業者が指示処分に従わないときは、免許権者は、その業者に対して**業務停止処分**をすることができる。だから、免許権者である甲県知事は、Aの免許を取り消さなければならないとある本肢は×だ。　📖385頁(2)②

(4)　誤。**業務停止処分**と**免許取消処分**の場合は、公告が必要だ。しかし、指示処分の場合は、公告が不要なので、本肢は×だ。　　　　　📖389頁5.(1)

（**正　解**）　(1)

業者に対する指示処分は次の場合等に**できる**。
① 宅建業法違反
② 業務に関し宅建業法以外の法令に違反し、業者として不適切な場合
③ 宅地建物取引士が監督処分を受けたが、その**原因が業者にある場合**（肢(1)）
④ 業務に関し取引の関係者に損害を与えたとき、または与えるおそれが大である場合

監督処分 [平28-26]

　宅地建物取引業者A（甲県知事免許）に対する監督処分に関する次の記述のうち、宅地建物取引業法（以下この問において「法」という。）の規定によれば、正しいものはどれか。

(1)　Aは、自らが売主となった分譲マンションの売買において、法第35条に規定する重要事項の説明を行わなかった。この場合、Aは、甲県知事から業務停止を命じられることがある。

(2)　Aは、乙県内で宅地建物取引業に関する業務において、著しく不当な行為を行った。この場合、乙県知事は、Aに対し、業務停止を命ずることはできない。

(3)　Aは、甲県知事から指示処分を受けたが、その指示処分に従わなかった。この場合、甲県知事は、Aに対し、1年を超える期間を定めて、業務停止を命ずることができる。

(4)　Aは、自ら所有している物件について、直接賃借人Bと賃貸借契約を締結するに当たり、法第35条に規定する重要事項の説明を行わなかった。この場合、Aは、甲県知事から業務停止を命じられることがある。

　重要事項の説明義務違反　➡　監督処分あり。

(1)　正。Aの免許権者である甲県知事は、重要事項の説明を行わなかったAに対して、業務停止処分を命じることが**できる**。だから、Aは甲県知事から業務停止処分を命じられることがある。　🗾 384頁 表、385頁 (2) ⑩

(2)　誤。免許権者だけでなく、**現地の知事**も、業務停止処分を命じることができる。だから、宅建業に関し著しく不当な行為を行ったAに対して、現地の知事である乙県知事は、業務停止処分を命じることができる。

🗾 384頁 表、385頁 (2)

(3)　誤。業者が、指示処分に従わなかったら、業務停止処分を命じることができる。ただし、業務停止処分は**1年以内**であることが必要だ。だから、1年を超える期間を定めて、業務停止処分を命じることはできない。

🗾 385頁 (2) ②

(4)　誤。**自ら貸借**は、取引に**当たらない**。だから、自ら貸借をする場合は、重要事項の説明をしなくてOKだ。したがって、Aは業務停止処分を命じられることはない。　🗾 273頁 3.

（　正　解　）　(1)

第5編 重要事項説明書と37条書面／監督処分と罰則／住宅瑕疵担保履行法

Point!

業務停止処分は ➡ **1年以内**の期間を定めて命じることができる（肢(3)）。

監督処分・罰則 　　　　　　　　　　　[令1-29]

　宅地建物取引業法（以下この問において「法」という。）の規定に基づく監督処分及び罰則に関する次の記述のうち、正しいものはいくつあるか。

ア　宅地建物取引業者A（国土交通大臣免許）が甲県内における業務に関し、法第37条に規定する書面を交付していなかったことを理由に、甲県知事がAに対して業務停止処分をしようとするときは、あらかじめ、内閣総理大臣に協議しなければならない。

イ　乙県知事は、宅地建物取引業者B（乙県知事免許）に対して指示処分をしようとするときは、聴聞を行わなければならず、聴聞の期日における審理は、公開により行わなければならない。

ウ　丙県知事は、宅地建物取引業者C（丙県知事免許）が免許を受けてから1年以内に事業を開始しないときは、免許を取り消さなければならない。

エ　宅地建物取引業者D（丁県知事免許）は、法第72条第1項の規定に基づき、丁県知事から業務について必要な報告を求められたが、これを怠った。この場合、Dは50万円以下の罰金に処せられることがある。

(1)　一つ
(2)　二つ
(3)　三つ
(4)　四つ

　内閣総理大臣との協議が必要なのは誰か？

講義

ア　誤。**国土交通大臣**が業者に対して、監督処分をしようとするときに、あらかじめ、内閣総理大臣と協議しなければならないことがある。どういう場合かと言うと、一般消費者の利益の保護に関する義務違反の場合だ（㊞37 条書面を交付しなかった）。この内閣総理大臣との協議が必要となるのは、**国土交通大臣**が、業者に対して一定の監督処分をしようとするときだ。知事が監督処分をしようとするときは、内閣総理大臣との協議は不要だ。

389 頁 6.(1)

イ　正。監督処分をするには、事前に**公開**の場で**聴聞**（言い分を聞いてやる手続き）をしなければならない。

384 頁 1.

ウ　正。業者が免許を受けてから**1 年**以内に事業を開始しない場合は、免許権者は、免許を取り消さなければならない。

386 頁 5

エ　正。国土交通大臣は、宅建業を営むすべての者に対して、知事は、その都道府県の区域内で宅建業を営む者に対して、宅建業の適正な運営を確保するため必要があると認めるときは、**報告**を求め、または職員に立ち入り検査をさせることができる。業者が、この報告を求められたのに無視したら（報告を怠ったら）、50 万円以下の**罰金**だ。

以上により、正しいものはイとウとエなので、正解は肢(3)となる。

正　解　(3)

Point!

免許権者は、次の場合に免許を取り消さなければならない。

1. 業者が免許を受けてから**1 年**以内に事業を開始しない場合（肢ウ）。
2. 業者が引き続き**1 年**以上事業を休止した場合。

監督処分　　　　　　　　　　　　　　　　　　　　[平29-29]

次の記述のうち、宅地建物取引業法（以下この問において「法」という。）の規定によれば、正しいものはどれか。

(1) 宅地建物取引業者A（甲県知事免許）は、マンション管理業に関し、不正又は著しく不当な行為をしたとして、マンションの管理の適正化の推進に関する法律に基づき、国土交通大臣から業務の停止を命じられた。この場合、Aは、甲県知事から法に基づく指示処分を受けることがある。

(2) 国土交通大臣は、宅地建物取引業者B（乙県知事免許）の事務所の所在地を確知できない場合、その旨を官報及び乙県の公報で公告し、その公告の日から30日を経過してもBから申出がないときは、Bの免許を取り消すことができる。

(3) 国土交通大臣は、宅地建物取引業者C（国土交通大臣免許）に対し、法第35条の規定に基づく重要事項の説明を行わなかったことを理由に業務停止を命じた場合は、遅滞なく、その旨を内閣総理大臣に通知しなければならない。

(4) 宅地建物取引業者D（丙県知事免許）は、法第72条第1項に基づく丙県職員による事務所への立入検査を拒んだ。この場合、Dは、50万円以下の罰金に処せられることがある。

Hint! 　検査を拒んだらペナルティー。

(1) 誤。Aは、**業務**に関し宅建業法以外の法令に違反し、業者として不適当な場合は、指示処分を受けることがある。また、Aは、**業務**に関し取引の関係者に損害を与えたとき、または与えるおそれが大である場合は、指示処分を受けることがある。しかし、本肢のマンション管理業はそもそも宅建業とは関係がない。だから、Aは、甲県知事から指示処分を受けることはない。　　　　📖 385 頁 (1) ②、④

(2) 誤。免許取消処分は、**免許権者**しかできない。だから、Bの免許権者ではない国土交通大臣は、Bの免許を取り消すことはできない。

📖 384 頁表上の ③

(3) 誤。国土交通大臣が業者に対して、監督処分をしようとするときに、あらかじめ、内閣総理大臣と**協議**しなければならない場合がある。どういう場合かというと、一般消費者の利益の保護に関する義務違反（**例**重要事項の説明を行わなかった）の場合だ。必要なのは、「内閣総理大臣との**協議**」であって、「内閣総理大臣への通知」ではないので、本肢は×だ。

📖 389 頁 6.(1)

(4) 正。国土交通大臣は宅建業を営むすべての者に対して、知事はその都道府県の区域内で宅建業を営む者に対して、宅建業の適正な運営を確保するため必要があると認めるときは、報告を求め、または、職員に**立入検査**させることができる。この立入検査を拒んだら、50万円以下の**罰金**だ。

📖 387 頁 4.

正 解 (4)

Point!

　国土交通大臣は宅建業を営むすべての者に対して、知事はその都道府県の区域内で宅建業を営む者に対して、宅建業の適正な運営を確保するため必要があると認めるときは、**報告**を求め、または、職員に**立入検査**させることができる。

|注意!| 報告しなかったら　➡ 50 万円以下の**罰金**。
立入検査を拒んだら➡ 50万円以下の**罰金**（肢 (4)）。

第5編 重要事項説明書と37条書面／監督処分と罰則／住宅瑕疵担保履行法

監督処分・罰則 [平19-36]

　法人である宅地建物取引業者A（甲県知事免許）に関する監督処分及び罰則に関する次の記述のうち、宅地建物取引業法の規定によれば、誤っているものはどれか。

(1)　Aが、建物の売買において、当該建物の将来の利用の制限について著しく事実と異なる内容の広告をした場合、Aは、甲県知事から指示処分を受けることがあり、その指示に従わなかったときは、業務停止処分を受けることがある。

(2)　Aが、乙県内で行う建物の売買に関し、取引の関係者に損害を与えるおそれが大であるときは、Aは、甲県知事から指示処分を受けることはあるが、乙県知事から指示処分を受けることはない。

(3)　Aが、正当な理由なく、その業務上取り扱ったことについて知り得た秘密を他人に漏らした場合、Aは、甲県知事から業務停止処分を受けることがあるほか、罰則の適用を受けることもある。

(4)　Aの従業者Bが、建物の売買の契約の締結について勧誘をするに際し、当該建物の利用の制限に関する事項で買主の判断に重要な影響を及ぼすものを故意に告げなかった場合、Aに対して1億円以下の罰金刑が科せられることがある。

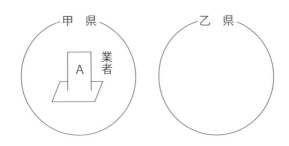

現地の知事もできる。

(1)　正。誇大広告をしたら、指示処分の対象になる。そして、指示処分に従わなかったら**業務停止処分**の対象になる。だから、誇大広告をしたＡ社は、指示処分を受けることがあり、その指示処分に従わなかったときは、業務停止処分を受けることがある。　　　　　　　　　📖 385頁(1)①、(2)②

(2)　誤。免許権者も**現地の知事**も指示処分をすることができる。だから、Ａは、免許権者である甲県知事からも、現地の知事である乙県知事からも指示処分を受けることがある。　　　　　　　　　　　　📖 384頁 表上の①

(3)　正。業務上知った秘密を、正当な理由なく他人に漏らしたら、監督処分として、**業務停止処分**の対象になるし、罰則として、**50万円以下の罰金**にも処せられる。だから、Ａは、業務停止処分を受けることがあるほか、罰則の適用を受けることもある。　　　📖 385頁(2)④、388頁④

(4)　正。従業員が重要な事項について、故意に事実を告げず、または不実のことを告げた場合、従業員を雇っている法人は、両罰規定として、**1億円以下の罰金**に処せられる。だから、法人Ａに対して1億円以下の罰金刑が科されることがある。　　　📖 387頁4.注2、388頁⑦、⑬の下のちなみに

(**正　解**)　(2)

👧 **肢(4)の具体例**

両罰規定について

　宅建業者である法人Ａの従業員Ｂが、重要な事項について、故意に事実を告げず、または不実のことを告げた場合、次のようになる。

・法人Ａ　➡ **1億円以下の罰金**に処せられる（肢(4)）。

・従業者Ｂ　➡ 2年以下の懲役もしくは300万円以下の罰金または両者の併科に処せられる。

監督処分 [平27-43]

　宅地建物取引業法の規定に基づく監督処分等に関する次の記述のうち、誤っているものはどれか。

(1) 宅地建物取引業者A（甲県知事免許）は、自ら売主となる乙県内に所在する中古住宅の売買の業務に関し、当該売買の契約においてその目的物が種類又は品質に関して契約の内容に適合しない場合におけるその不適合を担保すべき責任を負わない旨の特約を付した。この場合、Aは、乙県知事から指示処分を受けることがある。

(2) 甲県に本店、乙県に支店を設置する宅地建物取引業者B（国土交通大臣免許）は、自ら売主となる乙県内におけるマンションの売買の業務に関し、乙県の支店において当該売買の契約を締結するに際して、代金の30％の手付金を受領した。この場合、Bは、甲県知事から著しく不当な行為をしたとして、業務停止の処分を受けることがある。

(3) 宅地建物取引業者C（甲県知事免許）は、乙県内に所在する土地の売買の媒介業務に関し、契約の相手方の自宅において相手を威迫し、契約締結を強要していたことが判明した。この場合、甲県知事は、情状が特に重いと判断したときは、Cの宅地建物取引業の免許を取り消さなければならない。

(4) 宅地建物取引業者D（国土交通大臣免許）は、甲県内に所在する事務所について、業務に関する帳簿を備えていないことが判明した。この場合、Dは、甲県知事から必要な報告を求められ、かつ、指導を受けることがある。

Hint! 処分権限があるのは、免許権者か現地の知事だ。

講義

(1) 正。売主が業者で、買主がシロートだった場合、「契約不適合担保責任を免除する特約」をすると業法違反だ（無効になる）。業法違反だから、Aの免許権者（甲県知事）と現地の知事（乙県知事）は、Aに対して、指示処分ができる。　　　📖 369 頁 **原則**、384 頁 表上の①、385 頁 (1)①

(2) 誤。業務停止処分ができるのは、免許権者と現地の知事だ。本肢の場合、免許権者は**大臣**で、現地の知事は乙県知事だ（Bは、乙県の支店において悪いことをしたのだから、現地の知事は乙県知事）。甲県知事は、免許権者でも、現地の知事でもないから、Bに対して、業務停止処分はできない。　　　📖 384 頁表 上の②

(3) 正。業者が、相手を**威迫**（おどすこと）したら、免許権者と現地の知事は、業務停止処分ができる。そして、**情状が特に重い場合**（悪質な場合）は、免許権者は、免許取消処分をしなければならない。だから、免許権者である甲県知事は、Cの免許を取り消さなければならない。

📖 385 頁(2) ⑤、386 頁(3) ③

(4) 正。知事はその都道府県の区域内で宅建業を営む者に対して、必要な**報告**を求めることができる。また、知事はその都道府県の区域内で宅建業を営む業者に対して、**指導・助言・勧告**ができる。だから、Dは甲県知事から必要な報告を求められ、かつ、指導を受けることがある。

📖 386 頁 指導など

正 解 (2)

Point!

指導・助言・勧告
① 大臣 ➡ **すべて**の業者に対してできる。
② 知事 ➡ その**都道府県の区域内**で宅建業を営む業者に対してできる（肢(4)）。

監督処分 [〒30-32]

次の記述のうち、宅地建物取引業法の規定によれば、正しいものはどれか。

(1) 宅地建物取引士が都道府県知事から指示処分を受けた場合において、宅地建物取引業者（国土交通大臣免許）の責めに帰すべき理由があるときは、国土交通大臣は、当該宅地建物取引業者に対して指示処分をすることができる。

(2) 宅地建物取引士が不正の手段により宅地建物取引士の登録を受けた場合、その登録をした都道府県知事は、宅地建物取引士資格試験の合格の決定を取り消さなければならない。

(3) 国土交通大臣は、すべての宅地建物取引士に対して、購入者等の利益の保護を図るため必要な指導、助言及び勧告をすることができる。

(4) 甲県知事の登録を受けている宅地建物取引士が、乙県知事から事務の禁止の処分を受けた場合は、速やかに、宅地建物取引士証を乙県知事に提出しなければならない。

 原因が業者にあるのだから……。

(1) 正。宅建士が監督処分を受けたが、その原因が業者にある（業者の責めに帰すべき理由がある）場合は、免許権者は、業者に対して**指示処分**をすることができる。　　　　　　　　　　　　　　　　　　　　　　**図**385頁(1)③

(2) 誤。宅建士が不正の手段により宅建士の登録を受けた場合、その登録をした知事は、**登録を消除しなければならない**。知事がしなければならないのは、登録の消除であって合格の取消しではないので、本肢は×だ。　　　　　　　　　　　　　　　　　　　　　　　　　　　**図**387頁(2)①

(3) 誤。大臣はすべての**業者**に対して、指導・助言・勧告をすることができる。しかし、宅建士に対して、指導などをすることはできない。　　　　　　　　　　　　　　　　　　　　　　　　**図**386頁 指導など

(4) 誤。甲県知事の登録を受けている宅建士が、乙県知事から事務の禁止の処分を受けた場合は、速やかに、宅建士証を甲県知事に提出しなければならない（宅建士証は処分を受けた乙県知事ではなく、**交付を受けた甲県知事**に提出するのだ）。　　　　　　**図**305頁 よく出るポイント①

（正　解）　(1)

Point!

宅建士が監督処分を受けたが、その原因が業者にある（業者の責めに帰すべき理由がある）場合

➡　免許権者は、業者に対して**指示処分**をすることができる（肢(1)）。

監督処分 [平22-44]

宅地建物取引業法の規定に基づく監督処分に関する次の記述のうち、正しいものはどれか。

(1) 国土交通大臣は、宅地建物取引業者A（甲県知事免許）に対し、宅地建物取引業の適正な運営を確保するため必要な勧告をしたときは、遅滞なく、その旨を甲県知事に通知しなければならない。

(2) 甲県知事は、乙県知事の登録を受けている宅地建物取引士に対し、甲県の区域内において宅地建物取引士として行う事務に関し不正な行為をしたことを理由として指示処分をしようとするときは、あらかじめ、乙県知事に協議しなければならない。

(3) 宅地建物取引業者A（甲県知事免許）が、乙県の区域内における業務に関し乙県知事から指示処分を受けたときは、甲県に備えられる宅地建物取引業者名簿には、当該指示の年月日及び内容が記載される。

(4) 甲県知事は、宅地建物取引業者B（国土交通大臣免許）に対し、甲県の区域内における業務に関し取引の関係者に損害を与えたことを理由として指示処分をしたときは、その旨を甲県の公報等により公告しなければならない。

 業者に都合の悪いことも記載される。

(1)　誤。大臣はすべての業者に対して、宅建業の適正な運営を確保し、または宅建業の健全な発達を図るため必要な指導・助言・**勧告**をすることができる。しかし、指導や助言や勧告をしても、その旨を知事に通知する必要はないので、×だ。　　　　　　　　　　　　図 386頁 指導など

(2)　誤。甲県知事は、乙県知事の登録を受けている宅地建物取引士に対して、指示処分または事務禁止処分をしたときは、**遅滞なく**、その旨を乙県知事に**通知**しなければならない。しかし、あらかじめ**協議**をする必要はないので、×だ。　　　　　　　　　　　　　　　　　　　図 389頁 5. (2)

(3)　正。指示処分または業務停止処分を受けた業者の業者名簿には、その**年月日**と**内容**が記載される。　　　　　　　　　　　図 385頁 注!

(4)　誤。業者に対して、**業務停止処分**または**免許取消処分**をした場合は、公告が必要だ。しかし、指示処分の場合は、公告は不要だ。　図 389頁 5. (1)

（**正　解**）　(3)

Point!

公告のまとめ

		公告は必要か？
業者に対する監督処分	① 指示処分	×（肢(4)）
	② 業務停止処分	○
	③ 免許取消処分	○
宅建士に対する監督処分	① 指示処分	×
	② 事務禁止処分	×
	③ 登録削除処分	×

監督処分（宅地建物取引士） [➡5-41]

次の記述のうち、宅地建物取引業法の規定によれば、正しいものはどれか。

(1) 甲県知事は、宅地建物取引士に対して必要な報告を求めることができるが、その対象は、甲県知事登録の宅地建物取引士であって、適正な事務の遂行を確保するために必要な場合に限られる。

(2) 宅地建物取引業者A（甲県知事免許）で専任の宅地建物取引士として従事しているB（甲県知事登録）が、勤務実態のない宅地建物取引業者C（乙県知事免許）において、自らが専任の宅地建物取引士である旨の表示がされていることを許した場合には、乙県知事は、Bに対し、必要な指示をすることができる。

(3) 宅地建物取引士が不正の手段により宅地建物取引士証の交付を受けた場合においては、その登録をしている都道府県知事は、情状が特に重いときは、当該宅地建物取引士の登録を消除することができる。

(4) 都道府県知事は、宅地建物取引士に対して登録消除処分を行ったときは、適切な方法で公告しなければならない。

 指示処分は現地の知事もできる。

講 義

(1) 誤。甲県知事は、①甲県知事登録の宅地建物取引士及び②**甲県内で事務を行う宅地建物取引士**（**例** 甲県内で事務を行う乙県知事登録の宅地建物取引士）に対して、宅地建物取引士の事務の適正な遂行を確保するため必要があると認めるときは、その事務について必要な**報告**を求めることができる。だから、甲県知事は、甲県知事登録の宅地建物取引士でなくても、甲県内で事務を行う宅地建物取引士であれば報告を求めることができるので、本肢は×だ。

(2) 正。Bは名義貸しをしている。名義貸しは指示処分の対象だ。そして、指示処分は登録権者だけでなく、**現地の知事**もできる。だから、乙県知事（現地の知事）は、Bに対し、必要な指示をすることができる。

🔖 384頁 表の下の ③、386頁 (1)

(3) 誤。知事は、その登録を受けている宅地建物取引士が不正の手段により宅地建物取引士証の交付を受けた場合は、登録を消除**しなければならない**。登録を消除することが「できる」ではない。また、「情状が特に重いとき」という条件は不要なので（不正の手段により宅地建物取引士証の交付を受けたら、それだけでアウト）、「情状が特に重いときは～」という部分も×だ。

🔖 387頁 (2) ①

(4) 誤。公告が必要なのは、**業者に対して業務停止処分・免許取消処分**をした場合だ。宅地建物取引士に対して指示処分・事務禁止処分・登録消除処分をした場合は、公告は不要だ（宅地建物取引士は処分を受けても公告されることはない）。

🔖 389頁 5. (1)

（**正 解**） (2)

👆 **Point!**

甲県知事は、次の宅地建物取引士に対して、宅地建物取引士の事務の適正な遂行を確保するため必要があると認めるときは、その事務について必要な**報告**を求めることができる（肢(1)）。

① 甲県知事の登録を受けている宅地建物取引士

② **甲県内で事務**を行う宅地建物取引士

注意！ ちなみに、国土交通大臣は、**すべて**の宅地建物取引士に対して、宅地建物取引士の事務の適正な遂行を確保するため必要があると認めるときは、その事務について必要な報告を求めることができる。

監督処分（宅地建物取引士） [平25-42]

甲県知事の宅地建物取引士資格登録（以下この問において「登録」という。）を受けている宅地建物取引士Aへの監督処分に関する次の記述のうち、宅地建物取引業法の規定によれば、正しいものはどれか。

(1) Aは、乙県内の業務に関し、他人に自己の名義の使用を許し、当該他人がその名義を使用して宅地建物取引士である旨の表示をした場合、乙県知事から必要な指示を受けることはあるが、宅地建物取引士として行う事務の禁止の処分を受けることはない。

(2) Aは、乙県内において業務を行う際に提示した宅地建物取引士証が、不正の手段により交付を受けたものであるとしても、乙県知事から登録を消除されることはない。

(3) Aは、乙県内の業務に関し、乙県知事から宅地建物取引士として行う事務の禁止の処分を受け、当該処分に違反したとしても、甲県知事から登録を消除されることはない。

(4) Aは、乙県内の業務に関し、甲県知事又は乙県知事から報告を求められることはあるが、乙県知事から必要な指示を受けることはない。

 与えた者しか奪えないことがある。

(1) 誤。現地の知事（本問では乙県知事）であっても、指示処分と**事務禁止処分**はできる。だから、Aは、乙県知事から事務禁止処分を受けることがある。　　　　　　　　　　　　🈳384頁 表下の①、②、386頁(1)

(2) 正。現地の知事（本問では乙県知事）は、登録消除処分はできない。だから、Aは、乙県知事から登録消除処分を受けることはない。登録消除処分ができるのは**登録権者**である甲県知事だけだ。

　　　　　　　　　　　　　　　　　🈳384頁 表下の③、387頁(2)①

(3) 誤。甲県知事は、**登録権者**なので、登録消除処分ができる。そして、事務禁止処分違反は、必ず登録消除されるから、本肢は×だ。

　　　　　　　　　　　　　　　　　🈳384頁 表下の③、387頁(2)②

(4) 誤。現地の知事（本問では乙県知事）であっても、**指示処分**と事務禁止処分はできる。だから、Aは、乙県知事から指示処分を受けることがある。ちなみに、前半部分（甲県知事または乙県知事から報告を求められることがある）の記述は正しい。　　　　　🈳384頁 表下の①

（ 正　解 ） (2)

😊**肢(4)をもう一押し！**

　大臣・知事は、どの宅建士に対して報告を求めることができるか？

① 国土交通大臣 ➡ **すべての宅建士**

② 知事 ➡ その知事の**登録**を受けている宅建士・その都道府県で**事務**を行う宅建士

　Aは甲県知事の登録を受けているので、甲県知事はAに対して報告を求めることができる。また、Aが乙県内で事務を行う場合は、乙県知事もAに対して報告を求めることができる。

　ちなみに、国土交通大臣もAに対して報告を求めることができる（国土交通大臣は、すべての宅建士に対して報告を求めることができるから）。

総合問題 [平25-43]

宅地建物取引業法に関する次の記述のうち、正しいものはどれか。

(1) 甲県に事務所を設置する宅地建物取引業者（甲県知事免許）が、乙県所在の物件を取引する場合、国土交通大臣へ免許換えの申請をしなければならない。

(2) 宅地建物取引業者（甲県知事免許）は、乙県知事から指示処分を受けたときは、その旨を甲県知事に届け出なければならない。

(3) 免許を受けようとする法人の政令で定める使用人が、覚せい剤取締法違反により懲役刑に処せられ、その刑の執行を終わった日から5年を経過していない場合、当該使用人が取締役に就任していなければ当該法人は免許を受けることができる。

(4) 宅地建物取引業に関し不正又は不誠実な行為をするおそれが明らかな者は、宅地建物取引業法の規定に違反し罰金の刑に処せられていなくても、免許を受けることができない。

 業者としてふさわしいか？

(1) 誤。免許は、**全国で有効**だ。だから、甲県知事免許を受けた業者が乙県内で営業を行うことも、一向にかまわない。だから、業者は免許換えをする必要はない。　　　　　　　　　　　　　　　　　　🔖 279頁 2.

(2) 誤。業者が乙県知事から指示処分を受けたときは、乙県**知事**から甲県知事に対して**通知**しなければならない。業者が甲県知事に届出をするのではないので、本肢は×だ。　　　　　　　　　　　　🔖 389頁 5. ⑵

(3) 誤。役員（取締役等）か、**政令で定める使用人**（各事務所の代表者）の中に、欠格事由に該当する人がいる場合は、その法人（会社等のこと）も免許を受けることができない。　　　　　　　　　　　　　　🔖 289頁 ⑭

(4) 正。宅地建物取引業に関し不正または不誠実な行為をするおそれが**明らかな者**は、免許を受けることができない。　　　　🔖 289頁 ⑫

（**正　解**）　⑷

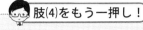

肢⑷をもう一押し！

免許をもらうことができるか？

　① 免許の申請前 **5 年**以内に宅地建物取引業に関し不正または著しく不当な行為をした者 ➡ もらうことができない。

　② 宅地建物取引業に関し不正または不誠実な行為をするおそれが**明らかな者** ➡ もらうことができない（肢⑷）。

　コメント　①は過去（申請前 5 年以内）の話で、②は将来の話だ。①の場合も②の場合も、業者としてふさわしくないので免許をもらうことができない。

第 5 編　重要事項説明書と37条書面／監督処分と罰則／住宅瑕疵担保履行法

住宅瑕疵担保履行法 [平24-45]

特定住宅瑕疵担保責任の履行の確保等に関する法律に基づく住宅販売瑕疵担保保証金の供託又は住宅販売瑕疵担保責任保険契約の締結（以下この問において「資力確保措置」という。）に関する次の記述のうち、正しいものはどれか。

(1) 自ら売主として新築住宅を宅地建物取引業者でない買主に引き渡した宅地建物取引業者は、当該住宅を引き渡した日から3週間以内に、その住宅に関する資力確保措置の状況について、その免許を受けた国土交通大臣又は都道府県知事に届け出なければならない。

(2) 自ら売主として新築住宅を宅地建物取引業者でない買主に引き渡した宅地建物取引業者は、基準日に係る資力確保措置の状況の届出をしなければ、当該基準日の翌日から起算して50日を経過した日以後においては、新たに自ら売主となる新築住宅の売買契約を締結してはならない。

(3) 住宅販売瑕疵担保責任保険契約は、新築住宅を自ら売主として販売する宅地建物取引業者が住宅瑕疵担保責任保険法人と締結する保険契約であり、当該住宅の売買契約を締結した日から5年間、当該住宅の瑕疵によって生じた損害について保険金が支払われる。

(4) 新築住宅を自ら売主として販売する宅地建物取引業者が、住宅販売瑕疵担保保証金の供託をした場合、買主に対する当該保証金の供託をしている供託所の所在地等について記載した書面の交付及び説明は、当該住宅の売買契約を締結した日から引渡しまでに行わなければならない。

 ペナルティーは売買契約の締結禁止。

(1) 誤。業者は、基準日（3月31日）ごとに、免許権者に供託状況（資力確保措置の状況）を届け出なければならない。届出期間は、「**基準日**」から 3 週間以内であり（基準日から 3 週間以内に届け出なければならない）、「引き渡した日」から 3 週間以内ではない。　　　　　🏠 391 頁 (3) ②

(2) 正。業者は、基準日ごとに、免許権者に供託状況（資力確保措置の状況）を届け出なければならない。この届出をしなかった場合、基準日の翌日から **50 日**を経過すると、自ら売主となる新築住宅の売買契約は締結禁止となる。　　　　　🏠 391 頁 (3) ③

(3) 誤。保険期間は **10 年間**以上でなければならない。5 年間ではないので、本肢は×だ。　　　　　🏠 391 頁 下の 注!

(4) 誤。供託所の説明は、**契約成立前**に書面を交付して説明しなければならない。だから、「契約を締結した日から引渡しまでに行わなければならない（＝契約が成立した後に説明することになる）」とある本肢は×だ。

🏠 392 頁 (4) ⑤

（　正　解　）　　(2)

なお、住宅販売瑕疵担保保証金の供託をしている供託所の所在地等について記載した書面の交付に代えて、買主の承諾を得て、電磁的方法 (電子メール等) より提供できる。

Point!

保証金（住宅販売瑕疵担保保証金）の供託
① 保証金の額は、買主に**引き渡した**新築住宅の戸数で決まる。1 戸目は **2,000 万円**、その上は覚えられない複雑な算式で少しずつ増える。
なお、住宅の床面積が 55㎡以下の場合は、2 戸をもって 1 戸と数えることになる (つまり、保証金が少なくて済むということ)。
② **引渡しから 10 年間**、基準日（3月31日）ごとに、**基準日**から **3 週間以内**に免許権者に供託状況を届け出なければならない。
③ ①②に違反すると（①金額不足でも②届出なしでも）、基準日の翌日から **50 日**を経過すると、自ら売主となる新築住宅の売買契約は締結禁止（肢(2)）。

第 5 編　重要事項説明書と37条書面／監督処分と罰則／住宅瑕疵担保履行法

住宅瑕疵担保履行法 [令1-45]

特定住宅瑕疵担保責任の履行の確保等に関する法律に基づく住宅販売瑕疵担保保証金の供託又は住宅販売瑕疵担保責任保険契約の締結に関する次の記述のうち、誤っているものはどれか。

(1) 宅地建物取引業者は、自ら売主として新築住宅を販売する場合だけでなく、新築住宅の売買の媒介をする場合においても、住宅販売瑕疵担保保証金の供託又は住宅販売瑕疵担保責任保険契約の締結を行う義務を負う。

(2) 自ら売主として新築住宅を販売する宅地建物取引業者は、住宅販売瑕疵担保保証金の供託をしている場合、当該住宅の売買契約を締結するまでに、当該住宅の宅地建物取引業者ではない買主に対し、供託所の所在地等について、それらの事項を記載した書面を交付して説明しなければならない。

(3) 自ら売主として新築住宅を宅地建物取引業者ではない買主に引き渡した宅地建物取引業者は、基準日ごとに基準日から3週間以内に、当該基準日に係る住宅販売瑕疵担保保証金の供託及び住宅販売瑕疵担保責任保険契約の締結の状況について、宅地建物取引業の免許を受けた国土交通大臣又は都道府県知事に届け出なければならない。

(4) 住宅販売瑕疵担保責任保険契約を締結している宅地建物取引業者は、当該保険に係る新築住宅に、構造耐力上主要な部分又は雨水の浸入を防止する部分の隠れた瑕疵（構造耐力又は雨水の浸入に影響のないものを除く。）がある場合に、特定住宅販売瑕疵担保責任の履行によって生じた損害について保険金を請求することができる。

媒介業者は売主ではないから……。

(1)　誤。住宅販売瑕疵担保保証金の供託または住宅販売瑕疵担保責任保険契約の締結を行う義務を負うのは、売主業者・買主シロートの場合の売主である業者だ。**媒介**業者や代理業者は売主ではないので、この義務を負わない。　　　　　　　　　　　　　　　　　　　　　　🈺 391 頁 (2) ⓵

(2)　正。供託所の所在地等の説明は、⓵**契約成立前**（契約を締結するまで）に、⓶書面を交付して説明しなければならない。　　　　　　🈺 392 頁 (4) ⑤

(3)　正。業者は、基準日（**3 月 31 日**）ごとに、基準日から **3 週間以内**に免許権者に供託状況等を届け出なければならない。　　　　　🈺 391 頁 (3) ⓶

(4)　正。**構造耐力上主要**な部分と雨水の浸入を防止する部分の隠れた瑕疵は、保険の対象だ。だから、業者はこれらの隠れた瑕疵がある場合に、担保責任の履行によって生じた損害について保険金を請求できる。

🈺 391 頁 (2) 注！

（正　解） (1)

> なお、住宅販売瑕疵担保保証金の供託をしている供託所の所在地等について記載した書面の交付に代えて、買主の承諾を得て、電磁的方法 (電子メール等) より提供できる。

Point!

住宅販売瑕疵担保保証金の供託等の義務を負うのは、
⓵　業者が「**自ら売主**」で、かつ、
⓶　買主がシロートの場合だ（「自ら売主」の「8 つの制限」と同じ）。
注1　**媒介**業者や代理業者は「自ら売主」ではないので、この義務を**負わない**（肢(1)）。

住宅瑕疵担保履行法 [令2-45]

　宅地建物取引業者Ａ（甲県知事免許）が、自ら売主として宅地建物取引業者ではない買主Ｂに新築住宅を販売する場合における次の記述のうち、特定住宅瑕疵担保責任の履行の確保等に関する法律の規定によれば、正しいものはどれか。

(1)　Ａが媒介を依頼した宅地建物取引業者又はＢが住宅販売瑕疵担保責任保険契約の締結をしていれば、Ａは住宅販売瑕疵担保保証金の供託又は住宅販売瑕疵担保責任保険契約の締結を行う必要はない。

(2)　Ａが住宅販売瑕疵担保保証金の供託をし、その額が、基準日において、販売新築住宅の合計戸数を基礎として算定する基準額を超えることとなった場合、甲県知事の承認を受けた上で、その超過額を取り戻すことができる。

(3)　新築住宅をＢに引き渡したＡは、基準日ごとに基準日から50日以内に、当該基準日に係る住宅販売瑕疵担保保証金の供託及び住宅販売瑕疵担保責任保険契約の締結の状況について、甲県知事に届け出なければならない。

(4)　Ｂが宅地建物取引業者である場合であっても、Ａは、Ｂに引き渡した新築住宅について、住宅販売瑕疵担保保証金の供託又は住宅販売瑕疵担保責任保険契約の締結を行う義務を負う。

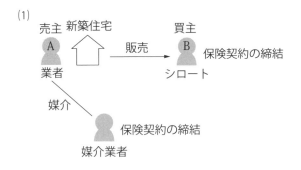

(1)

売主　新築住宅　　　　買主

Ａ　──販売──→　Ｂ　保険契約の締結

業者　　　　　　　　シロート

媒介

保険契約の締結

媒介業者

Hint!　勝手に取り戻すことはできない。免許権者の○○が必要だ（○○に入るのは？）。

(1)　誤。住宅販売瑕疵担保保証金の供託または住宅販売瑕疵担保責任保険契約の締結は、**自ら売主**である業者Aに義務付けられている。だから、媒介業者または買主Bが保証金の供託または保険契約の締結をしていても、Aは保証金の供託または保険契約の締結を行う必要がある。

391頁(2)①

(2)　正。基準日において、住宅販売瑕疵担保保証金の額が基準額を超えることとなった場合は、免許権者の**承認**を受けた上で、その超過額を取り戻すことができる。

(3)　誤。業者は、基準日（3月31日）ごとに、基準日から**3週間以内**に、住宅販売瑕疵担保保証金の供託の状況・住宅販売瑕疵担保責任保険契約の締結の状況を免許権者に届け出なければならない。　391頁(3)②

(4)　誤。住宅瑕疵担保履行法が適用されるのは、売主業者で買主がシロートの場合だ。だから、買主が**業者**の場合は、住宅販売瑕疵担保保証金の供託または住宅販売瑕疵担保責任保険契約の締結を行う**義務を負わない**。

391頁(2)①

（**正　解**）　(2)

Point!

　基準日において住宅販売瑕疵担保保証金の額が基準額を超えることとなった場合は、
➡　免許権者の**承認**を受けた上で、超過額を取り戻すことができる（勝手に取り戻すことはできない。免許権者の承認が必要だ）（肢(2)）。

普通

住宅瑕疵担保履行法 [令4-45]

特定住宅瑕疵担保責任の履行の確保等に関する法律に基づく住宅販売瑕疵担保保証金の供託又は住宅販売瑕疵担保責任保険契約の締結に関する次の記述のうち、正しいものはどれか。

(1) 宅地建物取引業者は、自ら売主として宅地建物取引業者である買主との間で新築住宅の売買契約を締結し、その住宅を引き渡す場合、住宅販売瑕疵担保保証金の供託又は住宅販売瑕疵担保責任保険契約の締結を行う義務を負う。

(2) 住宅販売瑕疵担保責任保険契約は、新築住宅の引渡し時から10年以上有効でなければならないが、当該新築住宅の買主の承諾があれば、当該保険契約に係る保険期間を5年間に短縮することができる。

(3) 自ら売主として新築住宅を販売する宅地建物取引業者は、基準日から3週間を経過する日までの間において、当該基準日前10年間に自ら売主となる売買契約に基づき宅地建物取引業者ではない買主に引き渡した新築住宅（住宅販売瑕疵担保責任保険契約に係る新築住宅を除く。）について、住宅販売瑕疵担保保証金の供託をしていなければならない。

(4) 宅地建物取引業者が住宅販売瑕疵担保保証金の供託をし、その額が、基準日において、販売新築住宅の合計戸数を基礎として算定する基準額を超えることとなった場合、宅地建物取引業法の免許を受けた国土交通大臣又は都道府県知事の承認がなくても、その超過額を取り戻すことができる。

Hint! 買主の承諾があっても……。

(1)　誤。住宅瑕疵担保履行法が適用されるのは、売主業者で買主がシロートの場合だ。だから、買主が**業者**の場合は、保証金の供託または保険契約の締結を行う義務を**負わない**。　　　　　　　　391頁(2)①

(2)　誤。保険契約は、買主が新築住宅の引渡しを受けた時から「**10年以上**」の期間にわたって有効なものでなければならない。たとえ、買主の承諾があっても、この保険期間を短縮することはできない。

391頁(3)③ 注!

(3)　正。業者は、毎年、「**基準日から3週間**」を経過する日までの間に、保証金の供託をしていなければならない。　　　391頁(3)① 注!

(4)　誤。基準日において、保証金の額が基準額を超えることとなった場合は、免許権者の**承認**を受けて、その超過額を取り戻すことができる。免許権者の承認が必要なので、「承認がなくても～取り戻すことができる」とある本肢は×だ。

（正　解）　(3)

Point!

住宅販売瑕疵担保保証金の取戻し
➡　基準日において当該保証金の額が当該基準日に係る基準額を超えることとなったときは、免許権者の**承認**を受けて、その超過額を取り戻すことができる（取り戻すには、免許権者の**承認**が必要）（肢(4)）。

住宅瑕疵担保履行法 [平30-45]

　特定住宅瑕疵担保責任の履行の確保等に関する法律に基づく住宅販売瑕疵担保保証金の供託又は住宅販売瑕疵担保責任保険契約の締結に関する次の記述のうち、正しいものはどれか。

(1) 宅地建物取引業者は、自ら売主として新築住宅を販売する場合及び新築住宅の売買の媒介をする場合において、住宅販売瑕疵担保保証金の供託又は住宅販売瑕疵担保責任保険契約の締結を行う義務を負う。

(2) 自ら売主として新築住宅を宅地建物取引業者でない買主に引き渡した宅地建物取引業者は、その住宅を引き渡した日から3週間以内に、住宅販売瑕疵担保保証金の供託又は住宅販売瑕疵担保責任保険契約の締結の状況について、宅地建物取引業の免許を受けた国土交通大臣又は都道府県知事に届け出なければならない。

(3) 自ら売主として新築住宅を宅地建物取引業者でない買主に引き渡した宅地建物取引業者は、基準日に係る住宅販売瑕疵担保保証金の供託及び住宅販売瑕疵担保責任保険契約の締結の状況について届出をしなければ、当該基準日の翌日から起算して50日を経過した日以後においては、新たに自ら売主となる新築住宅の売買契約を締結することができない。

(4) 住宅販売瑕疵担保責任保険契約を締結している宅地建物取引業者は、当該住宅を引き渡した時から10年間、住宅の構造耐力上主要な部分の瑕疵によって生じた損害についてのみ保険金を請求することができる。

 数字そのものだけでなく、数字の前についても注目しよう。

(1) 誤。住宅販売瑕疵担保保証金の供託または住宅販売瑕疵担保責任保険契約の締結を行う義務を負うのは、売主業者・買主シロートの場合に限る。だから、「自ら売主」ではない**媒介**業者や代理業者は義務を負わない。

391 頁 (2) ① ②

(2) 誤。業者は、基準日ごとに、「**基準日から**」3 週間以内に免許権者に供託状況等を届け出なければならない。「引き渡した日から」3 週間以内ではないので、本肢は×だ。 391 頁 (3) ②

(3) 正。免許権者に供託状況等の届出をしなかった場合は、基準日の翌日から 50 日経過すると、自ら売主となる新築住宅の売買契約は締結禁止となる。 391 頁 (3) ③

(4) 誤。① 構造耐力上主要な部分の瑕疵だけでなく、② **雨水の侵入を防止**する部分の瑕疵についても、保険の対象となる。だから、雨水の侵入を防止する部分の瑕疵によって生じた損害についても保険金を請求することができるので、本肢は×だ。 391 頁 (2) 注！

（ **正 解** ）(3)

Point!

保険契約の対象となるか？

① **構造耐力上主要**な部分の瑕疵 ➡ ○

② **雨水の侵入を防止**する部分の瑕疵（肢(4)） ➡ ○

注意！ ①②以外の瑕疵（たとえば、給水施設・ガス施設の瑕疵）については、保険契約の対象とならない。

住宅瑕疵担保履行法　　　　　　　　　　[平26-45]

　特定住宅瑕疵担保責任の履行の確保等に関する法律に基づく住宅販売瑕疵担保保証金の供託又は住宅販売瑕疵担保責任保険契約の締結に関する次の記述のうち、正しいものはどれか。

(1)　自ら売主として新築住宅を宅地建物取引業者でない買主に引き渡した宅地建物取引業者は、基準日に係る住宅販売瑕疵担保保証金の供託及び住宅販売瑕疵担保責任保険契約の締結の状況について届出をしなければ、当該基準日から起算して50日を経過した日以後、新たに自ら売主となる新築住宅の売買契約を締結してはならない。

(2)　宅地建物取引業者は、自ら売主として新築住宅を販売する場合だけでなく、新築住宅の売買の媒介をする場合においても、住宅販売瑕疵担保保証金の供託又は住宅販売瑕疵担保責任保険契約の締結を行う義務を負う。

(3)　住宅販売瑕疵担保責任保険契約は、新築住宅の買主が保険料を支払うことを約し、住宅瑕疵担保責任保険法人と締結する保険契約である。

(4)　自ら売主として新築住宅を販売する宅地建物取引業者は、住宅販売瑕疵担保保証金の供託をする場合、当該新築住宅の売買契約を締結するまでに、当該新築住宅の買主に対し、当該供託をしている供託所の所在地、供託所の表示等について記載した書面を交付して説明しなければならない。

 イジワルなヒッカケに注意。

(1)　誤。業者は、基準日ごとに、基準日から 3 週間以内に免許権者に供託状況などを届け出なければならない。この届出をしなかった場合、基準日の翌日から 50 日を経過すると、自ら売主となる新築住宅の売買契約は締結禁止となる。「基準日から」起算して 50 日ではなく、「基準日の翌日から」起算して 50 日なので、本肢は×だ。　　　　　　　　　図 391 頁(3) ③

(2)　誤。住宅瑕疵担保履行法が適用されるのは（業者が保証金の供託等をする義務を負うのは）、売主業者・買主シロートに限る（①業者間には適用なし。②「自ら売主」ではない**媒介業者や代理業者**にも適用なし）。
　　　　　　　　　　　　　　　　　　　　　　図 391 頁(2) ①

(3)　誤。保険料を支払うのは、**売主（業者）**だ。買主（シロート）が支払うのではない。要するに、保険料を負担するのは業者だ、という話。
　　　　　　　　　　　　　　　　　　　　　　図 391 頁 下の 注!

(4)　正。供託所の説明は、**契約成立前に書面を交付して説明**しなければならない。　　　　　　　　　　　　　　　　　　　　図 392 頁(4) ⑤

（正　解）　(4)

> なお、住宅販売瑕疵担保保証金の供託をしている供託所の所在地、供託所の表示等について記載した書面の交付に代えて、買主の承諾を得て、電磁的方法 (電子メール等) より提供できる。

Point!

供託所の説明をするときに、**書面を交付する**必要はあるか？
① 営業保証金の場合　　　➡ 不要
② 住宅瑕疵担保保証金の場合　➡ **必要**（肢(4)）

住宅瑕疵担保履行法 [令3-45]

宅地建物取引業者Aが、自ら売主として宅地建物取引業者ではない買主B
に新築住宅を販売する場合における次の記述のうち、特定住宅瑕疵担保責任
の履行の確保等に関する法律の規定によれば、正しいものはどれか。

(1) Bが建設業者である場合、Aは、Bに引き渡した新築住宅について、住
宅販売瑕疵担保保証金の供託又は住宅販売瑕疵担保責任保険契約の締結を
行う義務を負わない。

(2) Aが住宅販売瑕疵担保責任保険契約を締結する場合、当該契約は、Bが
Aから当該新築住宅の引渡しを受けた時から2年以上の期間にわたって有
効なものでなければならない。

(3) Aが住宅販売瑕疵担保責任保険契約を締結した場合、A及びBは、指定
住宅紛争処理機関に特別住宅紛争処理の申請をすることにより、当該新築
住宅の瑕疵に関するAとBとの間の紛争について、あっせん、調停又は仲
裁を受けることができる。

(4) AB間の新築住宅の売買契約において、当該新築住宅の構造耐力上主要
な部分に瑕疵があってもAが瑕疵担保責任を負わない旨の特約があった場
合、住宅販売瑕疵担保保証金の供託又は住宅販売瑕疵担保責任保険契約の
締結を行う義務はない。

 指定住宅紛争処理機関とは、トラブルが発生した場合に、仲裁等を行な
う機関のこと。

(1)　誤。買主Ｂが**宅建業者**なら、Ａは、保証金の供託または保険契約の締結を行う義務を負わない。しかし、本肢の買主Ｂは、建設業者だ（宅建業者ではない）。だから、Ａは、義務を負う。　🔖 391頁(2)①

(2)　誤。保険契約は、買主が新築住宅の引渡しを受けた時から「**10年以上**」の期間にわたって有効なものでなければならない。「2年以上」ではないので、本肢は×だ。　🔖 391頁 下の注！

(3)　正。指定住宅紛争処理機関は、保険契約に係る新築住宅の売買契約に関する紛争の当事者の双方または一方からの申請により、紛争のあっせん・調停・**仲裁**の業務を行うことができる。

(4)　誤。売主は、買主に引き渡した時から10年間、住宅の構造耐力上主要な部分等の瑕疵について、瑕疵担保責任を負う。この規定より買主に不利な特約は、**無効**になる。本肢の「構造耐力上主要な部分に瑕疵があってもＡが瑕疵担保責任を負わない」という特約は、買主Ｂにとって**不利**だから、無効になる。特約が無効なのだから、Ａは規定通り、10年間の瑕疵担保責任を負うことになる。そして、この10年間の瑕疵担保責任をキチンと履行するために、Ａは保証金の供託または保険契約の締結を行う義務がある。　🔖 390頁、391頁 (2)注！

（**正　解**）　(3)

Point!

住宅瑕疵担保責任保険契約に係る新築住宅に関する紛争の処理

➡　指定住宅紛争処理機関は、住宅瑕疵担保責任保険契約に係る新築住宅の売買契約に関する紛争の当事者の双方または一方からの申請により、当該紛争のあっせん・調停・**仲裁**の業務を行うことができる（肢(3)）。

住宅瑕疵担保履行法 [令5-45]

　宅地建物取引業者Aが、自ら売主として、宅地建物取引業者ではない買主Bに新築住宅を販売する場合に関する次の記述のうち、特定住宅瑕疵担保責任の履行の確保等に関する法律の規定によれば、正しいものはどれか。

(1)　Aが信託会社又は金融機関の信託業務の兼営等に関する法律第1条第1項の認可を受けた金融機関であって、宅地建物取引業を営むものである場合、住宅販売瑕疵担保保証金の供託又は住宅販売瑕疵担保責任保険契約の締結を行う義務を負わない。

(2)　Aは、住宅販売瑕疵担保保証金の供託をする場合、当該住宅の売買契約を締結するまでに、Bに対し供託所の所在地等について、必ず書面を交付して説明しなければならず、買主の承諾を得ても書面の交付に代えて電磁的方法により提供することはできない。

(3)　Aは、住宅販売瑕疵担保保証金の供託をする場合、当該住宅の最寄りの供託所へ住宅販売瑕疵担保保証金の供託をしなければならない。

(4)　AB間の売買契約において、当該住宅の構造耐力上主要な部分に瑕疵があってもAが瑕疵担保責任を負わない旨の特約があった場合においても、Aは住宅販売瑕疵担保保証金の供託又は住宅販売瑕疵担保責任保険契約の締結を行う義務を負う。

 買主に不利な特約は、無効となる。

(1) 誤。信託会社・信託銀行には**免許**に関するルールは適用**されない**（**例**信託会社・信託銀行は、免許がなくても国土交通大臣に届出をすれば、宅建業ができる）。適用されないのは、あくまでも、免許に関するルールだけだ。免許以外に関するルールは適用**される**。「住宅販売瑕疵担保保証金の供託または住宅販売瑕疵担保責任保険契約の締結を行わなければならない」というルールは、免許に関するルールではない（免許以外に関するルールだ）。だから、Aに適用される。したがって、Aは住宅販売瑕疵担保保証金の供託または住宅販売瑕疵担保責任保険契約の締結を行う義務を負う。　📖276頁 ③④、390頁(1)、391頁(3) ③ 注！

(2) 誤。業者は、新築住宅の買主に対し、新築住宅の売買契約成立前に書面を交付して説明しなければならない。業者は、買主の**承諾**を得れば、書面の交付に代えて電磁的方法により提供することができる。

　📖392頁(4) ⑤ 注！

(3) 誤。業者は、**主たる事務所**の最寄りの供託所に住宅販売瑕疵担保保証金の供託をしなければならない。「住宅」の最寄りの供託所ではない。

　📖392頁(4) ②

(4) 正。売主は、引き渡した時から**10年間**、住宅の構造耐力上主要な部分等の瑕疵について、責任を負う。このルールに反する特約で買主に**不利**なものは**無効**となる。本肢の「A（売主）が瑕疵担保責任を負わない」という特約は、B（買主）にとって不利だから無効となる。だから、Aは住宅販売瑕疵担保保証金の供託または住宅販売瑕疵担保責任保険契約の締結を行う義務を負う。　📖390頁(1)、391頁(3) ③ 注！

（**正　解**）(4)

👆 **Point!**

肢(4)について

① 売主は、引き渡した時から**10年間**、住宅の構造耐力上主要な部分等の瑕疵について、責任を負わなければならない。

② ①に反する特約で買主に**不利**なものは**無効**となる。

③ **無効**となるのだから、結局、売主は①の責任を負うことになる。①の責任を確実に負うために、住宅販売瑕疵担保保証金の供託または住宅販売瑕疵担保責任保険契約の締結を行わなければならない、という話。

住宅瑕疵担保履行法 [平25-45]

宅地建物取引業者Aが自ら売主として、宅地建物取引業者でない買主Bに新築住宅を販売する場合における次の記述のうち、特定住宅瑕疵担保責任の履行の確保等に関する法律の規定によれば、正しいものはどれか。

(1) Bが建設業者である場合、Aは、Bに引き渡した新築住宅について、住宅販売瑕疵担保保証金の供託又は住宅販売瑕疵担保責任保険契約の締結を行う義務を負わない。

(2) Aは、基準日に係る住宅販売瑕疵担保保証金の供託及び住宅販売瑕疵担保責任保険契約の締結の状況について届出をしなければ、当該基準日から3週間を経過した日以後、新たに自ら売主となる新築住宅の売買契約を締結してはならない。

(3) Aは、住宅販売瑕疵担保保証金の供託をする場合、Bに対する供託所の所在地等について記載した書面の交付及び説明を、Bに新築住宅を引き渡すまでに行えばよい。

(4) Aが住宅販売瑕疵担保保証金を供託する場合、当該住宅の床面積が55㎡以下であるときは、新築住宅の合計戸数の算定に当たって、2戸をもって1戸と数えることになる。

 小さい住宅の場合はオマケ。

(1) 誤。プロ同士の取引なら、お互いの手の内は百も承知しているだろうということで、特に買主を保護する必要もない。だから、**買主が宅建業者**の場合は、売主である宅建業者は保証金の供託等をする必要はない。しかし、本肢の買主は建設業者（シロート）なので、保証金の供託等をする必要がある。　　　　　　　　　　　　　　　　📖 391 頁 (2) 1

(2) 誤。免許権者に供託状況等の届出をしなかった場合、基準日の翌日から 50 日を経過すると、自ら売主となる新築住宅の売買契約は締結禁止となる。「3 週間」ではないので、本肢は×だ。　　📖 391 頁 (3) 3

(3) 誤。供託所の説明は、1 **契約成立前**に 2 **書面**を交付して説明しなければならない。「引き渡すまでに」ではないので、本肢は×だ。

　　　　　　　　　　　　　　　　　　　　　　📖 392 頁 (4) 5

(4) 正。住宅の床面積が 55㎡以下の場合は、2 戸をもって 1 戸と数えることになる（住宅の戸数が多いほど保証金の額が高くなる。小さい住宅の場合はオマケしてあげる、という意味だ）。　　📖 391 頁 (3) 1

（正　解） (4)

> なお、住宅販売瑕疵担保保証金の供託をしている供託所の所在地等について記載した書面の交付に代えて、買主の承諾を得て、電磁的方法 (電子メール等) より提供できる。

Point!

住宅の床面積が **55㎡以下**の場合は、

➡ 2 戸をもって 1 戸と数えることになる。

コメント　住宅販売瑕疵担保保証金は、戸数が多いほど、保証金も高くなるシステムだ。そこで、小さい住宅（55㎡以下）の場合はオマケしてあげる、という話。たとえば、55㎡以下の住宅が 20 戸の場合は、10 戸分の保証金で OK だ（2 戸で 1 戸と数えるから）

第 5 編　弱点表

項　目	番　号	難　度	正　解	自己採点
重要事項の説明	平 26-36	カンターン	(3)	
重要事項の説明	令 4-28	カンターン	(1)	
重要事項の説明	令 5-33	難しい	(1)	
重要事項の説明	令 3-26	カンターン	(2)	
重要事項の説明	令 2-41	カンターン	(3)	
重要事項の説明	令 5-42	難しい	(3)	
重要事項の説明	令 4-36	カンターン	(1)	
重要事項の説明	平 22-36	普通	(4)	
重要事項の説明	平 24-30	カンターン	(2)	
重要事項の説明	令 4-34	難しい	(4)	
重要事項の説明	平 30-39	カンターン	(4)	
重要事項の説明	平 26-34	カンターン	(4)	
重要事項の説明	令 1-39	カンターン	(3)	
重要事項の説明	平 29-41	カンターン	(2)	
重要事項の説明	令 2-44	普通	(4)	
重要事項の説明	平 21-33	カンターン	(2)	
重要事項の説明	平 30-35	普通	(3)	
重要事項の説明	令 3-36	普通	(1)	
重要事項の説明	平 28-36	難しい	(4)	
重要事項の説明・37 条書面	令 3-37	普通	(3)	
重要事項の説明	令 4-40	難しい	(2)	
重要事項の説明	平 27-31	超難	(2)	

重要事項の説明（区分所有建物）	平 20-37	普通	(4)	
重要事項の説明と 37 条書面	平 24-32	普通	(4)	
重要事項の説明・37 条書面等	令　4-35	カンターン	(4)	
37 条書面	平 25-31	カンターン	(2)	
37 条書面	令　3-41	カンターン	(1)	
37 条書面	令　4-32	カンターン	(1)	
37 条書面	平 30-34	カンターン	(2)	
37 条書面	平 29-40	普通	(3)	
37 条書面	令　2-37	普通	(1)	
37 条書面	令　4-44	カンターン	(4)	
37 条書面	令　5-26	普通	(3)	
37 条書面	平 29-38	普通	(2)	
37 条書面	令　1-36	普通	(2)	
37 条書面等	平 22-34	普通	(3)	
37 条書面	令 2-33	普通	(1)	
37 条書面	令　5-43	カンターン	(4)	
建物状況調査	平 30-27	普通	(4)	
建物状況調査	令　5-27	普通	(4)	
監督処分	平 23-44	カンターン	(3)	
監督処分	平 20-45	カンターン	(1)	
監督処分	平 28-26	カンターン	(1)	
監督処分・罰則	令　1-29	難しい	(3)	
監督処分	平 29-29	難しい	(4)	
監督処分・罰則	平 19-36	カンターン	(2)	

監督処分	平 27-43	普通	(2)	
監督処分	平 30-32	普通	(1)	
監督処分	平 22-44	普通	(3)	
監督処分（宅地建物取引士）	令 5-41	難しい	(2)	
監督処分（宅地建物取引士）	平 25-42	カンターン	(2)	
総合問題	平 25-43	普通	(4)	
住宅瑕疵担保履行法	平 24-45	普通	(2)	
住宅瑕疵担保履行法	令 1-45	カンターン	(1)	
住宅瑕疵担保履行法	令 2-45	普通	(2)	
住宅瑕疵担保履行法	令 4-45	普通	(3)	
住宅瑕疵担保履行法	平 30-45	カンターン	(3)	
住宅瑕疵担保履行法	平 26-45	難しい	(4)	
住宅瑕疵担保履行法	令 3-45	カンターン	(3)	
住宅瑕疵担保履行法	令 5-45	カンターン	(4)	
住宅瑕疵担保履行法	平 25-45	普通	(4)	

問題さくいん

宅建学院

　広大無辺な**宅建士試験**の全分野を「らくらく宅建塾」・「マンガ宅建塾」・「まる覚え宅建塾」・「まるばつ宅建塾」にまとめ上げただけでなく、問題集「過去問宅建塾（3分冊）」・「ズバ予想宅建塾」を出版。**ミリオンセラー**となったこれらの本を縦横無尽に駆使して、宅建の「た」の字も知らない初心者を合格させている。さらに、宅建士受験BOOK「ズバ予想宅建塾・直前模試編」、宅建塾DVD「宅建士革命」まで出版。**2年連続で全国最年少合格者を輩出**した宅建学院の通信宅建超完璧講座は、一般教育訓練給付制度厚生労働大臣指定講座とされている。

主　著	「らくらく宅建塾」 「マンガ宅建塾」「まる覚え宅建塾」 「まるばつ宅建塾」「過去問宅建塾」 「ズバ予想宅建塾」	最高傑作	2年連続で全国最年少合格者を生み出した 宅建超完璧講座 一般教育訓練給付制度厚生労働大臣指定講座 指定番号 1120019-0020012-9
		ＤＶＤ	「宅建士革命」

本書に関する正誤のお問合せは、お手数ですが文書（郵便、FAX）にて、弊社までご送付ください。また電話でのお問合せ及び本書の記載の範囲を超えるご質問にはお答えしかねます。

なお、追録（法令改正）、正誤表などの情報に関しましては、弊社ホームページをご覧ください。

https://www.takkengakuin.com/

2024年版　過去問宅建塾【2】宅建業法

2017 年 4 月 27 日　初版発行	©2024
2018 年 3 月　2 日　改訂第 2 版発行	著　者 宅　建　学　院
2019 年 1 月 31 日　改訂第 3 版発行	発行人 小　林　信　行
2020 年 4 月　7 日　改訂第 4 版発行	印刷所 株式会社太洋社
2021 年 2 月 22 日　改訂第 5 版発行	発行所 **宅　建　学　院**
2022 年 2 月　5 日　改訂第 6 版発行	〒 359-1111
2023 年 2 月　1 日　改訂第 7 版発行	埼玉県所沢市緑町 2-7-11
2024 年 2 月　9 日　改訂第 8 版発行	アーガスヒルズ 50　5F
	☎ 04-2939-0335
	FAX04-2924-5940
	https://www.takkengakuin.com/

乱丁・落丁はお取り替えいたします。

ISBN978-4-909084-77-4

宅建学院 通信講座のご案内

宅建士試験の一発合格を目指すなら、通信講座がおすすめ

宅建士試験は法律に関する知識をはじめ、覚えることが非常に多い。宅建学院の通信講座では豊富な事例を用いて、わかりやすく、丁寧に解説をしています。宅建は知識だけでなく、どの問題を確実に取らなければいけないかなどのテクニックも必要。経験豊富なベテラン講師が知識とテクニックを惜しげなく伝えています。

合格率は全国平均の ※1

3.2倍 ※2

（57％）

2年連続

全国最年少合格者を輩出！

難しい言葉を極力使わない、
わかりやすい講座の証です。

※1 不動産適正取引機構発表の「令和3年度宅地建物取引士資格試験結果の概要」より抽出。
※2 令和3年度「宅建超完璧講座」受講生のうち、講座修了者に対するアンケート結果より算出。

通信講座の特徴

らくらく宅建塾を使った講義

わかりやすさで
好評のテキストを
使用します。

ベテラン講師の人気授業

ベテラン講師がわかりやすさに
こだわって丁寧に解説。
知識とテクニックの両軸で
合格をサポートします。

Web・DVDから受講スタイルが選べる

Webならどこでも、いつでも。
DVDならTVなどで
じっくりと勉強。
全てのコースで選べます。

質問回答サービスで気軽に質問できる

電話なら週3日(対応日)、
Webなら毎日24時間いつでも、
気軽に質問ができるので、
わからなくなっても安心です。

■ 学習の流れ

視聴
復習　問題

基本講義、総まとめ講義といった講義形式の講座では、まず講義動画を視聴してから、演習問題を解いていきます。基本講義については、事前の予習も必要ありません。しっかりと講義を視聴して、問題を解き、理解できるまで復習を行い、1単位ずつ学習していきます。

■ コースの紹介

宅建超完璧講座
- 厚生労働大臣指定講座 -

24年1月開講予定
115,500円(税込)
- ■質問回答サービス
- ■模擬試験採点・添削対応
- ■Web受講/DVD受講
- ■一般教育訓練制度適用可

基本学習から模擬試験まで、トータルでサポートを受けたい方におすすめ。

基本講義、分野別模擬試験、総まとめ講義、公開模擬試験をセットにしたコース。宅建士試験に関する知識のインプットからアウトプットまで網羅した一番人気の講座です。受講開始時期に合わせて、一人ひとりに適切な学習スケジュールを設定。模擬試験な採点と添削も行いますので、効率よく学習できます。

宅建完璧講座

24年1月開講予定
88,000円(税込)
- ■質問回答サービス
- ■Web受講/DVD受講

全範囲の基本学習をしたい方におすすめ。

基本講義、分野別模擬試験をセットにしたコース。宅建士試験に必要な範囲を基礎からしっかり学習できます。基本講義と並行して、分野別模擬試験を受験するので、知識の定着レベルがその都度チェックできます。

宅建総まとめ講座

24年6月開講予定
29,700円(税込)
- ■質問回答サービス
- ■Web受講/DVD受講

一通り学習経験のある方におすすめ。

宅建士試験の全範囲から重要ポイントを中心に総復習するコースです。既に学習した内容の確認や、苦手分野の克服などに役立ちます。

宅建公開模擬試験

24年7月開講予定
25,300円(税込)
- ■Web受講/DVD受講

本番前の力試しをしたい方におすすめ。

本試験と同様、50問の模擬試験を6回受験するコースです。充実の6回分で、模試→復習→次の模試と繰り返して着実にステップアップができます。

※コース名やコースの内容は変更になる場合がございます。各コースとも開講より順次教材をお届けいたします。
　各単位のお届けスケジュールは教材とともに随時お知らせいたします。

4つのコンテンツと質問回答サービスで合格をサポート

■ 通信講座の詳細　宅建学院では1回の講義、模擬試験を1単位と呼んでいます。

■ 基本講義（20単位）

収録コース　★宅建超完璧講座★　宅建完璧講座

収録内容
権利関係前半（5単位）、権利関係後半（5単位）、宅建業法（5単位）、法令上の制限・税法・その他（5単位）

1単位ずつ講義を視聴し、問題演習を行います。1単位は約1時間半〜2時間半程度で構成されています。講義は細かくチャプターで区切られているので学習しやすく、復習の際にも大変便利です。

■ 分野別模擬試験（4単位）

収録コース　★宅建超完璧講座★　宅建完璧講座

収録内容
各分野に対応する模擬試験4回（1.権利関係前半、2.権利関係後半、3.宅建業法、4.法令上の制限・税法・その他）

基本講義を受講後に、知識の定着具合を確認するために受験する分野別の模擬試験です。丁寧な解説冊子に加え、重要問題の解説講義もあるため、知識だけでなく問題の解き方まで身に着きます。

■ 総まとめ講義（7単位）

収録コース　★宅建超完璧講座★　総まとめ講座

収録内容
権利関係（3単位）、宅建業法（2単位）、法令上の制限・税法・その他（2単位）

1単位ずつ講義を視聴し、問題演習を行います。1単位は約2時間〜4時間半で構成されています。講義は細かくチャプターで区切られているので学習しやすく、復習の際にも大変便利です。

■ 公開模擬試験（6単位）

収録コース　★宅建超完璧講座★　公開模擬試験

収録内容
模擬試験6回

宅建学院独自の予想問題で構成された模擬試験です。ご自宅で受験でき、場所や時間を問わず実力を試せます。丁寧な解説冊子に加え、重要問題の解説講義もあるため、知識だけでなく問題の解き方まで身に着きます。

■ 質問回答サービスについて

質問回答サービスは受講生専用の質問サービスです。
電話、インターネット、FAX と様々な方法で質問いただけます。
わからないところや学習の仕方など何でも質問できるので、
通信講座であっても受け身にならず安心して受講できます。

□ 電話質問

事前予約制で、専属講師に直接質問できます。
希望の日時をご予約いただくと、当日講師よりお電話いたします。
※サービス提供予定日時　毎週月・水・金　20 時〜21 時
※夏季休暇、祝日を除く

□ オンライン質問

質問専用サイトから、24 時間いつでもご質問文を送信いただけます。回答は専属講師が行い、期間内で最大 20 回（20 問）のご質問が可能です。

□ FAX 質問

宅建学院講師室へ 24 時間いつでも FAX でご質問いただけます。
ご指定の番号へ専属講師が FAX で回答いたします。

※質問解答サービスは 2024 年 10 月末までサービス提供予定です。

一般教育訓練給付制度を利用すると、受講料の 20% が支給されます。

宅建超完璧講座は厚生労働大臣指定の一般教育訓練給付金制度の指定講座です。
一定の条件を満たした方であれば、ご利用いただけます。

教育訓練給付制度厚生労働大臣指定講座については、全単位の受講を修了して通信添削の合計得点が全配点の 6 割以上であった方に限り、ハローワークから受講料の 20%（上限 10 万円）の教育訓練給付金が支給されます。ただし、次の条件を満たすことが必要です。

■ 過去に教育訓練給付金を受給したことがない方は、
　1 年を超えるブランクなく通算 1 年以上雇用保険の一般被保険者であること　（離職後 1 年以内までは大丈夫です）。

■ 過去に教育訓練給付金を受給したことがある方は、
　その受給対象講座の受講開始日以降に 1 年を超えるブランクなく通算 3 年以上雇用保険の一般被保険者であること（離職後 1 年以内までは大丈夫です）。

● ハローワークから貴方に教育訓練給付金が支給されるのは受講修了後のことです。受講申込時にはまずご自身の負担で受講料全額をお支払い頂きます。

● 貴方に受給資格があるかどうかは、お近くのハローワークにお問い合わせ下さい。受給資格がないのにあると誤解して受講されても、受講料を返金することはできません。

● 教育訓練給付金の支給申請は、受講修了後 1 カ月以内にしなければ受給できなくなります。

■ よくある質問

Q：通信講座にするか、通学の方が良いか悩んでいます。

A： 通信講座の大きなメリットは、時間や場所に縛られず、受講できることです。宅建学院の通信講座は、スマホや PC などで視聴する Web 受講、テレビなどで視聴する DVD 受講と、学習環境に応じた受講形態も選べます。

通学には「先生へ質問しやすい」といったメリットがありますが、質問回答サービスをご用意しておりますので、授業を受けているように気軽に質問が可能です。

※「公開模擬試験」コースには質問回答サービスはありません。

Q：どのコースを選んだら良いかわかりません。
　　基準などはありますか?

A： 初学者の方や再チャレンジの方で学習に不安のある方は、基礎・復習、模試までセットになった「宅建超完璧講座」をおすすめします。

逆に学習経験のある方で重要ポイントを復習したい方や、質問回答サービスを利用して疑問点を解消したい方などは、「宅建総まとめ講座」をおすすめします。

Q：どのくらいで学習カリュキュラムが終わりますか？

A：「宅建超完璧講座」は、全37単位（37回）の講義
と模擬試験で構成されており、標準学習期間を
8か月に設定しておりますが、受講生一人ひとり
に合わせたスケジュールを組んでいますので、ど
の時期からでも開始できます。
試験日までの期間が少ない場合などご相談いた
だければ、最適な講座や学習方法をご提案させ
ていただきます。

Q：講座の教材以外で必要な教材はありますか？

A：テキストに「2024年版らくらく宅建塾（基本テキス
ト）」を使用しますので、既にお持ちの方はお手
元のテキストを、お持ちでない方は、お申込み時
に同時購入をお願いします。
また、「宅建超完璧講座」であれば、講座内で数
多くの問題や模試を実施しますので、別途問題
集などを購入する必要はありません。

郵送・FAXでお申込みの場合

下記教材のご購入は、前払いが原則です。

①郵便振替・銀行振込みの場合は、まず講座代金をお振込みの上、その払込票のコピーとこの申込書（コピーで可）を必ず一緒にご郵送又は FAX してください。

②クレジットをご希望の方はチェック欄にチェックをし、本申込書をお送りください。

③お申込先　〒359-1111　埼玉県所沢市緑町 2-7-11 アーガスヒルズ 50 5F　宅建学院
　　　　　　TEL. 04-2921-2020　FAX. 04-2924-5940

2024 宅建学院の通信講座申込書

ご注文商品名	税込定価	Web 受講	DVD 受講
宅建超完璧講座 一般教育訓練給付制度指定講座	115,500円		
宅建完璧講座	88,000円		
宅建総まとめ講座	29,700円		
宅建公開模擬試験	25,300円		
テキスト らくらく宅建塾(基本テキスト) 書籍のみの単独販売はしておりません。	3,300円		

※合計金額 をご記入下さい。（送料無料）	十万	万	千	百	十	円

ご注意　教育訓練給付金の支給は受講修了後となります、受給資格がある方も申込時に受講料全額をお支払い下さい。

※お支払い方法	●□に✔をご記入下さい。●商品の発送は全額の入金確認後になります。	□郵便振替	00120-8-662860　宅建学院（タッケン ガクイン）	払込票のコピーと、この申込書を必ずご郵送又は FAX して下さい。
		□銀行振込	三井住友銀行小手指支店（コ テ サシ）普通　6438161　宅建学院（タッケン ガクイン）	
		□クレジット	●宅建学院（04-2921-2020）までご連絡下さい。	

※お名前（フリガナ）	生年月日　西暦　　年　　月　　日	教育訓練給付　希望する □　希望しない □
※ご住所（〒　　　　　　）		
※お電話　　（　　　　　）		
メールアドレス		
※ご送金日　20　年　　月　　日		

〈個人情報保護について〉利用目的 ─ 本申込書による個人情報は、次の目的に使用いたします。①お申込み品の発送　②商品開発上の参考　③当社商品のご案内の発送　第三者への提供 ─ 皆様からお寄せ頂きました情報は、当社以外の第三者への提供はいたしません。個人情報の取扱いの委託 ─ 当社は、信頼するに足ると判断した外部業者に、商品発送等の業務の一部を委託することがあります。個人情報の提供の任意性 ─ 本申込書のご記入は、みなさまの任意です。但し、※印の必須項目について記入されないと、商品等の送付ができない場合がございます。問い合せ ─ 本申込書による個人情報については、宅建学院へお問い合せください。
〈掲載講座について〉講座内容は、法改正の反映等のため、予告なく変更することがございます。また、事情により予告なく販売停止・廃止する場合がございますので、予めご了承ください。

宅建企業研修

新入社員や従業員の方々　　　　講義

宅建企業研修

企業様の新入社員や従業員の方々専属で研修を行います。オリジナルプランをきめ細かく相談できるので安心です。

Point 1　合格率が高い！

授業参加に責任感

会社として参加しているので、新入社員や従業員の方々は授業参加により責任感を持ちます。これによって独学で学習するよりも全体として高い合格率が望めます。

グループならではの一体感

受講生となるのは皆同じグループに属する方々ですので、授業空間に一体感が生まれます。また、競争精神も高まるので、独学にはできない学習環境が実現します。

Point 2　一社ごとにプランを作成

柔軟なスケジュール調整

休業日や就業時間等を考慮して、講義の回数や時間をオリジナルに設定します。

予算を抑えても内容は充実

予算内で講義を行い、自宅演習でカバーするようにプランを作成することで、必要な学習量を変えずに予算内で研修を行うこができます。

 例えばこんなプランも！

内定の決まった新入社員を対象に研修をしたい！

例えば7月頃に新入社員の方々の内定が出る場合などで、そこから10月の本試験までの3カ月で一気に合格に必要な内容を叩き込みます。時間を確保しやすいメリットを生かして短期勝負で合格させます。

既存の従業員の就業時間を確保しつつ研修したい！

すでにお勤めされている従業員の方々の場合は、多くの時間を一斉に確保するのは難しいです。そこで、就業時間後や休業日などに授業時間を設定するなどスケジュールを工夫して合格を目指します。

研修スタートまでの流れ

お問合せ
お電話にてお気軽にお問合せ下さい。

ヒアリング
予算や実施時期等をお伺いいたします。

プランご提案
ご納得いただけるまで何度でも最適なプランをご提案いたします。

研修スタート
スケジュールに沿って研修をスタートします。

企業のご担当者様、
お気軽にお電話にてご相談ください。

お問合せは
TEL.04-2921-2020

 MEMO

 MEMO

宅建学院が創り、日本が育てた**らくらく宅建塾**シリーズ

宅建学院のホームページをご覧ください。 類似の学校名にご注意ください。
https://www.takkengakuin.com/

★元祖！ 楽勝ゴロ合せ 一覧表★

第1編　権利関係

・本書シリーズ らくらく宅建塾
[基本テキスト]の対応頁です。

事　項	ゴロ合せ　（対応語句は本文参照）	本文頁
法 定 追 認	親は、「生理上」子供の契約の後始末をする	15頁
心 裡 留 保	ゼムユ・アカム	33頁
代理権の消滅	星は半分・ダシは後	43頁
遺留分侵害額請求権	誕 生 石	84頁
単 独 申 請 OK	他の変装が評判	113頁
床面積の算出	仙台ハイツは害虫の巣	125頁
共用部分登記	規約の表に法はない	127頁
区分所有建物の管理の定数	集会に来い！ しみったれの重大な規約違反に報復だ！ しのごの言わずに建替えろ！	129頁
借地と借家の違い	違いは特許、採点は同じ！	252頁

第2編　宅建業法

事　項	ゴロ合せ　（対応語句は本文参照）	本文頁
変更の届出	明治の薬剤師	283頁
名 簿・帳 簿	納豆五十丁	292頁
営業保証金の取戻し	日本中から取り戻せ	316頁
手 付 金 等保 全 措 置	ミカン5つでカンジュース1000	363頁
重要事項説明書の記載事項	官僚が　徒歩で私道を　上下して　預り金を分けたそうろう	377頁
区分所有建物	専々、共減、敷修繕、ダブル管理に積立金、貸借専管だけでいい	379頁
貸借特有事項	赤痢菌の過去	381頁

第3編　法令上の制限

事　項	ゴロ合せ　（対応語句は本文参照）	本文頁
特定用途制限地域	制限は予知できない	404頁
用途地域外では	特 別 利 口	406頁
準都市計画区域では	ちがいは利口	406頁
開 発 許 可	セミの耳は意味ない	414頁